基金项目：2024年度教育部人文社会科学研究规划基金项目"教育对口援疆政策绩效测度及其优化策略研究"（项目编号：24YJA880008）

教育强国建设道路研究

"三融"战略与教育强国建设国际学术研讨会暨全国高校信息资料研究会职业高等学校专业委员会

——第三届年会论文集——

冯用军　陈　鹏　祁占勇 ◎ 主编

赵　雪　付　娟　戴骊郿　黄亚宇 ◎ 副主编

知识产权出版社
全国百佳图书出版单位
—北京—

图书在版编目（CIP）数据

中国特色教育强国建设道路研究：“三融”战略与教育强国建设国际学术研讨会暨全国高校信息资料研究会职业高等学校专业委员会第三届年会论文集/冯用军，陈鹏，祁占勇主编. —北京：知识产权出版社，2024.12. —（新时代中国式职业技术教育现代化研究丛书）. —ISBN 978 - 7 - 5130 - 9644 - 7

Ⅰ. G52 - 53

中国国家版本馆 CIP 数据核字第 2024BJ3605 号

责任编辑：韩婷婷　王海霞　　　　　　　　责任校对：潘凤越
封面设计：臧　磊　　　　　　　　　　　　责任印制：孙婷婷

中国特色教育强国建设道路研究

“三融”战略与教育强国建设国际学术研讨会暨全国高校信息资料研究会职业高等学校专业委员会第三届年会论文集

冯用军　陈　鹏　祁占勇　主编

赵　雪　付　娟　戴骊郿　黄亚宇　副主编

出版发行：	知识产权出版社有限责任公司	网　址：	http://www.ipph.cn
社　　址：	北京市海淀区气象路 50 号院	邮　编：	100081
责编电话：	010 - 82000860 转 8790	责编邮箱：	93760636@qq.com
发行电话：	010 - 82000860 转 8101/8102	发行传真：	010 - 82000893/82005070/82000270
印　　刷：	北京建宏印刷有限公司	经　销：	新华书店、各大网上书店及相关专业书店
开　　本：	720mm×1000mm　1/16	印　张：	19.75
版　　次：	2024 年 12 月第 1 版	印　次：	2024 年 12 月第 1 次印刷
字　　数：	408 千字	定　价：	98.00 元

ISBN 978 - 7 - 5130 - 9644 - 7

序（一）

人类历史已经证明并将继续证明，在这个真实的虚拟世界里，特别是真实的虚拟教育圈里，总有先知一样的人物试图告诉我们应该教什么、学什么、相信什么，因为他们声称他们最懂教育。但他们真的知道教育是什么吗？他们真的最懂教育吗？他们告诉我们的是真的、善的、美的教育吗？他们知道未来的教育（学校）和教育（学校）的未来在哪里吗？面对这一系列的教育问题，我们需要发展辨别的技能、质疑的技能、提问的技能和建构的技能，拥有自己的世界观、人生观、价值观和方法论，这样才能独立自主地判断出哪些教育家可信、哪些教育观点相对合理、哪些教育思想能为我所用，从而形成自己的教育思想、成为自己的教育家。当下无论是教育强国的教育，还是教育弱国的教育，如果说它们没有问题就是最大的问题，没有教育问题就是教育最大的问题，所以，教育除了使学习者学会学习、学会共处、学会生存（活）、学会做事、学会做人、学会融入世界，① 还要使学习者学会质疑、学会批判、学会反思、学会提问、学会理解、学会想象，这应该是 21 世纪教育的核心使命，也是 21 世纪（Z 世代）人应该具备的核心素养。

教育是什么？这是一个教育问题，也是一个哲学命题。本质是事物的根本性质和内部联系，是同类现象中一般的、共同的要素，教育的本质既不是"唤醒"，也不是一棵树摇动另一棵树，一朵云推动另一朵云，一个灵魂唤醒另一个灵魂，如果教育的本质如此抽象，那么人类就无法开展教育活动，人类教育史就会变得"虚无"，只会有"教育树""教育云""教育魂"等"虚无缥缈"的"教育符号"，而这些是经不起教育实践和教育历史检验的。"教"者"上所施下所效也"、"育"者"养子使作善也"，"教育"者"教真育爱、立德树人"是也，这才是"得天下英才而教育之，三乐也"（《孟子·尽心章句上·第二十节》）的真谛。

---

① 阿弗里卡·泰勒，维罗妮卡·帕西尼－凯奇巴，明迪·布莱瑟，等. 学会融入世界：适应未来生存的教育 [J]. 陕西师范大学学报（哲学社会科学版），2021，50（5）：137－149.

教育强国是什么？中国话语体系下的教育强国，是以中华优秀传统文化为根本源泉，以党的教育方针为根本遵循，以立德树人为根本任务，以为党育人、为国育才为根本目标，以服务中华民族伟大复兴为根本使命，以中国特色教育法规、思想、理念、体系、制度、内容、方法、模式等为根本路径，最终目标是办好人民满意的教育。狭义而言，教育强国就是这个国家的教师强、学生强、毕业生强、学校强，是世界重要教育中心、世界重要科技中心、世界重要人才中心和创新高地之一；广义而言，教育强国就是这个国家的教育实力（教育硬实力＋教育软实力）在世界范围内居于前列，对其他国家的教育有巨大影响力，是世界教育枢纽、世界留学目的地之一。教育强国评价可以从教育公平度、教育质量满意度、教育贡献力、教育服务力、教育辐射力、教育国际影响力和教育可持续发展力七个维度进行。①

教育"生病"了？党的十八大以来，我们坚持把教育作为国之大计、党之大计，全面贯彻党的教育方针，深入实施科教兴国战略，加快推进教育现代化，教育发生了历史性变革、取得了历史性成就。但不可否认的是，我们现在的教育还存在"快教育"（过度"竞争教育"）等问题，拔尖人才培养、科技创新、教育国际化等在一定程度上存在"急功近利""立竿见影"等不良倾向，"快教育"必然导致"教育剧场效应"，教育焦虑表象是"教育内卷"（"应试教育"等）或"教育躺平"（"读书无用论"等），本质是一些教育理念和教育价值观的不到位或扭曲，导致学生、教师、父母等的教学负担都很重、压力都很大，正应了那句古话"过犹不及"。因此，党和政府、学校要按照教育规律、教育科学来办教育，学生要按照学习规律、学习科学来搞学习，家长要按照家教规律、家教科学来行家教，家长"望子成龙、望女成凤"的心理可以理解，但不要迷信"不能让孩子输在起跑线上"等言论，更不能因"揠苗助长""求胜心切"而不讲"武德"，"抢跑"，要用良好的家训、家风、家教让无序教育竞争、恶性教育竞争、"零和教育博弈"等远离孩子。教师是立教之本、兴教之源，强国必先强教，强教必先强师。在全面贯彻落实《中国教育现代化 2035》《教育强国建设规划纲要（2024—2035 年）》《中共中央 国务院关于弘扬教育家精神加强新时代高素质专业化教师队伍建设的意见》等教育纲领文件，加快建设教育强国伟大征程中，我们的优先事务是持续打造优秀教师队伍、加快构建优质均衡的基本公共教育服务体系、努力提高优质教育资源供给能力、办好人民满意的教育，家庭、学校、社会要齐心协力让教育"慢下来"，各方要有苏轼《定风波·莫听穿林打叶声》中"莫听穿林打叶声，何妨吟啸且徐行。竹杖芒鞋轻胜马，谁怕？一蓑烟雨任平生"的那份"淡定"和"洒脱"。家庭教育的核心是爱，家庭是孩子的第一所学校、父母是孩子的第一任老师，要

---

① 冯用军. 中国特色"双一流"建设高校评价体系：内涵、分类与标准建构研究［J］. 北京教育（高教），2023（11）：14－17.

帮孩子"扣好人生第一粒扣子"，让孩子自尊自爱、自立自强、学会感恩、学会共享；学校教育的核心是智，学校是学生的"熔炉"，教师是学生的榜样，教师要按照"四有好老师"① 标准努力做到学高为师、身正为范，要传承弘扬教育家精神②、科学家精神，教师要成为大先生，做学生为学、为事、为人的示范，引导学生自信从容、德智体美劳全面发展；社会教育的核心是慧，党政部门是"上梁"，企事业单位是保障，要确保孩子拥有健康安全、竞合发展的宽松环境。国将兴必尊师而重傅，今天的学生就是未来实现中华民族伟大复兴"中国梦"的主力军，广大教师就是打造这支中华民族"梦之队"的"筑梦人"，家校社"教联体"以学校为轴心主动倡导践行"合作教育"（合作性竞争教育），培育学生的合作精神，教师在教、学、习上要鼓励学生"先富带后富，最终实现共同富裕"，因为合作才能共赢。

教育如何应对人工智能？在党的领导下，我国已经进入生成式人工智能（Generative Artificial Intelligence，GAI）时代，为了确保中国处于全球领先地位，我们必须为加快建设教育强国、科技强国、人才强国和世界重要教育中心、科技中心和人才中心贡献力量，这也是本书编撰的核心目的和本书作者的前进方向！2024 年是世界智慧教育元年，"教育＋"什么最火？最大公约数答案是"教育＋智能""教育＋新质生产力"。代表着颠覆性创新的生成式人工智能，对人类而言既是机遇也是挑战，ChatGPT、文心一言（ERNIE Bot）、KimiChat、通义千问、天工 AI、智谱清言、讯飞星火、扣子等加速了人工智能教育的发展和教育数字化转型，数智教育化、教育智能化成为时代潮流。教育与智能体（Agent）等的跨界融合，虽然初期饱受争议，但我始终坚信，教育跨界与万物融合才能产生化学反应——教育万物生。教育没有边界，人工智能却有禁区，只有发挥各自长板效应，才能共创辉煌。"教育＋人工智能"虽然还有伦理、安全、公平、诚信等很多底层逻辑问题需要解决，但其赋能教育的力量无疑让更多人坚定了对未来教育高质量发展的信心。当人类站在新时代的十字路口追问，在生成式人工智能时代的教育创新和教育强国建设道路上，中国教育人有什么设想？我想一定是积极拥抱难得的新时代机遇，如何让传统教育、传统学校、传统教师、传统学习者、传统教育行政者等，利用智慧教育元年的数智技术穿越采捕时代、农业时代、工业时代、信息时代、数字时代，攀登教育科技人才一体化发展高峰，依托一流人才、一流大学、一流学科、一流专业、一流平台、一流环境、一流法律、一流制度、一流机制、一流治理等，对一流的教育链、人才链、科技链和产业链等进行重塑与构建。教育不仅是培育新质生产力人才的主要平台，而且直接决定着一个国家科技创新的数量和质量。新质生产力是依托于以数字化、网络化、智能化为代表的现代信息技术等新技术，以

---

① "四个好老师"是指有理想信念、有道德情操、有扎实学识、有仁爱之心的老师。

② 冯用军，赵雪. 论教育家精神的历史源流、时代意蕴与实践理路 [J]. 当代教师教育，2023，16（4）：1-8.

高新技术产业、绿色经济产业、高端装备制造业等为代表的新产业，以个性化、定制化、体验化等为代表的新业态，以新能源、新材料、生物技术等为代表的新领域的"四新"先进生产力。展望数智时代的教育创新和教育强国建设，必须继续加大教育体制机制改革，探索突破教育教学无人区的综合集成创新、原始创新、颠覆性创新技术，形成教育新质生产力的新技术、新产业、新形态、新业态、新模式、新服务，联手打造新质生产力的第一生产力（科技）、第一资源（人才）、第一动力（创新）。我国教育属于先发内生型，虽然有五千多年的教育治理、教育运营经验，但在教育信息化、数字化、数智化、智能化、智慧化等方面还存在短板，必须加快建设"教育+智能"全生态，卷教育教学质量、卷教育教学服务、卷人才培养质量，在立德树人的教育生态环境中允许失败、包容失败、鼓励创新、标新立异，使我们的现代化教育体系更加符合人民对美好教育生活的无限向往和对美好教育生活的高质量追求，持续实现教育成长价值、情绪价值、物质价值、生理价值、时间价值和空间价值的高质量提升，使其成为我国经济增长和社会发展的新动力。换言之，新时代的教育创新和教育强国建设，要敢想、敢创、敢干、敢担当，既要有强大的人、财、物投入，也要走开放、合作、共赢的道路。加快教育创新和教育强国建设才能让我们向上，才能让我国由教育大国跃升为教育强国，才能打造出中国特色世界一流教育体系，才能走向海外赢得尊重，才能真正走到全球教育舞台的中央，成为全球教育、科技、人才中心，为世界、为人类社会、为宇宙共同体做出更大的贡献。

中国教育学自主知识体系怎么建设？党的二十届三中全会通过《中共中央关于进一步全面深化改革 推进中国式现代化的决定》，提出要构建中国哲学社会科学自主知识体系。习近平总书记指出："扎根中国大地、赓续中华文脉、厚植学术根基，深入研究以中国式现代化全面推进强国建设、民族复兴伟业实践中的重大问题，加快构建中国哲学社会科学自主知识体系。"① 我们要始终坚持以习近平新时代中国特色社会主义思想为指导，立足中国教育实际，扎根中国教育场域，加快构建中国教育学自主知识体系，为以中国式教育现代化全面推进强国建设、民族复兴伟业做出教育学贡献。中国教育学自主知识体系植根于中华优秀传统教育文化，是教育理论知识和教育实践知识有序组合的连续系统。建构中国教育学自主知识体系，就是自主建设一个中国特有的教育科学认识和经验系统，主要但不限于教育知识体系、教育理论体系、教育史料体系、教育学科体系、教育学术体系、教育话语（教育政策话语、教育学术话语、教育大众话语、教育传播话语等）体系，向全球教育知识系统贡献说得出、立得住、传得开的中国教育智慧、中国教育经验、中国教育模式、中国教育方案和中国教育道路。

---

① 习近平对新时代马克思主义理论研究和建设工程作出重要指示强调：扎根中国大地赓续中华文脉厚植学术根基 为推进马克思主义中国化时代化作出更大贡献［EB/OL］.（2024-11-29）［2024-12-10］. https：//www.gov.cn/yaowen/liebiao/202411/content_6990047.htm.

国学大师陈寅恪先生在其所作《陈垣敦煌劫余录序》中提道："一时代之学术，必有其新材料与新问题。取用此材料，以研究新问题，则为此时代学术之新潮流。治学之士，得预此潮流者，谓之预流。其未得预者，谓之未入流。此古今学术史之通义，非彼闭门造车之徒，所能同喻者也。"回顾学术史特别是教育学术史可以发现，无论是作为人文学科、社会学科、自然学科，还是交叉学科，教育科学研究确有"预流"与"未入流"之别，而其间决定性的影响因素，在于教育学派的持续形成和教育学术的有序传承。我相信，在习近平教育思想指引下，中国"80前教育学人"经过百年的不懈努力，已经初步构建起中国教育学自主知识体系。我们"80后教育学人"要坚守道路自信、理论自信、制度自信、文化自信，充分理解中华文化和西方文明中蕴含的教育学术思想的历史发展脉络，除了要尽可能认真研读中外教育经典论著，更重要的是必须尽量超越各种各样先入为主的世俗的教育成见，超越"急用先学""立竿见影"的世俗的教育功利动机，超越日常教育生活中难免的世俗的教育追求和教育评价标准，特别是要忍住追逐教育热点"赶时髦"、写"急就章"的诸多名利"诱惑"，大量开展中国教育改革实践、稳步推进中国教育发展实验，"戒急用忍"、真心诚意、守正创新、做大学问，将教育、教育学等置于时代变迁与学术发展的时代大背景中，努力去理解自古以来《学记》、《论演说家的教育》（又称《雄辩术原理》）等经典教育著作的作者"其持论所以不得不如是之苦心孤诣"，秉持"为天地立心，为生民立命，为往圣继绝学，为万世开太平"（张载《横渠语录》）的初心、本心、正心，才能真正做到"知止而后有定，定而后能静，静而后能安，安而后能虑，虑而后能得"（朱熹《礼记·大学》），才能在"实践—经验—理论—实践"的螺旋中发现教育规律，才能有望在教育学及其交叉学科领域等率先建成获得群众认可、经得起实践和历史检验的中国哲学社会科学自主知识体系，从本我、自我、超我进入我将无我、不负教育、不负人民，最终达到中国传统文化中提出的个人一生所能达到的最高境界——"太上有立德，其次有立功，其次有立言，虽久不废，此之谓不朽"（左丘明《左传·襄公二十四年》）。

中国教育如何走向世界？教育科学研究除了要解决"顶天立地"的教育问题，还要"睁眼看世界""师夷长技以制夷"，最终实现"内外双修"。在全球教育共同体中，中国和世界，没有谁主导谁，只有相互学习、相互借鉴，才能共同推动教育的进步和高质量发展，从组织主办教育国际会议到倡议全球教育大会，正是这一理念的生动实践。一方面，中国教育要秉持"在中国，为世界（in China for World）"的改革发展理念，认识到越是民族的越是世界的。党和国家做出加快建设教育强国和世界重要教育中心的伟大决策，是为推动世界教育公平正义、实现教育助力精准脱贫致富奔小康和共同富裕、促进教育高质量发展服务人类命运共同体贡献中国道路、中国智慧、中国理论、中国方案、中国范式和中国力量。在"非学无以广才，非志无以成学"（诸葛亮《诫子书》）的新时代，我国必须有组织地培育一流的教育家型教育理论队伍，开展一流的教育科学研究，形成一流的教育理论学派，建成教育理论强国和世界重要教育理论创新中心，要在教育学原理、教育史、比较教育学、课程与教学论、教育政策与领导学、高等教育学、基础教育学、学前教育学、教师教育学（高考学）、教育评价学、职业技术教育学、成人教育学、特殊教育学、教育技术学、工程教育学等传统经典教育学科领域，以及元教育学、农村教育学、家庭教育学、研究生教育学、终身教育学、科学教育学、老年教育学、院校研究教育学、快乐教育学、教育方法学、耐挫教育学、幸福教育学、公民教育学、穷人教育学、富人教育学、中外合作办学教育学、计算教育学、价值教育学、批判教育学、人学教育学、哲学教育学、社会教育学、"生活·实践"教育学、"生命·实践"教育学、"立德·树人"教育学、中共党史党建教育学、铸牢中华民族共同体意识教育学、总体国家安全观教育学、生命教育学、政治教育学、经济教育学、管理教育学、历史教育学、生态教育学、神经教育学、空间教育学、率性教育学、大学评价学、万物教育学、时（空）间教育学、文化教育学、现象学教育学、智能（慧）教育学、快教育学、慢教育学、赏识教育学、兴发教育学、机器人教育学、制度教育学、教育数学学、人工智能教育学、教育计算学、考试教育学、中华优秀传统文化教育学、可持续发展教育学、交叉（跨）学科教育学、"金砖国家"教育学、"全球南方"教育学、"一带一路"教育学、区域国别教育学、世界（全球）教育学、国际组织教育学等新兴边缘教育学科领域形成中国特色、接轨世界的学科发展格局和学科交叉生态。另一方面，中国教育还要秉持"在世界，为中国（in World for China）"的共享发展理念。早起的鸟儿有虫吃，早起的虫儿被鸟吃。中国要超前布局全球教育大模型中心，率先在教育领域科学应用生成式人工智能和人工智能生成内容（Artificial Intelligence Generated Content，AIGC），占领教育数字领地和"教育 + GAI"高地，为中国教育和中国教育学面向现代化、面向世界、面向未来奠定坚实科技基础。实践是检验真理的唯一标准，在实际教育理论应用示范场景里，中国要努力摆脱对西方理论特别是西方教育理论的依赖，不必"言必称希腊"，真正达成中国教育问题中国解、世界教育问题中国解，极大地提升中国教育理论对中国教育场景、世界教育场景的适应性和解决中国教育问题、世界教育问题的核心能力，持续形成中国教育学派和中国教育标准谱系，引领世界教育行业的革新潮流，联合主导全球教育治理体系和治理能力的现代化，为推动全球教育的智慧化（现代化）、多元化（个性化）、民主化、全民化、终身化、国际化贡献中国的教育力量。

中国教育者能做什么？习近平总书记在党的二十大报告中提出，"科技是第一生产力、人才是第一资源、创新是第一动力，深入实施科教兴国战略、人才强国战略、创新驱动发展战略"，必须"坚持为党育人、为国育才，全面提高人才自主培养质量，着力造就拔尖创新人才，聚天下英才而用之"。① 世上无难事，只要肯登攀，很多人喜欢

① 习近平：高举中国特色社会主义伟大旗帜 为全面建设社会主义现代化国家而团结奋斗：在中国共产党第二十次全国代表大会上的报告［EB/OL］.（2024－11－29）［2024－12－10］. http：//www.news.cn/politics/cpc20/2022－10/25/c_1129079429.htm.

登山，追求的是登顶和翻越高山之后的成就感，正所谓"海到无边天作岸，山登绝顶我为峰。"（林则徐《出老》）"大学之道，在明明德，在亲民，在止于至善。"（《礼记·大学之道》）加快建设教育强国，基点在基础教育，龙头是高等教育，大学特别是研究型大学是培养德才兼备的基础拔尖创新人才的"摇篮"，必须肩负起历史重担和时代使命。教育兴则国家兴，教育强则青年强，青年强则人民强，人民强则国家强，国家强则民族强，重建世界一流大学、重建世界教育强国是中国、中国人、中华民族的伟大梦想。自"双一流"建设启动以来，我国高校也爱上了"登山"，他们要登的"山"就是"世界一流大学""世界重要教育中心""世界教育强国"等。在电影《东邪西毒》里，借主角欧阳锋之口，导演王家卫说，年轻的时候看着大山，就想知道山后面是什么，年纪大了，就不想知道了。中国教育、中国教育人永远是年轻的，即使百年、千年、万年之后"归来仍是少年"，仍想知道"山"后面是什么。例如，芯片是我国的"卡脖子工程技术"问题，也是一座很难翻越的大山，在这座大山的后面，是一个又一个异构计算框架。那么，我们的教育在破解这些"卡脖子""卡嗓子"问题上能干什么？答案当然是在职普融通、产教融合、科教融汇中"为党育人、为国育才"，通过课程思政和思政课程大中小幼一体化培养胸怀"两个大局"、牢记"国之大者"的德智体美劳全面发展的社会主义建设者和接班人。在解决教育"卡脖子""卡嗓子"问题方面，我们团队首创的教育大数据 AI 先觉网络在中国教育科学自主知识体系架构中必将发挥关键作用，具备教育认知先觉、教育行为先觉和教育时空先觉三大核心先觉能力，教育认知先觉可以让师生真正认识到什么是教育、什么是学习、什么是道德、什么是真、什么是善、什么是美、什么是知识、什么是科技、什么是能力、什么是素养等；教育行为先觉可以让教育者预判到学习者的预判，按照最近发展区理论，不仅让学习者"跳一跳能摘到桃子"，而且让学习者变被动学为主动学，使其爱上学习、自主学习、创造学习、终身学习等，使其明白非学无以明识，非学无以立德；教育时空先觉则可以让师生进入未来的学校、未来的教育、未来的学习等，从而创造学校的未来、教育的未来、学习的未来等，在全面贯彻落实教育优先发展战略中培养一批又一批大师、战略科学家、一流科技领军人才和创新团队、青年科技人才、卓越工程师、大国工匠、高技能人才，建成教育强国、科技强国、人才强国，使之真正成为以中国式现代化全面推进强国建设、民族复兴伟业的先导任务、坚实基础、战略支撑。

顾炎武《日知录·正始》说："保国者，其君其臣肉食者谋之；保天下者，匹夫之贱与有责焉耳矣。"我们今天正朝着建成教育强国战略目标扎实迈进，青年何为？教育人何为？我能何为？

……

不断问下去，我们一定能找到答案。

朱熹《观书有感》载："半亩方塘一鉴开，天光云影共徘徊。问渠那得清如许？为有源头活水来。"天道循环，地道厚德，人道修为，大道至简，往复之行，顺乎自然。很多人读过无数的书、听过无数人讲的道理，却仍然教育不好孩子、过不好这一生，是因为他们没有机会仔细阅读经典教育著作、经常体悟经典教育著作中的简约教育道理。

"诗奴"贾岛《题诗后》曰："两句三年得，一吟双泪流。知音如不赏，归卧故山秋。"经典流芳百世，书籍滋养灵魂，希望您能有时间以香茗为伴，安心读完这本稚嫩的书。

原本山川，极命草木。物有本末，事有终始。知所先后，则近道矣。是为序！

冯用军

2024 年 12 月

序（二）

党的二十大报告提出"推进职普融通、产教融合、科教融汇"（以下简称"三融"），对职业教育与普通教育的横向融通，产业与教育的深度融合，科学技术、科学研究与教育教学的有机融汇作出了战略部署，指明了改革发展的方向，具有重要的理论价值与实践意义。

职普融通旨在打破两类教育之间的壁垒，在不同阶段实现横向融通，突出职业教育的类型特征，化解当前社会普遍存在的中考分流焦虑，实现教育公平，为国家培养德智体美劳全面发展的建设者和接班人。为此，必须认真研究两类教育融通的体制机制，搭建起职普融通的立交桥，尽快出台国家资历框架、学分银行、学分互认、学籍互转等一系列重要政策，将党中央的战略部署落到实处。

产教融合既是老问题，也是新命题。面对新质生产力的发展、产业的迭代升级、科学技术的进步，新时代的产教融合，需要进一步探索省域现代职业教育体系建设新模式，研究行业产教融合共同体建设的运行逻辑，构建市域产教联合体的运行体制机制与监测评估体系，使这一老问题在新时代有新突破、新贡献、新发展。

科教融汇则包含两层意思：一是要按照学生认知发展规律和学科规律，将科学技术的最新成果融汇在教材、课程和教学过程之中；二是要打破科学与教育壁垒，实现科学研究与教育教学的有机统一，解决长期以来存在的科学院系统与教育系统的孤岛状态。

"三融"战略涉及国家的教育、科技与产业的体制机制改革，需要一系列与之相应的配套政策的及时出台，同时，也需要理论工作者对其内涵、外延以及融合、融通、融汇的规则、路径、评估等进行深化研究，这也是在石河子大学举办"'三融'战略与教育强国建设国际学术研讨会暨全国高校信息资料研究会职业高等学校专业委员会第三届年会"的初衷，现将研讨会成果结集出版，以飨读者。

陈鹏

2024 年 12 月

序（三）

教育兴则国家兴，教育强则国家强。习近平总书记在党的二十大报告中明确提出，"统筹职业教育、高等教育、继续教育协同创新，推进职普融通、产教融合、科教融汇，优化职业教育类型定位"[①]。这一重要论述不仅深刻体现了党中央全面推进中国式现代化进程、奋力建设中国特色社会主义教育强国的总体决策部署，而且鲜明彰显了我国持续深化教育领域综合改革的系统性、整体性和协同性，对于引领未来教育事业高质量发展具有极其重要的风向标意义。其中，职普融通、产教融合、科教融汇（以下简称"三融"）作为教育强国战略的核心组成部分，不仅是统筹职业教育、高等教育、继续教育协同创新的关键路径，更是教育领域深入推进"教育、科技、人才"一体化协同发展的重要议题。

"三融"的提出，蕴含着以习近平同志为核心的党中央深邃的现实洞察、高度的理论凝练和深远的战略考量。"职普融通"立足于构建高质量国民教育体系，强调在职业教育和普通教育两种教育类型之间搭建起横向融合、纵向贯通的"立交桥"，旨在为个体全面发展提供多元化的学习空间和成长路径。"产教融合"立足于教育与产业的深度对接，强调通过校企合作、工学结合、知行合一等方式，实现教育资源与产业资源、教育结构与产业结构的精准匹配和互动协作，旨在为经济社会繁荣发展注入源源不断的动能。"科教融汇"立足于教育与科技的双向赋能，强调通过高校与科研院所的高效协同、教学活动与科研活动之间的糅合互动，将科技革新与教育教学、人才培养有机地融合、汇聚于一体，以科技创新引领教育变革，以教育发展驱动科技进步，旨在助力国家实现高水平科技自立自强，在国际舞台上进一步增强核心竞争力。

自党的二十大胜利召开以来，"三融"以全新的理念为教育体系的改革和发展指明了前进道路、注入了勃勃生机，逐渐在政策界、学术界和实践界引起了广泛而深入的

[①] 习近平：高举中国特色社会主义伟大旗帜 为全面建设社会主义现代化国家而团结奋斗：在中国共产党第二十次全国代表大会上的报告 [EB/OL]. （2024 – 11 – 29）[2024 – 12 – 10]. http：//www. news. cn/politics/cpc20/2022 – 10/25/c_1129079429. htm.

关注和讨论。但我们需要深刻地认识到，"三融"是一项复杂的系统工程，新理念、新思想与新理论的调整往往伴随着一系列新的挑战、难题与机遇，这一过程本身便充满了诸多考验。在迈向教育强国的宏伟征程中，全面深化并加快推进"三融"战略，不仅需要深厚的学理基础作为稳固支撑，还需要"跳出教育看教育""立足长远看教育""着眼全局看教育"，坚持教育的政治属性、人民属性和战略属性，以现实问题为导向，在教育系统中探寻新的变革契机。

"积力之所举，则无不胜也；众智之所为，则无不成也。"（刘安《淮南子·主术训》）面对挑战与机遇并存的局面，"'三融'战略与教育强国建设国际学术研讨会暨全国高校信息资料研究会职业高等学校专业委员会第三届年会"的顺利召开可谓恰逢其时，具有特别的意义。面向未来，广大教育研究工作者需要将落实"三融"战略视为己任，秉持学术初心、牢记育人使命、扎实开展研究，以挺膺担当、脚踏实地、锐意进取的姿态，产出更多高水平、高质量的学术成果，为把我国建成教育强国做出无愧于时代的贡献。

祁占勇

2024 年 12 月

目　录

❏ 下篇　深化教育综合改革与教育强国建设

| 上　篇 |

现代职业教育体系与教育强国建设

教育强国视域下职普融通的政策逻辑、价值意蕴与实践路向

李金睿　陈　鹏

摘　要： 随着我国教育强国建设步伐不断加快，面对国家经济社会高质量发展的新需求，我国对高技术技能人才的需求日益增加。职普融通教育政策是中国教育体系不断演进的产物，为我国职业技术人才培养注入了新的活力。从普职融通到职普融通，以历史演进的站位梳理，可以洞悉政策变迁及其背后的逻辑演变。以时代高度的站位透析，职普融通政策体现了其深远的价值意蕴，它不仅有效促进了国民教育的均衡优质发展，建立了人才培养的"立交桥"，还为学生全面发展提供了有力支撑。推动职普融通教育的建设与发展，需要进一步明晰政策引导，积极推动职业启蒙教育并加强高中阶段职普融通的整体规划。

关键词： 教育强国；高质量发展；职普融通；政策逻辑；价值意蕴

一、职普融通教育政策的逻辑梳理

关于普通教育与职业教育的关系，在国际上主要存在两种典型模式：一种以欧美地区的普职融合模式为代表；另一种以德国、日本的普职分离模式为代表。在历经多年的改革发展与步伐调整后，我国职业教育始终秉持着开放与包容的态度，广泛吸收并借鉴了欧美、日本等多个国家和地区的先进教育模式，从而实现了教育体系的不断演进与完善。在当前多元化且快速变迁的社会背景下，教育体系的适应性与前瞻性显得尤为重要。

中国教育体系长期以来致力于探索普通教育与职业教育之间的有效衔接机制，以应对不断变化的社会与经济需求。进入新时代，随着中国经济社会的快速发展以及对教育模式的持续探索，政策理念逐步聚焦于职业教育改革的核心议题，即从"普职融通"向"职普融通"转变。这两种模式不仅彰显了教育体系的灵活性与包容性，更对

人才培养模式和经济发展模式产生了深远影响。

（一）我国职普融通教育政策的历史梳理

1. 普职融通的出场语境

我国职业教育的发展自改革开放以来经历不断变迁与完善，逐渐摸索出一条符合我国国情的职业教育与普通教育融合发展新路径。1999 年的《对北京市普高发展的设想》一文第一次提出"普职融通"的说法，随着各部门的广泛推广，"普职融通"的提法逐渐进入大众视野。[1]2014 年《现代职业教育体系建设规划（2014—2020 年）》的发布明确提出深入推进职业教育与普通教育相互融通，积极探索举办综合高中。[2]自此，普职融通的概念开始得到广泛推行。2019 年 6 月国务院办公厅出台的《关于新时代推进普通高中育人方式改革的指导意见》提出，"鼓励普通高中与中等职业学校课程互选、学分互认、资源互通，促进普职融通"。[3]这些政策文件共同指出当前阶段的主要任务是在高中阶段，应积极推动普通教育与职业教育的深度融合和相互贯通。随后，普职融通的概念在职业教育的多个阶段得到推广和应用。

2. 职普融通的时代呼声

2020 年 10 月发布的《中共中央关于制定国民经济和社会发展第十四个五年规划和二〇三五年远景目标的建议》指出，要"深化职普融通、产教融合、校企合作，探索中国特色学徒制，大力培养技术技能人才"[4]，由此正式引入"职普融通"的概念，意在对原有的"普职融通"表述进行更新。2022 年 10 月，党的二十大报告强调："统筹职业教育、高等教育、继续教育协同创新，推进职普融通、产教融合、科教融汇，优化职业教育类型定位。"[5]同年 12 月，中共中央办公厅、国务院办公厅印发《关于深化现代职业教育体系建设改革的意见》，提出"充分调动各方面积极性，统筹职业教育、高等教育、继续教育协同创新"。[6]此一系列文件的出台体现的变化主要在职业教育与普通教育的融合方式上，对两者的顺序进行了细微而审慎的调整，对职业教育地位的重要性做出了强调。

3. 从"普职融通"到"职普融通"的演变透析

在深入分析和回顾我国职业教育与普通教育融合发展的政策演变历程时，可以清晰地看到，随着时代的不断演进，我国对职业教育的重视程度日益加深，职业教育的价值与地位也随之不断攀升。在职业教育与普通教育融合发展（职普融通）的探索路径上，我国见证了一系列深刻的变革和创新。

首先，我国从"普职融通"到"职普融通"的提法的调整在职业教育领域是一个重要的发展。这个变化不仅是名称上的差异，而且反映了对职业教育地位和作用认识的深刻变化。这些变化不仅体现在职普融通模式的不断调整与进化中，还表现在对这一路径的坚持和清晰定位上，反映了教育理念和政策重心的变化。

其次，这一称谓的变化背后也隐含着教育资源配置变化的意味，反映了对教育资源配置的新思考，这种调整可能预示着未来将有更多资源被投入职业教育中，以促进其发展，并更好地满足社会和经济发展对技能型人才的需求。

最后，从社会认知引导层面上讲，社会认知也存在一定改变。在传统观念中，职业教育常被视为普通教育的"次选项"，新命名有助于改变公众对职业教育的看法，提高社会对职业教育的认可度。

职普融通体系的逐步建立和完善不仅反映了教育政策的前瞻性，也体现了社会对多元化教育模式的需求和认可。这一系列的变化和调整，不仅展示了职业教育在我国教育体系中的重要角色，也标志着我国教育体系逐渐向更加综合、多元和高效的方向发展，职业教育的地位得到了显著的提升。

（二）我国职普融通教育政策的逻辑梳理

1. 站位职业教育的适应性、基础性和支撑性

"职普融通"在我国职业教育中的概念强调职业教育与普通教育的融合与协调，职业教育的适应性、基础性和支撑性是其核心要素。

（1）职业教育的适应性。职业教育发展具有较为鲜明的地域、区域特征，其主要功能是服务区域经济以及社会发展。[7]其特点在于能够敏锐地捕捉经济社会发展的动态需求，并据此做出适时的调整与优化。这包括课程设置、教学方法和技能培训的持续更新，以确保学生所学技能与当前及未来的行业需求保持一致。职业教育还需要适应学生的个性化需求，提供多样化的教育路径和职业选择。

（2）职业教育的基础性。职业教育的基础性在于它为学生提供必要的专业知识和技能，这些是学生进入特定职业领域的基础。除了专业技能，职业教育还注重基础教育，如数学、语文和英语等方面的基础文化知识，确保学生具备全面的知识结构，为学生将来的职业生涯做好充分而全面的基础知识储备。

（3）职业教育的支撑性。职业教育在社会发展中承载着至关重要的支撑功能。职业教育是以培养符合职业或劳动环境所需要的技能型人才为目标的一种教育类型，它以职业需要为导向，以实践应用性技术和技艺为主要内容。[8]它直接对接劳动市场，为社会提供所需的技能劳动力，支撑着工业、服务业等多个产业的发展。

2. 促进职业教育与普通教育横向融通

在职业教育与普通教育相互融合贯通的宏观背景下，"横向融通"这一术语特指两者间所实现的深入交流与无缝融合，使学生可以更加灵活地在职业教育和普通教育之间转换，增加教育路径的多样性。这种融通的深层次意义体现在以下四个方面：

（1）课程设置的互通。在"双通制"背景下，课程是职普横向融通的关键内核，职普教育内容的破壁融合是职业教育与普通教育相互深度渗透的要点。[9]职业教育和普通教育在课程设置上进行融合，提供既有专业技能又有理论知识的课程。

（2）学历和资格的互认。实施职业教育和普通教育学历及资格的相互认可。2014年，教育部等六部门发布的《现代职业教育体系建设规划（2014—2020年）》提出，普通学校和职业院校可以开展课程和学分互认。学习者可以通过考试在普通学校和职业院校之间转学、升学。[2]

（3）教育资源的共享。在教育领域，普通教育与职业教育之间的资源共享覆盖了师资、教材、实验室等多个方面。此举不但显著提高了教育资源的利用效率，而且促进了教育资源的均衡分配。

（4）终身教育体系的构建。职业教育与普通教育的横向融通是构建终身教育体系的重要一环，促进了学习者在不同阶段根据自身需求和兴趣选择最合适的教育路径。

二、职普融通的价值意蕴透析

（一）完善教育体系，促进国民教育的均衡优质发展

1. 强化职普融通有助于凸显职业教育的重要地位

2022年新修订的《中华人民共和国职业教育法》（以下简称《职业教育法》）迎着时代的呼声焕然新生，将职业教育与普通教育放在了同等重要的地位，不仅打破了过去对职业教育地位的误解，也彰显了我国政府对职业教育认识的深化。该法同时强调了普通教育和职业教育之间的融合与沟通，要求两者在发展中统筹兼顾，相互促进。这一修订，反映出我国政府在人才培养方面的远见卓识，对于优化我国教育结构，提升人才培养质量，具有重大而深远的意义。

2. 强化职普融通有助于实现国民教育的均衡优质发展

虽然在教育体系中，职业教育与普通教育各自拥有其独特的培养目标和教学模式，但实际上，它们之间存在着紧密的联系和相互补充的可能。这种联系和互补性，正是通过二者之间的融合发展来实现的。在这种发展模式中，职业教育与普通教育可以在知识传递、技能培养、资源配置等方面实现自由而有序的流动，使普通教育中深厚的文化知识基础能够为职业教育所用，而职业教育中的实用技能和操作经验也能反过来丰富普通教育的内容。

3. 强化职普融合有助于提升社会对职业教育的认同度

长期以来，职业教育在社会中的认同度尚未达到理想水平，有时会被误认为一种

"次等"的教育形式。"普高生不愿流、职校生不能流"的现实情况极大地抑制了职普融通的政策效应。[10]然而，在当前经济持续增长和产业结构不断优化的背景下，对技能型人才的需求呈现出显著增长的趋势，从而凸显了职业教育的重要性。"职普融通"将有效改善职业教育发展的社会氛围，逐步消除大众对职业教育的偏见与误解，从而让职业教育得到更好的发展。

（二）整合教育资源，建立人才培养的"立交桥"

1. 保障学生的教育选择权

职普融通作为一种教育模式，不仅充分满足了学生多样化的教育需求，更为他们提供了丰富的选择空间，切实保障了其教育选择权。该模式致力于实现职业教育和普通教育的深度融合与灵活转换，成功突破了传统教育模式的壁垒，实现了教育体系的创新与发展。在这一模式下，学生不仅能在普通教育阶段接触职业教育的内容，明确职业发展的方向，还能在职业教育阶段深入钻研专业知识，强化职业技能。这一模式的出现，极大地增加了学生在选择教育路径时的灵活性，使他们能够基于自身兴趣和特长，做出最为适宜的决策。

2. 促进职业教育与普通教育资源的整合

实际上，职业教育与普通教育之间可以实现融合发展，从课程设置的角度予以回应，将实践性与理论性有效结合。这种深度融合的教育方式无疑能够极大地拓宽学生的知识视野，并显著地提升其综合能力。此外，通过职业教育与普通教育的融合，还可以优化教育资源的配置，提高资源的利用效率。在职业教育与普通教育领域，均存在资源有限的情况，这涉及师资力量、教学设施和教学资金等多个方面。

3. 拓宽人才培养通道

职业教育主要关注技能和实践能力的提升，普通教育则更注重理论知识的积累，培养思维能力和创新能力。尽管这两种教育模式在设定培养目标时表现出一定的差异性，但各自均拥有独特的侧重点与显著的优势。职普融通将有助于消除教育壁垒，增加学生在培养路径选择上的灵活性。一系列机制，如学籍互通、学分互认、课程互选等，可以为学生提供更为多元化的学习选择，进一步拓展多元人才培养通道。这一模式旨在推动学生实现全面且均衡的发展，以更好地满足社会的多元化需求。

（三）完善知识结构，促进学生全面发展

1. 完善学生的知识结构

普通教育侧重学科理论知识的传授，使学生深入理解和掌握各学科的基础理论与概念，为其在学术研究和专业领域的发展奠定坚实的理论基础。职业教育则聚焦于实

践技能的培养，强调学生能力的提升，使其能够迅速适应实际工作，具备解决实际问题的能力。职普融通是职业教育与普通教育的双向融通，在看到职业教育对普通教育需求的同时，也要看到普通教育对职业教育的需求。[11]通过融合，可以在普通教育中融入实践技能教育，使学生在学习理论知识的同时，具备实际操作能力；同样，在职业教育中，也应强化文化素养和理论教育的培养，使学生不仅具备实际操作能力，还具备良好的文化素养和理论基础。

2. 提高学生的综合素质

传统的分类教育模式可能因过度专注于特定领域或学科，导致学生在此方面投入大量时间与精力，而在其他领域则显得相对薄弱，从而可能影响其全面发展。通过职业教育与普通教育的深度融合，我国成功推进了人才培养模式的深入改革。这种融合模式将实践教育与学科知识紧密结合，使学生在学习过程中既掌握理论知识，又获得实践经验，进而全面提升其综合素质与能力。更为关键的是，此模式的核心目标在于培育能够灵活应对未来社会多元化需求的复合型人才，以满足不断变化的社会需求。在此教育模式下，学生将有机会接触更广泛的知识领域和更丰富的实践场景，从而培养其创新思维、批判性思维和解决问题的能力。

三、职普融通的实践路径优化

（一）明晰政策引导，优化职普融通方案

职业教育与普通教育的深度整合和互通，是推动我国教育体系全面深化改革的重点项目之一，这种整合不仅涉及教育理念的更新，还关系到课程设置、教学方法、评价体系等多个方面的重构。[12]为了确保这一改革举措能够顺利推进并取得实效，国家层面的政策引导和顶层设计显得尤为关键。国家需要出台更为详尽和具有前瞻性的政策文件，为职业教育与普通教育的融通提供明确的方向和操作指南。

首先，在宏观政策框架下，地方政府扮演着使国家政策落地生根的重要角色。地方政府需要结合本地经济社会发展实际，出台具体可行的政策措施，为职业教育与普通教育的融通创造有利条件。这包括但不限于优化教育资源的配置，推动不同类型学校之间的交流合作，提供必要的财政支持和政策优惠等。

其次，各级教育行政部门必须加强横向和纵向的沟通与合作。在横向合作方面，教育部门应与劳动就业、产业发展、科技创新等相关部门建立长效机制，致力于推动教育链、产业链、人才链以及创新链之间的深度融合与有机衔接，以形成相互促进、协同发展的良好态势。在纵向合作方面，教育行政部门应指导和协调各级各类学校，鼓励它们根据自身特色和区域需求，探索适合本校的职业教育与普通教育融合模式。

最后，在政策创新方面，国家应鼓励有条件的地区先行先试，探索出具有区域特色的职业教育与普通教育融合路径。这些区域可借助试点项目的实施，积累宝贵经验，以供全国其他地区参考借鉴。此外，国家还需要依据地方实践的反馈，持续优化并调整相关政策措施，以确保其时效性与有效性得到充分保障。

（二）推动职业启蒙教育，加强义务教育阶段的技能培训

义务教育阶段作为国民教育的根基和关键时期，对于培养公民个体至关重要。在这个阶段，为了奠定职业教育与普通教育相融合的基础，加强职业启蒙教育和技能培训显得尤为重要。[13]职业基础教育范畴广泛，它不仅涵盖经济、社会等各个领域的知识，还涉及意识、习惯、情感和行为等多个层面。

首先，应加大对理论教育的投入，目的是提高中小学生对于各种职业的认知程度。这不仅包括对职业的基本内涵和分类的了解，还需要对职业意识、能力、道德和行为等方面进行深入的探究和理解。应当通过系统的理论教育，使学生能够对各种职业有一个全方位且深入的理解和把握。

其次，为了促使学生深入理解劳动的价值与意义，进而更加尊重和珍视劳动，有必要增设更多的社会实践课程，并强化劳动技能培训。一方面，可以将义务教育阶段学生的生活劳动内容适当纳入课程体系，促使学生培养相应的劳动习惯；另一方面，中小学可以初步开设简单的职业技术课程，引导学生加深对职业技术基础的认知。这种实践性教育不仅能够让学生亲身体验职业生活，还能够让他们在实践中学习和成长。

（三）加强高中阶段职普融通的整体规划，提高系统性

高中阶段的职业教育与普通教育融通是我国教育改革的重要方向，但目前面临着普通高中教育和中等职业教育地位不平等的问题，亟待得到有效解决。

首先要调整教育管理体制，明确各相关部门的职责。促进职业教育与普通教育融通，需要打破体制障碍，重组职业教育与普通教育相关管理方案。一方面是横向重组，针对职业教育与普通教育自身的特殊性，重组融合发展的新体制机制；另一方面是纵向重组，职普融通自身视角应是自上而下的，要建立一套涉及行政组织架构与管理、课程、教学的科学方案，确保教育工作的顺利进行。

其次要构建独具特色的课程体系，致力于培育具备较高专业素养的教师团队。社会分工的要求只是分流的外在依据，个体的差异性则是对应的内在依据。[14]以学生成长为目标，构建职普融通的课程架构，实现跨学科、纵向贯通、多样化和灵活性。普高与中职合作制定人才培养目标和规范，开发专业化课程体系和教学方案。推动职普融通的试点项目，联合开发选修课程和课程标准，实现资源共享。

参考文献

[1] 方中雄，张士佐．对北京市普高发展的设想 [J]．中小学管理，1999（10）：31-32.

[2] 教育部等六部门关于印发《现代职业教育体系建设规划（2014—2020年）》的通知 [EB/OL]．（2014-06-23）[2024-06-01]．http：//www.moe.gov.cn/srcsite/A03/moe_1892/moe_630/201406/t20140623_170737.html.

[3] 国务院办公厅关于新时代推进普通高中育人方式改革的指导意见 [EB/OL]．（2019-06-11）[2024-06-01]．https：//www.gov.cn/zhengce/content/2019-06/19/content_5401568.htm.

[4] 中共中央关于制定国民经济和社会发展第十四个五年规划和二〇三五年远景目标的建议 [N]．人民日报，2020-11-04（01）.

[5] 习近平．高举中国特色社会主义伟大旗帜　为全面建设社会主义现代化国家而团结奋斗：在中国共产党第二十次全国代表大会上的报告 [J]．中国人大，2022（21）：6-21.

[6] 中共中央办公厅　国务院办公厅印发《关于深化现代职业教育体系建设改革的意见》[EB/OL]．（2022-12-21）[2024-06-01]．https：//www.gov.cn/gongbao/content/2023/content/5736711.htm.

[7] 朱秋月，黄旭中，马丹，等．增强职业教育适应性发展的区域比较研究：基于对湖北省职教发展的调研与思考 [J]．湖北社会科学，2023（10）：73-81.

[8] 俞启定，和震．职业教育本质论 [J]．中国职业技术教育，2009（27）：5-10.

[9] 李欣泽，匡瑛．"双通制"背景下高中阶段职普横向融通的时代价值及实现路径 [J]．中国职业技术教育，2022（13）：12-18.

[10] 孙静，崔志钰．21世纪以来我国职普融通教育政策的演变逻辑、问题解析与优化建议 [J]．中国职业技术教育，2022（21）：5-11，35.

[11] 徐国庆，余韵．职普融通的当代涵义与实践框架：基于技术及职业关系演变的分析 [J]．教育研究，2024，45（2）：4-15.

[12] 占梦君，谢莉花．超越工具理性：职普融通的价值维度、目标向度与推进策略 [J]．教育与职业，2024（10）：15-22.

[13] 王鸿礼．人才结构与教育结构 [J]．探索，1985（2）：17-20.

[14] 柳夕浪．教育分流与分流教育 [J]．上海教育科研，1994（3）：13-16.

作者简介：李金睿，陕西师范大学教育学部博士研究生，研究方向为职业技术教育学；陈鹏，陕西师范大学教育学部教授，博士研究生导师，研究方向为教育政策与法律、职业技术教育学。

职业院校学生数字行动能力：
时代价值、基本内涵与培育路向

周玉婧　陈　鹏

摘　要： 培育数字行动能力是数智时代职业教育人才培养的新使命。本文旨在阐明数智时代培育职业院校学生数字行动能力的时代价值，厘清职业院校学生数字行动能力的概念图景与理论框架。基于此，本文提出数智时代培育职业院校学生数字行动能力的逻辑路向，主要包括以数字智商为基本能力单元，筑牢数字行动能力底座；以数智化"教学管"共同体为关键，锻造数字行动能力支柱；以社会情感能力为抓手，锤炼数字行动能力架构。

关键词： 数智时代；职业教育；数字行动能力

近年来，随着人工智能、机器学习、数字孪生以及元宇宙等前沿科技概念的不断涌现，"数智"理念及其应用技术在教育界引发广泛瞩目。这一发展态势不仅映射出科技对教育领域的重要影响，更预示着未来教育理念与模式的革新和进步。数智时代是人类社会进入数字化、智能化时代的统称，[1]是信息社会和数字时代概念的进一步深化与延伸。[2]数智时代不仅改变了社会生产模式，对职业教育人才培养也提出了挑战。

一、数智时代职业院校学生培育数字行动能力的时代价值

人们试图利用迅猛发展的新科技解决社会发展三大关键问题，即"虚"与"实"、"人"与"机"、"时"与"空"的问题。[3]例如，物联网、区块链、大数据等专注于虚实交互；人工智能、机器学习、泛机器化产业等聚焦人机关系；互联网和元宇宙则深耕于重塑时空格局。概括地说，虚实融合、人机协作以及时空重构不仅代表当前科学技术发展的方向，更揭示出数智时代的演进逻辑和本质特征。鉴于此，有必要从数智时代三重特征视角出发，进一步剖析职业院校学生发展数字行动能力的重要时代价值。

（一）数字行动能力是达成虚实沟通交互的基础

数据是数智时代的核心要素，也是推动教育领域转型的关键。2021 年，教育部等六部门下发的《关于推进教育新型基础设施建设　构建高质量教育支撑体系的指导意见》中明确指出，要充分发挥数据作为新型生产要素的作用，推动教育数字转型。[4]

然而，数据的生成、流动和分析所依赖的技术与原则并非完美无缺，其必然存在一定的局限性，在此过程中加强培育学生的数字行动能力愈发关键。一方面，学生需要掌握基础数据处理技能，从而高效地收集、整理和分析各类型数据；另一方面，学生需要具备数据安全意识，知悉并遵循数据隐私保护的相关规定，确保在数据使用过程中不侵犯个人隐私与泄露敏感信息。此外，从当前人工智能（AI）应用人才培养的维度审思，AI 产业应用的核心要素涵盖数据、算法、算力和应用场景四个方面。算力和算法产业的准入标准较为严苛，并非职业院校毕业生的首选职业路径。相较之下，AI 数据服务与 AI 场景应用开发则更为契合职业院校毕业生的能力特点。通过数据、应用场景领域的数字行动能力的培养，职业院校学生能够更有效地迎合劳动力市场需求，增强其就业竞争力。

（二）数字行动能力是推进人机和谐共生的核心

未来世界将是人类与机器和谐共存的时代。人机协作的核心宗旨在于充分释放双方各自的优势，持续对人机关系进行优化与完善，以期达到人类与机器之间和谐共生的理想状态。

推进人机和谐共生亟须关注数字行动能力培育。一是数字行动能力是增强人机协作能力的根基。具备数字行动能力的学生能够高效地使用各类数字平台与协作工具，并与智能机器实现无缝互动。二是数字行动能力有利于提升人机协作技术的理解与应用。在智能机器普及的背景下，数字行动能力使职业院校学生能够快速适应新技术，理解其工作原理，并将其有效应用于实际工作中。三是数字行动能力可以进一步推进人机和谐共生。在数智时代，简单的机械化工作逐步由机器替代，员工转为承担更为复杂与具有创造性的任务。员工与机器之间的配合程度越高，得到的工作支持和效率提升也会愈发显著；同时，员工对人机共生关系的感知也会调节工作岗位要求与个人胜任需求以及工作积极性之间的关系。[5]

（三）数字行动能力是实现时空重构的关键支撑

时空重构呈现出一个与真实世界平行但独立存在的虚实融合空间，即通过集成网络、硬件终端以及用户于同一体系之中，为用户创造出深度沉浸式的体验，以满足其对超现实创造的渴求。[6]时空重构为职业教育教学模式带来了前所未有的变革，使职业教育教学过程更具真实性、互动性与高效性，优化了职业院校学生的学习体验、技能水平和评价模式等。

首先，在"理性教学"逐步向"沉浸式教学"转变的当下，职业院校学生凭借数字行动能力，能够在模拟的工作环境中反复实践、不断优化自身技术技能，并提升其技术应变能力；其次，具备数字行动能力的职业院校学生更容易获得高级职业能力；最后，具备数字行动能力的职业院校学生更容易实现自适应式学习。元宇宙和下一代互联网技术打破了传统时间与空间的限制，使教学与学习可以在任何时间、任何地点进行。同时，云计算、物联网等技术的应用，使教育资源更加丰富和灵活。在职业教育中，职业院校学生可通过在线课程、虚拟实验室和远程协作自主学习。数字行动能力则可助力学生发挥主体性，高效利用数字资源，提升自学习适应性。

二、数智时代职业院校学生数字行动能力的基本内涵

培育数字行动能力是数智时代促进个体能力发展的重要基础。进一步探讨和研究职业院校学生数字行动能力的基本内涵，是推动当前职业教育人才培养改革的新引擎。

（一）职业院校学生数字行动能力的概念生成

1. "行动"的概念

行动（Action）这一概念在哲学、伦理学、心理学以及教育学中被广泛研究。在哲学领域，"行动"常被理解为一个有意识、意图性的行为；在心理学领域，"行动"被视为由心理过程驱动的行为反应，强调研究行动的动机、决策过程和行为表现；而在教育学领域，"行动"被看作学习和实践的重要组成部分，强调通过实际操作和体验来促进知识、技能的掌握。基于此，本研究认为完整的"行动"涵盖八个核心环节，即行动意识、行动动机、行动计划、行动实施、行动反思、行动规范、行动协作和行动创新。

2. "数字能力"的概念

随着数字化转型的不断深入，数字能力成为全球教育领域的重要研究主题，国际组织和各国逐步推进公民数字能力评估与指导。2022 年，欧盟发布《欧盟公民数字胜任力框架 2.2》，其主要内容包括信息和数据素养、沟通与协作、数字内容创作、数字安全以及问题解决五大主要能力域。[7]美国社会与情感学习联盟将数字能力纳入其社会与情感学习框架中。澳大利亚、新加坡、韩国等也都将数字能力归入本国国家课程和教学项目改革中。已有研究表明，数字能力不仅是对基本操作技能的培养，还涉及批判性思维、问题解决、信息素养和社会责任等多个方面。[8]

据此，本研究将职业院校学生数字行动能力界定为在数字环境中，学生能够有意识地、有效地、负责任地运用包括人工智能、大数据、物联网等数字技术以及各类数字工具，进行数据信息的获取、分析和应用，解决实际问题，推动创新、创造的能力。

（二）职业院校学生数字行动能力的理论框架

数字行动能力的概念生成回答了"是什么"的问题；而数字行动能力理论框架则旨在解释概念的结构、运作机制和内部关系，回答的是"如何运作"的问题。数字行动能力概念的理论框架可分为数字行动认知维度、数字行动实践维度、数字行动社会互动维度以及数字行动反思与创新维度。

1. 数字行动认知维度

认知是行动的基础。只有具备必要的认知，个体才能正确理解并使用数字技术。数字行动认知维度包含信息素养链和批判性思维链。信息素养链涉及数字信息的检索、整合以及信息获取、评价和应用等综合能力提升。批判性思维链涵盖从数字信息的简单辨别到深度评估，实现对数字工具、数字平台的批判性评价。

2. 数字行动实践维度

数字行动实践维度聚焦于个体能够在数字环境中高效地执行任务和解决问题。其主要内容，一是操作技能链，从基础数字技术应用到专业数字技术操作，逐步完善数字工具和软件的使用能力；二是技术适应链，从基本适应到在数字技术变革中主动创新，开发新应用，优化现有流程，推动技术前沿发展。

3. 数字行动社会互动维度

孤立的技术应用已不足以应对数智时代复杂的问题和任务。由此出发，数字行动社会互动维度包括：一是沟通协作链，二是数字伦理链。沟通协作链涉及数智环境中从基础交流到深度协作以及优化沟通与合作等内容。数字伦理链则包括从基本遵守到伦理领导，推动数字环境中的伦理规范建设。在数字伦理链的基本遵守阶段，个体应能够了解并遵守基本的数字行为准则和隐私保护规范，尊重他人的数字权利。而在伦理领导阶段，个体应能够在数智环境引导、影响他人，以及推动数字环境中的伦理规范建设和执行，维护公共数字利益与社会公正等。

4. 数字行动反思与创新维度

数字行动反思与创新维度关注个体在数字环境中的反思能力和创新思维。其首要任务一是构建创新思维链，从基础应用到跨领域创新，促进技术驱动的创意设计和行业变革；二是生成性反思链，从局部反思到系统改进，实现跨场景、跨领域应用反思数字成果，不断优化和提升自身数字行动能力，推动个人与组织的持续发展。

三、数智时代培育职业院校学生数字行动能力的逻辑路向

能力培养涵盖目标设定、教学设计、实施过程、评估反馈以及持续改进等多个环节。鉴于此，本研究聚焦数字行动能力目标设定的明确性、课程与教学实施的有效性，以及综合素质培养与持续改进的系统性三个方面，进一步探明培育职业院校学生数字行动能力的逻辑路向。

（一）以数字智商为基本能力单元，筑牢数字行动能力底座

数字智商（Digital Intelligence，DQ）是数智时代人类智力的新型表现形式，也是衡量个人在数智时代生存发展以及社会实现可持续发展的关键指标。[9]《2020年全球数字智商调查报告》显示，只有不到40%的学生具备基本的数字素养意识。[10]在当前我国职业教育环境中，对于数字智商的重视程度和培养投入尚显不足。

世界经济论坛所支持的国际智库——数字智商研究所（DQ Institute，DQI）致力于研究与推广数字智商的框架标准。2019年，DQI发布全球首个数字智商标准。2023年，DQI进一步更新数字智商框架。最新数字智商框架在纵向上分为数字连接者、数字公民、数字创造者和数字竞争者，横向上每个级别均涵盖数字身份、数字使用、数字安全、数字保障、数字情商、数字素养、数字沟通和数字权利八个关键领域，总计包含32项数字能力。

数字智商与数字行动能力二者之间的关系可概括为基础与应用、认知与执行、情感与社会技能相互作用的关系。未来职业院校学生数字智商的综合培养主要从以下两方面着手：一是积极转变数字素养观念，理解数字智商的重要性。传统的信息素养教育主要集中在基本的计算机操作和信息检索技能上，而现有的数字能力培养在应用培养层面略显不足。因此，理解数字智商的核心要素、转变信息素养观念是首要任务。为了实现这一目标，职业教育者应系统传授数字智商相关理论知识，使学生深入理解数字智商的概念及其应用；通过实践课、项目驱动式学习和跨学科整合等方式，逐步提升学生的数字行动能力。二是建立科学合理、适应我国职业院校学生的数字智商评价体系。由DQI主导开发的DQ World在线教育平台与评估体系已在全球29个国家得到推行，超过300万名儿童参与了该平台的学习。相关评估数据显示，参与学习的儿童在数字素养、网络安全意识和数字情绪管理方面的能力均得到显著提升。[11]为此，应进一步结合我国职业教育实际情况，构建科学合理、适应我国职业院校学生的数字智商评价体系。

（二）以数智化"教学管"共同体为关键，锻造数字行动能力支柱

在数智时代，教育、学习与管理的界限日益模糊，并逐步形成一个紧密相连的整

体，构建数智化"教学管"共同体成为培育职业院校学生数字行动能力的重要一环。

一是设计开放性综合学习系统，搭建由跨职业、多学习场所的学习性工作任务组成的共同体平台。智能化生产系统会对技术技能人才的工作模式产生工作过程去分工化、人才结构去分层化、技能操作高端化、工作方式研究化及服务与生产一体化的根本性影响。[12]通过开放性综合学习系统，设置多学习场所，职业院校学生可以在虚拟环境中进行跨职业的互动学习，了解和体验不同职业的工作流程与要求，从而无限拓宽学习边界，提升在不同工作情境下解决问题的能力。

二是提供自我建构知识和技能的机会与空间。一方面，设计个性化的学习路径，让职业院校学生根据自己的兴趣和需求选择学习内容与进度；另一方面，鼓励职业院校学生在学习过程中进行自主探究，提出问题并寻找解决方案。此外，职业院校亦需稳步推进数智化管理战略，逐步完善智能化校园建设、数字化教学资源管理、智能评价与反馈机制建设等。

（三）以社会情感能力为抓手，锤炼数字行动能力架构

职业院校学生数字行动能力的培育应以社会情感能力为重要抓手。其一，数字行动能力复杂多维，其有效发挥依赖于社会情感能力等综合素养；其二，在数智时代的海量数字信息环境中，职业院校学生面临着易发的压力与焦虑挑战，而社会情感能力是职业院校学生有效管理自身情绪、积极应对各类挑战的重要支撑。

21世纪以来，社会情感能力的培养在全球范围内获得普遍关注。美国社会与情感学习联盟将社会情感能力界定为"个体在与社会的互动过程中，驾驭自己的情绪，与他人建立积极的关系，负责任地做出决策以解决社会生活中各种问题的能力"[13]。经合组织将其解释为完成任务能力、情绪调节能力、协作能力、开放能力以及交往能力。[14]对社会情感能力概念的表述虽各有不同，但究其核心，强调的都是个体在社会互动中展现出的综合能力，这些能力不仅是学术成功的重要补充，更是个体适应社会和实现终身发展的关键因素。尽管职业院校学生通过工作培训、实践展现出一定的适应能力，但仍有一部分职业院校学生在情绪调节、人际沟通与协作等社会情感能力的核心领域存在不足。[15]

学校在社会情感能力的干预与提升方面扮演着至关重要的角色。[16]今后，职业院校一是要逐步优化学校物理环境、文化环境、教学设施以及医疗卫生保障设施等，增强职业院校学生对学校的归属感；二是要进一步完善职业院校安全规章制度和奖惩政策，确保职业院校学生的困惑和需求得到及时回应，从而激发学生的自我意识和社会意识；三是要强化职业院校课程活动间的互动性，加强对职业院校学生社交能力、团队合作意识以及综合素质等的培育。

参考文献

[1] 王竹立，吴彦茹，王云. 数智时代的育人理念与人才培养模式 [J]. 电化教育研究，2024，45 (2)：13 – 19.

[2] 赵磊磊，陈祥梅. 数智时代教育大数据风险：表征样态与化解路向 [J]. 贵州师范大学学报 (社会科学版)，2022 (2)：72 – 82.

[3] 张晖. 解码未来："数智"时代 [N]. 光明日报，2023 – 07 – 28 (04).

[4] 教育部等六部门关于推进教育新型基础设施建设 构建高质量教育支撑体系的指导意见 [EB/OL]. (2021 – 09 – 26) [2024 – 06 – 20]. http：//www. moe. gov. cn/srcsite/A16/s3342/202107/t20210720_545783. html.

[5] 朱晓妹，王森，何勤. 人工智能嵌入视域下岗位技能要求对员工工作旺盛感的影响研究 [J]. 外国经济与管理，2021，43 (11)：15 – 25.

[6] 陆宇正，曾天山. 元宇宙赋能职业教育教学场域重构的技术逻辑与新型样态 [J]. 现代远程教育研究，2024，36 (2)：104 – 112.

[7] 钟周. 胜任数字变革：欧盟数字素养框架体系研究 [J]. 世界教育信息，2023，36 (1)：46 – 57.

[8] JANSSEN J, STOYANOV S, FERRARI A, et al. Experts' views on digital competence：commonalities and differences [J]. Computers & education, 2013, 68：473 – 481.

[9] 王佑镁，赵文竹，宛平，等. 应对数字社会挑战：数字智商及其在线教育体系 [J]. 现代远程教育研究，2020，32 (1)：61 – 67.

[10] DQ Institute. 2020 global digital IQ [R/OL]. (2020 – 04 – 05) [2024 – 06 – 22]. https：//www. pwc. ch/en/publications/2020/2020% 20Global% 20Digital% 20IQ% 20PDF_FINAL. pdf.

[11] DQ Institute. 2018 DQ impact report [R/OL]. (2018 – 02 – 05) [2024 – 06 – 22]. https：//www. dqinstitute. org/2018dq_impact_report/.

[12] 徐国庆. 智能化时代职业教育人才培养模式的根本转型 [J]. 教育研究，2016，37 (3)：72 – 78.

[13] CASEL. 2013 CASEL guide：effective social and emotional learning programs – preschool and elementary school edition [EB/OL]. (2013 – 03 – 19) [2024 – 05 – 15]. https：//files. eric. ed. gov/fulltext/ED581699. pdf.

[14] 黄忠敬，唐一鹏，王娟. 学生社会与情感能力：国际比较与中国表现 [J]. 华东师范大学学报 (教育科学版)，2024，42 (5)：33 – 57.

[15] BANGSER M. Preparing high school students for successful transitions to postsecondary education and employment [R]. National high school center, 2008.

[16] SOUTTER A K. What can we learn about wellbeing in school? [J]. The journal of student wellbeing, 2011, 5 (1)：1 – 21.

作者简介：周玉婧，陕西师范大学教育学部博士研究生，研究方向为职业技术教育学；陈鹏，陕西师范大学教育学部教授，博士研究生导师，研究方向为教育政策与法律、职业技术教育学。

建设教育强国进程中职业教育高质量发展的实践路径

秦　伟　祁占勇

摘　要： 职业教育作为与社会经济发展结合最为紧密的教育类型，其高质量发展将直接推动边疆民族地区实现高质量发展。职业教育高质量发展不仅是巩固边疆民族地区脱贫攻坚成果的现实要求，也是实现边疆民族地区乡村振兴战略的内生动力，同时也是完善边疆民族地区职业教育体系的必然途径，还是促进边疆民族地区经济社会发展的必由之路。当前边疆民族地区职业教育发展存在办学目标导向模糊、人才培养滞后、师资队伍质量不高、保障机制不够合理等困境。建设教育强国进程中，可以通过深入挖掘潜量、深化提质存量、深切借力增量、深刻把握变量，来提升边疆民族地区职业教育发展的共治力、融合力、新生力、内生力，进而实现边疆民族地区职业教育的高质量发展。

关键词： 教育强国；边疆民族地区；职业教育；高质量发展

为了促进边疆民族地区发展，党的二十大报告指出要支持革命老区、民族地区加快发展。[1]边疆民族地区由于经济社会发展水平较低，成为我国实现整体高质量发展的重点区域。而职业教育作为"与社会经济发展结合最为紧密的教育类型"[2]，实现其高质量发展将直接推动边疆民族地区实现高质量发展。因此，在建设教育强国进程中，厘清边疆民族地区职业教育高质量发展的时代意蕴和现实困境，构建其高质量发展的实践路径，不仅关系到边疆民族地区人力资源质量的提升，还是实现边疆民族地区繁荣与稳定的关键之举。

一、边疆民族地区职业教育高质量发展的时代意蕴

职业教育作为边疆民族地区高质量发展的重要推动力量，其必然以自身的高质量

发展来适应边疆民族地区经济社会发展的现实需要。同时,也只有高质量的职业教育,才能彰显其在边疆民族地区高质量发展进程中的重要地位和时代意义。

(一) 巩固边疆民族地区脱贫攻坚成果的现实要求

我国在 2020 年年底向全世界庄严宣告如期达到脱贫攻坚目标,在中国历史上首次消除了绝对贫困和区域性整体贫困。[3]但是,部分边疆民族地区由于地理位置、历史文化等原因,经济社会长期处于欠发达状态,与人民对美好生活的期望相比,还有很大的发展空间,一些边疆民族地区的脱贫人口存在再度返贫的可能。因此,在新时代贫困模式的变化下,保证边疆民族地区人民不返贫是必须正视的重要课题和亟须完成的任务。作为抑制脱贫地区"返贫"的有力武器[4],职业教育可以为边疆民族地区培养产业发展人才,提供科学合理的产业组织模式和智力支持以实现"精准脱贫",还可以通过培训的形式让群众掌握 1~2 门技术或技能,从而阻断贫困的代际传递。此外,职业教育可以有效激发边疆民族地区群众的致富动力,依托现有的资源禀赋和特色产业增加广大群众的收入,并提升其增收的能力。

(二) 实现边疆民族地区乡村振兴战略的内生动力

乡村振兴战略是促进边疆民族地区经济社会提质升级的重要工程,也是实现边疆民族地区在各个方面全面振兴的必由之路。乡村振兴的重点是产业兴旺,而要实现产业兴旺,必须坚持走产业高质量发展道路[5],所以乡村振兴战略的顺利实施必须以产业的高质量发展作为支撑,并通过高质量的产业发展带动其他领域的振兴与发展。边疆民族地区在生态环境、自然资源等方面具有特殊禀赋,而这些正是实现特色产业发展的重要基础,职业教育以自身与产业发展的密切关系,可以以产业融合和汇聚资源等方式促进边疆民族地区乡村振兴战略的实施。因此,在教育强国进程中推动边疆民族地区职业教育高质量发展,一方面要充分落实国家政策,不断完善人才培养模式、提升人才培养水平;另一方面要担当起为边疆民族地区调整优化产业人才结构、推动经济社会发展的使命任务。职业教育的"跨界"属性使其具备了"教育""经济""社会"三性合一的综合服务功能,天然地与边疆民族地区的经济社会具备密切关系。

(三) 完善边疆民族地区职业教育体系的必然途径

当前,边疆民族地区职业教育呈现出的主要矛盾为经济社会发展以及人民群众对职业教育的需求与职业教育发展不平衡不充分之间的矛盾[6],究其深层次的原因,是边疆民族地区尚未建立起现代化的职业教育体系,本质上映射出边疆民族地区职业教育质量偏低。因此,职业教育的高质量发展是完善边疆民族地区现代职业教育体系的必然途径。一方面,职业教育高质量发展与建设现代职业教育体系密切相关,在职业教育高质量发展过程中，必须坚持服务国家战略和区域经济社会发展目标，必须将建设现代职业教育体系作为自身的首要任务；另一方面，建设现代职业教育体系也是边疆民族地区"破解人才市场对技术技能型人才需求的数量或质量难题"[6]的具体路径，建设完善的现代职业教育体系必须依靠职业教育的高质量发展，否则职业教育体系作为社会系统的组成部分将不被认可，缺乏稳定性。高质量职业教育体系关涉职业教育发展的大局，是推动现代职业教育高质量发展的关键所在[7]，所以，现代职业教育体系必然具备结构合理、机制高效、服务先进等高质量特征。

（四）促进边疆民族地区经济社会发展的必由之路

"十四五"时期，党和国家要求经济社会发展要以推动高质量发展为主题，以深化供给侧结构性改革为主线，当前边疆民族地区特色产业发展正是按照这一要求稳步推进的，它以新发展理念为指导，科学合理地对边疆民族地区的生态环境、自然资源等特色资源进行开发。职业教育作为与经济社会发展关系最密切的教育类型[8]，可以根据边疆民族地区的资源禀赋培养产业技术人员或者培训现有的从业者，从而促进边疆民族地区经济社会的发展。由此可见，职业教育具有提升区域劳动力素质的功能。社会资本理论认为，一个依赖于普遍互惠的社会比一个没有信任的社会更有效率。[9]在此理论的观照下，边疆民族地区的部分职业教育可以通过自身的高质量发展帮助群众积累社会资本，形成"普遍互惠"社会，通过凝聚群众的人心形成的向心力来促进边疆民族地区的经济社会建设。

二、边疆民族地区职业教育高质量发展的现实困境

边疆民族地区由于自身存在的劣势，往往不能充分发挥其自然资源等天然优势，经济社会发展不平衡的现象依然存在，这些也直接导致职业教育在高质量发展中面临办学目标不清、人才培养滞后、师资队伍建设不足、保障机制不全等一系列现实问题。

（一）办学目标：导向模糊，难以满足高质量发展要求

社会认可度低被认为是职业教育发展面临的最大困难。[10]边疆民族地区职业教育在政府、行业等主体的局限性认识下，也表现为存在感弱、社会地位低。随着边疆民族地区经济社会的不断发展，边疆民族地区人民也同其他地区的人民一样，存在追求高学历的倾向，导致边疆民族地区职业教育参照普通教育的做法，通过提高升学率来抢夺生源，这一做法直接导致了边疆民族地区职业教育与普通教育的趋同。此外，由于边疆民族地区职业教育举办者在政策制定、人才培养等具体办学实践中，跟风复制普通教育的办学发展模式，自身办学目标导向模糊，培养的人才不符合企业要求，无法

向边疆民族地区的产业输送技术技能人才。同时，边疆民族地区由于历史等多方面原因，自身产业基础薄弱，经济发展滞后于东部沿海地区，也没有主动与职业院校进行产业需求等方面的对接，职业教育的人才培养内容无法契合边疆民族地区产业结构调整的最新方向，导致职业教育在"人岗适配"方面存在结构性矛盾。

（二）人才培养：滞后于边疆民族地区产业发展

2018年以来，我国高校毕业生每年保持在800万人以上，但是企事业单位"用工荒"和毕业生"就业难"的矛盾依然突出，这种矛盾在边疆民族地区更为严重，折射出职业教育高层次技术技能人才培养的不足以及市场的旺盛需求，边疆民族地区人才培养和需求呈现出结构性矛盾。劳动力作为生产力的第一要素，对边疆民族地区经济社会的发展起着至关重要的作用。一方面，新时代边疆民族地区产业转型实现了组织方式的提质升级，对职业教育人才培养提出了更高的要求，初级和中级技术技能人才已不能满足边疆民族地区经济社会高质量发展的需求，社会对高级工程师等高层次技术技能人才的需求越来越大；另一方面，随着人工智能、物联网等信息技术的广泛应用，边疆民族地区企业经营理念更新迅速，产品升级加快，而职业教育培养的技术技能人才跟不上时代的发展，存在一定程度的滞后性。同时，一些新兴岗位的职业活动充满科学思维与智力活动[11]，对毕业生的要求更高，归根结底还是边疆民族地区职业教育人才培养与产业需求脱节，导致毕业生人岗不适。

（三）师资队伍：质量不高制约输出高素质人才

边疆民族地区职业教育高质量发展不仅需要资金、政策等外部条件保障，还需要理念、师资等内部条件支持。其中，建设一支高水平的"双师型"教师队伍尤为重要。长期以来，我国职业教育的师资发展一直落后于普通教育，对职业教育固有的评价使边疆民族地区职业教育在短期内很难实现建设一支高水平师资队伍的目标，而高水平的师资队伍恰恰是职业教育高质量发展的根本保证。高质量的职业教育教师应该具有丰富的行业经验、较强的实践教学能力和社会服务能力[12]，是既具备职业教育教学经验，又有企业行业工作经验的"双师复合型"教师。但是，当前边疆民族地区的部分职业教育教师没有企业工作经历，其从学校毕业后就一直在学校工作，实践经验不足，致使培养的学生无法满足边疆民族地区产业转型升级的要求。边疆民族地区职业教育师资队伍除了以上问题，还存在职后培训不足的情况，但边疆民族地区乃至全国可以开展职业教育师资职后培训的单位非常有限，这也限制了职业教育师资水平的提升。

（四）保障机制：管理体系制约资源合理化配置

边疆民族地区职业教育要实现高质量发展，必须有与之相适应的治理体系与治理能力，但其在这些方面滞后于东部沿海地区。首先，边疆民族地区职业教育机构大多由政府兴办，投资主体单一，投入不足。同时，职业教育相较于普通教育更注重对技术技能的培养，这就需要大量的设施设备便于学生实际操作，因此职业教育的投入往往高于普通教育。其次，由于地理位置偏远等自然原因，边疆民族地区职业院校一般很难与除政府外的其他主体建立更多的联系，其获取的相关帮扶极其有限。近年来，国家高度重视边疆民族地区帮扶工作，在制度上、物质上对边疆民族地区进行全面帮扶，但是针对职业教育在师资、体制等方面的帮扶效果仍然不够明显。最后，边疆民族地区职业教育往往由地方政府实行"一元集权"的管理模式，其他主体长期从属于政府，对职业教育几乎没有话语权，无法真正参与到技术技能人才的培养中，从而产生了供需不匹配的现象。边疆民族地区由于历史等多方因素，其经济结构的复杂性以及当前社会需求的多样性都要求职业教育的人才培养兼顾各方需求。而边疆民族地区职业教育长期采用政府单一管理的模式，各方各自为政，制约了边疆民族地区职业教育的高质量发展。

三、边疆民族地区职业教育高质量发展的实践路径

边疆民族地区职业教育要按照《关于推动现代职业教育高质量发展的意见》的要求，聚焦办学目标和定位、教学和改革、人才培养和师资队伍等，不断推进边疆民族地区职业教育高质量发展。

（一）深入挖掘潜量，提升边疆民族地区职业教育发展共治力

职业教育的主要任务是培养生产、建设、服务和管理第一线的高素质技术技能专门人才。[13]面对新时代的发展要求，边疆民族地区职业教育应坚持以技术技能为先，深入挖掘自身潜量，精准定位办学目标，汇聚职业教育系统内部和外部之力，形成职业教育发展的共治力，促进职业教育高质量发展。

首先，逐步建立政府统筹、多元主体协同办学的模式。边疆民族地区职业教育一直以来都是由政府主导管理，行业企业很少参与职业教育的办学。新时代边疆民族地区职业教育要打破原有政府的"固化身份"，在符合国家要求的基础上，支持企业等社会力量广泛参与边疆民族地区职业教育，让政府统筹与市场调控有机结合，重塑职业教育体系中政府、企业、学校三者的关系，形成政府统筹、多元协同、资源共享、合作发展的新时代边疆民族地区职业教育办学模式。

其次，以章程作为完善边疆民族地区职业教育内部治理制度体系的统领。边疆民族地区职业教育要高度重视章程在高质量发展中的统领地位，系统推进章程的制定和完善。在办学中牢记初心和使命，深入总结凝练办学经验和特色，形成具有边疆民族

地区特色的职业教育制度体系。此外，要重视制度的执行力，严格执行各类规章制度，着力提升边疆民族地区职业教育治理体系和治理能力的现代化水平。

最后，以数字化创新边疆民族地区职业教育结构。数字化作为未来教育的大势所趋，是边疆民族地区职业教育弯道超车实现高质量发展的新契机。在数字化时代，要求职业教育必须使用数字思维和互联网思维谋划和推动发展，将现代信息数字技术与职业教育深度融合，构建边疆民族地区职业教育智慧治理体系，形成边疆民族地区职业教育高质量发展新范式。

（二）深化提质存量，凝聚边疆民族地区职业教育发展融合力

边疆民族地区职业教育经历了夯实基础和逐步发展的过程，正处于高质量发展的历史关键时期，需要以提高质量和培养优秀技术技能人才为主线，集中精力加强基础建设、弥补短板，激发发展动力。一方面，提升边疆民族地区职业教育的硬实力。边疆民族地区政府要站在全局的高度，科学合理地制定职业教育高质量发展规划，结合边疆民族地区实际，出台目标清晰且可操作性强的支持政策。职业院校也要深入挖掘自身潜力，充分整合边疆民族地区特有的资源，吸引更多的企业前来洽谈合作，积极寻求提升办学条件的途径，实现共同建设学校、共同培养学生，达到共赢发展的目的。另一方面，提升边疆民族地区职业教育的软实力。提升软实力主要是以提升师资水平为主，边疆民族地区职业教育要充分结合地区特点，从基础知识、边疆民族知识、职业知识三个方面建设结构化的职业教师培养体系。其中，基础知识包括边疆民族地区职业教师必须坚守的边疆民族教育信念、必须熟练掌握的基本教育知识和职业教育能力，确保职业教师在进行教育时能遵从基础的教育规律、使用基本的教育方法；边疆民族知识是侧重培养职业教师的地方性知识，主要包括边疆知识、民族文化以及跨文化能力等方面的知识，以确保他们通过情感共鸣指导引领边疆民族地区的学生；职业知识主要是指专业技术能力，包括基本职业知识和实际操作能力，可以通过到企业顶岗学习、挂职锻炼等方式，有针对性、分批次地培养符合边疆民族地区产业特性的"双师型"教师。

（三）深切借力增量，构筑边疆民族地区职业教育发展新生力

边疆民族地区职业教育在高质量发展过程中，在新技术革命、国家政策、市场需求等多方作用下，形成了一个叠加高端制造、教育、服务、就业、市场等概念的增量空间。[14]这个"增量空间"作为发展路径，需要边疆民族地区职业教育积极融合其他领域的优势并将其转化成自身发展的动力。首先，进一步强化边疆民族地区职业教育作为类型教育的定位。当前边疆民族地区职业教育基本上参照普通教育规律进行办学，模糊了职业教育作为类型教育的特征，导致培养出的学生无法适应市场需求。所以，

地方政府和职业院校要将类型教育作为兴办职业教育的根本逻辑[12]，区分职业教育与其他教育的差异并以此为依据，制定职业教育发展政策。其次，进一步优化边疆民族地区职业教育办学体制。多元办学格局有利于职业教育与行业企业互补性发展并成为命运共同体[15]，这种办学格局有利于边疆民族地区职业教育为企业培养更多的技术技能人才，同时还能加快自身高质量发展速度。此外，边疆民族地区职业教育还可以借助系统化的办学理念，进一步拓展自身的办学空间，积极与当地企业开展各类合作，为边疆民族地区的经济发展、文化传承、生态文明建设等贡献智慧和力量。最后，提升边疆民族地区职业教育服务区域经济的水平。边疆民族地区职业教育在自身高质量发展的同时，要紧密围绕服务区域经济社会这一核心，同时要通过自身拥有的技术优势对边疆民族地区的各种资源进行升级赋能，推动边疆民族地区的资源禀赋在现代化进程中转化为新的经济增长点。

（四）深刻把握变量，释放边疆民族地区职业教育发展内生力

协同学认为，系统在发展过程中存在"快变量"与"慢变量"两种基本变量[16]，作为一个系统，边疆民族地区职业教育同样存在"快变量"与"慢变量"，其在自身高质量发展过程中必须协调好二者的关系，才能让二者协同产生更强大的发展动能。一方面，充分利用"快变量"。在边疆民族地区职业教育高质量发展过程中，党和国家制定的促进职业教育发展的各项政策就是"快变量"。当前正值边疆民族地区现代化发展与职业教育高质量发展的同频共振期，职业教育要努力寻找助力边疆民族地区高质量发展的契合点，明晰发展过程中的关键点，坚持过去行之有效的发展举措，认真研究国家政策这个"快变量"，从中找寻支持发展的政策路径，促进边疆民族地区职业教育高质量发展。另一方面，深入挖掘"慢变量"。边疆民族地区独有的资源禀赋作为影响职业教育高质量发展的"慢变量"因素，理应成为职业教育高质量发展的理念和主导。边疆民族地区职业教育要紧密对接地区产业需求，将边疆民族地区的特色优势融入人才培养体系中，培养经济社会真正需要的技术技能人才。

在建设教育强国进程中推动边疆民族地区职业教育高质量发展，不仅关系着能否满足边疆民族地区各行业对技能人才的需求，还与边疆民族地区的稳定与发展息息相关。在百年未有之大变局下，边疆民族地区职业教育要进一步明晰高质量发展的时代意蕴，完善相应的政策供给，营造良好的社会氛围，将高质量发展作为办学目标和价值追求，不断夯实发展基础，走出一条符合边疆民族地区实际的高质量发展之路。

参考文献

[1] 习近平：高举中国特色社会主义伟大旗帜　为全面建设社会主义现代化国家而团结奋斗：在中国共产党第二十次全国代表大会上的报告 [EB/OL]. （2022 - 10 - 25）[2023 - 11 - 30].

https：//www. gov. cn/xinwen/2022 – 10/25/content_5721685. htm.

[2] 姜大源. 跨界、整合和重构：职业教育作为类型教育的三大特征 学习《国家职业教育改革实施方案》的体会 [J]. 中国职业技术教育, 2019 (7)：9 – 12.

[3] 高强. 脱贫攻坚与乡村振兴的统筹衔接：形势任务与战略转型 [J]. 中国人民大学学报, 2020 (6)：29 – 39.

[4] 陆小华. 作为反贫困对策的职业教育与农村职教改革 [J]. 教育研究, 1998 (5)：35 – 40, 73.

[5] 郭景福, 田宇. 民族地区特色产业减贫与高质量发展的机制与对策 [J]. 中南民族大学学报 (人文社会科学版), 2020 (4)：144 – 148.

[6] 马廷奇, 陈辉. 现代职业教育体系建设与职业教育高质量发展 [J]. 职业技术教育, 2022, 43 (21)：7 – 12.

[7] 刘来兵, 陈港. 建设高质量职业教育体系：动因、框架与路向 [J]. 现代教育管理, 2021 (11)：106 – 112.

[8] 陶昌学, 李增华. 中国式现代化进程中高等职业教育高质量发展的价值要义及路径选择 [J]. 学术探索, 2023 (8)：141 – 148.

[9] 李正风, 刘诗谣. 建构科技伦理治理共同体的信任关系 [J]. 科学与社会, 2021 (4)：18 – 32.

[10] 王湘蓉, 孙智明, 王楠, 等. 中国职业教育发展大型问卷调查报告 [J]. 教育家, 2021 (17)：7 – 23.

[11] 张桂春, 卢丽华. 职普融通的教育理念与实践：基于公民素质培养的视角 [J]. 教育科学, 2014 (5)：22 – 26.

[12] 刘春光, 谢剑虹. 高等职业教育服务经济高质量发展：价值意蕴、现实困境与推进路径 [J]. 职业技术教育, 2023, 44 (22)：26 – 32.

[13] 樊沛鑫. 职业教育高质量发展的路径思考 [J]. 中国高等教育, 2023 (Z1)：77 – 80.

[14] 林克松, 刘璐璐. 民族地区职业教育高质量发展的逻辑框架与行动理路 [J]. 民族教育研究, 2022, 33 (6)：119 – 125.

[15] 段明. 混合所有制改革背景下高职校企合作办学的产权困境与破解对策 [J]. 教育与职业, 2021 (22)：27 – 34.

[16] 沈小峰, 郭治安. 协同学的方法论问题 [J]. 北京师范大学学报 (自然科学版), 1984 (1)：89 – 95.

作者简介：秦伟，陕西师范大学教育学部博士研究生，伊犁师范大学教科院副教授、硕士研究生导师，研究方向为高等教育、教育管理；祁占勇，陕西师范大学教育学部教授，博士研究生导师，教育学博士，主要从事教育政策与法律、职业教育等研究。

教育家精神引领职业教育教师
专业发展的院校支持与变革

黄心怡　张　旸

摘　要： 本文探讨了职业院校支持对教育家精神融入教师专业发展的重要意义。以教育家精神引领教师的专业发展，是提升职业教育质量、培育高技能人才的必然要求。本文从职业教育教师的专业发展意识、专业发展动力、专业能力结构三个方面剖析职业教育教师在专业发展中所面临的挑战，并从制度、条件、管理和文化四个维度，对职业院校如何提供有效支持进行学理分析。基于此，本文提出了教育家精神引领下职业院校变革的多重路径，包括优化制度支持以构建教育家培育生态，丰富条件支持以激发教育家精神活力，加强管理支持以营造教育家精神氛围，激活文化支持以引领教育家精神方向，旨在推动职业教育领域的教育家精神培育与教师专业发展的深度融合。

关键词： 教育家精神；教师专业发展；职业院校变革；职业院校支持

2023年9月，习近平总书记致信全国优秀教师代表，希望广大教师大力弘扬教育家精神，并深刻阐释了中国特有的教育家精神之内涵：心有大我、至诚报国的理想信念，言为士则、行为世范的道德情操，启智润心、因材施教的育人智慧，勤学笃行、求是创新的躬耕态度，乐教爱生、甘于奉献的仁爱之心，胸怀天下、以文化人的弘道追求，并勉励全国广大教师以教育家为榜样，大力弘扬教育家精神。[1]

强国必先强师，用教育家精神引领职业教育教师专业发展，对于提升职业教育质量，深化职业教育内涵式发展具有独特价值。从教师专业发展的角度解读"中国特有的教育家精神"之内涵，其中："心有大我、至诚报国的理想信念"是教师专业发展的精神核心，深刻影响着教师的教学愿景与教育航向，激励教师不断追求卓越，以专业知识与技能服务于国家与社会的需要。"言为士则、行为世范的道德情操"是教师专业发展的行为准则，不仅塑造了教师作为社会楷模的形象，更是教师专业声誉与职业成就不可或缺的基石。"启智润心、因材施教的育人智慧"体现了对教师专业素养的要求，教师需要不断学习和掌握新的教育理念与方法，以适应不同学生的学习需求。"勤学笃行、求是创新的躬耕态度"阐明了教师专业发展的实践诉求，倡导教师以勤勉治学的态度，不断探索教育真理，勇于创新实践，以此提升专业水平与教学质量。"乐教爱生、甘于奉献的仁爱之心"是教师专业发展的情感动力，驱使教师以满腔热忱投入教育事业，关爱每一位学生，无私奉献，提升职业幸福感。"胸怀天下、以文化人的弘道追求"是教师专业发展的理想追求，体现了教师作为文化传播者的崇高使命。

从教育家精神的内涵解读中，不难看出教育家精神不仅是对知识和技能的传授，更是一种教育理想和信念的传承与践行。在职业教育领域，教育家精神则体现为教师对于培养学生职业技能、塑造学生职业素养的不懈追求和奉献精神。教育家精神为教师专业发展提供了精神引领和价值导向，是教师专业发展的内在动力和重要支撑；而教师专业发展则是教育家精神的具体体现和推动力量，是实现教育卓越的关键。通过将教育家精神融入职业院校教师的专业发展中，可以激励教师更加关注学生的个体发展和职业生涯规划，进而提升教学质量和教育成效。因此，探索将教育家精神融入职业教育教师专业发展的路径，是厚育大国工匠、培养高技能人才的关键所在。

从个体层面出发，在职业教育领域弘扬教育家精神强调教师个体的道德自律和专业精神；从组织层面出发，则需要通过制度革新形成有力的长效机制来保证教育家精神的落地。而职业院校作为教师专业发展的重要场域，应成为支持教师进行专业发展的中坚力量。这一点不仅反映在为教师提供关键资源与平台，以促进其专业技能和教学策略的持续演进上，更在于通过制度创新与文化氛围的培育，构建一个激励知识更新、教学创新及学术探索的环境。这种环境对于提高教育质量、培育满足行业发展需要和社会期待的高层次技能人才具有深远的意义。职业院校所提供的支持构成了推动教师专业成长和教育创新的核心动力，并成为促进职业教育与社会经济同步发展的关键保障。当前亟须变革职业院校的体制机制，将教育家精神贯穿于职业院校教师的专业发展与日常教学实践之中，以确保高素质、专业化、创新型职业教育教师队伍的建设和职业教育事业的持续发展。

一、教育家精神引领下职业教育教师专业发展挑战

当前，职业教育教师的专业发展在现实中面临着诸多困境和挑战。我国职业教育正处于快速发展阶段，对教师能力提升的需求不断增加，但在教师队伍的规模、结构和培训体系等方面还存在一些问题[2]，具体表现为专任教师总量不足、教师队伍结构不合理、师资队伍薄弱、教师专业化程度参差不齐、教师流动性大等。

而相较于普通院校，职业教育教师的专业发展有其特殊性，表现为职业对象的异

质性、工作环境的跨界性、课堂内容的生成性、教学手段的个体性以及生涯发展的阶段性。[3]要培育具有教育家精神和"工匠之师"品质的职业教育教师，就要认识到职业教育教师专业发展路径的特殊性，从教师专业发展意识、专业发展动力、专业能力结构等方面剖析面临的挑战。

（一）专业发展意识：职业认同感低，职业发展路径不清晰

教育家精神要求教师具有自主发展意识，自觉树立专业理想，规划专业发展路径。要成为教育家型教师，教师个体需要具有发展的主观意愿，主动进行自我反思，主动追求发展，主动实现作为教师的意义。[4]但由于长期以来在社会认知中对职业教育存在的偏见，一些教师对于自身从事的职业缺乏足够的认同感和自豪感，认为职业教育相对于普通教育来说是"低等教育"，难以获得社会的广泛认可和尊重。这种心态导致他们在专业发展上缺乏对于自我提升和成长的积极追求。同时，与普通教育相比，职业教育的发展路径相对模糊和复杂。一方面，教学内容的特殊性要求职业教育教师具备跨学科的知识和技能，教师需要通过不断的专业学习来更新自己的知识体系；另一方面，职业教育的发展受到行业发展和技术进步等多种因素的影响，教师需要不断适应这些变化并调整自己的教学内容和方法。由于职业教育发展路径的不清晰，一些教师在职业发展道路上缺乏清晰的目标和明确的规划，因此难以对专业发展保持持续追求的热情。

（二）专业发展动力：缺乏持续的专业成长驱动力

教育家精神融入职业教育教师专业发展需要遵循教师发展路径的基本规律，即教师专业发展不是一蹴而就的，而是螺旋式上升的过程。在教育家精神由"内化于心"到"外化于行"的过程中，教师需要拥有持续的专业发展动力。在职业教育领域，教师通常扮演着多重角色。在教学方面，职业教育教师需要承担繁重的教学任务，行业的快速发展要求教师投入大量时间进行课程准备、教材编写、实验实训指导等工作；在学生管理方面，职业教育学生群体具有多样性，涉及不同学历背景、年龄层次、职业兴趣的学生，教师需要针对不同学生的特点和需求，提供个性化的指导和支持。职业教育教师往往面临较大的工作压力和负担，他们会感到时间紧迫和精力有限，容易产生职业倦怠感，缺乏寻求专业成长机会的动力。

（三）专业能力结构：专业实践能力与专业知识的脱节，科研创新能力不足

教育家精神中的"育人智慧"和"躬耕态度"阐明了对教师专业知识的要求：不断探索，勇于实践，追求创新。2022年10月25日，教育部印发《职业教育"双师型"教师基本标准（试行）》，突出对理论教学和实践教学能力的考察，强调职业院校教师

要紧跟产业发展，及时将新技术、新工艺、新规范融入教学之中。[5]目前，职业教师在专业能力上存在的问题可以从两个方面进行分类：在专业知识方面，存在专业知识更新滞后、教育理念陈旧、跨学科知识融合不足的问题；在实践能力方面，则存在实践经验缺乏、实践操作技能不强、实践教学设计不合理的问题，导致无法达到预期的教学效果。同时，部分职校教师的科研创新能力不足。部分职业院校无法提供有效的科研平台，一些教师的科研意识淡薄且对科研方法的掌握不足，无法独立承担科研项目，科研成果转化率低。

二、教育家精神引领下职业院校支持的学理分析

发挥教育家精神在职业教育教师专业发展中的引领作用，不仅关乎职业教育教师个人情感的塑造与演进，而且对提升职业教育的整体质量与水平具有深刻影响。为了有效应对这些挑战，可以从制度支持、条件支持、管理支持和文化支持四个维度为职业教育教师提供更为坚实的保障。这将有助于激发教师对职业教育的热情，推动教师专业知能、专业素养、专业精神的全面发展。

（一）制度支持

制度是社会行为的规范体系，科学合理的制度设计是职业教育教师专业发展的基石。有学者提出，制度是培育和吸引人才、推动资源流动并充分发挥人才和资源作用的核心要素[6]，院校是否准许、支持、鼓励在很大程度上决定了教师专业发展能否成功。从教师专业发展的角度，学校制度主要包括教师评价制度和教师激励制度。

教师评价制度与教师激励制度是以促进教师专业发展为核心的管理机制，旨在通过科学、公正的评价体系，客观地评价教师的教学成果和专业能力，并通过经济性奖励、职称晋升、职务晋升奖励等措施激发教师的积极性和创造力，确保教师专业发展的持续性和有效性，从而促进教师个人职业发展以及职业院校教育质量的提高。

当前，职业教育教师评价与激励制度在多个方面仍有改进空间。在评价标准上，应超越单一维度，融入更多元化的考量。评价体系则需增强灵活性，以更好地适应不同专业与岗位教师的独特需求。此外，完善反馈与激励机制，确保教师能够基于全面、及时的评价信息，积极投身于教学质量的持续改进之中，也是构建更加人性化、高效教师评价与激励体系的必要之举。因此，职业院校应积极探索更加科学、合理且富有创新性的教师评价与激励制度，促进教师的全面发展与职业教育质量的持续提升。

（二）条件支持

条件支持为教师专业发展提供不可或缺的物质基础，包括经费支持、设施支持、

平台支持等。经费支持和设施支持是职业院校对教育教学资源的投入，包括教材采购、教学设备和实训基地建设等。平台支持则是职业院校针对教师专业发展所创设的培训发展机会和科研平台。条件支持是指职业院校为教师提供必要的学习和发展空间，支持其高质量教学活动的开展以及专业知识和技能的不断更新与拓展。目前，我国职业院校基础设施等硬件设施建设滞后影响了职业教育教学质量的提升，也制约着职业院校教师的专业发展，体现为经费投入不足、硬件设施不完备、不同地区和不同行业之间教育资源存在差距等。

（三）管理支持

职业院校管理支持是教师专业发展的重要保障，通过教师培训以及教师学习型组织发挥其作用。教师培训是指针对职业院校教师群体的专业成长与发展需求，经过系统规划与设计的一系列有目标、有组织、有评价的学习与发展活动。这些活动旨在全面提升教师的专业知识储备水平、教学技能水平、职业素养和行业认知能力，以促进其在职业教育领域的持续发展。通过专业培训，教师能够更好地将教学内容与行业实践相结合，确保教学质量与行业标准同步提升，最终实现学生职业能力培养与社会需求的无缝对接。专业培训的内容涵盖了理论教学、实践操作、课程设计与评估、教育技术应用等多个维度，并强调理论与实践的深度融合，以及持续学习与创新的教学理念。教师学习型组织则通过搭建学科研究平台和教研机构，促进教师之间的团队协作与交流，鼓励教师共同参与科研项目和教学研究，实现资源共享和优势互补。

然而，在建设教师队伍的过程中，院校时常难以充分兼顾团队梯队结构的合理性、教师基础背景的多元性以及个人发展方向的独特性，在培训时往往采取统一化的标准、方案、载体和要求。尽管学校投入大量资源，为教师提供了锻炼和成长的条件，但由于缺乏对职业教育教师个体差异和实际需求的深入理解，这些努力往往难以达到预期的效果。教师的专业发展是一个分阶段的过程，每个教师由于成长背景不同，对专业发展的诉求和所需的发展途径也各不相同。学校在制定教师培训相关政策时，必须充分考虑这些因素，以确保教师能够根据自身情况，获得真正符合其需求的支持和帮助，从而实现有效的专业发展。

（四）文化支持

文化支持是教师专业发展的精神动力。良好的校园文化氛围能够激发教师的职业认同感和归属感，促进其专业情感和专业信念的形成与发展。文化支持主要是指院校为教师专业发展营造的文化氛围和环境，通过专业文化建设，可以弘扬教育家精神、工匠精神、服务精神等职业教育核心价值观，引导教师树立正确的职业观和教育观。通过专业文化的熏陶和感染，提升教师的专业素养和职业道德水平。职业院校的文化支持也可以体现为对教师的人文关怀，关注教师的心理健康和职业发展需求，给予教师足够的关怀和支持。

职业院校支持是职业教育教师专业发展的基础。通过制度支持、条件支持、管理支持和文化支持四个方面的综合施策，可以有效促进职业教育教师的专业成长和教学质量提升，为培养更多高素质的技术技能人才奠定坚实基础。

三、教育家精神引领下职业院校变革的多重路径

如上文所述，职业院校在提供教师专业发展支持方面仍面临多方面的挑战，为了培养具备教育家精神的职业教育教师，职业院校须从制度支持、条件支持、管理支持和文化支持四个方面进行变革，激发职业教育教师专业发展动力，构建培育教育家型教师的良好生态。

（一）优化制度支持以构建教育家培育生态

构建支持教育家型教师成长的制度体系，需要优化教师评价制度，建立健全教师激励制度。

1. 优化教师评价制度

传统的教师评价往往过于注重学生的学业成绩，忽视了教师在教育教学过程中的创新实践和综合素质。因此，优化教师评价制度首先需要建立多元化的评价标准，将教师的教学成果、教学方法、师德师风、专业发展潜力、创新能力等多方面内容纳入评价范畴，采用多元化、注重人文关怀的发展性评价机制，旨在体现对教师个体成长的尊重与关怀，并引导教师自主反思其教学实践。

同时，还需加强对评价结果的反馈与运用。评价结果应作为教师晋升、评优评先、薪酬调整等的重要依据，同时还应作为教师进行自我反思、实现自我提升的重要参考。通过加强对评价结果的反馈与运用，可以激发教师的工作积极性和创造力，为职业教育事业培养出具有深厚专业素养和广阔视野的教育家型教师，为教育家精神的培育奠定坚实的基础。

2. 建立健全教师激励制度

将教育家精神作为教师评价的重要指标，以此为基础建立科学合理的激励机制。通过设立专项奖励、职称晋升优先、教学科研成果表彰等方式，对于在教学创新、科研成果、社会服务等方面取得显著成绩的教师给予表彰和奖励，激励教师积极追求教育家精神。同时，还应注重奖励机制的公平性和公正性，确保每一位教师都能够得到应有的认可和尊重。

（二）丰富条件支持以激发教育家精神活力

1. 加强基础设施建设与资源配置

针对目前职业院校存在的硬件设施建设滞后以及经济投入不足的问题，应加大对基础设施建设和资源配置的投入力度，为教师专业发展创造良好的物质条件，包括改善教学设施、实验设备、信息化教学环境等硬件条件。同时，应合理配置教学资源，确保每位教师都能获得必要的教学资源和支持。

2. 提供充足的学习资源与多样化的实践平台

职业院校应为教师专业成长提供平台，如丰富的学习资源和多样化的实践平台。这包括建设在线学习平台、图书馆、资料室等学习资源中心，为教师提供便捷的学习途径。为了进一步提升教师的专业素养和实践能力，职业院校应当积极寻求与企业、行业紧密合作，共同构建校企合作平台。这样的平台不仅能为教师提供宝贵的实践锻炼机会，使他们能够深入企业、行业一线，亲身体验和了解最新的行业动态和技术趋势，还能促进双方资源共享，实现产学研的深度融合。通过这样的合作，教师能够更准确地把握市场需求，将行业前沿知识融入教学之中，从而培养出更加符合社会需求的高素质人才。

（三）加强管理支持以营造教育家精神氛围

1. 将教育家精神纳入各级各类教师培训体系，实施个性化培养与发展规划

基于职业院校教师来源及构成的复杂性，院校应根据教师群体的特点和发展需求，制定个性化的培养与发展规划。通过组织教师座谈会、个别访谈等方式，了解教师的职业规划和专业成长需求；然后，根据教师的实际情况和发展目标，提供有针对性的培训和支持措施，帮助教师实现个性化成长。在构建职业院校教师的专业成长蓝图时，应深入考虑每位教师的独特背景与专业成长需求，进而设计定制化的专业发展蓝图。这一过程中，首要任务是确立清晰的发展目标，规划具体的发展路径，并提供全方位的发展支持，促进教师在专业素养和实践能力上的持续提升。

为了实现这一目标，职业院校应坚持以教师的持续进步为核心理念，构建一套多层次的培训体系，该体系需紧密围绕职业教育教师的专业标准来构建。对于新入职或实训教学能力尚待提升的教师，可通过校企合作的模式，安排他们进入企业进行实地实习，以此增强其实训教学的实践能力。对于来自企业、具备高技能但教学理论相对薄弱的教师，鼓励其参与学历提升计划，并邀请在职业教育领域有深入研究的专家学者进行系列讲座，以强化其教育教学理论素养。而对于那些已处于专业发展成熟阶段、具备丰富教学经验的骨干教师，则支持他们参与国内学术交流和研修活动，旨在提升

其学术水平、教学科研能力以及创新意识。通过以上策略，全面促进职业院校教师的专业发展，组建一支既具备扎实专业基础又具备高度实践能力和创新精神的教师团队。

2. 加强组织管理与协调服务

职业院校应建立健全教师专业发展的组织管理体系和协调服务机制。成立教师发展中心或类似机构，负责教师专业发展的规划、实施和评估工作；同时，加强与各部门之间的沟通协调，为教师提供专业发展所需的各种支持和服务。

（四）激活文化支持以引领教育家精神方向

1. 积极营造教育家精神文化氛围

职业院校应大力营造教育家精神文化氛围，发掘和宣传校内外的教育典范，通过举办主题展览、征文比赛、演讲竞赛等活动，展示教育家型教师的风采和成果，弘扬优秀教育成果和教育经验，激发广大教师向教育家型教师看齐的热情和动力。同时，应在校园内设置宣传栏、标语等，传播教育家精神的核心价值理念，增强教师的文化认同感和归属感。

2. 强化师德师风建设与价值引领

职业院校应将教育家精神的培养作为师德师风建设的重要内容，通过组织师德师风教育活动、开展师德考核等方式，引导教师树立正确的职业观和价值观；同时，加强对教师的价值引领和思想教育，使其深刻理解教育家精神的内涵和实质，自觉将教育家精神融入教育教学实践中。

综上所述，职业院校应从制度、条件、管理和文化四个方面的支持入手，切实发挥教育家精神对职业院校教师专业发展的引领作用。通过完善政策规划、提供资源平台、实施个性化培养、营造文化氛围等措施，激发教师的内在动力和创新活力，推动职业院校教师队伍整体素质的提升和教育事业的持续健康发展。

参考文献

[1] 中华人民共和国教育部. 大力弘扬教育家精神　勇担强国建设使命［EB/OL］.（2023 – 09 – 10）［2024 – 08 – 07］. http：//www. moe. gov. cn/jyb_XWFB/S5148/202309/T20230911_1079583. html.

[2] 李文静，马秀峰. 新世纪以来我国职业教育教师专业发展研究透视：基于 CNKI 的文献计量分析［J］. 职教论坛，2020（3）：69 – 76.

[3] 庄西真. 职业院校教师的专业发展：内涵特征、阶段划分与实现路径［J］. 中国高教研究，2022（4）：97 – 102.

[4] 吕晓慧. 高职教师发展影响因素综述［J］. 现代职业教育，2019（21）：78 – 79.

[5] 教育部办公厅. 教育部办公厅发布关于做好职业教育"双师型"教师认定工作的通知［EB/OL］.（2022 – 10 – 28）［2023 – 08 – 07］. http：//www. moe. gov. cn/srcsite/A10/s7034/202210/

T20221027_672715. html.

[6] 胡姝，张广斌，张志勇. 组织生态视阈下中小学思政课教师专业发展的困境与策略：基于 2020 年度全国中小学德育调查［J］. 教育科学研究，2022（8）：71－77.

[7] 龚渲棋. 中职教师专业发展的学校支持研究［D］. 贵阳：贵州师范大学，2022.

[8] 姜超. 大学教师发展制度创新研究［D］. 上海：华东师范大学，2019.

[9] 和震，杨成明，谢珍珍. 高职院校教师专业发展逻辑结构完整性及其支持环境［J］. 现代远程教育研究，2018（5）：32－38，103.

[10] 吴晓杰，祁占勇. 新时代教育家精神的演进逻辑及养成路径［J］. 中国教育学刊，2024（2）：78－85.

[11] 张济洲. 教育家精神的理论内涵和实践要求［J］. 课程·教材·教法，2024，44（2）：9－13.

[12] 施晶晖. 高职院校教师专业发展的问题与对策研究［J］. 黑龙江高教研究，2018，36（5）：121－124.

[13] 宋萑，袁培丽，詹祺芳. 中国特有的教育家精神：生成逻辑、内涵特征与践行路径［J］. 中小学管理，2024（2）：27－31.

[14] 罗生全，吴开兵. 教育家精神融入大学教师专业发展的价值意蕴、内在机理与实践进路［J］. 大学教育科学，2024（3）：12－21.

[15] 胡凯悦，杨斌. 我国高职教师专业发展研究综述：基于 43 篇文献的 NVIVO 分析［J］. 高等继续教育学报，2023，36（3）：51－56.

作者简介：黄心怡，陕西师范大学教育学部博士研究生，研究方向为学校课程与教学；张旸，陕西师范大学教育学部教授，博士研究生导师，研究方向为教育学原理。

教育强国建设背景下高职院校培育学生工匠精神的困境与超越路径

许 天 张 旸

摘 要：本文基于对教育强国建设与职业教育关系的把握、职业教育七维内涵和五大特征的理解，探析工匠精神培育对高职院校学生个人所具有的培基铸魂作用。高职院校应积极探索培育学生工匠精神的有效路径，有效解决当前高职院校融入工匠精神的研究数量较少、质量不高的问题。我国高等职业教育发展应以将工匠精神融入校园文化、教学过程及人文教育为主要方向，以期构建弘扬工匠精神的特色课程体系和育人体系，建立具有工匠精神的产教融合校企联盟，形塑富有工匠精神的教师团体，真正实现工匠精神融入职业教育的全过程，促进学生的精神生命成长与发展，营造匠心独具的良好社会风气。

关键词：工匠精神；教育强国；高职院校；职业教育

一、引 言

教育强国建设作为新时代重要的教育战略部署，对教育服务高质量发展有着重要的战略引领意义，有利于我国实现由教育大国向教育强国的历史性跨越。职业教育作为我国教育事业的重要组成部分，蕴含着巨大潜力和强大动能，其成效直接影响教育强国的建设成果。教育强国指向教育综合实力，包括教育硬实力和教育软实力两方面。[1]职业教育强国建设作为教育强国建设所衍生出的热点，是人才强国、技能强国战略的有效延伸，是国家根据教育强国建设的内在要求对职业教育提出的新目标，培养优秀职业人才，育匠心、塑匠人，是办好人民满意教育的内在需求，是职业教育对社会发展促进作用的最好诠释。职业教育强国建设包括两个维度，即职业教育系统自身发展和职业教育作用于经济社会发展，作为教育强国建设的重要组成部分，职业教育强国建设也充分体现着教育强国、科技强国、人才强国的内在含义，是教育现代化的必经阶段。在当前建设技能型社会和制造强国目标的刺激下，人才培养是职业教育固有的核心职能，对当前国家现代化建设中人才需求的有效补充是职业教育强国建设的重要议题之一。

二、教育强国建设背景下工匠精神的新内涵与价值意蕴

（一）教育强国建设背景下工匠精神的新内涵

工匠精神是传统文化与创新科技、先进生产力共同形成的新概念。工匠精神是一个多元化的概念，它既体现个人层面稳定并持续的精神状态，即专注、敬业、尚巧、求精、创新等特质；也体现群体层面的文化属性，即注重自主创新、保证产品质量、坚持诚信原则等集体文化；还体现伦理规范层面的价值理念，即不同主体之间自主履行契约、主动沟通合作、协同共赢发展的价值理念。[2]工匠精神的精神内涵主要由以下两个因素构成。首先，追求极致品质。这一特质完美地体现在工匠们的生产过程中，工匠们以自我内在需要为动力，时刻保持对工作的热情与执着，不满足于现状，始终坚持追求完美、突破自我，热衷于提升自身的技能和水平。工匠们坚持终身学习的先进理念，不惧困难与挑战，自发地从失败中吸取经验和教训，主动思考和反思，不断调整，从而达到提升自身技艺的目标。他们深知细节是决定产品品质的关键，对用户的体验和感受有重要的影响，因此从选材到设计、生产的各个环节都精益求精。工匠精神也反映了工匠们对自身职业的热爱与认同，体现出其行动力和职业态度。其次，勇于创新创造。工匠精神可以催人尝试，大胆探索，工匠们在面对挑战和困难时，能够跳出惯性思维，探求新颖的解决方法，通过持续学习和深入探索，拓展自身视野，涵养自身的创造性思维。大国工匠要与时俱进，关注最新态势，主动接受新知识，适应市场变化，追求卓越价值。[3]

本文认为，教育强国建设背景下的工匠精神包括精益求精的品质追求、德技并修的做人准则、为国奉献的家国情怀、笃定坚持的理想信念、勇于创造的行事态度，是高素质技能人才培养的内在要求与核心价值。

（二）教育强国建设背景下工匠精神的价值意蕴

1. 推动技能型社会建设

技能型社会的理念是在 2021 年全国职业教育大会上被首次提出的。技能型社会是国家重视技能、社会崇尚技能，人人学习和拥有技能，由社会文化促进技能形成和发展的社会系统，现代职业教育体系是其主要支撑。[4]技能型社会建设需要工匠精神作为

引领，伴随着国内经济发展模式的改变与制造业的转型升级，高素质技术技能型人才出现巨大缺口，人才培养不仅需要基于专业知识、技能学习，还需要将工匠精神渗透其中，培育出技艺精湛、踏实勤恳、勇于创新的技术技能型人才，助推技能型社会的建设。

2. 践行立德树人目标

技能卓越、素养优秀的人才是职业教育实现转型升级的前提，工匠精神能以内隐和外显的形式潜移默化地影响职业院校学生的个人观念，可以塑造其坚持努力、敬业爱岗的匠心，助其成为现代化强国建设所需要的优质接班人。工匠精神还能使学生的实操能力、技艺水平和道德修养得以提升，职业素养得以健全，知识技能得以养成。工匠精神也是学生职业价值观的航标，指引学生形成高尚的职业道德、良好的职业操守，培养他们对社会、工作、个人的责任感，促使他们不断进行自我更新，积极适应社会发展的需要。

3. 提升高职教育质量

高职院校承担着培养优秀技能型人才的育人使命，要深入分析社会需求的人才现状，优化育人方案，促使学生成为社会所需要的素养良好、技能优秀的现代化人才。[5]工匠精神能使学生萌生出职业认同感和归属感，更加深入地理解和掌握自身领域的知识，提升自身的职业能力，增强其就业竞争力，全面提升其综合素质，使其适应社会需求。

4. 协助学生构建职业图景

高职院校要积极为学生创造实习、实训机会，帮助其发挥自身优势；在注重专业技能培养的同时，培育工匠精神，使学生养成执着专注、一丝不苟的职业素养，明确自身的定位，树立正确的三观，培养其职业适应能力，使其能够解决工作中的各种问题，实现职业生涯的可持续发展。

5. 助力企业转型发展

目前，我国技能劳动力队伍仍为初级工占比最高的"金字塔型"结构，中高层次人才不足，与发达国家的中高层次技术人才占比高、初级技术工人占比较低的"钻石型"结构相比仍有一定的差距，制约了企业的转型发展。高素质、高层次技能型人才能够提供有力支持，促进我国技能劳动力队伍结构调整，实现企业的转型发展。

三、教育强国建设背景下工匠精神融入职业教育人才培养的现实之困

职业教育的重要使命是为国家提供所需的高素质技术技能型人才，人才是强国建设的基本，要充分发挥职业教育的育人价值，遵循"以人为本、提质增效"的原则。[6]

技能强国建设离不开高技能人才培养，高职院校在高技能人才培养、技能强国建设等方面发挥着基础性作用，高技能人才培养体系建设要以职业院校为基础。当前，该方面仍存在以下现实问题，阻碍了工匠精神在职业教育中的融入。

（一）培育工匠精神的教育主动性缺失

1. 课程设置仍有缺乏

高职院校课程主要有专业理论课和实践实训课，前者以课堂讲授为主，虽然一些教师能够在授课过程中渗透工匠精神的内容，但由于教学内容、方式、设计和学生学习习惯等因素的干扰，教学效果无法得到有效保障。实践实训课则是从劳动实践出发，从知识、技能、情感等层面培育学生的工匠精神，但一方面，这类课程需要投入的资金较多，设备采购、维护费用大，部分高职院校设备老旧、落后；另一方面，课程开发成本较高、难度较大，要求课程开发者具备完善的知识体系和一定的研究成果，但部分高职院校教师尚不具备上述能力，难以开发有效的实践实训课程。因此，部分高职院校的实践实训类课程较少，且和实习实训密切相关，无法独立成为一门课程。

2. 教师主观认识不足

高职教师是传递工匠精神的主体，首先应对工匠精神高度认同，以便将工匠精神传递给学生，促使其领悟与思考。部分高职教师由于身兼数职，无法集中精力潜心育人、专心从教。还有部分教师为兼职教师，由其他企业和院校聘用而来，他们富有经验、深入生活，但缺乏必要的教学技能，因此教学效果不佳，难以传递自身所具有的工匠精神。

3. 隐性教育氛围不佳

隐性教育是培养人才的重要一环，工匠精神的传递除了课堂教学这一主体，潜在的隐性教育熏陶与影响也十分重要，它可以使学生在不知不觉间养成精益求精、一丝不苟、勇于创新的工匠精神，并在工作中自觉践行工匠精神。但隐性教育建设需要长时间的积淀，由于办学时间短、经验不足、缺乏课堂教育以外的资源支持等因素，部分高职院校未能将隐性教育的优势发挥出来，从而无法对学生进行文化熏陶。

（二）企业培育缺乏动力

1. 企业文化与工匠精神未实现辅车相依

在校企协同育人过程中，职业院校和企业均为主体，企业作为负责学生实习实训的载体，要保证学生通过实践掌握必备的技术，并将自身文化与工匠精神等优质价值观融合，帮助学生形成爱岗敬业、勤劳踏实等品质。企业在建构自身文化时，由于成本、利润等因素的影响，容易忽视工匠精神的重要性。部分企业为企业导师提供的指导经费不足，导致在学生实习过程中，企业导师提供的帮助较少，学生难以了解到企业文化中工匠精神的现实表现。

2. 工匠精神培育平台落地困难

高职院校与行业企业的联系日益紧密，但校企与政府共同参与的"多方育人共同体"仍未有效建立，高职学生的实习见习活动缺少科学性和系统性，难以将工匠精神内化于心。有些企业考虑到成本和安全，不提供深层次指导和实习平台，也使学生很难体会到工匠精神。

（三）校企结合力度不足

1. 校企合作存在现实鸿沟

工匠精神在高职学生中的培养是感性认识和理性认识相结合的产物，是将自身价值观念与社会实践相融合的过程，在此过程中，要求校企建立合作共同体，实现同频共振。校企合作机制的完善可以促使企业深入参与人才培养，实现工匠型人才的大量培养。我国目前校企合作的程度普遍较低，人才培养模式在滋养学生工匠精神方面尚有欠缺，这一现实鸿沟亟须得到有效填补。

2. 高职院校存在沉疴积弊

高职院校教师中有一部分来自其他各类各级院校，他们拥有一定的教学理论，但缺乏职业院校的授课经验。高职院校硬件设施的更新速度较慢，配套设施建设较为滞后，难以有效形成良好的育人氛围，高校工学结合的力度和频率不足，直接影响了学生操作能力的提升，降低了学生的综合能力。

四、教育强国建设背景下培育高职学生工匠精神的现实之路

（一）工匠精神走进课堂

课堂教学是培养学生的主要渠道，工匠精神首先应贯穿于课堂教学之中，教师使用教学技巧，通过不同形式将工匠精神传递给每个学生。[7] 在理论课教学中渗透工匠精神，在实践课程中实践工匠精神。要根据学生的实际情况因材施教，根据不同专业的特点开展教学培养，加深高职学生对工匠精神的理解和感悟。

项目化课程建设也是引导学生从理论技术层面向文化层面转移的重要举措，如技能大赛、"岗课赛证"等，在项目化课程中培养学生的工匠精神、敬业精神、求真精神和家国情怀。

（二）优化校企联盟结构，加速产教融合

校企联盟和产教融合是培育工匠精神的重要渠道，高职院校与企业共建技术专业现代校企联盟，搭建教学实训平台，通过校企合作，培养高素质技术技能型人才，锻炼学生的实操能力，使其继承工匠精神。首先，应采用多元化人才培养模式，让学生有机会在企业一线学习和体验，通过企业导师的一对一指导，学习理论知识，熟悉技术技能，锻炼意志品质。其次，企业应将文化理念和管理模式渗透到高职学生的日常培养中，使其提前感知到企业所需的工匠精神特质。再次，邀请"大师"入校，"大师"是指在专业领域具有丰富经验的技术能手、业务骨干和能工巧匠，他们可以将工匠精神注入高职院校的人才培养中，向学生展示实际工作中遇到的问题，使学生得到更加直观和真实的体验。最后，培养"双师型"教师，校企合作可以使高职院校人才培养水平、专业建设质量和服务企业能力得到有效提升。一方面，企业可聘用高职院校教师参与和指导实际工作，共同开发行业、企业急需的专业核心课程体系，共同编写满足课程要求、基于工作过程的教材，参与企业员工日常培养、培训，帮助企业提高生产效益；另一方面，高职院校教师也可以通过此类活动提升自身的实际操作能力，验证自身的理论知识水平，精进自身的工匠精神。

（三）铸时代"匠心"，将工匠精神纳入高职育人体系是技能强国建设之本

职业教育强国建设首先要注重人才培养，"匠心"体现着时代的印记，是职业教育强国建设的现实反映，凸显着职业教育强国建设的精神样态。[8]

高职教育育人过程中，要渗透工匠精神，将其作为时代强才的价值引领，从思想层面掌握人才培养的主旋律，从精神指引层面坚持贯彻执行职业教育强国政策，将工匠精神培育融入职业教育人才培养，推进立德树人理念在职业教育中扎根。依托校企联盟，将高职院校课程体系和社会实际需求相结合、课程内容与实际工作相融合、教学与工作有机并轨、评价标准与职业要求相统一、毕业证书与职业资格证书相关联。

1. 质量监控体系助力人才培养

高职院校根据学校相关管理制度和规范，以企业用人标准和岗位职能为基础，共同研讨确定高职院校日常教学管理、评估考核的最佳模式，制定日常教学诊断与改进制度，以人才培养的科学、高质量体系为基础，保障高职学生的培养水平。

2. 考核评价模式推进人才培养

高职院校可采用多种评价相结合的方式，结合理论与实践、线上与线下、过程性与终结性、定性与定量，除了传统的学历课程，还可加入职业技能等级考试的相关内容，技能等级考试由第三方机构进行操作和开展，可以使人才培养模式更加科学合理，

更好地与社会需求相结合。

3. 课程思政环节提升人才培养水平

高职院校应以自身教学为基础，围绕"家国情怀、职业素养和工匠精神"等课程思政相关内容，结合当代企业的基本要求，与高职院校日常教学相配合，启发高职学生多思考、多体悟，从潜意识层面培育他们的爱国情怀、职业使命感和工匠精神。

（四）工匠精神渗入课程体系

高职院校课程体系应符合高职学生的基本认知规律和职业能力发展现状，以"岗位定位、任务分析、能力描述、课程支撑"为原则，以高职学生当前的认知水平和自身能力为依托，建立一套"人文素养模块＋知识基础技能模块＋核心技艺技能模块＋生涯规划模块"的课程体系。

1. 人文素养模块

该模块主要包括毛泽东思想概论、中国特色社会主义理论体系概论、道德与法律、形势与政策、体育、文学艺术修养、劳动教育等课程，这些课程不仅对高职学生的思想道德水平具有一定的提升作用，还可以培养他们的工匠精神。

2. 知识基础技能模块

知识基础技能模块主要包括高职院校各专业核心和主干课程，主要是对基础知识和理论层面的学习，而较少涉及实际操作能力的培养，需要学生通过后期训练和实践来获得。

3. 核心技艺技能模块

核心技艺技能模块主要包括各专业必备的核心技术能力，需要到企业岗位完成训练，以帮助高职学生掌握专业知识，使其对自身专业领域有一定的了解，为后续的职业发展奠定良好的基础。

4. 生涯规划模块

生涯规划模块主要根据当下岗位的实际要求，确定其具体内容，不同岗位的课程不同，高职学生要根据兴趣和社会需求来选择生涯规划模块，在实习、见习中对该模块内容进行深入实践，实现学与用的有机融合，通过实习、见习中的耳濡目染，潜移默化地养成工匠精神。

（五）建设富有工匠精神的教师团体

1. 打造"双师型"教师队伍

高职院校"双师型"教师是指具备一定的专业理论知识和一定的企业实际工作经

验的教师，需要兼具理论基础和技术技能。首先，"双师型"教师可以有效利用新技术，改变之前的教学模式，提升师生间的互动频率，使学生能够沉浸于课堂教学过程中，在学习理论知识的过程中感悟工匠精神。其次，高职院校教师要深入企业，增强自身的工匠精神，掌握最新的行业动态，并及时将这些内容融入日常教育教学中，实现教育与生产的有机结合、教学与岗位的无缝衔接，对学生进行引导。最后，高职院校要与优秀技术技能型人才建立合作联系，校企共同打造"双师型"教师人才资源库，鼓励兼职教师与本校教师共同参与人才培养方案制订和课程设置，渗透工匠精神内涵。

2. 构建工匠型"双导师"团队

高职院校与企业可以采用身份互换、共同培养的形式，打造一支具有较高理论水平、专业技能、职业素养的工匠型"双导师"团队，承担学校日常教育教学工作，编制和开发课程与教材。高职院校教师和企业导师构成"双导师"育人主体，对高职学生工匠精神的养成具有深远意义。

严格审核"双导师"团队资质，建立健全筛选、考核、培养和管理机制，以此为依据，选拔出符合要求的高职院校教师和企业导师，保障"双导师"团队的整体质量。

打造"双导师"团队，高职院校教师以企业岗位生产实际为依托开展实践工作，亲身参与企业的生成实践与开发，与企业员工共同解决技术难题，打造校内"工匠"型教师。高职院校教师应为企业提供理论培训，提高企业导师的理论水平，这有助于企业导师开展对高职学生的教学和育人工作。

"双导师"团队协同育人，高职院校教师教授专业理论知识，企业导师培养实践操作技能，双方合作完成学生的课程学习、实习见习等活动，通过真实情境，使学生体会到企业导师身上的工匠精神和职业素养，从而潜移默化地形成正确的职业观和就业观。

（六）校企合作传递工匠精神

工匠精神的培养要采用校企合作的方式，实现教学与实际生产的并轨、教学内容与工作岗位要求的对接，从而有效地提升人才培养质量。

1. 实行"双循环"教学模式

高职学生在学校学习基础课程、培育核心素养，在合作企业训练核心技能，然后回到学校学习专业课程，最后在企业再次训练核心技能。高职学生在学校和企业之间进行大循环，在不同类型企业的不同岗位上进行小循环。

2. 实践"双导师"模式

对高职学生的培养要以"双导师"模式为依托，校内教师教授专业理论，企业导师指导实践，使学生掌握专业知识、职业技能，培育创新能力和职业品质。校企双方在培养过程中要及时发现和解决出现的问题，促进教学与职业、课程与岗位、技能与产业等之间的有效贯通，培养更多拥有工匠精神的技术技能型人才。

3. 执行"双标准"考核形式

在高职学生结束培养过程后，要以校企双方共同确定的职业技能、岗位要求等为内容对学生进行考核，由校企双方或第三方机构对学生开展全面评价，合格后颁发毕业证书，并推荐优秀毕业生与联盟企业签订劳动合同。

（七）工匠精神融入教育环境

工匠精神是内在的优秀品质，很难像知识技能一样进行传授，校园文化、企业文化等隐性力量需要在此过程中发挥作用。高职院校要围绕工匠精神构建校园文化，在学校的基础设施中体现工匠精神，如建设工匠文化走廊等，在学校的道路、楼宇中体现工匠精神，如建设精益楼、匠心亭等，使学生得到潜在的精神熏陶。精神文化层面也要体现工匠精神，如通过校训、校歌等，融入工匠文化元素和内涵，举办以工匠精神为核心的艺术文化活动等，使学生在成长过程中得到工匠精神的熏陶。还要树立学生身边的典型和行业模范，宣传"大国工匠"的先进事迹，使工匠精神具体化、形象化，使学生得到真实的体会与感悟。发掘学生身边的典型人物，如全国技能大赛的获奖人员，他们的工匠精神也会对学生产生重要影响。

五、结　语

职业教育在推进技能型社会建设中具有重要的作用，工匠精神与职业教育和技能型社会建设具有密切的内在联系，符合新时代教育发展内涵。职业教育是培养高技能人才的主要途径，对区域经济建设和社会发展具有重要作用，职业院校应将工匠精神贯穿于教学、课程体系、人才培养体系等环节，提升自身育人质量，落实立德树人根本任务，提升人才培养水平，为技能型社会的建立和发展提供新的活力。

参考文献

[1] 何连军，干雅平，何艺. 基于现代学徒制的高职学生工匠精神培育 [J]. 教育与职业，2024，2（3）：98 – 102.

[2] 孙杰. 立德树人视域下工匠精神融入高职院校人才培养的价值意蕴、现实困境与实践路径 [J]. 教育与职业，2023，11（22）：100 – 105.

[3] 李红，姜欣彤，任锁平，等. 高职院校"双师型"教师队伍建设实践路径构建 [J]. 中国职业技术教育，2023（6）：73 – 78.

[4] 徐林，王阿舒. 技能型社会高职思政教育的逻辑、审思与路径 [J]. 中国远程教育，2023，43（7）：67 – 76.

［5］朱厚望，龚添妙. 高职教育人才培养目标的历史演变与再定位［J］. 中国职业技术教育，2020（7）：66-70.

［6］李立国，王建华，陈亮，等. 中国式高等教育现代化的新时代要义与协同推进路径［J］. 中国电化教育，2023（1）：81-91.

［7］祁占勇，任雪园. 扎根理论视域下工匠核心素养的理论模型与实践逻辑［J］. 教育研究，2018（3）：70-76.

［8］吴康宁. 教育的品质：教育强国的"软实力"［J］. 教育发展研究，2015（11）：1-4，48.

作者简介：许天，陕西师范大学教育学部博士研究生，西安外事学院讲师，研究方向为学校课程与教学；张旸，陕西师范大学教育学部教授，博士研究生导师，研究方向为教育学原理。

新质生产力视角下职业院校混合所有制办学劳动力产权的法律问题研究

黄亚宇　　冯用军

摘　要： 新质生产力以劳动者、劳动资料、劳动对象及其优化组合的跃升为基本内涵。职业教育以培养技术技能人才为核心使命，同时兼具技术研发、服务社会等多重职能，这与新质生产力的加快形成与高质量发展高度契合。职业教育活动的核心在于劳动力的生产和再生产，这一过程依赖于教师作为现实劳动力对学生潜在劳动力的培育。劳动力产权即劳动者对于劳动力这一特殊资产所享有的权利集合，由于相关法律与政策的缺失或不足，劳动力产权的核心要义尚显模糊。新质生产力视角下，为了切实保障职业院校混合所有制办学师生的劳动收益，在系统分析劳动力产权所面临挑战的基础上，提出建立劳动力产权保护机制、构建劳动力产权评价机制、建立劳动力产权保护长效机制等法律建议，依法推进职业院校混合所有制办学，促进新质生产力的形成。

关键词： 新质生产力；职业院校；混合所有制办学；劳动力产权；法律问题

新质生产力以劳动者、劳动资料、劳动对象及其优化组合的跃升为基本内涵，其核心标志是全要素生产率的大幅度提升，其特点在于创新、关键在于质优，本质则代表着先进生产力的发展。职业教育以培养技术技能人才为核心使命，同时兼具技术研发、服务社会等多重职能，这与新质生产力的加快形成和高质量发展高度契合。教育的本质在于劳动力的生产和再生产，这一过程依赖于教师作为现实劳动力对学生潜在劳动力的培育。这种本质属性使劳动力产权在教育领域具有独特的重要性。然而，当前劳动力产权的界定尚显模糊，这在一定程度上增加了职业院校混合所有制办学中师生劳动力权益被忽视或受损的风险。为了切实保障职业院校混合所有制办学师生的劳动收益，必须从法律层面进行深入研究，以劳动法对劳动者权益保护规则为基础，探讨在职业院校混合所有制办学中依法规范劳动力产权的必要性与可行性。同时，从保护劳动成果权益的角度出发，确保教师和学生的劳动收益得到公正保障，这既符合劳动法的核心理念，也是维护教育公平和社会公正的重要体现。

一、劳动力产权概述

劳动力产权这一现代经济理论的核心概念，涉及劳动者在市场经济中的地位、权益及价值。美国学者加里·贝克尔在其经典著作《人力资本》中，提出了劳动力产权的重要性。贝克尔认为，劳动力作为一种资本，是劳动者可以进行投资和积累的重要资源。劳动者通过提升自身技能和知识水平，可以有效增加劳动力的价值，进而实现更高的收入水平和更好的生活质量。[1]这一观点凸显了劳动者个体努力和投资在劳动力产权中的关键作用。英国学者亚当·斯密在其名著《国富论》中，也强调了劳动力产权对市场经济的重要性。斯密认为，劳动者应享有对自己劳动成果和收入的所有权。[2]斯密的理论还强调了个体所有权和市场竞争在保护劳动力产权中的重要作用。法国学者蒲鲁东在其著作《什么是所有权》一书中，强调了财产私有权的重要性。蒲鲁东认为，劳动者应拥有对自己劳动成果和财产的所有权，不受任何形式的剥削和剥夺。[3]这一观点进一步强调了保护劳动者劳动成果和财产权的重要性。

国内学者对于劳动者产权的研究主要集中在三个维度：一是从经济学的角度对劳动力产权进行界定。有学者指出，劳动力产权是由劳动力及其所有权衍生出的一组权利及相应的行为准则。这些权利涵盖了劳动力所有权，以及由此衍生的支配权、使用权、收益权等。[4]二是从法学的角度对劳动力产权进行界定。有学者强调，从法律层面看，劳动力既具有"属物性"，又具备"属人性"。劳动力的属物性要求劳动力产权的界定应遵循法定主义，以确保其"对世权"的实现；而劳动力的属人性则要求劳动力产权的界定应遵循合同自由主义，以实现其"对人权"。[5]三是关注劳动力产权的收益问题。有学者认为，劳动者应享有利润分享的权利，这是劳动力产权实现的内在要求。为了实现劳动力产权，应积极推进利润分享制度的落实。[6]

国内外学者的代表性观点均清晰地指明了以人力资本为核心的劳动力产权在市场经济中的重要地位和关键作用。人力资本，具体表现为一个国家或地区劳动力所具备的知识、技术技能等方面的资本，是新质生产力形成与发展的核心要素。技术技能人才是高素质劳动力的代表，相较于普通劳动力，他们拥有更为丰富的知识和技术技能、更强的工作能力，能够更好地应对新质生产力的挑战，提高劳动生产率和创新力，为社会创造更多新产品、提供更多优质服务，进而提升企业（产业）的市场竞争力。

二、新质生产力视角下职业院校混合所有制办学劳动力产权的界定

新质生产力视角下职业院校混合所有制办学劳动力产权的界定，系明确劳动力主

体在职业教育领域中所应享有的权益与所应承担的义务范围。这一过程通常涉及劳动力产权的主体、客体及内容三个层面。

新质生产力视角下，职业院校混合所有制办学中劳动力产权的主体即劳动者，包括教师和学生。劳动力产权的主体应是能为产权制度与组织结构带来效率和创新的个体。在职业院校混合所有制办学中，作为直接参与教育劳动过程的主体，教师与学生具备较高的专业知识与技能，能为教育活动的持续发展与提升做出重要贡献。因此，将教师与学生视为劳动力产权的主体，有助于激发其积极性与创造力，推动教育制度的创新与改进。作为职业院校的主要参与者，教师和学生拥有不同的社会地位与角色，掌握着不同的社会资源与权利。将其作为劳动力产权的主体，有助于保障他们在教育生产过程中的权益与利益，维护其合法的劳动权益，进而促进教育公平与社会稳定。

新质生产力视角下，职业院校混合所有制办学中劳动力产权的客体涵盖了劳动力的运用、分配和监管等多个维度。从经济学角度分析，劳动力作为生产要素之一，对于职业院校的教育生产至关重要。劳动力的运用涉及如何有效地组织和管理教师及学生的劳动活动，以实现教育目标和任务。在职业院校混合所有制办学中，劳动力的运用需要考虑教师和学生的专业能力、岗位分工、工作量分配等因素，确保教学活动的顺利进行和高效完成。劳动力的分配涉及如何公平合理地分配教师和学生的劳动成果及收益，激发其积极性和创造力。劳动力的监管涉及如何监督和评估教师与学生的工作表现及学习成果，确保教育质量和规范。通过对劳动力的运用、分配和监管的多维度管理，可以提高教育生产的效率和质量，促进教育目标的达成。

新质生产力视角下，职业院校混合所有制办学中劳动力产权的内容主要包括劳动者的权利和义务。劳动者的权利与义务构成劳动力产权的核心要素。劳动者作为劳动力的拥有者，有权利在劳动市场中自由出售其劳动力，包括选择劳动方式、时间及地点。同时，劳动者也须承担提供劳动力、完成工作任务及恪守职业道德与规范的义务。在职业院校混合所有制办学模式下，教师与学生作为劳动者，应享有教学自主权、职业发展权、接受教育权、学习发展权和就业权等权益，并承担相应的教学任务、学习任务、教育规范与职业道德等义务。明确劳动者的权利与义务，有助于推动劳动力市场的有效运作，进而提升教育生产的效率与质量。

三、新质生产力视角下职业院校混合所有制办学劳动力产权面临的挑战

（一）资源配置方面的挑战

首先，在职业教育领域，产权与资源配置密切相关。职业院校混合所有制办学模

式下，职业院校的劳动力产权面临着较大的不确定性。由于职业院校涉及多元化办学主体，劳动力产权并不明确，导致职业教育资源的配置存在一定的混乱。[7]例如，企业投入的教育资源可能得不到公平的利用，或者职业院校投入的教育资源可能受到企业股东的过多干预，导致教育质量下降。

其次，职业院校混合所有制办学模式下，资源配置还存在信息不对称的问题。在职业教育领域，企业和职业院校之间存在信息不对称的问题。企业可能缺乏对职业教育市场的信息，导致其无法准确地评估职业院校的教育质量；职业院校也可能缺乏企业的相关信息，从而无法准确地判断企业对职业教育的需求。这种信息不对称的问题可能导致资源配置的失衡，从而影响职业教育的质量和效果。

最后，职业院校混合所有制办学模式下，资源配置还存在政策不确定性的问题。由于职业教育是政府主导的领域，政策的不确定性可能导致职业教育领域的资源配置不稳定。例如，政府可能出台新的职业教育政策，导致企业和职业院校需要重新调整资源配置，从而增加了资源配置的成本和不确定性。

（二）效益分配方面的挑战

首先，效益分配问题涉及不同资本所有者之间的利益角逐和权力斗争。在这一情境下，拥有更强话语权的资本所有者可能会通过控制教育资源的分配和管理来谋求更大的利益，而相对弱势的资本所有者则可能面临被边缘化和利益被剥夺的风险。这种不平衡的效益分配不仅会对职业院校的教育质量和劳动力的创造力产生负面影响，也会阻碍新质生产力的进步和提升。

其次，市场机制的不完善以及监管的缺失也是导致效益分配问题的重要因素。在市场经济环境下，竞争机制和市场规律对教育资源的分配与效益具有深远影响。然而，当市场机制存在缺陷或监管不力时，便可能引发效益分配的不公平和利益受损等情形。例如，部分资本所有者可能通过操纵市场价格或垄断市场资源来获取不当利益，而其他资本所有者则可能遭受不公平竞争和压力的困扰。

最后，教育资源配置的公平性和透明度也是影响效益分配的重要因素。若教育资源的分配过程缺乏公开性、透明度或存在腐败和违规行为，那么效益分配的不公平和权力滥用现象便难以避免。这不仅会损害劳动者的合法权益和创造力，也会对社会的公平和稳定造成冲击。

（三）对技能型劳动者需求方面的挑战

一方面，新质生产力的发展需要更高水平的人才来进行研发和创新。职业院校作为人才培养的重要渠道，需要培养具备高级技能和创新能力的人才，以满足新质生产力对人才的需求。[8]然而，职业院校混合所有制办学劳动力产权可能存在一定程度的僵化和保守性，导致学校在吸引和保留高素质的教师与研究人员方面面临挑战。因此，职业院校需要制定相应政策，提高教师和研究人员的待遇，完善激励机制，以确保学校拥有足够的人才资源来应对新质生产力的挑战。

另一方面，新质生产力对劳动者的技能要求更高。劳动者需要具备不断学习和适应新技术的能力，以适应新质生产力的发展。然而，职业院校混合所有制办学劳动力产权可能存在技能匹配问题，即劳动者的技能水平与新质生产力的需求之间存在差距。职业院校需要加强与企业的合作，了解市场需求，及时调整教学内容和培训计划，以确保学生毕业后能够具备新质生产力所需的技能。此外，职业院校还可以通过开设技能培训课程、实习实训等方式，提升学生的实际操作能力，增强他们适应新质生产力的能力。

四、新质生产力视角下职业院校混合所有制办学劳动力产权保护建议

（一）完善法律法规，建立劳动力产权的保护机制

一方面，明确职业院校混合所有制办学劳动力产权的保护范围。一是劳动力应当享有合理的劳动报酬。劳动报酬是对劳动力提供的劳动力价值的一种回报，应当根据其工作量、质量和贡献程度来确定。法律法规应当规定劳动力的劳动报酬须符合市场公平原则，不得低于法定最低工资标准，保障劳动力的基本生活需求。此外，劳动力还应当享有根据工作表现和技能提升而相应调整劳动报酬的机会，激励其积极参与学习和工作。二是劳动力应当享有良好的劳动条件。劳动条件包括劳动力在学习和工作中的工作环境、安全保障、福利待遇等。法律法规应规定混合所有制职业院校应当提供符合卫生、安全标准的工作环境，保障劳动力的身体健康和安全。此外，应当提供必要的培训和技能提升机会，促进劳动力的专业发展和职业提升。三是劳动力应当受到充分的劳动保护。劳动保护包括对劳动力在学习、工作中不受到任何形式的歧视和侵害的保护。法律法规应当规定混合所有制职业院校不得歧视劳动力的种族、性别、宗教、年龄等因素，保障劳动力享有平等的学习和工作机会。同时，应当建立健全劳动纠纷解决机制，及时处理因劳动关系引起的纠纷，维护劳动力的合法权益。

另一方面，明确职业院校混合所有制办学劳动力产权的权利和义务。一是应当明确规定劳动力的产权权利。产权是对财产或资源的所有权、使用权和收益权的法律规定，对劳动力而言，其产权权利包括对个人劳动成果的所有权、对劳动报酬的权益、对个人信息的保护等方面。法律法规应当规定劳动力对个人劳动成果享有所有权，其他人不得擅自侵犯或转让；对劳动报酬享有合理分配的权益，应当根据劳动力提供的劳动力价值合理确定；对个人信息享有保护的权利，不得被非法收集或利用。此外，

劳动力还应当享有言论自由、参与决策、提出建议等权利，以保障其在职业教育过程中的合法权益。二是劳动力的产权义务也应得到明确规定。产权义务是产权人应当遵守的法律规范和社会责任，对劳动力而言，其产权义务包括遵守学校规章制度、尊重他人产权、保护学校资源和环境等。法律法规应规定劳动力要遵守学校的规章制度，不得有违反学校规定的行为；应当尊重教师和学生的权利，不得侵犯他人的产权；应当保护学校的财产和环境，共同维护学校的正常秩序。通过明确规定劳动力的产权义务，可以促使劳动力自觉遵守规则，维护学校的正常运行。

（二）探索评价指标，构建科学的劳动力产权评价机制

建立科学的职业院校混合所有制办学师生劳动力产权评价机制需要考虑多个方面的评价指标，以确保评价的全面性和科学性。同时，评价指标应当与具体情况相结合，根据实际情况进行科学的设计和选择。一是教学质量方面。可以考虑的评价指标包括教学效果、教师水平、学生综合素质等。其中，教学效果可以从学生学习成绩、毕业生就业率等指标进行评价；教师水平可以从授课质量、教学方法等方面进行评价；学生综合素质可以通过综合考核、学生自评等方式进行评价。二是职业素养方面。可以考虑的评价指标包括职业道德、职业技能、职业规范等。其中，职业道德可以从教师教学行为、学生诚信意识等方面进行评价；职业技能可以从实践教学、企业实践等方面进行评价；职业规范可以从工作纪律、安全意识等方面进行评价。三是经济效益方面。可以考虑的评价指标包括企业经济效益、学生就业率、社会贡献等。其中，企业经济效益可以从企业收益、企业创新能力等方面进行评价；学生就业率可以从毕业生就业率、毕业生起薪等方面进行评价；社会贡献可以从企业社会责任、社会评价等方面进行评价。四是产权保护方面。可以考虑的评价指标包括产权保护机制的完善程度、产权纠纷处理的及时性等。[9]其中，产权保护机制的完善程度可以从法律法规的完备性、监管机制的健全性等方面进行评价；产权纠纷处理的及时性可以从纠纷处理的时效性、解决效果等方面进行评价。

建立科学的职业院校混合所有制办学师生劳动力产权评价机制需要采用科学的方法，包括定期开展评价、多元评价方式、评价结果公示、完善评价指标等方面的机制。同时，评价机制应当与实际情况相结合，不断完善和提高评价机制的科学性及有效性。一是定期开展评价。建立定期开展评价的机制，例如，每学期或每年对职业院校混合所有制办学模式进行评价；由专业的评价机构或者学校内部的评价专家组进行评价，对职业院校混合所有制办学模式的师生劳动力产权情况进行综合评估。二是多元评价方式。建立多元化的评价方式，包括问卷调查、专家评估、学生评价等多种方式，以便全面、客观地评价职业院校混合所有制办学模式的师生劳动力产权情况。评价方式应当根据实际情况进行选择，以确保评价的全面性和科学性。三是评价结果公示。评

价结果应当公示，以促进学校与企业之间的交流和合作，同时也可以增强学生和教师对职业院校混合所有制办学模式的信心与认同感。评价结果公示可以通过学校官网、校园公告、学生论坛等方式进行。四是完善评价指标。根据评价结果不断完善评价指标，以确保评价机制的科学性和有效性。评价指标的完善需要结合具体情况进行，应建立反馈机制并及时采取改进措施，以不断提高评价机制的科学性和有效性。

（三）达成价值共识，形成劳动力产权保护的长效运行机制

首先，明确职业院校混合所有制办学的价值取向，即要坚持以人为本、尊重劳动者的劳动成果和劳动权益，这是职业院校混合所有制办学模式的核心价值观。这一价值取向的核心是尊重劳动者的权利和尊严，认为劳动者的劳动成果应该得到尊重和回报，劳动者的劳动权益应该得到保障。以人为本，意味着要尊重每一个劳动者，重视他们的人格尊严和个人发展。在职业教育中，应该注重学生的全面发展，帮助他们发挥自己的潜力和才能，成为具有创造力和责任感的职业人才。尊重劳动者的劳动成果，意味着要认可劳动者为社会创造的价值，尊重他们的劳动成果。应该注重培养学生的实践能力和创新能力，鼓励他们在学习和实践中不断创造与探索。保障劳动者的劳动权益，意味着要为劳动者提供一个公平、公正、有序的劳动环境。在职业教育中，应该建立健全劳动制度和劳动保障机制，保障学生的劳动权益和利益。

其次，明确师生劳动力产权的内涵，包括劳动者对劳动成果的所有权、劳动权益的保障等内容。一是劳动者对劳动成果的所有权。这意味着劳动者在创造劳动成果的过程中所产生的权益应归属于劳动者本人。在职业教育中，学生通过学习和实践获得的技能、知识、成果应该属于学生本人，他们有权利对自己的劳动成果进行使用、分享和转化。[10]二是劳动权益的保障。劳动权益是指劳动者在劳动过程中享有的权利和利益，包括劳动报酬、劳动安全、劳动休息等。在职业教育中，师生的劳动权益应该得到充分保障，其包括教师的教学报酬和职称评定、学生的实习报酬和实践机会等方面的权益。只有在保障劳动者对劳动成果的所有权和劳动权益的基础上，职业院校混合所有制办学模式才能取得长足的发展，并为师生的劳动力产权保护奠定坚实基础。

最后，建立长效机制的关键在于制度设计和执行。在制度设计层面，需要从多个维度进行设计，包括建立劳动合同制度、绩效考核和激励机制、公平竞争机制、劳动纠纷处理机制等。一是建立劳动合同制度。职业院校应该与师生签订劳动合同，明确师生的劳动权益和责任，保障双方合法权益。劳动合同应该明确师生的工作内容、工作时间、工作报酬、劳动条件等具体内容，保障师生的劳动权益和责任。二是建立绩效考核和激励机制。职业院校应该建立科学合理的绩效考核和激励机制，对师生的劳动成果进行公正评价和激励。通过激励机制，鼓励师生发挥创新能力和工作积极性，提高工作效率。

综上所述，为了规范职业院校混合所有制办学模式下的劳动力产权关系，有必要加强相关法律法规的完善和执行，并构建科学的劳动力产权评价机制，实现劳动力产权的持续增值保值。这不仅有助于建立职业院校混合所有制办学劳动力产权保护的长效机制，还能推动职业院校混合所有制办学模式的稳健发展，进而通过多元化办学助推新质生产力的发展。

参考文献

[1] 贝克尔. 人力资本 [M]. 3 版. 陈耿宣, 译. 北京：机械工业出版社, 2016.

[2] 斯密. 国富论 [M]. 胡长明, 译. 重庆：重庆出版社, 2023.

[3] 蒲鲁东. 什么是所有权 [M]. 孙署冰, 译. 北京：商务印书馆, 2009

[4] 范省伟, 白永秀. 劳动力产权的界定、特点及层次性分析 [J]. 当代经济研究, 2003 (8)：42－46.

[5] 程承坪. 劳动力产权：理论与现实 [J]. 当代经济研究, 2014 (2)：54－59, 97.

[6] 刘名远, 周建锋. 劳动力产权实现与利润分享：基于马克思经济学理论分析 [J]. 青海社会科学, 2018 (2)：93－99.

[7] 韩喜梅, 王世斌, 潘海生, 等. 高等职业院校混合所有制办学的现实困境及推进策略：基于文献分析视角 [J]. 高等工程教育研究, 2017 (5)：187－191, 201.

[8] 闫志利, 王淑慧. 职业教育赋能新质生产力：要素配置与行动逻辑 [J]. 中国职业技术教育, 2024 (7)：3－10.

[9] 王为民. 职业教育校企合作中的产权流转原则探究：基于对校企合作协议的文本分析 [J]. 中国职业技术教育, 2023 (22)：48－55.

[10] 黄亚宇, 冯用军. 教育法治视野下行业产教融合共同体：核心要义及其法律规制 [J]. 河北师范大学学报（教育科学版）, 2024 (2)：93－102.

基金项目：湖南省自然科学基金部门联合项目"职业教育混合所有制产业学院的测度评价及政策优化研究"（项目编号：2024JJ8034, 主持人：黄亚宇）。

作者简介：黄亚宇, 陕西师范大学教育学部博士研究生, 湖南机电职业技术学院教授, 研究方向为职业教育政策与法律；冯用军, 陕西师范大学教育学部"一带一路"教育高等研究院教授、博士研究生导师, 教育学博士后, 石河子大学师范学院党委委员、副院长（援疆）, 研究方向为教育政策与评价、教育领导与管理、教育历史与文化。

高职教育赋能新质生产力发展的现实挑战与行动策略

银奕淇

摘　要： 要加快形成新质生产力，关键在于人才，不仅需要培养研究型人才的高等教育作为支撑，也需要培养高技能人才和大国工匠的高职教育进行加持。随着新一轮科技革命和产业变革的加速推进，受社会传统技术惯性思维的影响，高职教育赋能新质生产力发展呈现出教育结构支撑性不够、人才培养体系的适应性不强、数字化转型的创新性不高以及产教融合的开放性不足等现实挑战。为此，肩负人才培养重任的高职教育应该着力在完善高职教育结构、深化人才培养改革、加快数字化转型、创新产教融合模式等方面深化改革，以适应新质生产力发展的需要。

关键词： 新质生产力；高职教育；现实挑战；行动路径

一、问题的提出

2023 年 9 月，习近平总书记在黑龙江省调研时首次提出"新质生产力"后[1]，"新质生产力"即成为经济热词。在同年年底召开的中央经济工作会议和 2024 年的全国"两会"上，"新质生产力"引起了社会各界高度关注和强烈共鸣，并在全社会引发了"关于加快形成新质生产力"的大探讨。"新质生产力"的提出，是马克思主义关于生产力学说的最新发展，是新时代国家经济社会高质量发展的基本遵循，为我国创新驱动发展提供了方向指引，成为教育强国、科技强国、人才强国三大战略一体统筹推进的重要理论支撑。加快形成新质生产力，不仅需要有高等教育作为支撑，培养科研创新领军人才和研究型人才；也需要高职教育的加持，着力培养更多的大国工匠和高技能人才。当前，我国高职教育已经进入新的历史发展阶段，探索高职教育赋能新质生产力发展，必须深刻理解新质生产力的本质内涵，深刻把握高职教育赋能新质生产力发展的现实挑战，探索高职教育赋能新质生产力发展的行动路径，深化高职教育改革与发展，对推进新质生产力发展具有重要意义。

二、新质生产力的本质内涵

当前，许多学者从不同的视角对新质生产力的本质内涵进行了阐释。一是从语义构成上，对新质生产力的"新"与"质"的本质内涵进行解析。认为新质生产力，其"新"强调的是实现关键性、颠覆性技术突破而产生的生产力，是以新技术、新经济、新业态为主要内涵的生产力；其"质"是强调在坚持创新驱动本质的基础上，为突破生产力发展提供更强劲的创新驱动力。[2] 二是从技术支撑、组成要素及功能作用等方面，对新质生产力的本质内涵进行解析。从技术支撑来看，新质生产力是以大数据、人工智能等新一代数字技术为代表的新一轮科技革命引起的生产力跃迁，是技术创新驱动主导的高质量发展的生产力。[3] 从组成要素来看，新质生产力是生产力要素全新质态的生产力，以新劳动者、新劳动对象、新劳动资料（生产工具）为主要内容。[4] 从功能作用来看，新质生产力是在当代科技进步条件下，新兴产业特别是战略性新兴产业、未来产业所产生的具有新的性质、新的属性的利用自然、改造自然的能力。[5] 三是从不同的学科视角，对新质生产力的本质内涵进行解析。新质生产力，在哲学视角下体现为其形成是以新的生产要素组合为前提，在经济学视角下体现了高效能、高质量的突出特征，在社会学视角下表现为生产力水平发展提升的新质态。[6] 基于上述对新质生产力的不同认识和理解，要准确把握新质生产力的本质内涵，必须坚持对马克思主义生产力经典理论的继承和发展，深刻把握以下三个基本原则：第一，深刻把握生产力构成的基本要素，即生产力是由生产过程中的劳动力、劳动资料和劳动对象等要素组成的；第二，深刻把握科技是第一生产力的精髓要义，即推动科技创新对生产力质态变革与发展起决定作用；第三，深刻把握人与自然的关系是人类社会最基本的关系，即实现人与自然和谐共生是生产力创新发展的本质要求和不竭源泉。

相较于传统生产力而言，新质生产力是由"新素质"劳动者、"新介质"劳动资料、"新质态"劳动对象等要素构成的，以颠覆性技术创新驱动为"新引擎"，以高质量发展为"新目标"，依托战略性新兴产业和未来产业，实现人民群众对高品质生活"新期望"的新型生产力。就其内涵来看，一是劳动者的"新素质"。新质生产力的发展依赖于人才的发展，科学技术从知识形态转化成为现实的物质生产力必须通过提高劳动者的素质来实现，主要体现为提高劳动者的创新能力、知识快速迭代能力以及利用新技术驾驭、管理和维护现代高端先进设备的能力。[7] 二是劳动资料的"新介质"。新质生产力依托颠覆性技术，使劳动资料在绿色化、数字化、智能化条件下得到优化与重塑，提升劳动资料的科学技术含量，使之具备"新介质"特征。[8] 三是劳动对象的"新质态"。劳动对象在科技创新实践中不断被创造或改造，使劳动对象在构成要素、内部组合、整体功能上表现出新的内容，并与各类应用场景深度融合，形成新技术、新要素、新设备、新业态等新的质态。四是科技创新的"新引擎"。新质生产力把科技创新作为促进生产力发展的关键变量，突出颠覆性技术的主导作用和倍增效应，通过与生产工具高效结合，实现生产力的巨大跃迁。五是高质量发展的"新目标"。新质生产力摆脱了传统产业过度依赖资源投入与能源消耗的发展方式，充分发挥颠覆性技术强大的赋能作用，提升劳动资料的功能效用，优化劳动资料与劳动对象组合，全方位提高产业发展质量和生产效率，推动建立现代产业体系，实现经济社会高质量发展。六是高品质生活的"新期望"。新质生产力是以高质量发展创造高品质生活的生产力，通过知识、技术、管理、数据等新型生产要素驱动，推动社会生产和生活的低碳化运行，不断满足人民群众对美好生活的需求，实现人与自然和谐共生。

三、高职教育赋能新质生产力发展的现实挑战

（一）职业教育结构体系对新质生产力发展的支撑性不够

近年来，我国高职教育得到了快速发展，但高职教育结构仍存在不完善的问题。在专业结构上，专业规模结构与产业结构的匹配存在偏差，专业类别结构过于集中，专业设置趋同，服务战略性新兴产业和未来产业的相关专业设置有待加强。[9]在布局结构上，职业院校集中分布在省会城市或中心城市，非中心城市的职业院校分布较少。优质高职教育资源的区域布局也不平衡，高水平职业院校多集中在经济发达地区，经济欠发达地区的职业院校建设相对落后，导致高技能人才培养的效率与质量悬殊，难以有效支撑战略性新兴产业和未来产业发展。在层次结构上，虽然我国职业教育已经形成了"中职—高职—本科"的层次结构，但层次结构的稳定性和适应性还没有充分展现，结构重心仍在高职专科阶段，职业本科的发展尚不充分，硕士、博士等高学历层次人才培养框架尚不成熟，各层次的办学定位尚不清晰，各层次之间人才培养衔接不畅，难以满足新质生产力发展对不同层次高技能人才的需求。

（二）职业教育人才培养体系对新质生产力发展的适应性不强

加快形成新质生产力的关键在于培养创新人才。当前我国高职教育仍处于培养传统的技术技能人才的发展阶段，与新质生产力发展的要求还有较大差距。在人才培养目标上，随着数字智能时代的到来，智能技术实现了对人工操作的替代，大量的工作岗位正逐渐被人工智能取代，传统的高职教育人才培养定位已难以适应新质生产力发展需要，人才培养目标亟待更新。[10]在人才培养规格上，当前高职教育尚未针对数字智能时代的劳动分工的变革做出调整，仍停留在基于传统的职业观的技术技能需求层面，忽视了对新质生产力发展的前瞻性考虑，人才培养规格亟待调整。在人才培养内容上，

传统的高职教育过于注重知识和技能的传授，忽视了职业素养的培养，受限于知识逻辑与技能结构的刚性约束，各专业领域之间缺乏交叉融合的根本动力，课程体系陈旧，仍存在人才培养与市场需求不匹配、与岗位要求不适应的结构性矛盾，难以适应新质生产力发展对人才培养的需要，人才培养内容亟待重构。[11]

（三）职业教育数字化转型对新质生产力发展的创新性不高

数字革命深刻改变了社会经济生产生活方式，成为新质生产力发展的重要支撑。随着数字技术的加速创新，迫切需要与培养高技能型人才密切相关的高职教育及时做出回应，推动高职教育的数字化转型。我国高职教育对数字化理念的认知偏差及传统技术惯性的影响，致使高职教育数字化发展缓慢。在专业数字化改造上，受到社会传统技术惯性思维的影响[12]，对专业数字化改造存在保守性与局限性，把信息技术的应用等同于专业数字化改造，数字技术与专业建设耦合度不高，数字化教学环境与教学模式单一，数字化应用场景不足。在数字化教学资源开发上，数字素养通用类课程和数字技能类课程支撑不足，数字化专业教学资源库建设缺乏顶层统一设计，技术规范标准内容形式简单、共享程度低，数字化教材开发滞后，与新技术、新工艺、新方法、新规范等的对接不够深入。在数字化管理服务上，数字化基础设施建设落后，各业务管理系统的数据开放性较差，容易形成"数据孤岛"，教学服务平台数据采集与处理能力薄弱，数字化教学评价维度单一，可信度不高，评价反馈也不及时，尚未形成智能化的数字技术价值生态。[13]

（四）职业教育产教融合对新质生产力发展的开放性不足

加快形成新质生产力，关键在于推动产教融合、科教融汇。一直以来，受到体制机制、诉求差异等各种原因的影响，我国高职教育产教融合、科教融汇存在融合深度不足、广度不够等普遍性问题。在产教融合组织形态上，政府与行业组织对产教融合建设缺乏顶层设计，产业领域与教育领域的合作长期受困于利益与教学两个基本点，缺乏深层次的交互与联动，优质资源难以得到有效融合，社会力量参与高职教育办学的积极性不高，多元参与的产教融合组织形式难以得到有效落实。在产教融合平台搭建上，由于职业院校与企业两个主体融合的内生动力不足，校企之间缺乏平台支撑，在人才、技术、信息、设备、管理等要素方面的合作缺乏深度交流，校企共同育人也只是停留在浅层次、松散型、低水平的合作上。在协同科技攻关方面，受传统观念和总体投入不足、质量不高等因素影响，高职教育在科技研发与技术攻关上的实力和水平难以得到企业的认可，围绕行业企业高质量开展集成性、系统性、前瞻性的协同科技创新与技术攻关项目也是屈指可数。

四、高职教育赋能新质生产力发展的行动路径

（一）完善职业教育结构，增强高职教育赋能新质生产力发展的支撑性

深刻认识新质生产力对高职教育的革命性影响，以产业结构、市场需求、职业岗位为逻辑出发点，优化高职教育结构。[14]一是动态优化高职教育专业结构。加强高职教育与产业发展信息的交换，建立健全需求预测和发布机制，提升专业结构与产业布局的耦合度，重点支持新技术、新模式和新业态发展，适度超前制定高职教育专业目录；从高位层面引导专业结构转型，增设战略新兴专业和未来专业，保护发展前景好、竞争性强的专业，改造升级机械性重复性劳动较多、创新性不足的专业，撤销脱离产业变革需求、成长空间缺失的专业。[15]二是科学规划高职教育布局结构。加强高职教育布局结构的整体规划，加大政策扶持和财政投入力度，聚焦区域特色和人才需求，优化资源配置，鼓励以多种形式兴办与区域经济发展相适应的特色院校和专业，促进高职教育均衡发展。三是贯通衔接高职教育层次结构。发挥科技创新对高职教育层次结构调整与优化的积极促进作用，丰富高职教育体系的层次结构，加快构建"高职专科—职教本科—专业学位研究生"一体化的职业教育层次结构，贯通衔接高职教育各层次人才培养，明确各层次人才培养定位，重点办好职业教育本科，加快培养能够适应日益复杂的工作场景和岗位要求的、理论知识与技术技能并重的本科层次高技能人才[16]，探索专业硕士乃至专业博士等高学历层次职业教育的培养路径，满足新质生产力发展对不同层次高技能人才的需求，并与先进技术和设备一同转化为新质生产力。

（二）深化人才培养改革，提高高职教育赋能新质生产力发展的适应性

新一轮科技创新催生战略性新兴产业、未来产业，对人才培养提出了新的要求，牵引高职教育人才培养的循环升级和螺旋式上升。一是明确人才培养目标。随着战略性新兴产业和未来产业呈现出高端化、数字化、智能化、绿色化的发展要求，呈现出人才培养定位高移化趋势，更加注重培养复合型、创新型、数智型、生态型的高技能人才培养[11]，不仅要具备应对技术持续变革的知能体系以及基于人工智能的多领域业务融合能力、人机协同作业能力和技术渗透能力，还能针对未来工作场景中知识、技能跨界及人机协作复杂化的趋势，提出新的观点和方法来解决问题并进行创新实践。二是调整人才培养规格。传统的技能训练和职业能力培养难以满足新质生产力对劳动者的要求，除了强调新一代信息技术、多元理论知识、复杂技术技能应用以及创新思维能力等新知识与新技能的培养，人本价值共识与高技能人才培养全过程有机结合成为趋势[17]，并强调人文精神和终身学习素养的培养，使学生具有应对新的未知问题的

持续成长心态、高意识学习和知识迁移能力。三是重构人才培养内容。积极对接科技创新与产业转型升级需要，及时调整人才培养内容，突出交叉复合学科应用性导向，深化多学科领域之间的相互支撑与交叉融合，形成多学科交叉的、适应新质生产力发展的课程体系，并将人工智能、新材料、新能源等新技术融入课程体系，将创新精神、求实精神、奉献精神以及协同精神等科学精神融入育人全过程，实现课程体系内部异质学科间的优势互补。

（三）加快数字化转型，激活高职教育赋能新质生产力发展的创新性

践行"新基建"思想并发挥"数字基座"作用，以数字技术为依托，将数字技术与高职教育理念深度融合，推进高职教育专业数字化改造，提高高职教育供给效率与支持服务效能，打造高职教育数字化新生态。一是实施专业数字化改造。聚焦产业高端和高端产业的数字化要求，在专业建设中融入智能化生产、智慧化管理、数据化应用、数字化技能等数字要素，并通过人工智能、大数据、VR/AR 等数字技术的有效嵌入，将多媒体技术、虚拟仿真软件、智慧教室、智慧教育平台与高职教育常用教学方法、教学手段、教学资源进行双向融合，构建多模态混合的交互式、沉浸式教学环境，创生基于数字技术融通的多种数字化教学模式[18]，着力培养学生的数字化学习与应用能力。二是开发数字化教学资源。根据产业发展的新业态和新技术，以数字化转型为契机，突出高职教育的技能导向，将各种工程项目中的新知识、新技术、新工艺、新规范以及体现思政元素、沟通技能、创新技巧、数字素养等各种典型案例进行跨界融合与转化，开发数字素养通用类课程和数字技能类在线网络课程，建设专业教学资源库，开发数字化、立体化、多样态的融媒体教材，形成多种内容形式的数字化教学资源，提高学生的知识习得能力和自适应学习能力。三是推动数字化管理服务发展。以数据驱动决策为基础，加强数字化基础支撑条件建设，加快业务系统之间数据的交换、共享和整合，全方位融合新一代信息技术与数字校园建设，提升现有信息化设备、环境的应用效能和网络稳定性，通过教育大数据分析平台对教师教学和学生成长过程进行动态监测与追踪，实时采集教学过程、学习过程、管理过程以及质量监测等方面的多模态数据，利用数据挖掘与可视化技术，对多重评价数据进行分析与处理，及时干预教与学的行为，实现全数据化治理和智慧化管理，不断提高人才培养质量。

（四）创新产教融合模式，扩大高职教育赋能新质生产力发展的开放性

充分发挥高职教育在创新链条上的重要作用，以高职教育发展联动产业合作，实现产教融合、科教融汇。一是创新产教融合多元参与形式。充分发挥高职教育赋能产业发展功能，加强产教融合项目与载体、产业集群与产业园区的科学规划，突出企业的重要作用，推动跨高校、跨地区、跨行业、跨专业等跨界融合，激发社会力量参与

办学的积极性和主动性，鼓励和支持行业企业利用资本、技术、设施设备等要素参与校企合作，探索高职教育混合所有制、股份制等多种合作形式，推进行业产教融合共同体和市域产教融合联合体建设[19]，为学生创设真实工作情境与工作岗位，贯通工作场景与学校场景，形成全产业链育人体系。二是共同搭建产教融合平台。充分发挥高职教育与产业之间的联动作用，共建数字孪生融创平台，通过数字技术支撑产教融合参与主体之间的协同合作，促进产教融合参与主体的有效对接，实现信息互通、资源共享与实时场景交互，为学生创设多维的学习空间、实习实训空间，提供仿真生产场景，使学生在虚拟模型中开展智能化生产知识学习与技能实操，促进高职教育产学场景贯通、理实活动融通、实训过程汇通，不断提升技能水平。[20]三是探索产教融合协同攻关模式。充分发挥行业龙头企业、政府及科研院所的影响力，协同打造一批名师和工匠人才创新工作室、技能大师工作室、工程技术中心、协同创新中心，建设区域性投融资机构、科技对接服务平台、概念验证中心和中试平台等公共服务平台，以需求为导向，推动高职院校与企业开展跨学科、跨地区、跨产权所有制协同攻关，形成一批具有前沿性、引领性的原创成果，并快速将其转化为看得见、摸得着的生产力，为加快形成新质生产力，贡献全链条、专业化的科技成果服务。

参与文献

[1] 习近平. 习近平在黑龙江考察时强调 牢牢把握在国家发展大局中的战略定位 奋力开创黑龙江高质量发展新局面［N］. 人民日报，2023 – 09 – 09（01）.

[2] 周文，许凌云. 论新质生产力：内涵特征与重要着力点［J］. 改革，2023（10）：1 – 13.

[3] 戚聿东，徐凯歌. 加强数字技术创新与应用 加快发展新质生产力［N］. 光明日报，2023 – 10 – 03（07）.

[4] 刘迪. 新质生产力释放高质量发展新动能［N］. 文汇报，2023 – 11 – 12（05）.

[5] 赵振华. 提出"新质生产力"的重要意义［N］. 学习时报，2023 – 09 – 20（02）.

[6] 徐晓明. 加快形成新质生产力 增强发展新动能［N］. 光明日报，2023 – 09 – 14（02）.

[7] 姜朝晖，金紫薇. 教育赋能新质生产力：理论逻辑与实践路径［J］. 重庆高教研究. 2024，12（1）：108 – 117.

[8] 蒲清平，向往. 新质生产力的内涵特征、内在逻辑和实现途径：推进中国式现代化的新动能［J］. 新疆师范大学学报（哲学社会科学版），2024，45（1）：257 – 265.

[9] 李小文，石伟平. 高质量发展背景下高职教育结构优化的逻辑、挑战与路径［J］. 中国高教研究，2023（4）：102 – 108.

[10] 韩昭良，韩凯辉. 人工智能时代高等职业教育人才培养模式变革：机遇、挑战及路径［J］. 技术经济，2019，38（9）：84 – 88.

[11] 董世华，侯长林. 现代职业人：人工智能时代职业教育的价值旨归［J］. 华中师范大学学报（人文社会科学版），2020，59（1）：185 – 192.

[12] 李红春，胡德鑫. 职业教育数字化转型的三重突破：理念、组织与技术［J］. 教育与职业，

2024（2）：28－36.

［13］胡姣，彭红超，祝智庭. 教育数字化转型的现实困境与突破路径［J］. 现代远程教育研究，2022，34（5）：72－81.

［14］刘晓，钱鉴楠. 职业教育专业建设与产业发展：匹配逻辑与理论框架［J］. 高等工程教育研究，2020（2）：142－147.

［15］许艳丽，余敏. 新智造时代技术技能人才发展定位与教育应对［J］. 中国电化教育，2021（8）：9－15.

［16］于扬，牛彦飞. 高质量发展视域下本科层次职业教育人才培养的内涵意蕴与推进路径［J］. 教育与职业，2024（3）：42－48.

［17］苏荟，刘莹莹. 职业教育服务智能时代新型人才需求的适应性困境与改进路径［J］. 职业技术教育，2012，43（30）：23－27.

［18］邓小华，连智平. 数字技术重构职业教育场景：理论基础、表征样态与行动路径［J］. 重庆高教研究，2024，12（1）：63－73.

［19］邱懿，孙永明. 发挥职业教育作用 锻造符合新质生产力要求的新型产业工人队伍［N］. 工人日报，2024－02－19（07）.

［20］祝智庭，戴岭，赵晓伟，等. 新质人才培养：数智时代教育的新使命［J］. 电化教育研究，2024，45（1）：52－60.

基金项目：本文系 2018 年教育部人文社会科学研究青年基金项目"职业院校混合所有制改革的风险管理研究"（项目编号：18YJC880110，主持人：银奕淇）的阶段性成果。

作者简介：银奕淇，陕西师范大学教育学部博士研究生，湖南开放大学（湖南网络工程职业学院）信息工程学院副院长、副教授，致公党湖南省委教育委员会副主任委员，研究方向为混合所有制改革。

教育强国背景下面向区域创新发展的职业本科教育服务逻辑

董凌燕

摘　要： 服务高质量发展是建设教育强国的重要任务，区域创新发展是推动高质量发展的重要途径。区域创新发展要靠教育，职业本科教育兼具职业教育类型特点和高等教育层次属性，可为区域创新发展提供重要的人力资本和技术支持。职业本科教育服务区域创新发展应遵循资源供给服务于创新投入的资源逻辑、技术支持服务于创新产出的技术逻辑、文化传承服务于创新环境的文化逻辑、产教融合服务于创新网络的协同逻辑、数字化转型服务于创新数字化的变革逻辑、开放合作服务于创新国际化的开放逻辑。

关键词： 区域创新发展；职业本科教育；教育强国

一、问题的提出

党的二十大报告提出，教育、科技、人才是全面建设社会主义现代化国家的基础性、战略性支撑。加快建设教育强国是建设科技强国和人才强国的基础，也是以中国式现代化实现中华民族伟大复兴的战略先导与基础工程。[1] 服务高质量发展是建设教育强国的重要任务，区域创新发展是推动高质量发展的重要途径。教育强国建设通过培养高素质人才、开展高水平创新活动和提供高质量社会服务，为区域创新发展提供知识、技术、人才等基础和动力。区域创新发展是推动国家教育体系完善和教育质量提升、国家科技进步和产业升级的关键举措，为强国建设提供了强大动力。

区域创新发展是在特定的地理区域内，通过政策支持、资金投入、人才培养等手段，推动科技创新和产业升级，通过技术创新来提高生产率，从而实现经济的可持续增长。衡量区域创新发展水平常用两种方式：一种是选择单一的指标反映区域创新程度，如专利、专利引用、新产品记录等；另一种是通过构建综合评价指标体系来反映区域建设进程中的创新要素变动程度和发展趋势。纳尔逊设计了一套综合指标体系来评估各国创新能力，其指标主要包括 R&D 经费来源、R&D 经费配置、大学的作用、支持和影响创新的政府政策等。[2]2005 年，欧盟委员会联合研究中心将欧盟创新指标分为创新驱动、企业创新、知识产权、知识创造、技术应用五类。中国创新指数由国家统计局研究设计，从知识创造、知识获取、企业创新、创新环境和创新绩效五个维度测量区域创新能力的发展情况。学界对区域创新发展水平测度的研究成果较多，如潘家新等（2023）[3]、陈玉玲等（2021）[4]、邹佳雯（2021）[5]、蒋振威和王平（2016）[6]等对创新环境、创新投入、创新产出和创新成效等进行测度，汪凌等（2023）[7]在此基础上将合作创新（包括主体合作和区域合作）纳入一级指标。戴金辉和林典伟（2024）[8]探索构建了区域创新发展规模、区域创新发展条件、区域创新发展活力、区域创新发展环境等。熊学智（2021）[9]提出创新驱动基础、创新驱动环境、创新驱动成效、产业创新活力、发展有效性、发展可持续性、发展协调性七个测度指标。赵炎和徐悦蕾（2016）[10]提出知识创造、知识流动、创新创业水平等指标，他们认为，职业本科教育服务区域创新发展既要遵循基础创新的投入—网络—环境—产出逻辑，又要考虑到数字化和国际化对区域创新发展提出的挑战，进而提出区域创新发展的创新投入、创新产出、创新网络、创新环境、创新数字化和国际化六个要素。

职业教育是与普通教育居于同等重要地位的教育类型，是构建高质量教育体系的重要支撑。建立职业教育和行业企业创新、经济转型、产业升级的互动机制，是推动区域创新发展中教育要素的关键动力。职业本科教育兼具职业教育类型特点和高等教育层次属性，实现了职业教育的纵向贯通、有机衔接，以及横向层面的职普融通。职业本科教育直接面向高素质技术技能型人才培养，对教育强国建设和区域创新发展具有重要的支持与推动作用。在服务区域创新发展中，职业本科教育应遵循资源供给服务于创新投入的资源逻辑、技术支持服务于创新产出的技术逻辑、文化传承服务于创新环境的文化逻辑、产教融合服务于创新网络的协同逻辑、数字化转型服务于创新数字化的变革逻辑、开放合作服务于创新国际化的开放逻辑，从而提升区域创新服务能力，助推教育强国建设(见图 1)。

二、职业本科教育服务于区域创新投入的资源逻辑

创新投入是区域创新系统在技术创新、新产品研发、新工艺探索等方面的投入，包括人力、物力、财力、技术等各方面资源。职业本科教育通过教育资源布局、技能人才培养和技术研发投入等资源供给服务于区域创新投入。

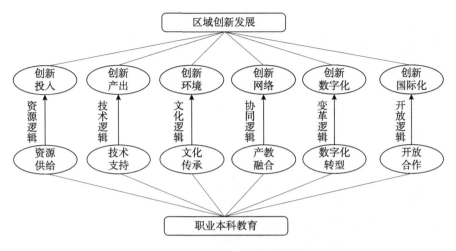

图1　职业本科教育服务于区域创新发展的逻辑路线

（一）优化布局：统筹规划聚集教育动能

职业本科教育的聚集能够增强人力资本的知识要素与技术要素，进而赋能区域创新活跃度，为推动区域创新发展贡献重要的资源禀赋。从 2019 年首批职业本科高校设立至今，教育部先后分四批批准 51 所职业本科高校，区域分布相对较为均衡（见图2）。从区域创新能力排名（见图3）来看，中西部创新能力较弱的区域需要进一步加大教育资源投入。应按照国家区域发展总体战略统筹职业教育与区域发展布局，根据产业发展要求合理分配职业教育资源：加强东部对口西部、城市支援农村职业教育扶贫；支持中部打造全国重要的先进制造业职业教育基地；支持东北等老工业基地振兴发展急需的职业教育；加强京津冀、长江经济带城市间的协同合作，引导各地结合区域功能、产业特点探索差别化职业教育发展路径。

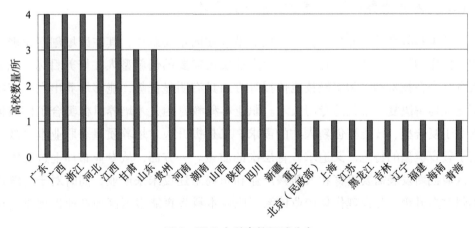

图2　职业本科高校区域分布

数据来源：教育部网站。

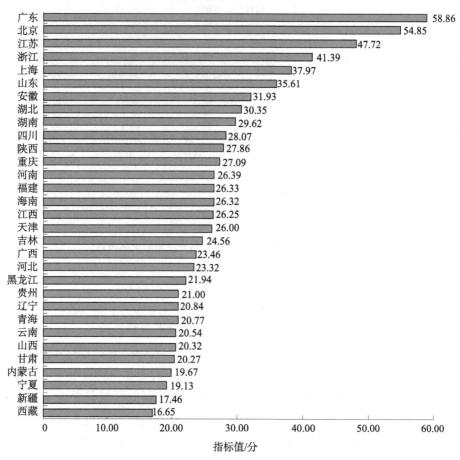

图3　2023年中国区域创新能力综合排名①

数据来源：https：//baijiahao. baidu. com/s?id = 1783699749380684991&wfr = spider&for = pc.

（二）人才培养：锚定需求创新人力资本

职业本科教育是培养高素质技术技能型人才的重要载体，其在区域创新发展中的人才支撑作用毋庸置疑。一是确立契合产业发展需要的创新型人才培养目标。职业本科教育培养在技术知识和实操技能传授等方面具有明显优势，能够培养出在生产实践中创造性地解决复杂难题的专门人才。职业本科教育的人才培养目标契合了区域创新发展对于复合型、技能型创新人才的需求。二是提升人才培养质量。职业本科教育既保留了教育类型的特色，又追求教育层次的质量。一方面，从专业布局上进行宏观把控。区域创新发展需要培育壮大新兴产业和布局来建设未来产业，同时对于传统产业要加强改造升级，建设现代化产业体系。职业本科教育能根据区域产业发展需要设置

---

① 不包括香港、澳门和台湾地区。

相应的专业课程并及时做出灵活调整，构建对接产业、指向就业、培养能力、服务发展的专业体系。另一方面，将教学质量提升作为微观抓手。与企业深度合作，在教材编写、课程开发中融入创新思想，培育学生的创新精神；在教学模式、方法和手段中注重启发引导和多元评价，培育学生的创新意识；在实践教学中开展基于真实场景的项目式教学，提升学生的创新能力。三是畅通联合培养与人才流动机制。我国建立"职教高考"制度，完善"文化素质＋职业技能"的考试招生办法[12]，进一步规范了职业本科教育人才选拔标准，提高了人才培养的知识水平和能力起点。同时积极探索"1＋X"技能证书认证模式，充分发挥职业本科高校学历教育和职业培训的双重功能，促进学生向真实场景的岗位技能训练靠近。组织教师到企业进行技能锻炼和创新实践，企业技术人员到高校参与技术创新教学或培训，构建双向流动的人才培养机制。

（三）技术创新：注重研发，激发创新活力

研发投入是区域对研究与试验发展的投入，包括研发经费的投入强度、研发人员的数量、研发机构的规模等指标。这些指标反映了一个区域对创新活动的资源投入和支持力度，也体现了区域的创新活力。研发活动作为高科技技术创新的核心，是职业本科高校科技创新的基本特征。一是加强技术研发团队建设和管理。组建跨学科、跨领域的技术研发团队，打破传统学科壁垒，汇聚不同领域的专业知识和技术技能，形成强大的研发合力；建立有效的团队沟通与合作机制，确保团队成员能够协同工作、高效开展创新活动。二是优化技术研发项目选择。密切关注行业发展趋势，及时跟进产业创新需求，选择具有前瞻性的应用型技术研发项目。三是整合资源，提升技术研发能力。充分利用科研资金、人才资源、教学科研设施、实验室设备以及图书馆等校内学术资源，搭建资源共享平台，实现资源的优化配置和高效利用；通过与产业界、科研机构以及政府部门的合作来整合校外资源，了解市场需求，借鉴国内外先进的研发经验和管理模式，不断提升自身的技术研发能力。

三、职业本科教育服务区域创新产出的技术逻辑

创新产出是衡量创新活动成效的重要指标，反映了创新活动的实际成果和影响。职业本科教育通过生产知识和成果转化为区域创新发展提供技术支撑。

（一）知识生产：奠定区域创新知识基础

职业本科高校以其深厚的学术积淀和科学研究能力，成为知识生产的重要基地。一方面，应紧密围绕区域产业发展需求，深入开展具有针对性和前瞻性的知识生产，确保每一项研究成果都能经得起实践的检验。另一方面，应不断创新学术生产方式。

一是加强师资队伍建设。引进具有丰富实践经验和深厚学术造诣的专家学者，提升职业本科教育的知识生产水平；定期举办教师培训和研讨等活动，不断提升教师的专业素养和创新能力；建立科学的评价体系和激励机制，激发创新积极性和创造力。二是将知识生产嵌入教学之中。构建与区域产业结构相契合的学科和专业布局，共同构建一个和谐共生的知识生态；加强实践教学，培养学生的创新精神和实践能力；根据行业发展趋势和市场需求调整教学内容与方式，为区域创新提供源源不断的智力支持。三是通过协同创新不断输出优质的学术成果，以满足产业现实需求。

（二）成果转化：提升区域创新发展效益

职业本科高校只有将知识和技术转化为产业企业需要的成果，才能在实践中使区域发展获得经济效益。习近平总书记强调，要及时将科技创新成果应用到具体产业和产业链上，改造提升传统产业，培育壮大新兴产业，布局建设未来产业，完善现代化产业体系。[13]第一，通过产学研协同创新促进知识技术的良性流转。将最新的科研成果和技术引入企业，帮助企业解决技术难题，提升产品竞争力，将学术知识转化为产业动能。同时积极回应企业实际需求和市场反馈，使理论知识在实践中得以验证，使创新技术被应用，确保科研成果的实用性和前瞻性。第二，以重大科技创新项目为引领，与企业、科研机构等共同开展科研项目和技术创新活动，加快科技创新成果向现实生产力的转化。第三，搭建创新平台，推动知识共享与交流，畅通知识和技术流动的重要渠道。

四、职业本科教育服务区域创新网络的协同逻辑

创新网络就是创新主体之间建立的合作关系网络。作为技术与人力资源两大要素领域的重要节点，职业本科教育不仅加速了创新技术的转移与扩散，还强化了创新网络的联结与协同。

（一）多方参与：凝聚区域创新共同体

政府、企业、高校、科研机构等多方主体应紧密合作，共同推动区域创新能力提升。政府作为区域创新网络的主导者，应发挥政策引领和资源整合的作用，鼓励职业本科教育与区域创新网络的深度融合，提供必要的资金支持和政策保障。企业是技术研发的主体，应发挥技术和资源优势，为区域创新发展注入活力，并影响高校的人才培养活动。科研机构应发挥智力支持作用，通过项目合作和技术转移开展高质量的创新活动，为企业创造效益，为高校提供科研指导和人才支持。职业本科高校应充分发挥学科和人才优势，通过开展项目合作、共建实验室等方式，推动产学研深度融合。

同时，要加强对学生创新创业能力的培养，鼓励学生积极参与创新实践活动，为区域创新共同体提供高素质人才支持。

（二）产教融合：搭建区域创新协作网络

深化产教融合是有机衔接教育链、人才链、产业链、创新链的关键。通过产教融合，职业本科教育能够更紧密地融入区域创新网络，为区域经济发展提供有力的人才支撑和智力支持。第一，职业本科高校必须加强与行业企业在高技术含量和先进制造业领域的紧密合作，面向生产、管理、服务等一线工作开展教学。第二，通过创办产业学院，与行业企业共同研发新技术、新产品，共建创新平台，加快产业技术开发、关键技术攻关和科研成果转化。第三，通过创建人才培养和员工培训的"双元"环境，为区域发展培养更多的创新人才。

五、职业本科教育服务区域创新环境的文化逻辑

良好的创新环境能够激发创新活力，提高创新效能。职业本科教育通过发挥文化传承功能创建良好的区域创新发展环境，是提升区域创新发展水平的重要保障。

（一）政策先行：保障区域创新发展稳定

一是在政策引导下明确区域创新发展方向。职业本科高校可以主动寻求与政府的对话和沟通，确保政策的落地与执行能够精准对接高校实际需求，并能够围绕区域发展特色和高校人才培养目标落地见效。二是在政策推动下营造良好的创新发展环境。政府可以通过加大对创新基础设施的投入，推动产学研深度融合，采取税收优惠、融资支持等政策措施来激发区域创新活力。职业本科高校在政策执行过程中应主动总结经验、发现问题，并向政策执行部门提供反馈和建议，创建良好的政策执行环境。三是在政策保障下维护区域创新稳定发展。通过加强知识产权保护、优化营商环境等措施，为区域创新稳定发展提供有力保障。

（二）文化协同：创建区域创新发展生态

文化协同是指在区域内凝聚各主体的文化价值，使文化生态呈现积极、健康的发展趋势。职业本科高校在文化协同中发挥着重要的作用。一是在区域创新体系中树立以"信任"为基础的合作观念，形成相互信任、彼此支持、真诚合作的价值文化，营造敢于创新、宽容失败的创新氛围。二是培养学生尊重科学、追求真理、创新实践的精神和能力，并通过人才流动和知识流转在区域创新系统中积极弘扬科学家、大国工匠等的创新精神。三是树立终身学习理念，为个人提供持续学习和技能更新的机会，

以适应快速变化的劳动市场。同时，应利用教育资源的辐射功能，大力开展社区教育、家庭教育、老年教育等多种形式的教育，推动建设"人人可学、时时可学、处处可学"的终身学习型社会。

（三）绿色发展：引导区域创新发展方向

职业本科高校具有文化传承的功能属性，肩负着保护生态文明、发展绿色创新的责任。一是树立绿色发展理念。通过思想政治教育和课程思政教育，引导学生树立保护生态的意识，并在产教融合、校企合作中开展环境保护宣讲，引导政府、企业和科研院所等牢固树立绿色发展理念，走绿色发展之路。二是加快研发绿色技术。绿色技术是一种新兴技术体系，能降低能源消耗、减少污染排放，在改善生态环境、促进生态文明建设、实现人与自然和谐共处等方面发挥着重要作用。[14]职业本科教育助力绿色产业发展，其重要任务就是加强绿色技术研发，创新绿色产业开发，协同行业企业构建绿色低碳循环经济体系，推动区域创新可持续发展。

六、职业本科教育服务区域创新数字化的变革逻辑

数字化、智能化的经济环境对产业发展提出了新的要求，迫切需要职业本科教育通过数字人才培养、数字技术融合、数字生态系统等开展教育教学改革，服务区域创新数字化转型发展。

（一）需求导向：加强数字人才培养

职业本科高校应针对产业数字化转型需求，积极提高数字人才培养质量。一是及时调整人才培养模式，将数字思维和数字技术能力培养纳入技术技能型人才培养体系。在教育教学中注入更多数智元素，以数据为驱动，以技术为支撑，以适应数字经济时代对职业本科教育人才培养的迫切需求。二是引导学生从传统学习方式向数字化学习方式转变，通过互联网获取更高水平、更大范围、更深层次的专业知识，利用在线协作工具和虚拟项目开展实践，提升项目管理、创新思维和解决问题的能力。三是以数智化管理手段服务人才培养。通过大数据分析，更加准确地把握学生的学习潜能、个性化需求、兴趣偏好和就业趋势，从而为学生量身定制个性化的学习方案和职业发展规划。

（二）技术主导：推动数字技术融合

职业本科教育通过推动数字技术融合为区域创新发展提供智慧支撑和技术支持。一是借助数字技术探索教学改革路径。紧跟数字技术的发展潮流，及时调整教学内容

和课程设置。二是建立数字化的产教融合、校企合作平台，加强与企业的合作交流，共同开展数字技术研发，并依托自身的专业优势，利用数字技术开展在线教育、远程咨询等社会服务项目，扩大服务范围，提升服务能力。三是加强对数字技术研发的投入。设立数字经济研究院或实验室，引入大数据、人工智能、云计算等领域的专家学者，加强对校内教师数字素养和能力的培训，组建技术研发团队，加大对数字技术研发成果的奖励力度。

（三）面向未来：重塑数字生态系统

职业本科教育数字化转型对区域创新数字化发展的影响不仅体现在数字人才和数字技术的变革上，更体现在对区域创新数字生态系统的营造上。首先，重塑职业本科教育内部教学生态。通过及时更新教学内容、扩充信息化教学资料、融入信息化和数智化教学手段，采用混合式教学方法，改革教学管理制度，创新教师教和学生学的方式，树立在线教育、终身教育、精准教育等教学理念，促进数字化教学质量的提升。其次，构建不同类型、不同层次教育的衔接融通形态。充分利用数字化技术优势，实现职业教育纵向层次上的衔接，并实现与普通本科高校的横向融通，实现教育资源共享、教育模式协同和教育成果互认。最后，基于产业数字化、智能化、集群化发展趋势，从数字化人才培养、数字技术研发、数字化平台搭建、数字化服务等方面塑造产教融合、校企合作的新形态。

七、职业本科教育服务区域创新国际化的开放逻辑

建设教育强国必须在自主创新的基础上坚持开放视野。职业本科教育通过开放合作、互学互鉴、共建共享等，推动技术创新和国际合作，提升区域创新国际化发展水平。

（一）开放合作：促进国际化交流

第一，职业本科教育通过人才培养助推国际化开放交流合作。通过校内人才培养和企业人才培训，培养具有国际视野和竞争力的技能人才，推动知识交流和国际创新活动的开展，帮助企业更好地了解和适应国际市场。第二，通过项目式合作开展知识与技术的协同创新。通过推进国际合作研究、国际标准认证、科技项目研发、基础项目研究等项目合作，掌握前沿领域的知识和先进技术；通过合作开发课程、跨国学生交流、跨国师资培训等项目，提升育人与教学管理质量。第三，探索形成职业教育交流合作的国际联盟或组织。充分发挥联盟效应，共建共享优质资源，开展人才、知识和技能等多渠道的交流合作。

（二）互学互鉴：提升创新能力

一是主动"走出去"。职业本科高校要树立开放办学的理念，提高国际交流水平，选派教师和学生到国外学习先进的技术、管理和创新理念，拓宽师生国际视野，主动学习先进经验和技术，将国外优势资源与本土教学相融合。二是积极"引进来"。做好留学生培养，通过深化"中文＋职业技能"培养模式，积极探索职业技能培养与中文教育有机结合、专业教育与语言教育融合发展的留学生培养路径，提升我国职业教育的国际影响力。[15] 三是搭建互学互鉴平台。以开放的姿态开展职业教育经验和产业技术交流，向世界介绍中国经验，贡献中国智慧和中国方案，并积极学习国外先进经验，引进先进技术手段，助推职业教育高质量发展和区域创新高水平发展。

（三）共建共享：形成发展格局

职业本科教育通过构建共建共享的国际交流与合作机制，为区域创新国际化发展提供持续动力。一是推进合作办学项目，以实现国际化人才培养、资源共享和技术交流。通过中外院校与企业的联合培养，可以促进一批国际应用型人才的成长。这种合作不仅有助于提升教育质量，还能为学生提供更多的实践机会，使其具有更广阔的视野。二是探索构建国际化合作网络，助力国内外职业教育高校和企业参与创新合作平台，促进信息共享和产业合作，提高技术创新的国际化水平。三是持续输出中国特色职业教育标准和行业标准。通过共建国际化合作网络，形成合作联盟或组织，凝聚优势力量，聚焦关键问题，深化产学研融合，开发具有中国特色和国际影响力的专业标准与技术标准，助力职业教育国际化和区域创新国际化发展水平的进一步提升。

参考文献

[1] 习近平. 高举中国特色社会主义伟大旗帜为全面建设社会主义现代化国家而团结奋斗：在中国共产党第二十次全国代表大会上的报告 ［EB/OL］.（2022 – 10 – 25）［2024 – 06 – 30］. https：//www. gov. cn/xinwen/2022 – 10/25/content_5721685. htm.

[2] NELSON R R. National innovation systems：a comparative analysis ［M］. New York：Oxford University Press，1993.

[3] 潘家新，李莲靖，张天. 区域创新发展水平的监测评价及其政策措施成效分析 ［J］. 图书情报导刊，2023，8（9）：70 – 79.

[4] 陈玉玲，路丽，赵建玲. 区域创新要素协同发展水平测度及协同机制构建：以京津冀地区为例 ［J］. 工业技术经济，2021，40（4）：129 – 133.

[5] 邹佳雯. 高等教育发展水平对区域创新能力的影响：基于省域面板数据的实证研究 ［D］. 长沙：湖南师范大学，2021.

[6] 蒋振威，王平. 海南区域技术创新能力评价与空间差异性分析：基于 2009—2014 年海南 18 个市

县面板数据 [J]. 经济地理, 2016, 36 (11): 24 – 30.

[7] 汪凌, 邹建辉, 高心仪. 长江经济带协同创新发展水平测度、区域差异及空间分布 [J]. 统计与决策, 2023, 39 (22): 117 – 122.

[8] 戴金辉, 林典伟. 区域创新发展能力评价与空间差异测度 [J]. 统计与决策, 2024, 40 (6): 62 – 67.

[9] 熊学智. 高质量发展视阈下我国区域创新驱动能力评价体系构建与应用研究 [D]. 南昌: 江西财经大学, 2021.

[10] 赵炎, 徐悦蕾. 上海市区域创新能力评价 [J]. 科研管理, 2016, 37 (S1): 489 – 494.

[11] 国务院办公厅关于深化产教融合的若干意见 [EB/OL]. (2017 – 12 – 19) [2024 – 06 – 30]. http://www.gov.cn/zhengce/content/2017 – 12/19/content_5248564.htm.

[12] 国务院关于印发国家职业教育改革实施方案的通知 [EB/OL]. (2019 – 02 – 13) [2024 – 06 – 30]. https://www.gov.cn/zhengce/content/2019 – 02/13/content_5365341.htm.

[13] 习近平在中共中央政治局第十一次集体学习时强调加快发展新质生产力 扎实推进高质量发展 [EB/OL]. (2024 – 02 – 01) [2024 – 06 – 30]. https://www.gov.cn/yaowen/liebiao/202402/content_6929446.htm.

[14] 张伟, 叶诗奇. 绿色技术创新体系的历史进程、演进逻辑与动力机制: 基于历史制度主义的分析 [J]. 行政论坛, 2023, 30 (6): 91 – 99.

[15] 宗诚. 教育强国背景下职业教育国际化: 价值意蕴、实践样态与路径规划 [J]. 职教论坛, 2024, 40 (5): 13 – 19.

作者简介: 董凌燕, 陕西师范大学教育学部博士研究生, 河南警察学院讲师, 研究方向为职业教育。

大国工匠培育背景下职业教育高质量发展的现实困境与优化路径

张思敏

摘　要： 在新时代，大国工匠成为国家战略资源，对于推动职业教育高质量发展具有重大意义。大国工匠培育为职业教育高质量发展提供了新的探索方向，体现为人才培养目标的战略性、人才培养内容的内涵性和人才培养模式的协作性。当前职业教育高质量发展存在"学历"追求趋势弱化职业教育大国工匠人才培养定位、制度设计"偏颇"削弱职业教育大国工匠人才培养基础、校企合作机制不优制约职业教育大国工匠人才培养实施等困境。为此，应充分发挥大国工匠的引领作用，破解职业教育高质量发展难题，从更新社会观念、深化制度改革和加强产教融合等方面着力，有效推动职业教育高质量发展，为我国经济和社会发展提供有力人才支持和技术保障。

关键词： 大国工匠；职业教育；高质量发展；现实困境；优化路径

2024 年，习近平总书记在参加十四届全国人大二次会议江苏代表团审议时明确指出，"大国工匠是我们中华民族大厦的基石、栋梁……是顶梁柱"[1]，深刻揭示了大国工匠在全面建设社会主义现代化国家进程中的重要支撑作用，其是将科技创新转化为现实生产力的高技能人才，是制造业高质量发展的稳固基石和栋梁。习近平总书记指出，"我们要实实在在地把职业教育搞好，要树立工匠精神，把第一线的大国工匠一批一批培养出来"[1]。在此背景下，大国工匠成为职业教育高质量发展的愿景追求，作为技能人才培养摇篮的职业教育为大国工匠培育奠定基础，二者互促互进，以高质量人才培养促进新质生产力形成。基于此，本文梳理"大国工匠"背景下职业教育高质量发展的特征与困境，进而提出优化路径。

一、大国工匠培育背景下职业教育高质量发展的内涵特征

高质量发展是满足人民日益增长的美好生活需要的发展，是新发展理念下的具体实践，蕴含了新的模式，展示了一个事物在更高发展阶段的本质规定性。[2]职业教育高质量发展则涉及教育过程和结果的双重质量标准，不仅体现在其发展模式和路径的效率上，也体现在其教育成效和质量的水准上。[3]大国工匠是传统技艺的传承者，是技术创新的推动者，是促进新质生产力形成的重要人才资源，其本质在于立足岗位、日积月累、奋战一线、真抓实干、勇于突破、不断创新，在德技并修的同时满怀爱国之情，不仅具备精湛的专业技能，而且拥有执着专注、精益求精、一丝不苟、追求卓越的工匠精神。[4]2024年1月，中华全国总工会印发《大国工匠人才培育工程实施办法（试行）》（以下简称《办法》）提出"工匠五力"，即引领力、实践力、创新力、攻关力、传承力，并提出大国工匠人才培育目标任务、培育对象、培育措施、支撑保障、组织实施等[5]，为大国工匠培育指明方向并提供实施保障。基于此，大国工匠培育背景下的职业教育高质量发展以协作合力聚焦于高技能人才培养，以大国工匠人才培育为目标，强调"爱国情怀""工匠精神""工匠五力"等的形成，关涉人才培养目标的战略性、人才培养内容的内涵性和人才培养模式的协作性。

一是在培养目标方面，大国工匠培育是职业教育高质量人才培养的愿景追求，是职业教育对"培养什么人、怎样培养人、为谁培养人"新时代"教育三问"的回答，大国工匠人才是职业教育为社会主义建设事业培养的时代新人。《办法》提出了培育对象的基本条件，要求其政治素质过硬，有5年以上一线生产现场工作经历，长期践行工匠精神，具有突出的技术技能素质，以制造业等实体经济领域职工为主，同时在大国工匠能力标准"工匠五力"上有突出潜能。即大国工匠是德技并修、家国情怀深厚的高技能人才，具备"工匠精神"和"工匠五力"，为职业教育学生发展提供示范榜样，为职业教育高质量人才培养指明方向。

二是在培养内容方面，大国工匠培育拓展丰富职业教育高质量人才培养的内涵。《办法》提出了"工匠五力"能力标准，为职业教育高质量发展提供内容标准，丰富职业教育人才培养内涵。其中，"引领力"是指在工作中勇挑重担、追求卓越，具有示范带动作用；"实践力"是指业务技能精湛、业绩突出，具备持续学习的精神与行动；"创新力"是指在生产实践中具有业务洞察力，取得创新成果并实现价值创造；"攻关力"是指可以担当重任、协同配合并直面难题；"传承力"是指善于总结继承，积极参与人才培养并促进专业知识技能与智能工具相融合。因此，职业教育高质量发展需要聚焦"工匠五力"以培养学生发展潜能，致力于其爱国情怀、专业技能、工匠精神的形成。

三是在培养模式方面，大国工匠培育为职业教育高质量组织实施创新制度供给，推进教育链、人才链、产业链、创新链融合发展。大国工匠属于高技能人才，在数字化、智能化的产业转型升级背景下不断追求进步并适应技术发展的快速变化，从而满足国家科技创新和战略性新兴产业发展的人才需求。产教融合、校企合作是职业教育高技能人才培养的关键制度，但由于国情及相关利益者的需求差异，企业参与意识、行动及能力水平等成为影响高技能人才培养与职业教育高质量发展的关键因素。大国工匠培育成为有利契机，如《办法》从培育目标、内容、模式及保障机制等全过程进行了制度设计，强调多方组织协同合作并提供多项保障。

二、大国工匠培育背景下职业教育高质量发展的现实困境

为了全面了解我国职业教育发展现状，2021 年，《教育家》杂志联合相关教育科研单位对 31 个省份的职业院校、学生、家长、教师及相关企业进行了大型问卷调查，通过对 106125 份有效问卷的统计，最终形成了《中国职业教育发展大型问卷调查报告》（以下简称《报告》）。[6]通过深入分析《报告》，发现当前"大国工匠"培育背景下职业教育在高质量发展过程中仍然存在以下现实困境。

（一）"学历"追求趋势弱化职业教育大国工匠人才培养定位

大国工匠人才培育是职业教育高质量人才培养的愿景追求，但当前职业教育社会认可度与社会"学历"追求降低了职业教育吸引力，大国工匠培育背景下的职业教育高质量发展面临生源危机及社会地位不高的困境。

一是职业教育社会认可度不高，技能人才处于边缘化地带。在"职业教育发展的最大困难"这一调查中，《报告》结果显示，70.26% 的中职学生和 73.48% 的高职学生选择了"社会认可度"，说明当前职业教育社会认可度不高。在我国，受传统"学而优则仕"观念的影响，人才认知和评价体系存在偏差，社会对职业教育存在偏见。这种社会认知在实践层面对职业教育学生和技能型人才的职业发展造成了重重障碍，强化了技能人才的边缘化现象，降低了职业教育大国工匠人才培养的社会价值，影响了社会整体人力资源配置与经济发展潜力。

二是"学历至上"负面影响凸显，技能成才社会意识淡薄。2019 年全国专升本录取人数约占当年专科毕业生人数的 8.4%，2020 年录取率在 15% 左右，2021 年接近20%。[7]此外，在 2023 年教育部印发的《2022 年全国教育事业发展统计公报》中，2022 年全国专科起点本科招生人数为 86.62 万人，相比 2021 年的招生人数 71.77 万人增加了 14.85 万人。[8]这反映出社会"学历"追求趋势的增强，"学历至上"社会观念及与之相关的"学历—职业—收入"就业结构不仅影响职业教育的生源，甚至强化了

职业教育毕业生对更高层次学历的追求，社会技能成才意识淡薄，职业教育高质量技能人才培养缺乏可持续的社会发展环境，极大地制约了"大国工匠、能工巧匠"培养目标的实现。

（二）制度设计"偏颇"削弱职业教育大国工匠人才培养基础

大国工匠培育是一项系统工程，其实施依赖于构建一个庞大的潜在人才生源库以供选拔和培养。[9]然而，我国在大国工匠培育对象的数量和质量方面，目前尚未达到社会与产业发展的实际需求，在深入分析职业教育发展的复杂社会结构时，发现仍需进一步完善制度供给。

一是教育分流标准有待科学化，大国工匠培育面临生源不足的挑战。作为一种将学生引导至不同教育轨道的制度安排，不合理的教育分流易导致技能型人才培育路径窄化，进而影响大国工匠培育的生源基础和质量提升。在理想的教育生态中，职业教育与普通教育应构成并行的二元体系，各自基于个体自主选择，共同为社会培养学术型和技能型人才。然而，现实情况表明，职业教育被视为"第二选择"，职业教育类型特征不为社会认识和理解。在现行教育分流机制下，职业教育往往成为未能达到特定学业成绩标准的中考和高考学生的无奈选择。基于学业成绩的单一分流标准，将原本的双轨教育体系简化为单轨，并形成了教育层次的高低分级。这种分流机制不仅削弱了职业教育的社会地位和吸引力，而且在一定程度上加剧了技能型人才的供需失衡，影响了我国职业教育大国工匠培育的对象来源。

二是职业教育体系建设有待完善，大国工匠培育面临生源质量不高的困境。目前，我国职业教育体系正处于从职普分流到职普融通转变的重要时期，在此过程中，构建从职业本科到专业学位研究生的教育上升通道仍处于探索的初级阶段。2024年，教育部召开发布会介绍2023年全国教育事业发展基本情况，指出全国中等职业教育（不含人社部门管理的技工学校）共有学校7085所，高职（专科）学校1547所，截至2024年3月，教育部官网公布的全国本科层次职业学校共有51所。[10]由此可见，本科层次的职业院校数量不足，职业教育学历晋升渠道不畅，职业教育不能符合社会"学历"追求趋势。在此背景下，更多优质生源，甚至职业教育毕业生也将选择体系更加完善、未来发展路径更为清晰的普通高等教育，进而导致职业教育"工匠五力"潜力培育与"工匠精神"形成过程衔接不畅，影响职业教育大国工匠培育的生源质量。

（三）校企合作机制不优制约职业教育大国工匠人才培养实施

校企合作、产教融合对于工匠精神的培养和实现职业教育高质量发展具有至关重要的作用。然而，相关配套政策的缺失、职业院校对校企合作重要性认识不足及企业在合作中过度强调利益优先等问题，致使校企合作往往流于形式[11]，学生"工匠五力"潜力培养缺乏土壤，工匠精神培育资源不足，制约职业教育大国工匠人才培养策略实施。

一是校企合作深度不够且形式单一。《报告》中有关校企合作的数据显示，企业为学生提供实习岗位占 78.72%，派技术人员担任学校兼职教师占 48.33%，为教师提供培训岗位占 40.88%，这说明校企合作深度不够，还停留在初级阶段。[6]一方面，学校教育与企业需求存在差异，导致企业参与职业教育的积极性不高。企业认为校企合作的责任主体是职业院校，即职业院校应积极寻求合作；而职业院校更侧重于课堂学习，仅将学生推向企业实习，造成学生难以有机会在企业中锤炼和锻造工匠精神。此外，部分企业崇尚利益，对学生的教育和指导不足，致使学生无法接触到实质性工作岗位，更难以将理论学习与实践操作相结合。另一方面，职业院校与企业在运作机制上的差异，致使校企合作模式的有效性不足。[12]传统职业院校管理模式中，办学主体多元参与相对较少，主要依赖地方政府统筹安排，在一定程度上制约了校企合作的有效开展。[13]此外，校企合作制度不完善，未明确规定企业应承担的责任与义务，导致企业参与职业教育的行动不足、质量不高，难以保障校企合作的顺畅和规范化进行。

二是现代学徒制组织实施举步维艰。2014 年教育部提出的"现代学徒制"，是以职业教育校企合作为基础，强调师徒关系的建立，侧重于技能传承，旨在促进职业院校与企业之间深化产教融合、校企深度合作，实现"招生即招工、入校即入厂、校企联合培养"的目标。然而，《报告》显示，受访者中对现代学徒制非常了解的占 14.18%，比较了解的占 35.49%，不太了解的占 43.69%，完全不了解的占 6.64%，超过一半的受访者对现代学徒制比较陌生，说明现代学徒制的推进有待进一步加强。[6]由于制度建设的不完善等因素，现代学徒制在落实过程中面临诸多深层次的挑战。一方面，相关法律法规尚不完善，缺乏对现代学徒制中企业及师傅权利与义务的明确规定，缺少刚性的约束；另一方面，缺乏与之相匹配的有效管理制度和评价机制。在现行背景下，职业院校在学生培养与评价方面依然沿用传统的学校管理制度，未能充分实施改革以适应现代学徒制的需求，从而限制了企业主体作用的发挥，并导致企业参与现代学徒制的积极性不高。

三、大国工匠培育背景下职业教育高质量发展的优化路径

针对大国工匠培育背景下职业教育高质量人才培养困境，为了破解职业教育高质量发展难题，发挥大国工匠的引领作用，从更新社会观念、深化制度改革和加强产教融合等方面着力，提出以下优化路径。

（一）多措并举营造良好氛围，强化技术技能成才意识

大国工匠是我国新征程中推动新质生产力快速发展的重要人才支撑，为此，应多

措并举提高职业教育社会认可度，强化技术技能成才意识，为教育强国建设贡献力量。

一是创设良好氛围，引导培育新时代人才观，提高技术技能人才地位。为了提升职业教育社会认可度，须采取一系列引导措施。首先，强化公众对职业教育价值的认识。在全社会范围内宣传职业教育政策，形成科学的人才成长观和职业选择观，确保优秀技能人才和高素质劳动者获得社会的广泛尊重与认可。同时，树立先进劳模代表，让杰出技师的事迹感召和吸引更多学生成为工匠精神的积极践行者。[14]其次，创设崇尚技术技能的社会氛围。国有企业、事业单位及政府机构应率先摒弃以学历和名校为标准的人才评价机制，确保技术技能人才在就业、晋升等方面享有平等机会，并出台相应激励与评价政策，以此提升技术技能人才在各行各业中的整体地位。[15]最后，依托职业院校平台，加大宣传力度。职业院校可以邀请各行各业的技术技能杰出人才到校举办讲座，通过实时直播、互动讨论或专题论坛等途径，让公众认识到掌握一技之长同样能够拥有精彩人生，进而提高职业教育的社会认可度。

二是创造支持条件，健全制度保障，强化技术技能成才意识。为了促进技术技能人才的成长与发展，政府应创造完善的支持条件，建立健全制度保障，推动职业教育向高质量方向发展。一方面，加大对高技能人才振兴计划的实施力度，确保相关建设项目得到有效落实，从而加速职业教育的整体进步。如加速构建全国统一的职业资格证书体系，该体系须与工资等级紧密挂钩，且将资格证作为衡量个人在特定岗位能力的重要标准，以提升职业资格证的社会认可度，激励更多劳动者投身于技能型职业。同时，须提高一线劳动者尤其是技能人才的待遇，通过建立技能人才奖励及津贴制度，表彰和激励那些在各自领域取得卓越成就的技能人才。另一方面，作为社会价值观的引导者，政府应参考国际先进经验，构建完善的国家资历框架体系，推动职业资格证书与学历学位的等效认可，以消除单一学历的崇拜现象，保障技术技能型人才得到相应的薪资待遇和社会尊重[16]，促进技术技能人才的职业发展，加强社会对技术技能人才的尊重与认可。

（二）深化职业教育制度改革，优化技术技能成才通道

要突破职业教育高质量发展瓶颈，关键在于深化职业教育制度改革，推动其纵向延伸和横向融合，为技术技能型人才成长提供广阔的通道，为大国工匠的培养奠定坚实的生源基础。

一是构建科学的教育分流制度，切实拓宽学生成才通道。大国工匠培育背景下，职业教育高质量发展迫切需要构建职普融通和升学贯通的弹性分流制度[17]，切实拓宽学生的成才通道。一方面，构建完善的职普互通机制，优化教育分流制度。该机制是职业院校与普通院校间的双向流动机制，允许学生在职业和学术轨道间进行流动，职业院校学生可根据自身能力和职业规划，选择进入普通院校深造学习，普通院校学生

也可依据个体职业规划进入职业院校，实现技能素养等的提升。[18]以此促进职普教育间的资源共享和优势互补，进而为职业教育高质量发展注入新活力。另一方面，优化健全现行的考试制度，提高考试分流的科学性。首先，淡化中考的选拔功能，破除"唯分数"论，转为更加关注学生个体需求和意愿选择，促进个体自我实现；其次，建立职教高考和本科院校相衔接的升学制度，保障职普教育协调发展，提升职业教育吸引力；最后，优化职教高考内容设计，落实"文化素质＋职业技能"考试要求，聚焦"工匠五力"设计考试内容，提升学生综合素养。[19]

二是构建高质量职业教育体系，提供高技术技能人才支撑。构建高质量职业教育体系，是培养大国工匠的重要支撑，主要通过纵向上贯通不同层次的职业教育和横向上融通不同类型的教育，实现教育资源的优化配置和人才培养的系统化发展。一方面，从纵向上贯通不同层次的职业教育。在夯实中职教育的基础上，竭力整合各种教育资源，积极发展本科层次职业教育，创造有利条件，大力支持职业教育专业研究生培养。通过推动中等职业教育、高等职业教育、本科职业教育和专业学位研究生职业教育融通并进，实现不同层次职业教育的有效衔接和相互促进，健全一体化高技能人才培养体系。另一方面，从横向上融通不同类型的教育。首先，扎实推进普通中小学职业启蒙教育渗透，筑基职业基础教育，通过引导学生体验校内外职业教育实践活动，强化职业启蒙教育，为未来职业选择与发展奠定基础；其次，深化职普互通，推动中职学校和普通高中学分互认、资源互通和课程互选等机制建设，满足学生发展的多元化需求，实现个体发展的最大化。

（三）加强产教融合校企合作，提升技术技能成才成效

企业作为市场用人主体，职业院校培养的学生应满足其用人需求，因此，需要加强校企深度合作，以教育合力提升职业教育高质量技术技能人才培育成效。

一是深化校企合作，构建校企合作共同体。首先，政府应提供相关政策支持和制度保障。政府须在校企合作中承担主导角色，建立校企合作激励和约束机制，通过政策制定和制度创新，构建双赢的校企合作生态系统；同时，加强对校企合作项目的监管，确保合作项目的质量和效果，推动校企合作的可持续发展。其次，企业应充分发挥主体作用，用其文化促进学生工匠精神的自我建构和内在生成。企业应与职业院校紧密合作，将行业最新技术和实际工作场景融入职业教育，使学生在校期间就能接触行业前沿，更好地理解企业文化，从而激发学生对"工匠五力"的认识与理解、对工匠精神的内在认同与追求，自发形成工匠人格。最后，职业院校应以人才培养为核心，积极探索校企合作双方共赢点：职业院校应与企业共同制定人才培养方案，确保人才培养与市场需求紧密对接；职业院校应与企业开展技术交流和合作研究，推动教学内容和方法的更新，使学生能够接触最新技术和知识，从而提高学生的就业竞争力和职

业发展潜力,实现校企合作的互利共赢。

二是构建并完善基于校企合作的现代学徒制体系。现代学徒制是职业院校人才培养的重要模式,强调在真实工作情境中学生与师傅之间的交流互动,从而实现校企深度融合。通过此种方式,学生不仅能学习理论知识,还能获得以工匠精神衡量的实践操作技能与职业素养,形成"工匠五力"发展潜能。一方面,职业院校应建设工学实践场地,引导学生逐步建立对专业和职业的认同感,为"工匠五力"潜能发展及"工匠精神"培育奠定厚实的内容基础和精神内涵。另一方面,政府应建立健全现代学徒制。首先,须制定明确的实施框架和操作指南,确保学徒制的实施有据可依、有章可循;其次,应完善职业院校与企业的合作机制,使二者建立长期稳定的合作关系,共同制订学徒培养计划和课程体系;最后,应建立科学的评价体系,对学徒的技能水平和职业素养进行综合评价,以保证学徒制的质量和效果。职业院校应通过深度产教融合、现代学徒制等多种人才培养模式,紧紧抓住和企业、社会沟通的纽带,助力学生"工匠五力"潜能的发展,使其更好地感受并传承工匠精神。[18]

大国工匠,是时代的楷模、民族的骄傲。职业教育作为大国工匠培育的沃土,必须挖掘学生的"工匠五力"潜能,使其传承和弘扬工匠精神,这不仅符合教育强国的战略需求,也是时代发展的必然要求。在此过程中,需要更新社会固有观念,强化政府政策支持,还要提升社会协同能力,认真贯彻落实习近平总书记对职业教育工作做出的重要指示,为"中国制造"提供坚实的人才支撑!

参考文献

[1] 中国教育新闻网. 深刻认识和把握新时代职业教育的新使命 [EB/OL]. (2024 - 03 - 22) [2024 - 04 - 24]. https://news. eol. cn/yaowen/202403/t20240322_2570215. shtml.

[2] 李森,郑伟民. 青少年法治教育高质量发展的基本特征、现实困境与优化进路 [J]. 中国教育学刊,2024 (3):43 - 49.

[3] 孙翠香. 新时代职业教育高质量发展的内涵、特征与推进策略 [J]. 教育与职业,2022 (3):5 - 12.

[4] 李进. 工匠精神的当代价值及培育路径研究 [J]. 中国职业技术教育,2016 (27):27 - 30.

[5] 河南省总工会干部学校. 中华全国总工会关于印发《大国工匠人才培育工程实施办法 (试行)》的通知 [EB/OL]. (2024 - 03 - 10) [2024 - 06 - 22]. http://www. hnszghghbxx. cn/plus/view. php? aid =996.

[6] 王湘蓉,孙智明,王楠,等. 中国职业教育发展大型问卷调查报告 [J]. 教育家,2021 (4):7 - 23.

[7] 刘文明. 高职学校无需追求过高的"专升本率"[N]. 中国青年报,2021 - 08 - 23 (06).

[8] 中华人民共和国教育部. 2022 年全国教育事业发展统计公报 [EB/OL]. (2023 - 07 - 05) [2024 - 04 - 24]. http://www. moe. gov. cn/jyb_sjzl/sjzl - fztjgb/202307/t20230705_1067278. html.

[9] 马侨惠，路宝利，雷前虎，等. 教育家精神与大国工匠培养：耦合关系、现实困境和纾解策略 [J]. 职业技术教育，2024，45（10）：6-11.

[10] 陈鹏. "数"说 2023 年全国教育事业发展 [EB/OL]. （2024-03-02）[2024-04-06]. https：//www. gov. cn/lianbo/bumen/202403/content_6935554. htm.

[11] 祁占勇. 职业教育政策研究 [M]. 北京：教育科学出版社，2018：256.

[12] 汪利极，罗国生. 校企双制人才培养模式及评价体系 [M]. 广州：暨南大学出版社，2016：18.

[13] 刘淑云，祁占勇. 改革开放 40 年来我国职业教育管理体制改革探析 [J]. 职业技术教育，2018，39（13）：38-43.

[14] 陈鹏，祁占勇，李延平. 弘扬工匠精神研究 [M]. 西安：陕西师范大学出版社，2023：313.

[15] 龙丽波，杨丽. 高职教育高质量发展的重要意义、现实境遇及其对策：以云南省为例 [J]. 广西职业技术学院学报，2024（17）：31-38.

[16] 孟源北，陈小娟. 工匠精神的内涵与协同培育机制构建 [J]. 职教论坛，2016（27）：16-20.

[17] 程红艳，潘小芳. 平等而卓越：我国教育分流制度的体系优化 [J]. 教育科学，2023（39）：27-33.

[18] 邹建辉，我国职业教育高质量发展的困境、归因与对策研究 [J]. 黑龙江教师发展学院学报，2024（43）：89-92.

[19] 曾天山，苏敏，李杰豪，等. 我国推进职普融通的实践探索、现实困难与应对策略 [J]. 中国教育学刊，2024（5）：42-47.

[20] 任雪园，祁占勇. 技术哲学视野下"工匠精神"的本质特性及其培育策略 [J]. 职业技术教育，2017（4）：18-23.

作者简介：张思敏，陕西师范大学教育学部博士研究生，陕西艺术职业学院讲师，研究方向为职业教育管理。

职业本科与应用型本科教育的互通：
探索、困境与突破

柴慧婕

摘　要：职业本科教育和应用型本科教育是当今本科教育体系中的两种重要形态，两者的互通是新时期深化职业教育体系改革、贯彻落实职普融通政策的重要举措，既涵盖教育目标的整合与提升，又涉及教育内容与方法的互通，通过这两类本科教育间的优势互补、双向赋能和协作共赢，共育契合时代发展需求的"学术""职业"融合的复合型人才。在已有国家政策和社会需求的推进下，职普融通改革进程因受文化传统和机制壁垒的影响，仍面临诸多现实困境。结合我国高等教育改革趋势，推进本科阶段的互通，需要从宏观维度完善政策制度框架设计和系统规划，营造适宜改革和发展的制度环境。同时，在高校建设的微观维度加强建立沟通协调机制，实现学分制改革，整合相关课程和师资资源，支撑协同发展。

关键词：职普融通；职业本科教育；应用型本科教育；互通

一、研究缘起及文献述评

当前我国经济结构的转型和产业结构的升级引致劳动力市场发生急剧变革，社会对高素质技能型人才的需求日益迫切，我国职业教育面临前所未有的挑战和机遇。同时，当下及未来，实现社会、经济、教育的系统谋划，全面建设社会主义现代化国家的前提就是加强教育体系内的循环；而教育强国政策的落实应从横向、纵向多角度构建教育体系内部关系出发，协调各类教育之间的衔接与互通路径。基于上述背景，从2014年5月国务院印发《国务院关于加快发展现代职业教育的决定》起，到2019年1月《国家职业教育改革实施方案》出台，一系列政策探索助推着职业教育的发展。2022年5月颁布实施《中华人民共和国职业教育法》，正式确立了"职业教育与普通教育相互融通"的方针，标志着职普融通从地方性实践探索上升为国家政策，成为推动中国教育现代化和不同类型教育协调发展的关键策略，也为新时期深化职业教育改革和构建我国现代职业教育体系提供了基本遵循与制度保障。党的二十大报告提出"推进职普融通……优化职业教育类型定位"[1]，凸显了深化职教体系改革的迫切性和重要性，也是对发展混合所有制职业教育所做的系列推进。

职业本科教育与应用型本科教育作为新时期经济社会高速发展所衍生出的两种高等教育类型，承载着培养应用型人才的重要使命，其产生和发展与产业结构转型升级密切相关，在现代教育中的地位同等重要；两类本科教育在人才培养目标、课程体系、教学模式等方面既有联系，又有差别，两者间融会贯通和双向协同，既是促进个体全面和谐发展的必然选择，也是打造高质量教育体系的重要举措。

近年来，两类本科教育间的融通备受学界关注，有关学者围绕两类本科教育的关联、互通问题取得了一批研究成果，其主要观点包括：以学生为中心构建"双元制"培养模式是职普融通的基础，"工学结合"是核心，"产教融合"是保障；二者形成有机整体，构成了职教与普教之间相互沟通、相互促进、相互依存的关系。但既有学术文献在职业本科与应用型本科教育有效互通方面的探讨仍留有空白：首先，对职业本科与应用型本科教育互通的内在机制分析得不够系统深入，缺乏对互通过程中可能出现的挑战和问题的系统性分析；其次，缺乏有关两类本科教育在职普融通过程中差异化需求和策略的系统性研究；最后，对教育质量保障和评价体系的研究不够全面，对教学模式和评价机制的创新探索不足。

鉴于此，本研究以职业本科与应用型本科互通问题为研究对象，选题源于对当前职普融合背景下职业本科和应用型本科在互通实践中的理论聚焦。通过系统分析两类教育在教育目标、课程体系、教学模式等方面的异同，揭示构建互通机制的原理，尝试提出破解职普融通改革过程中困境的方法及策略。

二、理论阐释：互通的可行性

（一）职业本科与应用型本科教育互通的内涵

伴随着中国高等教育的大众化、普及化，职业本科与应用型本科是当代高等教育体系顺应时代发展和社会需求所衍生出的两种新型本科教育形态。应用型本科直面社会现实需求，以专业教育为载体，以培养应用型人才为目标，强调培训学生的专业技能和解决现实问题的能力，以及形成技能意识和职业素养，具有组织重专业、目的重实用和内容重技术等特征。职业本科出现于 2019 年，属于职业范畴，是当代本科教育的一个新分支，是培养职业高级技能人才的教育模式。职业本科教育更重视职业高级能力培养、现场实践教学和职业素质养成[2]，呈现出鲜明的职业导向性、教学和产业贯通性，以及技能训练复合性等特征。

职普融通是指职业教育与普通教育的融合发展。通过整合教育资源，实现教育资源共享、贯通和互认，达到协同发展、共育人才的目的。[3]从内在维度而论，互通是教育理念、课程体系、教学方法、人才培养等方面的深度融合，既包括教育内容与方法的互通，也涵盖教育目标的整合与提升，以培养具备专业技能与创新能力的高素质复合型人才；从外在维度而论，实现互通涵盖教育政策的制定、教育体系的构建、教育资源的配置等多个层面的要素，以促进教育机会的均等和教育质量的全面提升。

职业本科与应用型本科的互通作为契合时代发展的教育理念与实践模式，是职普融通的基本内容，旨在打破高等教育阶段职业教育与普通教育间的壁垒，促进两者在教育内容、教学方法和评价标准等方面的互鉴和融合，实现教育资源的优化配置和人才培养的有效衔接，从而更好地满足当前经济社会发展和产业结构升级对复合型人才的需求，保障教育公平与教育质量提升。

（二）职业本科与应用型本科教育的差异性分析

职业本科与应用型本科的差异主要体现在人才培养目标、课程设置和教学模式三个方面，而这些差异也是两类教育相互融通的基础。

在人才培养目标方面，两类教育均是以培养应用型和技术技能型人才为目标，注重学生的实践能力和创新意识的增强。但职业本科教育更注重培养学生的职业技能和岗位适应能力，而应用型本科教育则更强调学生综合素质和社会适应能力的整体提升。在课程设置方面，职业本科教育和应用型本科教育都注重理论与实践相结合，强调实践教学在人才培养中的重要作用。但职业本科教育的课程内容贴近岗位需求，更注重专业技能；而应用型本科教育的课程设置因更加注重综合素质的培养，其课程内容也就更为广泛和多样。在教学模式方面，两类教育都采用多样化的教学模式。但职业本科教育更加注重校企合作、产教融合，主要做法是引入企业资源和实际项目，以及与企业共建特色化的行业学院和产业学院；而应用型本科教育则更加重视校内外资源的整合，通过开展多种形式的实践教学活动，提升学生的综合素质和社会适应能力。把握二者在课程体系、师资队伍、教学模式等方面的差异是实现二者互通的重要环节。

（三）职业本科与应用型本科教育互通的理论依据

促进个体全面发展与终身学习是世界教育发展的重要趋势，也是当今职普融通改革的核心目标。现代社会对人才的需求是多样化的，具有扎实理论基础的学术型人才以及具备强大实践能力的应用型人才都备受重视。两类教育互通，可以培养出适应不同岗位需求的复合型人才，满足社会对多样化人才的需求，推动经济和社会的发展。

因此，职业本科教育与应用型本科教育的互通不仅具备可行性，更具有必要性。

马克思主义全面发展观指出，人的发展应当是多维度、多方面的，是在社会实践中实现的全面发展。教育不仅要关注智力的发展，还要注重实践能力、道德品质和审美素养等的发展。因此，教育应当重视对学生理论知识和实践能力的培养，关注他们的道德品质和审美素养，从而促进学生的全面发展。职业本科教育与应用型本科教育的互通，可以通过丰富课程内容和创新教学模式，促进学生多方面素质的提升；通过优化教育资源配置，推动教育内容和教学方式的创新，从而为学生提供更广阔的发展空间和更多的学习机会。

践行马克思主义全面发展观，正是实现注重实践技能的职业本科教育与强调理论知识传授的应用型本科教育的互通耦合。根据马克思主义全面发展观，教育应当促进理论与实践的结合，这样才能培养出既具备扎实理论基础，又具备解决实际问题能力的综合型人才。两类教育的互通使学生能够在学习过程中既掌握理论知识，又获得实践经验，还可以在学科专业理论基础研究中，及时发现并破解实践中遇到的现实难题。此外，每个学生都有其独特的兴趣和优势，这要求教育尊重个体差异，提供多样化的选择和发展路径。因此，两类教育的互通还可以为学生提供更多元的学习机会，使他们能够根据自身兴趣和优势做出选择，从而实现个性化发展。

（四）职业本科教育与应用型本科教育互通的方式

1. 人才培养目标的互通

职业本科教育注重培养学生的职业素养和岗位适应能力，而应用型本科教育则注重培养学生的综合素质和社会适应能力。两者可通过优化课程设置与教学模式，实现人才培养目标的互通，这是两类本科教育互通的逻辑起点。在实践中，可采取"校企合作、工学结合"的方式拓宽人才培养路径，以实现"双主体"协作育人。

2. 课程体系的互通

第一，实现课程设置的互鉴，通过共同开发符合社会需求的应用型课程实现互通。第二，建立课程资源库，实现课程资源的共享。例如，既可建立课程资源共享平台，也可开展课程联合研发和教学合作。第三，切实做到实践教学的互通。例如，建立联合实训基地，共同开展实践教学活动；加强校校合作共同开发课程体系，有效地解决理论与实践脱节的问题。

3. 教学模式的互通

首先，在教学方法方面，两类本科可互鉴教学方法，共同探索符合社会发展需求的创新教学模式。其次，二者可以通过教学资源平台开展教学合作，以实现优化教育资源配置和资源共享，共同提升教学质量与水平的目的。最后，可以在评价实践中引入企业评价环节，创新教学评价体系。

4. 师资队伍的互通

第一，完善教师培训体系的互鉴。两类本科教育应建立教师交流与合作机制，可设置联合培训项目，实现师资培训经验的互鉴。此外，还可通过校企合作、行业培训和国际交流等形式，增进教师与企业、行业之间的交流，多渠道提升教师的专业能力、实践能力与教学水平。第二，建立教师资源共享平台。不同类型的高校间可通过开展教学团队联合建设项目，取长补短，共同提升教师、教学团队的教学质量和科研水平。通过"校校合作"，实现校间教师互评，同时可鼓励应用型本科院校的教师到职业本科学校进行兼职授课和挂职锻炼，并予以政策鼓励。

三、实践探索：互通现状分析

在国家政策驱动下，上海、北京、江苏等省市陆续出台相关政策，推进本科教育职普融通领域的实践探索，并取得了积极进展。但在改革过程中，因固有制度和观念造成的路径依赖与机制壁垒，本科职普融合面临诸多发展困境，亟待实现突破。

（一）互通模式实践现状

职业教育与普通教育两类本科院校间加强沟通交流有助于优势互补、资源共享、共同进步。因此，两类本科应打破自身封闭的状态，建立深度沟通和合作机制，以实现交流互鉴、完善提升。

目前地方实践中可以归纳几种主流互通模式（见表3.1）："双元制"教育模式、课程互通及学分互认模式。北京市开展职业教育与普通教育双向互通项目，通过课程共享、师资交流等方式实现互通；陕西省开展职业教育与普通教育学分互认试点[4]，允许学生在职业教育与普通教育之间转换学分，增加教育选择的灵活性。

表1　地方在职普融通方面的探索和创新实例

省份	教育模式或策略
江苏省	"3+4"中职与本科教育衔接模式
上海市	技术技能型人才培养贯通计划（校企合作，实习实训）
浙江省	现代学徒制试点
广东省	"双元制"职业教育模式（学校教育＋企业实训）
四川省	职业教育集团化发展策略
山东省	"1+X"证书制度（学历证书＋职业技能等级证书）
北京市	职业教育与普通教育双向互通项目（课程共享、师资交流）
天津市	职业教育国际化战略（国际合作，引进先进理念）
福建省	职业教育服务地方产业发展计划（专业设置适应地方产业需求）
陕西省	职业教育与普通教育学分互认试点

这些创新模式体现了各地区根据本地经济社会发展需求和教育资源状况，积极探索适合自身特点的融通路径。这些有效的实践提升了职业教育的吸引力和适应性，为学生提供了多样化的教育选择和发展空间，推动了人才培养质量的提升。

（二）困境及问题

受高等教育管理体制影响，我国高等教育发展同一性特征显著，各类高校的办学模式和评价标准基本一致，差别并不明显，这也使各地在探索改革路径时深受同一性要素影响，缺乏实质性突破，实践中面临以下困境。

1. 职业本科与普通本科的"通而不融"

政策的颁布实施并不意味着实践的有效落实，受路径依赖因素影响，实施细则和操作机制尚不完善，政策执行力度不够。一些地方政府和高校在推进职普融通的过程中，缺乏必要的互通机制，以及系统的规划和有效的执行机制，导致政策执行效果不明显。

2. 教育资源分配不均

职业本科院校由高职院校升格而成，其师资力量、教学设施、科研经费相对薄弱，难以与普通本科院校形成有效的资源共享和互补。同时，师资互通尚未契合两类本科高校的需求互补，如职业本科教育需要大量"双师型"教师，应用型本科教育需要实训教师，而目前这两类教师的培养和引进都存在一定困难。此外，因当前职普融通尚处于探索阶段，缺乏有效的监督和规范，个别院校存在重复建设、资源浪费等问题，影响了教育资源的整体利用效率。

3. 人才培养质量参差不齐

两类本科教育在人才培养质量上存在差距。诸多职业本科院校受办学基础和资源限制，难以提供契合学生与社会需求的教育，影响了毕业生综合素质与职业能力的提升。有些院校通过联合办学方式进行互通，但由于师资力量匮乏、办学理念不同、管理模式差异等，人才培养质量差距较大，在影响院校声誉的同时也为未来办学带来隐患。

4. 校企合作流于形式

校企合作虽得到了广泛推广，但实际操作中仍存在形式主义以及合作深度不够的问题，这是产教融合面临的最大问题。企业在参与教育教学过程中积极性不高，未能充分发挥在人才培养中的积极作用，导致合作效果大打折扣。

5. 评价体系不完善

两类本科都是因时代发展需要衍生出的新型教育形态，当前没有科学成熟的评价体系可供遵循且评价标准不统一。对办学成效的评价依然沿袭传统本科教育，评价方法单一，侧重对学生成绩与理论知识的考核，而较少涉及对学生职业技能和实践能力的评价，忽略了对学生综合素质和职业能力的评价，这与人才培养目标不相符。此外，还存在学生流动性受限问题。学生在两类教育间转换时，受制度所限，存在学分认定、专业选择等方面的不便利，影响了学生的流动与选择权的行使等。

综上，两类本科教育的互通是一项复杂且系统的工程，需要在政策执行、资源分配、人才培养、校企合作、评价体系等方面不断进行改革和完善。唯此，才能真正实现两类教育的资源整合和优势互补，培养出符合社会需求的高素质应用型人才。

四、突破策略：互通机制构建

面对以上困境，应加强政策引导，建立有效的管理运行机制，立足办学实际、探索创新改革，提高职业教育的社会认可度，在社会的共同努力下，推动并实现教育体系的优化和人才培养的高效。为此，本文提出以下创新性实施策略。

（一）深化综合改革，加强制度建设和系统设计

1. 建立健全制度体系，明确政策框架

政策是教育改革的关键要素。突破两类本科教育互通困境的前提在于完善相关政策体系，打通两者互通的制度壁垒，形成职普融通和共同发展的良好生态。一方面，加强政策制定与实施。政府应制定明确的政策框架，鼓励和支持两类本科教育的互通，提供政策支持和制度保障。例如，从政策层面制定《职业本科与应用型本科教育互通指导意见》，明确两类教育互通的目标、任务和实施路径；通过制定互通专项资金或保障机制相关制度，确保互通资源和经费的及时到位。在国家层面、省域层面和学校层面，建立健全两类本科教育互通的相关制度的顶层设计，提供互通的制度通道。如构建本科阶段全国统一的职普融通框架，确定两类本科教育互通的实施路径，地方政府应制定互通管理办法，规范两类教育的互通流程和操作规范。另一方面，制定职业本科教育与应用型本科教育互通激励政策，通过实施专项激励政策，激发各主体参与教育互通的积极性和主动性。政策应包括资源共享、课程互选、学分互认、师资流动等方面的具体措施，确保各项工作有章可循，实现办学资源的相互融通。

2. 加强政策宣传，改变刻板印象

制度主义认为，基于社会心理的文化—认知图式是影响改革政策落实的深层要素。深入推进两类本科的融通改革，需要提高职业本科教育与应用型本科教育互通的社会认知度和认可度，改变人们的刻板印象，引导各主体重视并参与到教育改革中。政府应加强政策宣传和推广，如举办互通研讨会、经验交流会等活动，推广互通的成功经验；开展互通专题培训，提高教育管理者和教师的政策认知与执行能力。

3. 学分互认与产教融合的深化

完善学分互认制度，建立全国统一的学分互认平台，确保学分转换的公平性和透明度；优化学生流动机制，简化学分认定和专业转换流程，保障学生的教育选择权；深化产教融合和校企合作，通过激励机制鼓励企业参与教育过程，提供实习和就业机会；建立学校与企业之间的紧密合作关系，使二者共同参与人才培养。

4. 评价与反馈机制的建立

实践中，建立多元化的评价与反馈机制，最理想的办法是通过第三方评价机构对两类院校互通的实施效果进行评估，通过对学生的专业知识、职业技能和实践能力等方面的全面评价，确保政策的有效性和持续改进。

（二）深化课程体系改革，完善内部生态机制

1. 推进课程体系改革，实现课程资源共享

课程教学方面，职业本科和应用型本科院校应加强课程体系对接，学校应推进教育互通的课程设置改革。例如，共同研发符合社会需求的应用型课程，优化课程结构，提升课程质量；鼓励跨学科、跨专业的课程开发，并设立专项基金支持此类合作。

院校层面应打破单位"围墙"，支持和鼓励教师跨校联合研发高质量课程项目，并建立互通的课程资源共享平台。学校应创新互通模式，实现教育资源的优化配置。通过共享实现两类教育的教学资源互通，共同提升教学质量和教学水平。

2. 创新教学模式，强化实践环节的教学

其一，学校应创新两类院校教学方法的互通，改善教学效果，提升学生的实践能力。例如，通过开展互通教学创新项目，探索符合应用型人才培养需要的教学方法；通过实施两类院校教育互通教学改革计划，提升教师教学质量和学生实践能力。其二，实践教学方面，通过产教融合项目互通，进一步推动产学研协同。例如，应用型本科院校可增加实践课程及见习、实习的比重，让学生亲临工作现场动手参与实践，帮助其建立合理的就业预期；而职业本科可加强对理论知识与学术素养的培养，以夯实学生的理论知识基础，增强职业技能基础和创新能力。

3. 加强师资队伍建设

首先，学校应加强职业本科教育与应用型本科教育互通的师资培训，提高教师的专业水平和教学能力。例如，通过开展教育互通专题培训和教师进修计划，深化教师对两类教育互通的认识和理解，提升教师的专业水平和教学能力。其次，学校应加强两类院校教师的互通交流，设置师资交流项目，鼓励和引导来自不同院校的教师开展深度学习和交流。最后，学校应加强教学团队建设的互通，提升教学团队的教学质量和科研水平。例如，通过实施建设教学团队互通计划，提升教学团队的专业水平和教

学能力；通过开展互通教学团队合作项目，促进科技成果转化应用。又如，共同开展核心技术攻关、联合培养关键领域高水平人才项目等。一系列互通机制有助于形成两类教育的良性合作发展，提升教学团队的科研水平和创新能力。

实现职业本科与应用型本科教育的互通，不仅有助于提高两类教育的质量和水平，还能够促进教育公平和社会和谐。政府、学校和企业应共同努力，加强政策引导和支持，完善制度建设和保障，创新教学模式和人才培养模式，推动职业本科教育与应用型本科教育的互通，实现教育与产业的深度对接，为实现中国式现代化提供强有力的人才培养支持和智力保障。

参考文献

[1] 习近平：高举中国特色社会主义伟大旗帜 为全面建设社会主义现代化国家而团结奋斗：在中国共产党第二十次全国代表大会上的报告 [EB/OL].（2022 – 10 – 25）[2024 – 04 – 06]. https：//www. gov. cn/xinwen/2022 – 10/25/content_5721685. htm.

[2] 别敦荣. 学术本科、应用本科和职业本科概念释义、办学特点与教育要求 [J]. 中国高教研究，2022（8）：61 – 68，75.

[3] 祁占勇，鄂晓倩. 中国式教育现代化与中国特色现代职业教育体系发展之路 [J]. 职业技术教育，2023，44（1）：6 – 13.

[4] 何佑石，祁占勇. 推进普职协调发展：新《职业教育法》任重道远 [J]. 职教论坛，2022，38（6）：45 – 53.

作者简介：柴慧婕，陕西师范大学教育学部博士研究生，河南警察学院副教授，研究方向为教育学。

文化历史活动理论下高职产业学院协同治理的内涵、困境与路径

唐冠珍

摘　要： 文化历史活动理论作为一种研究人类实践活动的马克思主义唯物辩证法和方法论，为化解高职产业学院协同治理矛盾提供了更系统的理论视角。基于文化历史活动理论构建高职产业学院协同治理模型，是解析高职产业学院协同治理的要素及要素间关系、人才产出的共享目标、活动系统自组织的外部新质三个层面内涵的核心。当前，顶层设计缺位导致产教融合深度不足，校企师资协同缺乏导致人才培养质量薄弱，外部新质冲击力强导致内外协同治理形势严峻，需要采取顶层设计引领的分层协同治理、突出内涵深度建设的主客协同治理、达成资源整合共识的内外协同治理等策略推动高职产业学院协同治理。

关键词： 文化历史活动；高职产业学院；协同治理

　　高职产业学院作为校企合作和工学结合的重要载体，旨在培养适应产业转型升级和满足高质量发展需要的高素质技术技能人才，以精准对接区域产业发展需求，提升职业教育与产业发展的适配度，推进人力资源供给侧结构性改革，也是国家政策关注的焦点。[1]当前，关于高职产业学院协同治理的探讨较多，刘燕楠等运用交易成本理论重构高职产业学院的治理机制[2]；卢广巨等以利益分析为基本研究方法，提出产业学院办学行动逻辑和治理策略[3]；曾天山等根据浙江、江苏、山东、四川、江西、湖南、辽宁、甘肃、重庆等地职业院校、企业的办学现状进行问卷调查和实地考察，对我国高职产业学院的发展情况进行分析总结[4]；等等。现有文献为产业学院协同治理的后续研究提供了一定的借鉴与参考，但也存在不足。已有研究大多是以市场逻辑分析产业学院的治理，缺乏对教育活动、教育目标实践过程的学术逻辑的深入思考，缺乏对多元主体间活动关系的系统阐释。文化历史活动理论（Cultural - Historical Activity Theory，CHAT）作为一种研究人类实践活动的马克思主义唯物辩证法和方法论，强调活动的结

构要素及其关系，为深入剖析高职产业学院协同治理的内涵、现实困境提供科学的理论分析模型，以期为系统分析协同治理的实践路径、推进高职产业学院协同治理发展提供一定的借鉴。

一、基于文化历史活动理论的高职产业学院协同治理模型构建

文化历史活动理论主要来源于维果斯基（L. S. Vygotsky）的文化历史理论，目前已发展至第三代。第三代文化历史活动理论经历了强调在个体活动中引入中介调节工具的第一代 CHAT 模型（见图1），以及通过整合共同体、分工、规则三大要素进而强调集体活动的第二代 CHAT 模型（见图2）发展演变而成。第三代 CHAT 模型（见图3）融合活动体系和边界对象的概念，注重通过不同活动系统之间的互动来探讨教育活动的本质、发生过程以及活动中不同要素间的关系，该模型包含主体、工具、客体、分工、共同体和规则六个要素，在系统活动中呈现出要素间所处的位置、功用、职责、分工和关系。

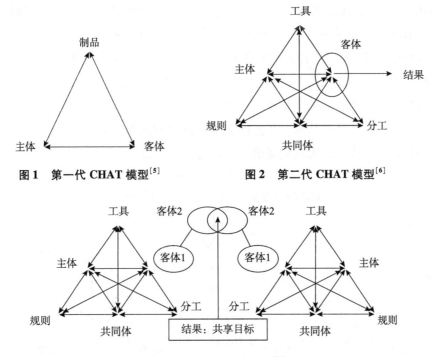

图1　第一代 CHAT 模型[5]　　　　图2　第二代 CHAT 模型[6]

图3　第三代 CHAT 模型[6]

协同治理是新型治理手段，是对多个利益相关方以共识为导向进行集体协商决策的过程。[7]协同治理的应用能整合各方优势资源，使公共问题得到更好的界定，同时在实际操作过程中促进各方互相学习，明确各方职责所在，从而提高行动效率。[8]基于第

三代 CHAT 模型的高职产业学院协同治理模型构建，为在多维度、多要素的复杂系统中科学地研究高职产业学院协同治理内涵提供理论支持，说明分析协同治理问题的适切性。

　　基于第三代 CHAT 模型的高职产业学院协同治理模型（见图 4）主要由活动主体、工具、客体、分工、共同体和规则六个要素协同关联产生结果。主体是在活动中的协同教育者，如教育体系和市场体系的代表，即教育和行业主管部门，高职产业学院的运行机构，即高职院校和企业。工具是多元主体共同采用的方式、方法、策略和其他工具，如企业在人才培养中使用的工作手册、跟岗实践考核、企业生产基地等，学校在教育教学活动中使用的新形态教材、多模块课程考核方案、校内实验室或实训基地等。客体是教育活动的对象，如高职产业学院的教育教学管理实践，通过教育和行业主管部门共建法律法规、培训条例、职业技能标准，企业和学校共同实施教育教学，形成共享目标的最终成果，即高素质技术技能型人才和符合企业岗位胜任力要求的职工。分工则是产教融合共同体在协同治理活动中根据各自责任确定的具体工作范畴。共同体是由参与职业教育的各利益相关方所组成的多类教育机构群体，这一要素最能体现高职产业学院校企合作和产教融合的特点。规则是产教融合共同体共同遵守的法律、政策和规范，如《国务院办公厅关于深化产教融合的若干意见》（2017 年）、《现代产业学院建设指南（试行）》（2020 年）、《关于推动现代职业教育高质量发展的意见》（2021 年）、《职业教育产教融合赋能提升行动实施方案（2023—2025 年）》、《产业学院合作协议》等。可见，依据第三代 CHAT 模型分析高职产业学院协同治理的构成要素、运行特点、治理结果，在把握多重协同治理关系的过程中形成关系网络，进而解析协同治理的内涵，为我们提供了适切的研究方法。

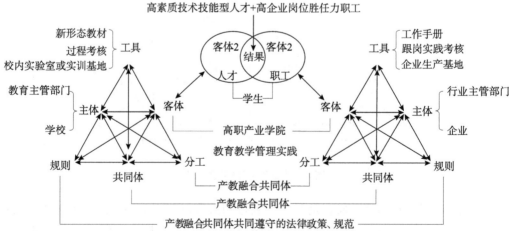

图 4　基于第三代 CHAT 模型的高职产业学院协同治理模型

二、文化历史活动理论下高职产业学院协同治理模型的内涵解析

文化历史活动理论下高职产业学院协同治理模型的基础框架由要素及要素间关系、人才产出的共享目标、活动系统自组织的外部新质三个层面构成，对三个层面的内涵进行解析，有助于精准把握高职产业学院协同治理结构。

（一）协同治理的要素及要素间关系

要素及要素间关系构成了高职产业学院协同治理的基础框架，是内涵解析的第一个层面，如图5所示。协同治理的第一抓手是促进产教融合共同体多重价值目标的统一，通过区分主要矛盾和次要矛盾来进行分层协同治理。其主要矛盾来自六个要素在学校与企业两个场域中自身内部融合的矛盾。具体表现在相应的合作主体、功能路径、遵守规则、工具资源、分工责任等合作中存在的异质性。次要矛盾主要来自六个要素间的关系运行。在活动行动层面上，需要保持要素间交互、对话、沟通、参与的自觉性和平衡度，而产教融合共同体的"共同意志""共同组织形式""社群组织形态"是多重协同关系，存在更大范围的矛盾。因此，协同治理的第一个层面表示，需要协同多元主体、多重规则、多种工具之间的关系，以促进产教融合共同体多重价值目标统一为主要抓手来实现共享目标。

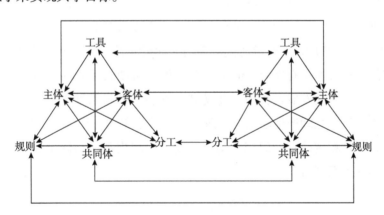

图5　第一个层面：要素及要素间关系

（二）协同治理的人才产出的共享目标

人才产出的共享目标是指引协同治理的核心部分，是内涵解析的第二个层面，如图6所示。人才产出的共享目标是通过教育管理、教学实践和身份转换来进行主客协同治理完成培养目标的结果。教育管理层面，构建有机生态体系。根据高职产业学院的教育功能定位，设置理事会、院长、职能部门三个层次的新形态组织架构，针对教

学、教研、课程开发、基地实践等执行机构，构成集知识、技术创新、服务、信息化为一体的人才培养生态体系。教学实践层面，构建新形态专业群结构。合理利用企业优势，有效对接市场所需，促进产教融合共同体的协调性和自觉性。身份转换层面，增强主体和客体的身份认同感。客体作为主体的活动对象，在人才培养过程中，需要持续平衡学生和职工两种身份的转换。

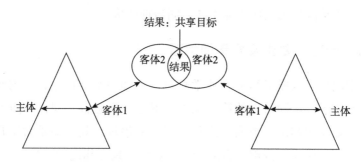

图6　第二个层面：人才产出的共享目标

（三）协同治理的活动系统自组织的外部新质

　　活动系统自组织的外部新质是协同治理发展的新动力，是内涵解析的第三个层面，如图7所示。协同治理的外部新质是活动系统自组织内部结构以外存在的同类要素的新要素，是促进内部活动进行改革创新的变量。协同学奠基人哈肯（1988）认为："如果系统在获得空间的、时间的或功能的结构过程中没有外界的干扰，则系统是自组织的。"根据此观点，高职产业学院协同治理的活动系统首先是一个具备自组织性质的系统，其内部结构形式本是有序的。但是，由于教育活动的社会性本质，其不能脱离社会环境的影响，在活动发展过程中难免受到外部新质的强制性干预，这意味着自组织内部活动和周边活动之间产生联系与矛盾，由此催生主体、客体、工具、规则、分工、共同体要素，出现相应的新的组织活动，推动自组织内部活动做出改革，从而形成更加复杂的社会性关系网络。

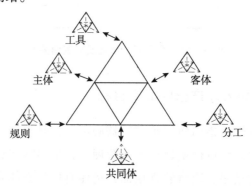

图7　第三个层面：活动系统自组织的外部新质

三、文化历史活动理论下高职产业学院协同治理的困境

高职产业学院协同治理的困境以三个层面的内涵为切入点，通过实然分析，发现高职产业学院存在顶层设计缺位导致产教融合深度不足、校企师资协同缺乏导致人才培养质量薄弱、外部新质冲击力强导致内外协同治理形势严峻的困境。

（一）顶层设计缺位导致产教融合深度不足

顶层设计缺位，使得高职产业学院在实际运行、行动、组织建设中存在产教融合深度不足的问题，可以从结构、要素间关系来分析其原因。

第一，在高职产业学院协同治理结构的实际运行中，缺乏适用于高职产业学院的顶层设计。学者曾天山等对部分高职产业学院办学现状的调查结果显示，约72%的高职产业学院负责人认为，现有的产业学院建设有关规定尚不能完全适应高等职业院校发展现状。[4] 同时，校企双方往往依托"协议"等事项来约束双方的权益[9]，使产业学院在资金、评估及招生等方面均保持传统政策执行方式，且受到社会契约层面的限制，导致多元主体融合工作举步维艰。

第二，在产教融合的实际行动中，存在要素间线性关系矛盾。主体—规则角度，企业与学校在功能定位、产权保护、双元治理等核心环节缺乏深度融合。主体—工具角度，市场化经营的企业运行方式与公办职业院校的协同机制不匹配，导致双方难以形成有效、稳定的合作关系。主体—共同体角度，产教融合共同体的相关保障政策不足，对参与产教融合的人员分工和责任的保障力度不足，导致难以形成示范效应。

第三，在产教融合共同体的组织建设中，存在要素间非线性关系矛盾。产教融合共同体坚持社会办学定位，兼具技术研发、成果转化、社会服务和企业孵化等多元功能[10] 的培养目标不坚定，缺乏利益分配的保障机制，在专业设置、课程重构、技术培训、技术咨询和开发、基地实训等方面存在一定的沟通障碍，由于产业和教育资源整合存在差异，因此机构和学校沟通存在隔阂。

（二）校企师资协同缺乏导致人才培养质量薄弱

校企师资存在双向育人目标冲突、专业课程建设不适切和交互不畅的冲突、学生面临自我认知困难、职业规划方向模糊的冲突，导致人才培养质量薄弱。

第一，校企师资协同存在教育主体"培养人才"的教育逻辑与产业主体"培养职工"的市场逻辑双向育人目标难以融合的冲突。一方面，高职产业学院须秉持高等教育的发展理念，贯彻"教育是培养人的活动"的教育本质，遵循人的发展理念和教育发展规律来实现全面育人；另一方面，高职产业学院作为企业的市场主体，更关注人

才可以赋予市场的经济价值，秉持市场的运行规则来实现技术创新育人。

第二，校企师资协同存在专业课程建设不适切和交互不畅两个方面的冲突。一方面，产业学院的专业课程建设存在专而精的技能型岗位要求和多而宽的理论型培养要求之间融合的困难；另一方面，高职院校教师的企业实践经验少，对实践操作性技术掌握不充分，对学生的技能训练尚不能结合企业真实工程项目、生产案例开展教学，导致实践教学的周期有间隔。

第三，学生作为活动系统中被作用的客体，在学生和职工两种身份转换中，面临着自我认知困难、职业规划方向模糊的问题。一方面，校园生活和职场环境存在反差，学生在两种环境持续交替的工作学习中，面临知识、技能、沟通、人际关系协调的挑战；另一方面，学生对自己的兴趣、优势认知不准确，缺乏对职业规划的深入了解，导致学生的职业方向模糊，难以迅速适应社会市场的需求。

（三）外部新质冲击力强导致内外协同治理形势严峻

外部新质冲击高职产业学院协同治理的内部结构，主要体现在其他教育政策的冲击、现代产业学院人才质量的冲击、市场需求极速迭代的冲击三个方面的考验。

第一，其他教育政策的冲击。基础教育的职普分流，以及本科教育培养应用型、复合型、创新型人才的转型发展，都会增加高职院校的生存和发展压力。同时，新兴产业、未来产业、科技创新、产业基础再造及能力建设、先进制造业与现代服务业融合发展、供给和需求互促互动等国家政策，对高职产业学院推动地方经济高质量发展提出了更高的要求。

第二，现代产业学院人才质量的冲击。在各类国家政策、制度的引领和推动下，本科院校也加入了产业学院建设的热潮，以更高的标准深化产教融合，建设现代产业学院。现代产业学院作为"一体化实现专业教学、科技研发、企业服务和创新创业等功能的混合型办学实体组织"[11]，成为社会市场需求的优质人才资源。这无疑增加了高职产业学院人才的就业压力。

第三，市场需求极速迭代的冲击。随着技术进步、消费者偏好变化以及全球经济格局的调整，市场对人才的需求也呈现出多样化要求，高职产业学院作为特定的集体实践组织，在顺应整个社会结构及行业的变迁，落实国家战略教育目标，适应地方经济发展和行业需求，对接企业发展前沿，以开放性、包容性姿态适应市场步伐的过程中，产教融合共同体的教育活动重构难以做到及时更新。

四、文化历史活动理论下高职产业学院协同治理的路径

面对高职产业学院协同治理的困境，亟须找到优化路径。研究发现，通过采取顶

层设计引领的分层协同治理、突出内涵深度建设的主客协同治理、达成资源整合共识的内外协同治理三个路径，可以有效深化产教融合、提高人才培养质量、促进外部新质与内部结构的融合。

（一）采取顶层设计引领的分层协同治理

重视顶层设计，通过政策保障、政府引领、独立法人身份，健全利益分配机制，发挥产业学院的教育主导功能，保障产业学院有效运行，是实现自上而下分层协同治理的有效路径。

第一，政策保障，健全利益分配机制。国家应细化相关的政策法规内容，建立更全面、更有效的政策保障机制。高职产业学院遵从市场规则，统筹规划内部机制的运行与发展，构建多元主体共建的内部管理制度体系，明确责权分配，缓解主体间利益冲突，激发产业学院的市场应变能力和企业参与办学的活力。同时，建立绩效考核管理制度，定期对照考核目标督促完成进度，提高整体办学质量和效益。

第二，政府引领，发挥产业学院的教育主导功能。国家战略层面，落实产教融合，促进科教兴国、人才强国与创新驱动三大战略的实践；区域战略发展层面，对接适应企业发展前沿，服务地方经济发展和产业转型升级；高职产业学院层面，完善集教育、企业、行业、技术等多维度为一体的特殊教育模式，践行"高素质技术技能型人才、高企业岗位胜任力职工"二合一人才产出的宏伟战略目标，实现技术应用、开发与转化等社会服务职能。

第三，独立法人身份，保障产业学院的有效运行。独立的法人身份使产业学院在法律层面上具备财产独立权和经济自主权，有助于激发企业参与创建产业学院的持久动力，确保其在教育、科研、社会服务等方面和资金使用、人事安排、资源配置等方面的决策权，吸引更多的社会资源和人才参与产业学院的建设，提高产业学院的市场参与度、产学研项目合作，实现产教融合共同体活动。

（二）突出内涵深度建设的主客协同治理

突出内涵深度建设，是高职产业学院协同治理的核心，建立符合双逻辑的人才培养生态体系，优化新形态专业群结构，科学引导学生的职业认同感，是实现自下而上主客协同治理的有效路径。

第一，建立符合双逻辑的人才培养生态体系。双逻辑是指教育主体"培养人才"的教育逻辑与产业主体"培养职工"的市场逻辑，制定符合双逻辑的育人目标，与国家教育政策、区域经济发展需求以及行业发展趋势相契合。构建课程内容与行业标准、生产流程等产业需求相匹配的课程体系，建立校企"双导师"制度，共同指导学生完成实习实训、毕业设计等实践教学环节，及时收集和分析学生的学习、就业等信息，为人才培养体系的持续改进提供参考。

第二，优化新形态专业群结构。教育属性方面，把握地方政府中长期关于产业企业的发展规划，深化学科专业供给侧改革。技术属性方面，整合地方资源，建立稳定的合作关系，建立联合实验室、工程实践教育中心、实践基地或教育平台。服务属性方面，快速响应市场变化和业务需求，培养高素质技术技能人才，指向能工巧匠、大国工匠的职业属性选择。

第三，科学引导学生的职业认同感。心理健康教育方面，设立专门的心理健康辅导中心，引入压力管理、情绪调节等培训课程，提高学生的心理调适能力。职业规划意识方面，开设职业规划课程，组建专业的职业规划与就业指导团队，定期对学生进行培训，帮助学生明确职业目标和规划。学生反馈机制方面，定期对职业规划与就业指导工作进行评估和改进，确保其能够满足学生的需求。

（三）达成资源整合共识的内外协同治理

达成资源整合共识，通过整合管理资源、教学资源、市场资源，发挥领导者的前瞻性眼光，重视学生职业资格证考核，实现内外协同治理。

第一，整合管理资源，领导者要有前瞻性眼光，可以借力打力。领导者制定与教育强国战略相一致的发展规划，明确资源整合方向要与国家、区域经济发展需求相契合，进一步全面梳理学院内部资源，为引入外部资源提供坚实基础。基于政策研究和资源梳理的结果，制定资源优化配置、资源共享机制、资源互补合作等方面的整合策略，构建资源整合平台，实现资源利用价值的最大化。

第二，整合教学资源，重视学生职业资格证考核，做到持证上岗。高职产业学院应明确职业资格证是向用人单位证明学生具备从事该职业或行业素质的权威认定。因此，高职产业学院应设立职业资格证考试培训和指导中心，负责为学生提供考试报名、培训、模拟考试等一站式服务，利用企业的实际工作环境和资源优势，为学生提供更加真实、有效的培训体验，共同推动职业资格证的获取，确保学生持证上岗。

第三，整合市场资源，回归高职产业学院的本质，保持教育初心。面对市场发展的新形势，高职产业学院应积极与行业协会、企业建立合作机制，引入行业专家参与教育活动，为学院内涵建设提供有效的市场迭代信息，整合行业专家的信息，建立专家库，在双方达成一致意见后，与行业专家签订合作协议，明确双方的权利义务、工作内容、时间安排、报酬待遇等事项，确保合作的顺利进行。

总之，高职产业学院是高职教育加强内涵发展的表现，是新时代构建高职教育"中国模式""中国方案"的经验累积。本文基于文化历史活动理论构建高职产业学院协同治理模型，是深入且全面解析高职产业学院协同治理的要素及要素间关系、人才产出的共享目标、活动系统自组织的外部新质三个层面内涵的核心，为分析高职产业学院协同治理的困境提供了科学、严谨、创新的理论支撑。研究发现，高职产业学院存在"顶层设计缺位导致产教融合深度不足、校企师资协同缺乏导致人才培养质量薄弱、外部新质冲击力强导致内外协同治理形势严峻"的困境，"采取顶层设计引领的分层协同治理、突出内涵深度建设的主客协同治理、达成资源整合共识的内外协同治理"三种路径可以有效推动高职产业学院协同治理，充分发挥教育高质量发展治理时代的优势，构建和利用更加开放、更具包容性的空间，对高职产业学院协同治理给予理性且全面的可借鉴、可操作经验，从而推动高职教育现代化转型的实现。

参考文献

[1] 刘奉越，王冰璇. 我国产业学院政策变迁的历史制度主义分析 [J]. 教育学术月刊，2023（7）：3-10.

[2] 刘燕楠，贾天枝，池春阳. 高职产业学院发展的运行逻辑与治理机制：基于交易成本的理论视角 [J]. 教育发展研究，2024，44（1）：58-66.

[3] 卢广巨，余莎，胡志敏. 利益分析视角下产业学院的发展逻辑与治理策略 [J]. 职业技术教育，2021，42（7）：49-53.

[4] 曾天山，苟莉，汤霓. 职业教育产业学院发展现状与对策研究 [J]. 中国高等教育，2024（1）：56-59.

[5] 项国雄，赖晓云. 活动理论及其对学习环境设计的影响 [J]. 全球教育展望，2004（12）：43-49.

[6] 吴刚，洪建中，李茂荣. 拓展性学习中的概念形成：基于"文化-历史"活动理论的视角 [J]. 现代远程教育研究，2014（5）：34-45.

[7] 潘昭宇，邱爱军，余飞，等. 都市圈经济发展协同治理研究 [J]. 宏观经济管理，2023（12）：58-64.

[8] 黄悦，李燕领. 体育公共服务协同治理：内涵阐释、现实困囿与纾解路径 [J]. 体育文化导刊，2023（6）：38-45.

[9] 张炳烛，刘长春. 高职院校产业学院的反思与重构 [J]. 湖南工业职业技术学院学报，2022（6）：1-4，12.

[10] 邵庆祥. 具有中国特色的产业学院办学模式理论及实践研究 [J]. 职业技术教育，2009（4）：44-47.

[11] 邓小华，王晞. 现代产业学院的基本职能与运行机制 [J]. 职教论坛，2022（7）：37-44.

作者简介：唐冠珍，陕西师范大学教育学部博士研究生，运城学院讲师，研究方向为教育管理。

数字素养与高职学生就业质量的关系：
一个链式中介模型

熊　叶

摘　要： 为了探讨数字素养与高职学生就业质量的关系以及内在机制，采用数字素养量表、社会资本量表、人力资本量表和就业质量量表对江西省高职院校的 686 名毕业生进行调查。链式中介作用表明，数字素养显著正向影响高职学生就业质量，数字素养通过社会资本和人力资本的单独中介作用、链式中介作用显著正向影响高职学生就业质量。研究结果表明，数字素养能直接影响高职学生就业质量，也能通过社会资本和人力资本间接影响高职学生的就业质量。

关键词： 数字素养；就业质量；社会资本；人力资本

一、问题的提出

就业是民生之本、财富之源。[1]《“十四五” 就业促进规划》指出，实现更加充分更高质量就业是推动全体人民共同富裕的重要基础。[2]高职教育以服务为核心，以就业为导向，致力于推动毕业生实现更加充分、更高质量就业，这不仅是国家经济高效运行的内在要求，更是高职教育高质量可持续发展的象征，同时也是毕业生实现自我价值的核心追求。[3]随着高等教育扩招，高职院校学生人数也大幅增长，2024 年全国高职院校毕业生人数预计达到 552.58 万人，再创历史新高[4]，高职院校就业问题也将日益凸显。

随着数字社会的不断发展，数字素养已成为公民生存的必备技能。[5]数字技术的兴起改变了全球产业格局，对劳动力市场提出了新的挑战。麦肯锡全球研究院报告显示，到 2030 年，中国劳动力市场将有约 2.2 亿劳动者因数字技术面临职业转型的风险。[6]作为未来高素质技术技能型人才，高职学生迫切需要培养数字素养。[7]然而，当前高职院校在推进高质量就业的过程中，对数字素养的重视程度尚显不足。本研究将深入分析数字素养与高职学生就业质量的关系及其内在机制，为数字经济时代实现高职学生高质量就业提供新思路。

在数字经济时代，数字素养是以安全、合理的方式，利用数字技术获取、管理、理解、整合、交流、评估和创造信息的能力。[8]数字素养水平对个体工作机会的获得、工作表现和职业发展具有显著影响，尤其是在高职教育强调以就业为导向的理念下更为关键。[9]根据能力—动机—机会（Ability – Motivation – Opportunity，AMO）理论，个体的能力、动机和机会共同决定其未来就业前景和职业发展。[10]即数字素养能提高个体就业竞争力，增加就业机会，满足数字经济时代对技术技能人才的需求。[11]此外，良好的数字素养还能提升学生的逻辑思维、分析判断和解决问题等的能力，使其适应新职业和新岗位的需求，提升就业满意度。[12-13]基于以上分析，提出假设 H1：数字素养能正向预测高职学生就业质量。

数字素养如何影响高职学生就业质量？社会资本可能是一个关键的中介因素。根据社会资本理论，社会资本是在一定制度化、相互认识的社会关系网络中形成的实际或潜在资源的集合。[14]数字技术改变了社会结构和人际关系，具备良好数字素养成为有效参与数字社会的关键。研究发现，拥有良好数字素养的个体能将数字技术融入数字社会和日常生活中，线上社会资本的积累推动了线下社会资本的积累。[15-16]与此同时，社会资本能提高毕业生的工作搜寻效率，提升人职匹配度，增加进入主要劳动力市场的机会，提高自主创业成功率。[17]由此，提出假设 H2：数字素养通过社会资本的中介作用正向预测高职学生就业质量。

人力资本可能是另一个值得关注的中介变量。根据人力资本理论，通过教育、培训或工作等途径积累的知识、技能、经验、能力是个体职业发展和经济产出的关键因素。[18]个体人力资本投资不仅能优化劳动力质量，促进劳动力供给，缓解劳动力市场的结构性矛盾，还能提升就业竞争力和就业质量。数字素养作为个体在学习和工作中必备的一系列素养与能力的集合，是实现人力资本提升的前提条件。[19]有学者指出，数字素养有助于持续积累人力资本，提升工作表现，进而获得升职和加薪的机会。[20]综上所述，提出假设 H3：数字素养通过人力资本的中介作用正向预测高职学生就业质量。

与此同时，个体人力资本的提升离不开社会资本的作用。[15]根据人力资源发展理论，通过社会网络和人际关系获取信息、知识和资源，对个体知识、技能提升和职业发展至关重要。[21]在数字经济时代，数字素养的提升为个体提供了丰富的学习资源和途径，为人力资本的提升创造了有利的条件。[22]研究发现，个体通过巩固强关系和拓展弱关系能够增加接受教育和职业培训的机会，从而提升人力资本。[23-24]如前文所述，数字素养对社会资本具有正向预测作用[15]，人力资本对就业质量具有正向预测作用[25]。基于此，提出假设 H4：数字素养通过社会资本、人力资本的链式中介作用正向预测高职学生就业质量。

本研究的假设模型如图 1 所示：数字素养正向预测高职学生就业质量；数字素养通过社会资本的中介作用正向预测高职学生就业质量；数字素养通过人力资本的中介作用正向预测高职学生就业质量；数字素养通过社会资本、人力资本的链式中介作用正向预测高职学生就业质量。

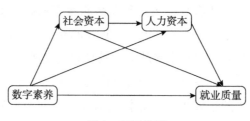

图 1　假设模型

二、研究方法

（一）研究对象

本研究在获得被试知情同意后，选取江西省高职院校毕业三年内的 686 名毕业生进行匿名调查。研究对象情况如表 1 所示。

表 1　研究对象情况

性别	男生	357（52.04%）
	女生	329（47.96%）
专业	文史哲与社会科学类	245（35.71%）
	理工科	253（36.88%）
	艺术及体育类	188（27.41%）
所在地区	农村	431（62.83%）
	城镇	255（37.17%）
是否为独生子女	独生子女	167（24.34%）
	非独生子女	519（75.66%）
总人数		686（100%）

（二）研究工具

1. 数字素养量表

采用唐婷编制的高职生数字素养量表，该量表涵盖了科学、详尽的构成要素和能力层级，与高职学生数字素养培育要求相吻合。[26]其由数字科学知识、数字应用能力、数字职业能力等六个维度构成，采用李克特（Likter）5级评分①。本研究中该量表的内部一致性信度系数为0.970。

2. 人力资本量表

采用彭小桂编制的人力资本量表。[3]该量表由专业技能、职业认知、职业能力和发展能力四个维度构成。采用李克特5级评分。本研究中该量表的内部一致性信度系数为0.923。

3. 社会资本量表

本研究借鉴Van Hoye等编制的成熟的社会资本量表[27]和李盼盼编制的社会资本量表[28]，将量表设计为由网络规模、关系强度和关系质量三个维度构成。采用李克特5级评分。本研究中该量表的内部一致性信度系数为0.862。

4. 就业质量量表

采用王霆编制的高校毕业生就业质量量表[29]，聚焦于毕业生对就业结果的主观体验和认知评价，包含对单位地域、单位薪水、专业对口等九个项目的满意度情况。采用李克特5级评分。本研究中该量表的内部一致性信度系数为0.837。

三、研究结果

（一）共同方法偏差检验

本研究利用哈曼（Harman）单因子检验方法对问卷调查数据进行共同方法偏差检验[30]，结果显示特征根大于1的因子共18个，且最大公因子对总变异的解释率为35.8%，低于40%的通常临界标准，不存在共同方法偏差问题，可进行下一步研究。

（二）描述性统计及相关分析

本研究中各变量的均值、标准差和相关系数如表2所示，其中数字素养、社会资本、人力资本与就业质量之间均呈显著的两两正相关关系。

表2　各变量描述性统计及相关分析

变量	$M \pm SD$	数字素养	社会资本	人力资本	就业质量
数字素养	3.494 ± 0.615	1			
社会资本	2.928 ± 0.800	0.422***	1		

---

① 1表示非常不符合，2表示不符合，3表示不确定，4表示符合，5表示非常符合。

续表

变量	$M \pm SD$	数字素养	社会资本	人力资本	就业质量
人力资本	3.368 ± 0.598	0.653 ***	0.557 ***	1	
就业质量	3.246 ± 0.697	0.574 ***	0.430 ***	0.550 ***	1

注：$N=686$，* 表示 $p<0.05$，** 表示 $p<0.01$，*** 表示 $p<0.001$，下同。

（三）链式中介效应检验

采用海因斯（Hayes）开发的 SPSS 宏程序，执行了基于 Bootstrap 的中介效应检验，具体应用的模型为 Model 6，以数字素养为自变量，社会资本和人力资本为中介变量，就业质量为因变量进行分析。如表 3 和图 2 所示，数字素养对高职学生就业质量起正向预测作用（$\beta=0.406$，$p<0.001$），假设 H1 得到证实。数字素养能正向预测社会资本（$\beta=0.549$，$p<0.001$），社会资本对高职学生的人力资本起正向预测作用（$\beta=0.256$，$p<0.001$），人力资本对高职学生就业质量起正向预测作用（$\beta=0.271$，$p<0.001$）。社会资本对高职学生的就业质量起正向预测作用（$\beta=0.130$，$p<0.001$）。

表3 社会资本和人力资本在数字素养与就业质量之间链式中介模型的回归分析

变量	社会资本			人力资本			就业质量		
	β	SE	t	β	SE	t	β	SE	t
数字素养	0.549	0.045	12.247 ***	0.494	0.028	17.567 ***	0.406	0.044	9.174 ***
社会资本				0.256	0.022	11.843 ***	0.130	0.031	4.179 ***
人力资本							0.271	0.050	5.447 ***
R^2	0.178	0.524	0.398						
F	149.996	379.774	152.528						

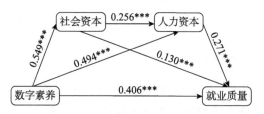

图2 社会资本和人力资本在数字素养与就业质量之间的链式中介模型

中介效应量分析结果如表 4 所示：数字素养对就业质量的中介效应（占总效应的62.46%）是通过三条中介路径产生的：第一条中介路径为"数字素养→社会资本→就业质量"（效应值为 0.071）；第二条中介路径是"数字素养→人力资本→就业质量"（效应值为 0.134）；第三条中介路径是"数字素养→社会资本→人力资本→就业质量"（效应值为 0.038），社会资本和人力资本在数字素养与就业质量之间起链式中介作用。

三条中介效应路径的95%置信区间均不含0，说明这三个中介效应均达到显著水平。研究结果表明，假设H2、假设H3、假设H4均得到支持。

表4 数字素养影响就业质量的路径及效应分解

效应类型	中介路径	效应值	效果量/%	95%置信区间	
				Boot CI 下限	Boot CI 上限
直接效应	数字素养→就业质量	0.406	62.46	0.320	0.493
中介效应	数字素养→社会资本→就业质量	0.071	10.92	0.033	0.114
	数字素养→人力资本→就业质量	0.134	20.62	0.078	0.193
	数字素养→社会资本→人力资本→就业质量	0.038	5.85	0.021	0.058
总中介效应		0.243	37.39	0.173	0.316
总效应		0.650	100.00	0.581	0.719

四、结论与建议

本研究构建了一个链式中介模型，重点聚焦社会资本和人力资本在数字素养与高职学生就业质量之间的作用机制，研究结果在增加高职学生高质量就业方面具有一定的理论和实际指导意义。研究结论显示，数字素养能直接影响高职学生就业质量，也能通过社会资本和人力资本间接影响高职学生的就业质量。

本研究提出的具体建议如下：其一，高职院校应结合国内劳动力市场的实际需求和国外数字素养教育方面的成功经验，探索出具有本土特色的数字素养培养方案。其二，建立更贴近市场需求的专业课程体系，确保学生在校期间获得人力资本的提升；同时提供更多实习、培训等交流的机会，促进学生社会资本的积累，提升其就业竞争力。其三，引导学生了解数字经济时代劳动力市场需求，协助学生明确个人职业目标，激发个人自主学习和技能提升的动力，以此提高高职学生就业质量。

参考文献

[1] 国务院关于进一步做好稳就业工作的意见［EB/OL］. （2019 – 12 – 24）［2024 – 05 – 22］. https：//www. gov. cn/zhengce/content/2019 – 12/24/content_5463595. htm.

[2] 国务院关于印发"十四五"就业促进规划的通知［EB/OL］. （2021 – 08 – 27）［2024 – 05 – 22］. https：//www. gov. cn/zhengce/content/2021 – 08/27/content_5633714. htm.

[3] 彭小桂. 高职院校教学质量对毕业生就业质量的影响：基于人力资本的中介效应［D］. 重庆：西南大学，2022.

［4］从高校毕业生人数增长曲线看我国高等教育普及化［EB/OL］.（2023 - 12 - 07）［2024 - 05 - 22］. https：//www. gov. cn/lianbo/bumen/202312/content_6918995. htm.

［5］ESHET-ALKALAI Y. Digital literacy：a conceptual framework for survival skills in the digital era［J］. Journal of educational multimedia and hypermedia, 2004, 13（1）：93 - 106.

［6］Mckinsey Global Institute. 中国的技能转型：推动全球规模最大的劳动者队伍成为终身学习者［R/OL］.（2021 - 01 - 14）［2024 - 05 - 23］. https：//www. mckinsey. com. cn/wp - content/uploads/2021/03/MGI_Reskilling - China_ - Full - CN - report. pdf.

［7］陶红，唐婷. 数字经济时代高职生数字素养培育的逻辑理路与路向研究［J］. 中国职业技术教育，2021（2）：53 - 58.

［8］LAW N, WOO D, DE LA TORRE J. A global framework of reference on digital literacy skills for indicator 4. 4. 2［R］. Montreal：UNESCO institute for statistics, 2018.

［9］耿荣娜. 信息化时代大学生数字素养教育的关键影响因素研究［J］. 情报科学，2020, 38（9）：42 - 48.

［10］BOS - NEHLES A C, VAN RIEMSDIJK M J, LOOISE J K. Employee perceptions of line management performance：applying the AMO theory to explain the effectiveness of line managers'HRM implementation［J］. Human resource management, 2013（6）：861 - 877.

［11］YANG J C, ZHANG T, ZHANG L. Research on the influence of digital penetration on the entrepreneurial behavior tendency of rural residents in tourism［J］. Environment, development and sustainability, 2023（7）：1 - 19.

［12］SILAMUT A, PETSANGSRI S. Self - directed learning with knowledge management model to enhance digital literacy abilities［J］. Education and information technologies, 2020（25）：4797 - 4815.

［13］张振，董刚. 高职院校学生高质量就业的现实挑战与优化路径［J］. 中国大学生就业，2022（19）：3 - 9.

［14］BOURDIEU P. Le capital social：notes provisoires［J］. Actes de la recherche en sciences sociales, 1980, 31（1）：2 - 3.

［15］赵军利，陈功. 人力资本与残疾人互联网就业质量［J］. 北京工商大学学报（社会科学版），2023（5）：46 - 59.

［16］CALDERON GOMEZ D. The third digital divide and Bourdieu：Bidirectional conversion of economic, cultural, and social capital to（and from）digital capital among young people in Madrid［J］. New media &society, 2021, 23（9）：2534 - 2553.

［17］代锋，吴克明. 社会资本对大学生就业质量的利弊影响探析［J］. 教育科学，2009, 25（3）：62 - 66.

［18］舒尔茨. 人力资本投资：教育和研究的作用［M］. 蒋斌，张蘅，译. 北京：商务印书馆，1990：1 - 17.

［19］许冰，胡俊. 数字金融发展与人力资本提升：基于中国地级城市层面的经验证据［J］. 技术经济与管理，2022（12）：81 - 87.

［20］BEJAKOVIC P, MRNJAVAC Ž. The importance of digital literacy on the labour market［J］. Employee relations：the international journal，2020（4）：921 – 932. 研究，2022（12）：81 – 87.

［21］ STORBERG J. The evolution of capital theory：a critique of a theory of social capital and implications for HRD［J］. Human resource development review，2002，1（4）：468 – 499.

［22］ 陈勇. 社交网络时代高校毕业生就业质量提升路径研究［J］. 中国高等教育，2020（10）：35 – 36.

［23］ 石玉堂，王晓丹. 互联网使用对就业质量的影响：基于社会资本、人力资本的视角［J］. 哈尔滨商业大学学报（社会科学版），2023（1）：59 – 72.

［24］ SUSENO Y，PINNINGTON A H. Building social capital and human capital for internationalization：the role of network ties and knowledge resources［J］. Asia Pacific journal of management，2018（35）：1081 – 1106.

［25］ 邹波，周家星. 大学生如何能够找到“好工作”：人力资本影响大学生就业质量的实证分析［J］. 教育学术月刊，2019（10）：91 – 98.

［26］ 唐婷. 高职学生数字素养评价模型构建与应用研究［D］. 广州：广东技术师范大学，2021.

［27］ VAN HOYE G，VAN HOOFT E，LIEVENS F. Networking as a job search behavior：a social network perspective［J］. Journal of occupational and organizational psychology，2009，82（3）：661 – 682.

［28］ 李盼盼. 社会资本对黑龙江省高校毕业生就业质量的影响研究［D］. 哈尔滨：哈尔滨工程大学，2018.

［29］ 王霆. 我国高校毕业生就业质量影响因素调查研究［J］. 高教探索，2015（11）：104 – 109.

［30］ 周浩，龙立荣. 共同方法偏差的统计检验与控制方法［J］. 心理科学进展，2004（6）：942 – 950.

基金项目：江西省高校人文社会科学研究项目“《习近平谈治国理政》中国特色词汇的英译研究”（项目编号：YY22201）；江西省职业教育教学改革省级课题“《习近平谈治国理政》融入大学英语课程思政教学实践研究”（项目编号：JXJG – 23 – 65 – 5）。

作者简介：熊叶，陕西师范大学教育学部博士研究生，江西工业工程职业技术学院讲师，研究方向为学生发展与教育。

高职生积极心理品质与心理健康状况关系调查及培养策略

王卓娅

摘　要：积极心理健康教育的主要任务是培养学生的积极心理品质。本文以陕西省451名高职学生为被试，采用《中国大学生积极心理品质量表》和《症状自评量表（SCL－90）》，探索高职生积极心理品质与心理健康状况之间的关系。结果发现：积极心理品质与心理健康各维度呈显著负相关关系。进行逐步多元回归分析发现，感受爱、真诚、热爱学习、宽容、自制、心灵触动、社交智慧、谨慎、爱与友善、热情等积极心理品质对SCL－90各因子有反向预测作用，可解释心理健康症状自评量表各因子变异量的2.8%～37.2%。针对以上结果，提出在高职院校开展积极心理健康教育的策略，旨在有针对性地培养高职生的积极心理品质，提高高职生的心理健康水平。

关键词：高职生；积极心理品质；心理健康；回归分析

一、研究背景

培养高职学生的职业道德、职业技能及就业创业等综合能力，需要良好的心理素质作为支撑。[1]青年中期的高职生，其世界观、价值观和人生观尚未完全定型，生理方面正在发展并趋向成熟，但心理发展相对滞后，容易产生心理困惑和冲突。研究表明，高职生心理症状总分高于全国青年常模水平。[2]此外，高职院校的心理健康教育存在一定不足。根据高职生的心理状况及高职院校心理健康教育现状，探索一种有效的心理健康教育模式，已成为高职院校教育改革中的关键任务。

《关于进一步加强和改进职业院校学生心理健康工作的通知》和《全面加强和改进新时代学生心理健康工作专项行动计划（2023—2025年）》中明确提出，要坚持五育并举促进心理健康，培育学生积极心理品质。[3]积极心理学的创始人、美国心理学家塞利格曼提出，积极心理品质是人类的一种内在力量，可以抵御心理疾病。[4]这些品质是相对稳定的正向心理特质，是个体在先天自身素质与后天受到的环境教育的共同作用下形成的。它们能在个体认知、情感体验和应对问题时发挥积极作用。[5]研究表明，大学生的积极心理品质能够有效预测其心理健康状况，而培养这些品质有助于提升大学生的心理健康水平。[6]孟万金创立了积极心理健康教育模式[7]，其核心在于培养积极心理品质。[8]因此，开展积极心理健康教育，培养学生的积极心理品质不仅是学校心理健康教育工作的趋势，也是该领域教育工作的起点和目标。

过去的研究对高职院校心理健康教育工作从理论层面反思较多，实证研究较少；学界更多地从培育高职生积极心理品质的角度分析现状与对策，然而在高职生积极心理品质与心理健康之间的关系研究上仍显不足。本研究对陕西某职业学院的高职生在心理健康状况和积极心理品质的发展进行了调查，旨在为高职院校的心理健康教育工作提供实证依据和改进策略。

二、研究方法

（一）被试

本研究在陕西省西安市某职业学院采取分层抽样的方法，随机抽取各年级两个班级的学生进行测试，最终实际测试的学生共有 476 人。剔除部分数据缺失和无效问卷，获得有效问卷 451 份，问卷回收率为 94.7%。其中，女生 242 人，男生 209 人；大一男生 93 人、女生 110 人，共 203 人；大二男生 83 人、女生 84 人，共 167 人；大三男生 33 人、女生 48 人，共 81 人。

（二）研究工具

1. 《中国大学生积极心理品质量表》

该量表是孟万金和官群于 2009 年编制的版本，共有六个分量表，包括 20 种积极心理品质、62 项题目。量表使用 1～5 的五级评分标准，其中 1 代表"非常不像我"，2 代表"不像我"，3 代表"不确定"，4 代表"像我"，5 代表"非常像我"。[9]该量表在本研究中的克隆巴赫系数为 0.982，KMO 系数为 0.973，表明该量表具有良好的信效度。

2. 《症状自评量表（SCL–90）》

该量表由德诺伽提斯（Derogatis）编制，上海铁道医学院吴文源引进修订。量表中包含躯体化、敌对、强迫症状、人际关系敏感、焦虑、恐怖、抑郁、偏执和精神病性九大因子，其余七个项目反映睡眠和饮食情况，一般将其归为因子10"其他"，共有90个项目。量表使用1~5的五级评分标准，其中1代表"从无"，2代表"轻度"，3代表"中度"，4代表"偏重"，5代表"严重"。[10]该量表在本研究中的克隆巴赫系数为0.991，*KMO* 系数为0.978，表明该量表具有良好的信效度。

（三）研究程序

以班级为单位进行团体测试，对抽取班级的班主任进行主试指导，由班主任担任主试，两种量表采用统一的指导语，同时施测，一次完成。

（四）数据处理

使用 SPSS 20.0 软件对收集的数据进行相关统计分析。

三、研究结果

（一）高职生心理健康总体状况

SCL-90 量表的描述性统计结果表明：高职生面临的主要心理问题是强迫症状。心理健康症状因子检出率按降序排列如下：强迫症状、人际关系敏感、抑郁、敌对、焦虑、其他、偏执、焦虑、躯体化和精神病性。在总分上，检出率为 31.90%（见表1、表2）。

表1　高职生心理健康问题总体状况 （*N* = 451）

SCL-90 各因子	*M*	*SD*
强迫症状	2.03	0.84
人际关系敏感	1.87	0.85
抑郁	1.85	0.84
敌对	1.74	0.80
焦虑	1.73	0.80
其他	1.71	0.79
偏执	1.69	0.78
躯体化	1.67	0.80
精神病性	1.64	0.76
总分	157.61	67.67

表2　高职生 SCL-90 各因子心理健康问题检出率（$N=451$）

因子	强迫症状	人际关系敏感	抑郁	敌对	偏执	焦虑	躯体化	精神病性	总分
人数	216	180	168	152	151	148	136	129	144
检出率/%	47.90	39.90	37.30	33.70	33.50	32.80	30.20	28.60	31.90

（二）高职生积极心理品质发展的总体情况

根据积极心理品质量表的描述性统计分析，在 20 项积极心理品质中，高职生表现最为突出的三项是真诚、好奇心和心灵触动，而表现较差的三项则是自制、热爱学习和领导能力（见表3）。

表3　高职生 20 项积极心理品质总体状况（$N=451$）

积极心理品质	M	SD
真诚	3.83	0.70
好奇心	3.75	0.72
心灵触动	3.74	0.68
团队精神	3.63	0.72
思维与观察力	3.60	0.75
社交智慧	3.59	0.72
正直公平	3.59	0.70
爱与友善	3.59	0.74
热情	3.57	0.73
谦虚	3.56	0.72
勇敢坚持	3.55	0.75
幽默风趣	3.55	0.81
感受爱	3.53	0.71
希望与信念	3.53	0.72
谨慎	3.52	0.75
创造力	3.50	0.79
宽容	3.41	0.79
领导能力	3.26	0.82
热爱学习	3.17	0.75
自制	3.09	0.94

（三）高职生积极心理品质与心理健康的相关情况

通过计算相关系数，分析高职生积极心理品质与心理健康之间的关系，结果显示，高职生的心理健康问题各维度与九项积极心理品质（包括好奇心、热爱学习、真诚、勇敢坚持、热情、感受爱、团队精神、正直公平、希望与信念）均呈显著负相关关系。其中，躯体化维度与13项积极心理品质（包括热爱学习、热情、希望与信念、好奇心、真诚、勇敢坚持、爱与友善、团队精神、感受爱、正直公平、创造力、幽默风趣、思维与观察力）显著负相关；强迫症状维度则与20项积极心理品质显著负相关；人际关系敏感维度与16项积极心理品质（排除宽容、谨慎、自制、心灵触动）显著负相关；抑郁维度与17项积极心理品质（排除宽容、谨慎、自制）显著负相关；敌对维度与17项积极心理品质（排除宽容、谨慎、自制）显著负相关；恐怖维度与18项积极心理品质（排除谨慎、自制）显著负相关；焦虑维度与14项积极心理品质（包括领导能力、热爱学习、真诚、勇敢坚持、热情、创造力、社交智慧、好奇心、团队精神、幽默风趣、正直公平、谦虚、感受爱、希望与信念）显著负相关；偏执维度与11项积极心理品质（包括希望与信念、真诚、热爱学习、勇敢坚持、领导能力、热情、好奇心、感受爱、团队精神、正直公平、谦虚）显著负相关；精神病性维度与10项积极心理品质（包括真诚、勇敢坚持、热爱学习、领导能力、热情、感受爱、团队精神、正直公平、好奇心、希望与信念）显著负相关（见表4）。

表4　高职生20项积极心理品质与心理健康问题各维度的相关性（r）

维度	躯体化	强迫症状	人际关系敏感	抑郁	焦虑	敌对	恐怖	偏执	精神病性	总分
创造力	-0.088	-0.146**	-0.136**	-0.147**	-0.110*	-0.098*	-0.149**	-0.058	-0.065	-0.120*
好奇心	-0.152**	-0.183**	-181**	-0.193**	-0.170**	-0.166**	-0.209**	-0.142**	-0.162**	-0.185*
热爱学习	-0.106*	-0.233**	-0.186**	-0.205**	-0.156**	-0.170**	-0.176**	-0.144**	-0.139**	-0.178**
思维与观察力	-0.094	-0.143**	-0.107*	-0.107*	-0.082	-0.129**	-0.130**	-0.066	-0.066	-0.107*
真诚	-0.173**	-0.170*	-0.167**	-0.179**	-0.178**	-0.221**	-0.187**	-0.161**	-0.167**	-0.187**
勇敢坚持	-0.139**	-0.192**	-0.175**	-0.192**	-0.160**	-0.177**	-0.176**	-0.131**	-0.141**	-0.175**
热情	-0.139**	-0.213**	-0.190**	-0.217**	-0.185**	-0.175**	-0.209**	-0.134**	-0.151**	-0.193**
感受爱	-0.158**	-0.229**	-0.235**	-0.237**	-0.194**	-0.200**	-0.207**	-0.174**	-0.165**	-0.214**
爱与友善	-0.103-	-0.125*	-0.110*	-0.112*	-0.092	-0.094*	-0.144**	-0.085	-0.064	-0.110*
社交智慧	-0.081	-0.108*	-0.105*	-0.098*	-0.103*	-0.100*	-0.146**	-0.053	-0.071	-0.102*
团队精神	-0.142**	-0.139**	-0.118*	-0.153**	-0.126**	-0.138**	-0.156**	-0.125**	-0.107*	-0.144**
正直公平	-0.112*	-0.165**	-0.135*	-0.163**	-0.130**	-0.180**	-0.133**	-0.120**	-0.112*	-0.145**
领导能力	-0.079	-0.210**	-0.163*	-0.178**	-0.132**	-0.150**	-0.176**	-0.093*	-0.094*	-0.151**
宽容	-0.042	-0.117*	-0.054	-0.086	-0.054	-0.091	-0.095*	-0.048	-0.026	-0.071
谦虚	-0.080	-0.098*	-0.109*	-0.104*	-0.097*	-0.129**	-0.102*	-0.093*	-0.086	-0.103*
谨慎	-0.039	-0.096*	-0.062	-0.071	-0.052	-0.086	-0.081	-0.035	-0.045	-0.067
自制	-0.021	-0.123**	-0.036	-0.054	-0.015	-0.071	-0.051	-0.023	0.002	-0.043
心灵触动	-0.091	-0.102*	-0.091	-0.093*	-0.071	-0.097*	-0.124**	-0.089	-0.069	-0.095*
希望与信念	-0.125**	-0.195**	-0.182**	-0.185**	-0.158**	-0.158**	-0.193**	-0.114*	-0.119*	-0.167**
幽默风趣	-0.110*	-0.149**	-0.123**	-0.160**	-0.137**	-0.103*	-0.164**	-0.070	-0.0770	-0.132**

注：*表示 $p < 0.05$，**表示 $p < 0.01$，***表示 $p < 0.001$，下同。

（四）高职生各项积极心理品质对心理健康各维度的逐步多元回归分析

在逐步多元回归中，将高职生的各项积极心理品质作为预测变量，将心理健康各维度及总均分作为因变量，进行逐步多元回归分析。分析结果显示，积极心理品质在回归模型中的顺序和数量存在差异（见表5）。

表5　积极心理品质对 SCL-90 各因子及总均分逐步多元回归分析

因变量	预测变量	标准误	β	t	R	R^2	调整 R^2
躯体化	真诚	0.053	-0.173	-3.715***	0.173	0.030	0.028
强迫症状	热爱学习	0.074	-0.216	-3.279**	0.233	0.055	0.052
	感受爱	0.093	-0.290	-3.723***	0.252	0.064	0.059
	心灵触动	0.086	0.156	2.235*	0.281	0.079	0.073
	谦虚	0.078	0.137	2.067*	0.296	0.087	0.079
人际关系敏感	感受爱	0.083	-0.321	-4.621***	0.235	0.055	0.053
	宽容	0.078	0.207	2.847**	0.281	0.079	0.075
	热爱学习	0.083	-0.203	-2.783**	0.296	0.088	0.082
	自制	0.062	0.145	2.117*	0.311	0.097	0.089
抑郁	感受爱	0.095	-0.369	-4.600***	0.237	0.056	0.054
	谨慎	0.075	0.135	2.009	0.266	0.071	0.067
	热爱学习	0.082	-0.240	-3.271***	0.283	0.080	0.074
	自制	0.059	0.154	2.351*	0.305	0.093	0.085
	爱与友善	0.086	0.155	2.052*	0.319	0.102	0.092
焦虑	感受爱	0.086	-0.310	-4.080***	0.194	0.037	0.035
	宽容	0.068	0.140	2.072*	0.224	0.050	0.046
	心灵触动	0.090	0.200	2.597**	0.260	0.068	0.059
	真诚	0.077	-0.195	-2.893*	0.270	0.073	0.065
敌对	真诚	0.053	-0.221	-4.793**	0.221	0.049	0.047
恐怖	热情	0.042	-0.209	-4.532***	0.209	0.044	0.042
偏执	感受爱	0.079	-0.258	-3.598**	0.174	0.030	0.028
	谨慎	0.074	0.143	2.028*	0.207	0.043	0.038
	真诚	0.076	-0.190	-2.793**	0.231	0.053	0.047
	社交智慧	0.084	0.159	2.055*	0.249	0.062	0.054
精神病性	真诚	0.064	-0.150	-2.536*	0.167	0.028	0.026
	自制	0.052	0.208	3.230**	0.192	0.037	0.033
	热爱学习	0.073	-0.192	-2.671**	0.228	0.052	0.046
总均分	感受爱	0.068	-0.321	-5.005***	0.214	0.046	0.043
	宽容	0.061	0.154	2.397*	0.240	0.058	0.053

在躯体化维度的回归模型中，唯一的解释变量是"真诚"，其解释了该维度2.8%的累计变异量。在强迫症状维度的回归模型中，涉及的四个解释变量包括"热爱学习"、"感受爱"、"心灵触动"和"谦虚"，这些变量解释了强迫症状维度26.3%的累计变异量。在人际关系敏感维度的回归模型中，四个解释变量为"感受爱"、"宽容"、"热爱学习"和"自制"，这些变量解释了该维度29.9%的累计变异量。抑郁维度的回归模型包含五个解释变量，即"感受爱"、"谨慎"、"热爱学习"、"自制"和"爱与友善"，这些变量解释了抑郁维度37.2%的累计变异量。在焦虑维度的回归模型中，四个解释变量为"感受爱"、"宽容"、"心灵触动"和"真诚"，它们解释了焦虑维度20.5%的累计变异量。在敌对维度的回归模型中，唯一的解释变量是"真诚"，其解释了该维度4.7%的累计变异量。在恐怖维度的回归模型中，唯一的解释变量是"热情"，其解释了该维度4.2%的累计变异量。在偏执维度的回归模型中，四个解释变量包括"感受爱"、"谨慎"、"真诚"和"社交智慧"，这些变量解释了偏执维度16.7%的累计变异量。在精神病性维度的回归模型中，三个解释变量为"真诚"、"自制"和"热爱学习"，这些变量解释了精神病性维度10.5%的累计变异量。在总均分回归模型中，两个解释变量"感受爱"和"宽容"解释了总均分9.6%的累计变异量。

四、结果讨论

（一）高职生整体心理健康状况喜忧参半

本调查结果显示，高职生面临的主要心理健康问题是强迫症状、人际关系敏感和抑郁。这与张宇迪的研究结果一致。[11]相比于普通本科生，高职生的自卑心理较为明显。[12]由于社会上依然存在"唯学历论"的观念，加上高职院校在招生录取中的批次靠后，高职生常将高职教育视为"次等教育"，从而产生了较为明显的自卑感，这对他们的心理健康产生了负面影响。

调查结果表明，高职生群体在20项积极心理品质的发展上存在不均衡现象，其中真诚、好奇心和心灵触动表现最为突出，而领导能力、热爱学习和自制则是发展最薄弱的三项品质。这一结果与教育实践领域的认知相符，即学生在这三方面的表现较为欠缺，这是我国高职生心理发展中普遍存在的问题。相比于普通本科生，高职生在中学时期的学业成绩往往较差，同时，他们在学习积极性、自我驱动和自我管理能力方面的表现也相对较差。他们在中学阶段遇到各种学习困难，因此在高考中表现不理想，最终进入职业院校，从而可能产生自卑感和自信心不足的情况。

（二）高职生的积极心理品质对心理健康状况的预测作用

研究结果表明，高职生的积极心理品质与心理健康问题各维度之间存在显著的负相关关系，这一发现与何红梅的研究结果相符。[13]研究结果表明，"感受爱"与心理健康问题各维度存在显著负相关关系，"感受爱"对心理健康有显著负向预测作用。"感受爱"解释了强迫症状维度变异量的5.9%，人际关系敏感维度变异量的5.3%，抑郁维度变异量的5.4%，焦虑维度变异量的3.5%，偏执维度变异量的2.8%，总均分变异量的4.3%。这表明"感受爱"这项积极心理品质是实现个体幸福和满足感的重要途径之一。塞利格曼认为，感受到爱和关心的个体更容易建立积极的人际关系，进而获得更多的社交支持和情感满足感。[14]"感受爱"不仅能够增强幸福感，还能显著减少心理健康的负面症状。[15]

"宽容"这项积极心理品质也是心理健康的重要预测变量，这与国内研究一致。[16-19]"宽容"能够解释人际关系敏感维度7.5%的变异量、焦虑维度4.6%的变异量，以及总均分5.3%的变异量。这可能是因为，宽容度较高的个体一般倾向于采用积极的认知策略，尤其是面对人际关系冲突时，会对他人的动机进行亲社会调整，将消极情绪转化为积极情绪。这种转化可以有效缓解人际关系敏感、敌对和偏执等症状。[20]此外，宽容度高的人通常对自我持有积极的态度，更容易实现自我接纳，并展现出较强的自信心，他们能够以建设性的方式应对压力，从而减轻由压力或负面情绪引起的躯体化症状。因此，提高"宽容"这项积极心理品质，有助于减少学生在躯体化、敌对、人际关系敏感和偏执等方面的心理症状，进而提升其整体心理健康水平。综上所述，增强高职生的积极心理品质能够有效提升其心理健康水平。

五、教育对策

本研究表明，高职生的积极心理品质对其心理健康水平具有显著的预测效力。基于此，本研究在教育实践中提出了相应的教育策略。

（一）树立积极心理健康教育理念，培养学生的积极心理品质

教育理念作为教育的核心和灵魂，决定了教育的存在、发展方向及其动力。它不仅规范和引导人们的行为，还反映了对教育未来的期望，并提供了行动的思想指引。

在构建以积极心理学理念为基础的高职院校心理健康教育模式时，首要任务是确立积极心理健康教育的理念。与传统的"问题导向"或"病理导向"模式不同，积极心理健康教育模式注重学生的身心发展特点，通过积极的内容、方式和手段，增强学生的积极心理品质，提升其心理健康水平。[8]开展积极心理健康教育的目标是强化面向

全体学生的心理素质培养和预防，同时兼顾面向部分学生的心理辅导和咨询，以及面向特殊学生的心理诊断和治疗，实现三个目标的有机统一，使心理健康教育涵盖全体学生，贯穿学生成长的各个方面。

教育理念的转变涉及对知识观、教育观和课程观的全面更新。在知识观方面，转变的体现是向所有师生普及积极心理学的基本概念，强调学习积极心理学的重要性，并探讨如何运用具体方法来提升心理健康水平。教育观的变化则通过多种举措重新设计学校的心理健康教育模式。课程观的更新体现在明确积极心理学理念下的教学目标、课程要求、课程设置及评估方式。学校应通过系统化的培训和广泛的宣传来实现这些目标，使师生理解并实践积极心理教育理念，重视并培养学生的积极心理品质，从而有效提升高职学生的心理健康教育效果。

（二）"五育"并举开展积极心理教育活动，提高学生的心理健康水平

积极心理健康教育的主要任务是培养学生的积极心理品质，积极心理品质是学生通过参与活动、获得体验和感悟而逐渐形成的。[21] 所以，积极心理健康教育推崇"情景体验、活动参与主导"的教育模式。[22] "五育"并举是开展心理健康教育工作的重要形式，"五育"活动是培养学生积极心理品质的重要阵地，学校要经常组织开展丰富多彩的情景性、参与性、互动性和体验性的活动，通过活动体验激发学生的积极心理品质。

第一，以德育心。将德育活动与积极心理品质的培养相结合，由学生小组合作自行开展丰富多彩的班级主题班会活动、志愿服务活动和社会实践活动，促进学生在创造力、思维能力、社交智慧、团队合作、领导力等方面的积极心理品质发展。

第二，以智慧心。一方面，学校要增设积极心理学的内容或课程，通过心理健康课、心理拓展训练、心理情景剧、多元智能途径等来开展积极心理健康教育活动；另一方面，教师要不断挖掘各类活动中的心理育人元素，注重学生积极情绪的体验、幸福能力的获得和积极心理品质的发展。

第三，以体强心。充分利用学校的体育教学和运动资源，如运动会、各类比赛、阳光校园跑和素质拓展等活动，以多样化的形式，在体育运动中促进学生在勇敢坚持、团队合作、正直公平、领导能力、创造力、思维能力、宽容、谦逊、希望与信念等方面的积极心理品质的发展。

第四，以美润心。积极开展音乐、舞蹈、美术、书法等各种艺术活动，促进学生在感受爱、希望与信念、社交智慧、爱与友善、真诚、热情与心灵触动等方面的积极心理品质发展。

第五，以劳健心。加强对学生劳动技能的培训与指导，建立劳动实践基地，使学生通过园艺、手工等劳动实践活动，在劳动收获中感受快乐及自我价值、疏解不良情绪，促进学生在希望与信念、勇敢坚持、热情、心灵触动、感受爱、友善、社交智慧、真诚、宽容、谦虚等方面的积极心理品质的发展。

（三）提升全体教师的心理健康教育素养，实施"全域式"积极心理品质培养策略

在"全域"视角下，积极心理健康教育的目标是全员参与、全学科融合、全面实施、全过程融入、全面覆盖的实践模式。这一策略强调将积极心理品质的培养贯穿于学校教育教学的各个环节中。学校的每一位教师都应成为积极心理健康教育的推动者，将这一理念贯穿于课堂教学中。[23]通过"全域"策略来培养学生的积极心理品质，以促进其身心健康全面发展。

学校应主动探索如何提升教师在积极心理健康教育领域的专业素养。首先，教师需要树立积极心理健康教育的观念，深刻理解其对教育的意义以及对自身的影响，并掌握其规范性和科学性。其次，应将积极心理健康教育融入课堂教学，使其与教学内容、过程、态度和方法紧密结合。再次，需要加强对教师的专业培训，尤其要注重开展心理学、教育心理学和积极心理学领域的专业培训，心理健康知识领域的专业培训也应得到重视。最后，积极探索和开发新的教师培训模式，构建一支综合性的积极心理健康教师团队，团队成员应包括心理学家、学校心理健康教师、辅导员、班主任、学科教师及教育行政人员。

（四）加强校家社常态化联动机制，构建"全息式"积极心理品质培养网络

"全息"视角主张从多维度和多角度看待问题，以获得更全面和深入的理解，从而有效解决问题。在培养学生的积极心理品质和心理健康素养方面，需要整合学校、家庭和社会的力量，构建协同育人机制，形成"全息式"的教育生态环境和教育投入。

首先，在家校协同方面，强调核心教育主体的共同努力。学校可以在新生入学时，对家长进行积极心理品质培养的宣传，引导家长树立积极心理健康教育观，并明确其在家庭教育中的具体任务。平时，教师应确保与家长的沟通频率和质量，关注学生的优点，引导家长以积极的态度看待孩子，并指导家庭开展青少年心理健康教育。其次，在校社协同方面，学校应搭建心理健康教育平台，积极与社会心理服务机构合作，增强与社区及实习单位的互动，并与医院心理科合作探索校医联动模式，共同推动心理健康教育。在家庭与社会协同的过程中，为了满足不同家庭的需求，社会应当提供多元的心理服务，如开展心理体验活动、进行心理健康宣传等，推动社会心理服务更广泛地融入家庭生活。最后，校家社应协同构建多维立体的"全息式"积极心理品质培养网络，有效提升高职学生的心理健康水平。

参考文献

[1] 俞国良，赵凤青，张宝山. 心理健康教育：高职院校学生的认知与评价 [J]. 黑龙江高教研究，2017 (5)：95-98.

[2] 邱开金. 高职学生心理健康问题研究 [J]. 心理科学，2007 (2)：444-446.

[3] 教育部等十七部门关于印发《全面加强和改进新时代学生心理健康工作专项行动计划（2023—2025年）》的通知 [EB/OL]. (2023 – 04 – 20) [2024 – 02 – 26]. https：//www. gov. cn/zhengce/zhengceku/202305/content_ 6857361. htm.

[4] SELIGMAN M E P, ERNST R M, GILLHAM J, et al. Positive education：positive psychology and classroom interventions [J]. Oxford review of education, 2009, 35 (3), 293 – 311.

[5] 吴九君. 大学生积极心理品质量表的编制 [J]. 中国健康心理学杂志, 2014, 22 (11)：1693 – 1695.

[6] 吴九君, 温小平, 何莉. 大学生积极心理品质对心理健康的多元回归分析 [J]. 中国健康心理学杂志, 2015, 23 (12)：1885 – 1888.

[7] 孟万金. 积极心理健康教育 [M]. 北京：中国轻工业出版社, 2008：44 – 45.

[8] 孟万金. 论积极心理健康教育 [J]. 教育研究, 2008 (5)：41 – 45.

[9] 孟万金, 官群. 中国大学生积极心理品质量表编制报告 [J]. 中国特殊教育, 2009 (8)：71 – 77.

[10] 汪向东, 王希林, 马弘. 心理卫生评定量表手册：增订版 [M]. 北京：中国心理卫生杂志社, 1999：31 – 35.

[11] 张宇迪. 高等职业院校学生 SCL – 90 评分的 meta 分析 [J]. 中国心理卫生杂志, 2011, 25 (9)：705 ~ 709.

[12] 王浩, 俞国良. 高职院校心理健康教育的现状与对策研究 [J]. 中国职业技术教育, 2016 (2)：10 – 14.

[13] 何红梅. 大学生抑郁症状与积极心理品质的相关研究 [D]. 长沙：湖南师范大学, 2012.

[14] SELIGMAN M E P. Authentic happiness：using the new positive psychology to realize your potential for lasting fulfillment [M]. NewYork：Nicholas Brealey Pubishing, 2003.

[15] SELIGMAN M E P. Flourish：a visionary new understanding of happiness and well – being [M]. New York：Simon and Schuster, 2011：102 – 130.

[16] 胡三嫚, 张爱卿, 贾艳杰, 等. 大学生人际宽恕与报复心理研究 [J]. 中国临床心理学杂志, 2005, 13 (1)：55 – 57.

[17] 单家银, 徐光兴. 自我宽恕：健康心理学新热点 [J]. 中国临床心理学杂志, 2008, 16 (1)：92 – 94.

[18] 王翠荣. 高职学生宽恕与心理健康的相关分析 [J]. 中国学校卫生, 2010, 31 (3)：296 – 297.

[19] 陈福侠, 樊富珉. 大学新生学校适应、心理弹性与心理健康的关系 [J]. 中国健康心理学杂志, 2014, 22 (12)：1894 – 1896.

[20] 刘会驰, 吴明霞. 大学生宽恕、人际关系满意感与主观幸福感的关系研究 [J]. 中国临床心理学杂志, 2011, 19 (4)：531 – 533.

[21] 张冲. 初中生积极心理品质培养研究 [J]. 中国特殊教育, 2010 (11)：29 – 34, 69.

[22] 孟万金. 积极心理健康教育：德育创新的抓手 [J]. 中国德育, 2010, 5 (10)：17 – 20.

[23] 苟晓玲, 彭玮婧, 刘旭. 全域视野下教师心理健康教育素养：内涵、构成与发展路径 [J]. 当代教育论坛, 2020 (4)：40 – 47.

作者简介：王卓娅，陕西师范大学博士研究生，研究方向为学校课程与教学。

|中 篇|

高等教育高质量发展与教育强国建设

教育、科技、人才一体化视域下高校通识教育的理念、价值与路径

王文迪　袁祖社

摘　要： 教育、科技、人才一体化是党的二十大提出的重要战略部署，为我国教育的未来发展绘制了宏伟蓝图。面对教育发展的新要求，高校通识教育亟须对照一体化战略的目标进行审视，反思差距，并有针对性地进行完善。本文从重塑高校通识教育的理念出发，阐释高校通识教育对教育、科技、人才一体化的推动价值。指出高校应立足一体化视域，以中国特色为纲领，以厘清教育、科技、人才三者的关系为前提，推动三者协同创新，开辟高校通识教育的有效路径，为教育高质量发展提供坚实的支撑。

关键词： 通识教育；教育、科技、人才一体化；中国特色；协同创新

一、引　言

习近平总书记在党的二十大报告中明确指出："教育、科技、人才是全面建设社会主义现代化国家的基础性、战略性支撑。"[1]高校作为高等教育的核心机构，不仅是教育服务的汇聚地，还是科技创新的发源地，更是人才培养的主阵地，亟须贯彻教育、科技、人才一体化重要战略。通识教育作为高校教育的重要组成部分，理应成为高校落实一体化战略的重要着力点。

中国高校通识教育虽然在早期受西方教育哲学理论影响，但其在发展中呈现出特有的时代化、本土化特征。钱穆先生指出，中国教育哲学理论中的学问传统包括"人统""事统""学统"三大系统。[2]从这一系统出发，结合西方教育哲学理论，使高校通识教育在一体化视域下实现中、西教育哲学理论融通。"学统"是指以"理"为中心，符合永恒主义和要素主义的"理智"主张，对应一体化中的"教育"；"事统"是

指以"事"为中心，符合改造主义的"变革"主张，对应一体化中的"科技"；"人统"是指以"人"为中心，符合进步主义的"全面"主张，对应一体化中的"人才"。

二、反思高校通识教育与一体化目标之间的差距

办好人民满意的教育、完善科技创新体系、深入实施人才强国战略等是实施一体化的具体目标。然而，当前高校通识教育与这些目标还有一定差距。教育目标方面，高校通识教育与一体化所倡导的教育优先发展、教育规律遵循、教育民主促进等存在差距；科技目标方面，高校通识教育与一体化所追求的创新环境营造、科学素养训练、全球化能力培育等存在差距；人才目标方面，高校通识教育与一体化提出的人才标准设定存在差距。

三、重塑一体化视域下高校通识教育的理念

（一）以永恒主义和要素主义为基础，凸显教育的"理智"追求

1. 基于永恒主义，凸显教育的永恒"理智"追求

在永恒主义看来，人的理性是先天的，高校通识教育应着力发展学生的先天理性，使其掌握永恒真理并加以运用。学习理智的知识和培养理智的德性是永恒主义的教育宗旨，理智的知识教育学生透过现象看本质，以达到格物、致知的目的；理智的德性能够帮助人们把握理智的尺度，使学生认清是非因果，以达到正心、诚意的目的。永恒主义一方面承认世界的多变，另一方面又坚信在变化的背后，一定存在一个不变的所在支撑整个世界以及人类认知的正常运转。[3]这里所指的"不变"是指从"永恒的真理"中引申出的"永恒的学科"[4]，它由理性的基础科目和理性的经典名著构成。

2. 基于要素主义，凸显教育的共同"理智"追求

要素主义指出，高校应提供全面的教育，其包括两个方面：专业教育和通识教育。前者帮助年轻人掌握一种专门的知识和技能；后者将他们作为一个公民和文化的继承者，与他们分享共同的规范和文化。这两者不可割裂，共同构成高等教育的目的，同为学院教育目的不可缺少的部分。[5]要素主义提倡知识学习的系统性，注重开发学生的智力，使其学习"文化共同要素"，强调对学生智力和理性的培养，这与传统的自由教育思想是一致的。[4]其教导学生不仅要重视眼前的利益，更要为长远的目标做准备，锻炼逆商和恒心。教学内容力求全面，宏观上将人文科学、自然科学、社会科学结合，中观上实现文理兼修，微观上推动语文、数学、外语等基础学科融合。要素主义使通

识教育更具系统性和全面性，通过社会的哲学审思赋予教育更为深刻的意义，使教育更具现实价值。

（二）以改造主义为指引，推动科技的"变革"进步

改造主义充分肯定学校教育对社会发展的能动作用，指出学校有责任引导个体参与社会改造。改造主义希望通过"社会改造"来解决当前时代共同面临的社会问题，通过科技"变革"助力社会改造。面向现代化的历史转折点，科技的"变革"将成为社会发展的关键变量。现代化的出现和发展，总是与科学技术联系在一起的，正是因为有了科技革命，才导致人类历史进程的变化，使世界各国的思想观念、制度建设、产业结构等发生深刻的变革。[6]高校应鼓励学生立足专业开展科技研究，引导学生思考科技如何服务社会，以及科技应用可能带来的问题和挑战。面对现实的问题，应加强学科间合作，运用跨学科思维，发挥专业优势共同加以解决。在面临全球化的问题时，更需要放下文化偏见。这时，通识教育不可避免地要承担起价值澄清和文化选择的责任[7]，引导学生树立团队合作意识，多方位开阔学生的思维和眼界。

（三）遵循进步主义原则，促进人才的"全面"发展

遵循进步主义原则，高校通识教育更加重视促进人才的全面发展。一方面，关注学生个体的整体性和多样性，引导其在主动求知的过程中"发现自我"，发现兴趣和天赋；另一方面，关注学生发展与社会发展的相关性，提升学生的社会认知水平和能力，培养其社会责任和情感，为学生适应社会做好准备。提倡教学的活动化，通过经验改造来实现学生发展。高校通识教育受此启发，倡导构建"活动式"新教法，使用"活的"新教材，助力学生形成情境思维和问题思维。20世纪初，劳伦斯学院正是以此为参考，在其"学院课程计划简介"中强调课程教学要重视对学生情境能力和思维的训练，使学生能够适应个人、家庭、社区、学校等各种情境，并做好自我管理。[5]

四、挖掘一体化视域下高校通识教育的价值

（一）助力教育的深化改革

1. 逐步增加高校办学的功能

办学规模化和角色多样化使高校办学功能产生了实质性的转变。克尔认为，纽曼心目中的大学只是一座"乡村"，佛兰斯纳心目中的大学也只是一座"市镇"，而当代

的大学则是一座五光十色的"城市"了[8]，克尔将其命名为综合型大学（multiversity）。

随着通识教育在高校愈发普及，单纯传授知识的传统高校一去不复返。一方面，高校办学功能既要满足人的生存需求，又要满足社会的发展需要。高校在原有保存、传授知识的功能基础上，增加了发展、创造、应用知识的功能。高校通识教育的培养目标与社会发展的需要相契合，训练学生面向真实情境解决实际问题。另一方面，高校办学功能既要坚守教育的本质，又要放眼于教育的未来。高校通识教育坚信坚守教育的本质是教育组织的核心出发点，力求把生物属性的人培养成具有社会属性的人。高校通识教育重视知识的学以致用、继承传递和创新发展，这些有利于放眼未来，促进教育利益相关者理解包容、互帮互助，从而推动个人与社会的共同发展，促进个人价值和社会价值的共同实现。

2. 不断端正高校育人方向

我国高校教育虽然最初是借鉴西方，但在后续发展中，高校育人受到社会因素影响，呈现出通、专教育此消彼长的发展特征。作为高校教育中的本科教育，"长期以来，我国的本科教育改革一直围绕通识与专业这一对基本矛盾展开，通识教育或文化素质教育成为重要的理论依据"[9]。19世纪初，通才教育由京师大学堂张百熙提出并载入《钦定京师大学堂章程》："京师大学堂之设，所以激发钟爱，开通智慧，振兴实业；谨遵此次谕旨，端正趋向，造就通才，为全学之纲领。"[10]20世纪末，中国高校教育由追求通才演变为追求素质，直至现代发展为兼顾通识和素质。

（二）推动科技实力的提升

高校通识教育在科技发展中发挥着关键作用，它通过提升学生的科学思维、科学精神、科学能力等，为科技实力的提升提供人才保障。高校通识教育指导学生运用科学思维去分析问题，引导学生把握规律，提升辨别力和判断力。从内涵上认识科学思维，现代科学思维有两层含义：一是在科学认识活动过程中的思维；二是时间成本最低，且正确高效、具可操作性的思维。[11]通识教育通过多种教育模式实现对学生多种科学思维的培养。高校通识教育通过思想教育培养学生的科学精神。《关于进一步弘扬科学家精神加强作风和学风建设的意见》指出要自觉践行、大力弘扬新时代科学家精神，并从爱国、创新、求实、奉献、协同、育人等方面诠释了科学家精神[12]，这些精神是高校通识教育培养学生科学精神的重要抓手。世界经合组织开展的国际学生评估项目（PISA）中制定了最新评估体系，明确了科学能力的标准，将学生的科学能力分为七个级别。由此可以看出，科学能力是由低到高的进阶过程，高校通识教育遵循这一规律，从导论式的理论和流程化的操作入手，教育学生学会收集、筛选、归纳和分析信息，培养学生自主性、探究性和创新性的科学能力。

（三）实现人才的多维培养

1. 培养德才兼备的人才

从个体与社会共同发展的视角来看，高校通识教育致力于培养德才兼备的优秀人才，强调提升个体的社会责任感与社会适应性，为人和社会的和谐发展与共同进步奠定坚实基础。德才兼备需明确"德"和"才"的具体内涵。"德"指文化道德，文化道德作为优秀人类的遗产具有永恒的价值，将其作为行为准绳，有助于学生形成强烈的社会责任感。"才"指经世之才，要求学生既能应对当下之变，又能做到未雨绸缪。

2. 培养善于合作的人才

从个体协同发展的视角来看，高校通识教育有利于培养善于合作的人才。通识教育通过处理复杂问题的训练，让学生认识合作的重要性，促进人与人由各自独立的个体转变为相互关联的公众。公众的主要特点在于理性，它区别于大众而有其独特的优势，"真正公众中有知识的人能够将自己的烦恼转变成为社会问题，从而能了解这些问题与自己群落的相关性以及群落与这些问题的相关性"。[13]米尔斯指出，高校有责任通过通识教育"帮助建设和强化一个自我教化（self - cultivating）的自由公众群体"[14]，引导个体与个体之间能够以公众的社会形态共建价值标准、共同参与创造、共享合作成果。高校通识教育从思维层面教育学生如何换位思考，更好地"处理信息"，从能力层面重视语言和写作教学，教育学生如何"输出信息"；教育学生需要协同来实现目标，就如哈贝马斯提及的构建"一个无限制的交往共同体"[15]。

3. 培养全面发展的人才

从个体发展的视角来看，高校通识教育有利于培养全面发展的人才。全面是指既要在倡导平等的基础上关照个体的现实发展，又要在倡导自由的基础上关照个体的美好愿景。高校通识教育坚持教育的平等性，给予每个学生必备的生存知识和技能，满足人最基本的生存需要。通识教育把每个学生当作具体的人，认可并尊重差异，帮助学生接纳自己，激发学习动机，让学生主动实现有深度、有水平的个性发展。

五、开拓一体化视域下高校通识教育的路径

（一）坚持以中国特色为纲领，明确高校通识教育的核心导向

1. 高校通识教育要凸显立德树人根本任务

"立德"要立思想之德，坚持为党育人、为国育才。促进学生理想信念、价值理念、道德观念的统一，树立中国特色社会主义共同理想。"立德"还要立行为之德，凸

显建设者和接班人的行为标准。大力弘扬社会主义核心价值观，以德为先，从社会公德、职业道德、家庭美德、个人品德等方面提升学生的道德素养。"树人"指培养有认知、有主见、有价值的人。高校通识教育要帮助学生开阔视野，为学生提供实践的机会，发掘学生的独有天赋，使学生形成正确的自我认知。鼓励多元、特色发展，让学生在服务社会中实现自我。

2. 高校通识教育要着力推动人的全面发展

党的十九大报告将"更好推动人的全面发展"纳入中国特色社会主义建设的重要目标。人的全面发展包含知识、技能、情感、价值观等多个方面的发展，高校通识教育应以培养学生共同的基本素质为前提，尊重学生的独特个性，以"助手"的角色给予学生多样化的学习资源，以"导师"的角色帮助学生发掘自身的潜能，以"朋友"的角色激发学生的主动学习兴趣。

（二）厘清一体化各要素间的关系，构建高校通识教育的实施框架

1. 以科技驱动和人才引领推动教育发展

高校通识教育为了确保教育实效，需要以科技为驱动，兼顾教育的科学性和技术性。重视教育的科学性，遵循学生的身心发展规律和学习认知规律。重视教育的技术性，培养学生的实践能力，实现从知识到技能的转化。怀特海曾这样论述技术的教育目标："这种体验将实现你的想法，教你如何协调行动与思维，指导你把思维和预见性、预见性和成就结合起来。"[16]高校通识教育通过理论实践、思维训练等方式来实现这一目标。秉承以人才育人才的教育观念，加强重师德、高素质、专业化的通识教育人才队伍建设，队伍中包括管理、教师、工勤等岗位上的人员。管理岗人才要具备卓识眼界、战略思维和领导能力，能够科学统筹资源，推动专业融通、学科融通、学院融通，创设多元开放、工学结合的学习平台。教师岗人才要形成科研、教学、实践等综合能力，以"学科知识扎实、专业能力突出、教育情怀深厚的高素质复合型"[17]为标准。工勤岗人才要树立服务育人的理念，为通识教育的教学、研究、管理等做好服务，为育人实践提供物质支持和人力保障。

2. 以科技孵化和教育培育助力人才培养

高校通识教育的人才培养需要科技孵化的支持。通识教育的教学内容紧跟科技前沿，教学方式重视教育技术变革，教学过程实现从"教"到"学"的转变，以实现通识教育的数字化、个性化、情境化、协同化。同时，疏通和统筹各地国家级重大科研设施/平台（如国家实验室、全国重点实验室）创新链，赋予其多元化科教功能[18]，为学生提供接触前沿科技的条件。深入贯彻《深化新时代教育评价改革总体方案》，以此为指导，用科学的教育理念和方法培育人才，坚持德育为先、五育并举。通过发掘

天赋、培养兴趣、促进个性发展，让学生自知、自信、自立、自强。

3. 以教育支撑和人才赋能推动科技进步

高校通识教育应通过培育人才来实现教育对科技的支撑。坚持发展科技是为了解决社会问题和服务社会发展，培育学生的科学精神，使其求真求实、求美求善。鼓励学生在探究中学习，在实践中成长。倡导宽口径的教育模式，通过多学科、跨学科教育，训练学生的科学思维，培育其科学精神，提升其科学能力。高校可通过主动与政府、企业合作，推动产学研一体化，以人才赋能科技；应重视产教融合，为学生提供在地区乃至国家层面的重点项目中参与高水平科研的机会，在实践中提升科研能力，激发科研兴趣，树立科研理想，为培育未来科技人才奠定基础。

（三）助推一体化的协同创新，完善高校通识教育的动力机制

1. 以教育模式创新提升高校通识教育实效

突出教育模式创新，从管理和教学上进行改进，切实提升高校通识教育实效。管理上，学校层面可设置专门的通识教育机构，全面统筹通识教育工作。通识教育师资采取固定和流动相结合的方式，充分调动并利用全校教学资源。同学院实行书院制，同专业进行跨年级交流，同学院进行跨方向交流。跨学院实施旁听制，允许学生跨学院选修课程，实现学分互认。教学上，全校共同开发通识课程，基础通识课程依托学校层面专门的通识教育机构，而专业通识课程则依托二级学院专业优势，为学生提供更具针对性和专业性的学习内容。

2. 以科技实践创新提升高校通识教育层次

突出科技实践创新，提升教育的应用性和前瞻性，提升高校通识教育层次。教育理念上，倡导学生不拘泥于文理界限，打破学科壁垒，开辟新思路和新方法。教育目的上，强化学生独立思考的能力，培养批判性思维，使学生在面对复杂的科学难题时能够运用跨学科的思维和多学科能力寻找解决方案。教育方式上，为学生提供更多与现实生活、科学研究紧密结合的实践机会，让学生在现实环境中应用知识，在实践中发现问题、思考问题并解决问题。

3. 以人才培养创新提升高校通识教育质量

突出人才培养创新，重视人才培养的自主性和战略性，提升高校通识教育质量。人才培养的自主性要求高校通识教育要传承中国文脉，合理地借鉴中外古今卓越的科学和文化，立足中国需要，扎根中国土壤，服务国家和人民。高校通识教育要积极营造人才培养的文化环境，弘扬科技工作者爱国奉献、勇攀高峰的精神，营造鼓励创造、追求卓越的创新文化，以丰富中华民族精神内涵。人才培养的战略性要求高校通识教育要培育中国魂，从国家战略任务出发，"紧紧围绕经济竞争力提升的核心关键、社会

发展的紧迫需求、国家安全的重大挑战，采取差异化策略和非对称路径，强化重点领域和关键环节的任务部署"[19]。高校通识教育应以服务国家战略需求为导向，为国家培育英才。

六、结　语

对高校通识教育而言，教育、科技、人才一体化既是自身寻求差距的参照，又是自身完善提升的方法。在教育、科技、人才一体化视域下，高校通识教育不仅要在中、西教育哲学理论的交融中寻求共通，更要结合本土文化和时代需求，形成独具特色的通识教育理念。一体化与高校通识教育相辅相成，高校通识教育为一体化中教育、科技、人才各个要素的落地提供支撑，同时又为高校通识教育拓宽了实施路径，为培养更多具备全球视野、创新精神和实践能力的优秀人才提供科学可行的策略与指导，有效推动中国式现代化的发展。

参考文献

[1] 习近平. 高举中国特色社会主义伟大旗帜　为全面建设社会主义现代化国家而团结奋斗：在中国共产党第二十次全国代表大会上的报告 [N]. 人民日报，2022 – 10 – 26（01）.

[2] 钱穆. 中国学术通义：新校本 [M]. 北京：九州出版社，2011：246.

[3] 卫苗苗. 当代中国大学通识教育的实践与改革 [D]. 重庆：西南大学，2020：90.

[4] 张寿松. 大学通识教育课程论稿 [M]. 北京：北京大学出版社，2005：63 – 64.

[5] 李曼丽. 通识教育：一种大学教育观 [M]. 北京：清华大学出版社，1999：131，127.

[6] 郑金洲. 教育、科技、人才一体化发展：内在逻辑与困境突破 [J]. 南京师大学报（社会科学版），2023（3）：5 – 15.

[7] 龚放. 重视异质文化的交流与理解：全球化时代大学通识教育的新使命 [J]. 高等教育研究，2002（2）：13 – 18.

[8] 金耀基. 大学之理念：增订版 [M]. 北京：生活·读书·新知三联书店，2008：9.

[9] 沈文钦. Liberal education 的多重涵义及其现代意义：一个类型学的历史分析 [J]. 北京大学教育评论，2021，19（1）：17 – 43.

[10] 璩鑫圭，唐良炎. 中国近代教育史资料汇编：学制演变 [M]. 上海：上海教育出版社，2007：243.

[11] 刘国建. 论理论思维与科学思维 [J]. 自然辩证法研究，2006，22（8）：104 – 108.

[12] 中共中央办公厅　国务院办公厅印发《关于进一步弘扬科学家精神加强作风和学风建设的意见》[EB/OL].（2019 – 06 – 11）[2024 – 05 – 05]. https：//www. gov. cn/zhengce/2019 – 06/11/content_5399239. htm.

[13] 米尔斯. 权力精英 [M]. 尹宏毅，译. 北京：新华出版社，2017：272.

[14] 孙飞宇. 社会学对通识教育的承诺：米尔斯《社会学的想象力》中的三个面向 [J]. 中国社会

科学院大学学报，2023，43（2）：36－61.

［15］哈贝马斯. 交往行为理论［M］. 曹卫东，译. 上海：上海人民出版.

［16］怀特海. 教育的目的［M］. 张佳楠，译. 北京：教育科学出版社，2021：39.

［17］中共中央　国务院关于全面深化新时代教师队伍建设改革的意见［EB/OL］.（2018－01－31）［2024－05－05］. https：//www. gov. cn/zhengce/2018－01/31/content_5262659. htm.

［18］吴伟，王益静，辛越优. 教育、科技、人才一体化推进亟待大尺度革新［J］. 科技中国，2023（11）：78－82.

［19］中共中央　国务院印发《国家创新驱动发展战略纲要》［EB/OL］.（2016－05－19）［2024－05－05］. https：//www. gov. cn/zhengce/2016－05/19/content_5074812. htm.

基金项目：2024年度安徽省科学研究重点项目（项目批准号：2024AH053149）。

作者简介：王文迪，陕西师范大学教师发展学院博士研究生，合肥职业技术学院马克思主义学院讲师，主要从事高等教育通识教育研究；袁祖社，陕西师范大学马克思主义学院、哲学社会科学高等研究院教授，博士研究生导师，主要从事马克思主义价值哲学研究。

应用型高校产教融合治理的核心理念、问题阐明与优化策略

戴骊郿　冯用军

摘　要： 国家治理体系和治理能力现代化需要高等教育治理体系和治理能力的支撑。应用型高校产教融合治理是高等教育治理的重要方面，目前其存在治理理念不够先进，创新发展理念不足；治理主体利益协调不平衡，治理主体缺乏多元化；治理组织不完善，治理组织间存在内耗行为；开放发展理念不足，治理运行、保障机制不利于资源优化配置；利于资源共享的政策法规不完善，政策法规的可持续性不强等问题。以新发展理念为指导，更新治理理念，树立创新发展理念；平衡各治理主体的利益，形成多元化的治理主体结构；完善治理组织，减少治理组织间的摩擦，坚持开放发展理念，形成利于资源优化配置的治理机制；制定利于资源共享的政策法规，形成可持续的政策法规，是提升应用型高校产教融合治理能力的有效策略。

关键词： 应用型高校；产教融合；高等教育治理；教育强国；现代化

党的二十大报告提出，我国发展的总体目标之一是到 2035 年基本实现国家治理体系和治理能力现代化。[1]国家治理体系和治理能力的现代化，需要高等教育治理体系和治理能力的支撑，而应用型高校产教融合治理是高等教育治理的重要方面。党的十八届五中全会提出创新、协调、绿色、开放、共享的新发展理念是国家各项事业、各个领域、各个区域、各个圈层、各个组织机构发展的核心理念。《教育部 发展改革委 财政部关于引导部分地方普通本科高校向应用型转变的指导意见》引导地方本科院校向应用型转变，强调应用型高校应以产教融合、校企合作为突破口进行建设。[2]产教融合是涉及跨部门、跨领域的复杂问题，单一的治理主体已经很难适应产教融合的发展，国家出台一系列产教融合政策文件，建立产教融合城市、产教融合企业、产教融合共同体等，产教融合主体变得多元化，走向治理的道路是必然选择。

党的二十大报告提出，要推进职普融通、产教融合、科教融汇，优化职业教育类型定位。[1]产教融合是应用型高校发展的"牛鼻子"，应用型高校和高职院校、职业本科院校性质不同，已有的研究主要从整体的角度研究职业教育产教融合的治理体系[3-5]、治理机制[6-7]、治理结构[8]，涉及区域产教融合治理[9]、产业学院治理[10-11]以及高职教育的产教融合治理体系[12]、治理机制[13]的研究，关于应用型高校产教融合治理的研究较少。目前，应用型高校产教融合治理存在治理理念不够先进，创新发展理念不足；治理主体利益协调不平衡，治理主体缺乏多元化；治理组织不完善，治理组织间存在内耗行为；开放发展理念不足，治理运行、保障机制不利于资源优化配置；利于资源共享的政策法规不完善，政策法规的可持续性不强等问题，制约了应用型高校产教融合各治理主体的治理能力提升。鉴于此，本文以新发展理念为核心理念，在厘清应用型高校产教融合在治理理念、主体、组织、机制方面存在问题的基础上，提出优化应用型高校产教融合治理的策略。

一、应用型高校产教融合治理的核心理念

随着应用型高校产教融合主体的多元化，涉及跨界、跨学科的合作逐渐增多，应用型高校产教融合治理成为极为复杂的问题。新发展理念是处理应用型高校产教融合治理问题的核心理念，其通过作用于产教融合的各治理要素，如治理理念、治理主体、治理组织、治理机制和治理政策，来提升产教融合各治理主体的治理能力。创新发展理念是应用型高校产教融合治理的指明灯；协调发展理念是应用型高校产教融合治理主体多元化的制胜要诀；绿色发展理念是应用型高校产教融合治理组织建构的基本理念；开放发展理念是应用型高校产教融合治理机制建立的导向标；共享发展理念是应用型高校产教融合治理政策制定的核心指导原则（见图1）。

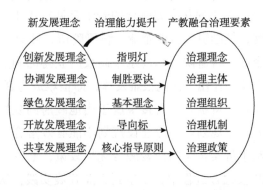

图1　创新发展理念作用于产教融合治理要素

二、应用型高校产教融合治理的问题阐明

（一）治理理念不够先进，创新发展理念不足

产教融合是涉及跨部门、跨领域的复杂问题，单一的部门无法解决这些复杂问题，需要多个治理主体共同治理。然而，各治理主体因缺少专业的学习、培训与交流，治理理念不够先进，创新发展理念不足，在治理理念、治理主体、治理组织和治理机制方面的创新不够，制度形成能力、制度的实施与调试能力、创新能力不足，导致高校在应对产教融合的新要求时，治理目标、治理主体、治理组织、治理机制无法适应变化而快速做出调整，治理停留在管理层面，将治理等同于管理。治理是一种新型的权利运行模式和境界，它的主体是多元的，对象也是多元的，目标是协调多方利益；而管理更偏向于管理者的利益。治理主体之间是平等协商的伙伴关系，管理则是上对下的管辖。治理是个过程，不是方法[14]。治理理念不能停留于管理理念层面，应树立创新发展理念。

（二）治理主体利益协调不平衡，治理主体缺乏多元化

应用型高校产教融合治理主体从单一化向多元化发展是必然趋势，目前产教融合治理已经进入多主体高参与治理阶段[15]，涉及的治理主体主要有高校、政府、企业、行业，治理主体还不够多元化，治理主体的主体地位不够凸显。第一，应用型高校特别是地方新建的应用型高校，在专业建设能力、科研能力及科研转化能力、服务社会能力等方面还比较薄弱，不能完全满足社会的需求。为了更好地帮助这些院校提升能力，使其更好地服务社会，行业企业、科研院所、高水平高校应加强对其进行指导帮助。虽然《国务院办公厅关于深化产教融合的若干意见》提出，要建立健全职业学校和高等学校理事会制度，鼓励引入行业企业、科研院所、社会组织等多方参与[16]，但在合作过程中，行业企业、科研院所和高水平高校所获得的利益与期望不对等，合作动力难以保证，治理主体的作用与功能很难发挥，即很难成为真正的治理主体。第二，应用型高校隶属情况复杂，特别是不直接隶属于当地政府的院校，地市级政府很少能参与高校的建设，地方产业规划与专业建设规划不能有效融合，地方政府不了解应用型高校建设情况，不利于落实相关的产教融合优惠政策，地方政府的治理主体地位得不到体现。第三，在产教融合过程中，学生到企业开展实践，从学校的角度来看，产教融合的效果直接体现在学生能力的提升上，学生对效果有切身体会与发言权，但代表学生利益的学生学习效果反馈机制不健全，导致学生很难成为治理主体。

（三）治理组织不完善，治理组织间存在内耗行为

第一，产教融合催生了一种新的组织形态——产业学院。在政策层面，国家对产业学院强调要形成共建共管的组织架构。2020 年 7 月，教育部办公厅、工业和信息化部办公厅针对高校颁布《现代产业学院建设指南（试行）》，强调"强化高校、地方政府、行业协会、企业机构等多元主体协同，形成共建共管的组织架构，探索理事会、管委会等治理模式"。[17]然而，在现实中存在两方面的问题：一方面，很多应用型高校仍没有形成共建共管的组织架构，有的产业学院只是挂靠在相关专业所在的二级学院，设立教学副院长、办公室主任等职务，负责相关管理工作，其管理完全按二级学院的管理模式进行，没有形成理事会、管委会等治理模式；另一方面，一些合作的企业未设立相关部门与高校对接合作事宜，导致合作、沟通不畅，效率不高。

第二，应用型高校要实现产教深度融合，需要构建与区域产业集群耦合匹配的专业群。高校现有的学院及专业设置，遵循学科的逻辑，按相关学科进行划分，加之绝大多数应用型高校采用的组织架构为科层制，而科层制的架构具有分割性，不同岗位之间的工作职责和内容划分得很清楚，但这也有弊端，由于科层制管理模式注重等级和制度，会使职能部门及学院具有一定的封闭性，很难打破重重壁垒，建立跨专业的合作机制，从而很难适应经济变化和产教融合的新要求。

（四）开放发展理念不足，治理运行、保障机制不利于资源优化配置

首先，开放发展理念不足，激励机制不利于资源的优化配置。产教融合优先激励企业是产教融合顺利、有效开展的关键点，在资源配置有限的情况下，优先激励企业是首选。近年来，国家层面对企业出台了税收抵免激励、"金融＋财政＋土地＋信用"组合式激励政策[18]，企业按规定享受相关税收优惠，地方层面也在财政、土地、信用方面出台了相关的政策。但由于政策的激励机制不够开放，因此存在以下三个方面的问题：第一，税收抵免激励政策在认定企业投入上重资本、设施、设备等"硬"投入要素，没有涵盖技术、知识、管理等"软"投入要素[18]，投入认定的范围不全面，对企业的激励有限；第二，在企业的资源投入激励上，重企业资源投入，轻办学产出效果，激励导向亟待调整[18]；第三，对激励政策的监督缺乏相关的机构、人员，导致激励政策在各地的落实和执行不到位。[19]

其次，开放发展理念不足，评估监控机制不健全，不利于资源的优化配置。评估与监控是推进产教融合高质量开展的必要措施，由于开放发展理念不足，应用型高校产教融合评估与监控存在以下四个方面的问题：第一，对产教融合情况的评估没有专门的标准与指标，对产教融合情况的考核主要体现在合格评估、审核评估、专业评估中，缺乏量化指标；第二，评估体系不完善，多元主体参与治理的过程缺乏评估，缺乏对多元

主体进行评估的指标，难以评估多元主体在治理中的表现；第三，缺乏多元治理主体之外的第三方评估，评估难以做到客观、公正；第四，评估结果反馈不及时，在合格评估、审核评估、专业评估中，产教融合评估的结果如何，合作各方无法得知，一些高校处于应付评估的状态。这些问题的存在，导致各治理主体间的资源得不到优化配置。

（五）利于资源共享的政策法规不完善，政策法规的可持续性不强

应用型高校是国家为了对高校进行分类发展引导而提出的一种高校定位类型。从政策层面看，2017 年《国务院办公厅关于深化产教融合的若干意见》、2019 年《国家产教融合建设试点实施方案》、2020 年《现代产业学院建设指南（试行）》、2023 年《职业教育产教融合赋能提升行动实施方案（2023—2025 年）》等产教融合政策文件相继出台，但专门针对应用型高校产教融合的政策文件较少，仅以碎片化的形式呈现在其他的政策中，且对于多个治理主体的权利与义务没有明确的规定。应用型高校产教融合工作开展缺乏明确引导，不利于各治理主体间实现资源共享。同时，政策文件中没有关于对应用型高校而言至关重要的一些基层组织的构成的明确规定，大部分政策只是对大方向的引导，不利于产教深度融合实现资源的共享。从法律层面看，《中华人民共和国高等教育法》对高等学校类型划分、分类管理制度标准制定和分类评价体系设计等缺乏相应规定，导致应用型高校在整个高等教育体系中的地位不明确[20]，产教融合治理缺乏法律依据，主要依靠政策的约束。

三、应用型高校产教融合治理的优化策略

（一）更新治理理念，树立创新发展理念

更新治理理念，树立创新发展理念，主要应从以下两个方面着手：第一，创建多治理主体共同参与的学习、培训与交流平台，促使各治理主体更新治理理念，树立创新发展理念，促进各治理主体间的知识共享与合作交流，提升各治理主体的制度形成能力、制度实施与调试能力、创新能力等，有效应对高质量发展的要求，形成理念、运行、评价和激励约束环环相扣的闭合治理链条，促进治理体系的有效运行，调动各方参与治理的积极性，有利于形成权责明确、合作共赢、持续发展的治理格局。第二，创新治理理念、治理主体、治理组织、治理机制。通过理念的更新，协调各利益主体的关系，完善治理组织及人员的工作职责，明确合作目标、具体内容，实现合作成果清单化，保证资源的充分利用，使合作交流高效畅通，减少浪费及工作人员的精神内耗，积极寻求合作，建构产教融合共同体，强化共同体意识，实现产教融合共同体的共商、共建和多主体资源共享。

（二）平衡各治理主体的利益，形成多元化的治理主体结构

首先，以激励相融理论为指导，建立利益协调机制。通过建立有效的沟通和协调机制，促进各治理主体明确产教融合目标、内容、方式，找到利益的平衡点，使治理主体多元化成为可能。其次，明确各治理主体的权利与义务，确保各治理主体的利益投入和收益清晰，权利得到表达与尊重。最后，推动监督与评估机制的建立。通过有效的监督和评估机制，定期对产教融合的进展和效果进行评估，确保各治理主体的利益得到有效维护。

多元化治理主体结构除了应包括应用型高校和企业，还应包括以下主体。一是高水平高校和科研院所。《教育部 国家发展改革委 财政部关于引导部分地方普通本科高校向应用型转变的指导意见》提出，转型发展的任务之一是应用型高校要提升以应用为驱动的创新能力。[2]然而，应用型高校在这方面的能力不足，治理主体中应加入高水平高校和科研院所，通过帮扶地方新建的应用型高校提升专业建设水平，产教融合能力、科研能力及科研转化能力，实现以应用为驱动的创新能力提升。二是学生。学生应成为产教融合治理主体，从学生的角度出发，及时发现产教融合过程中的问题，及时反馈，增强产教融合效果。三是行业组织。2017年《国务院办公厅关于深化产教融合的若干意见》强调，要强化行业协调指导。[16]应增加行业组织作为治理主体，加强行业组织对高校产教融合的直接指导，使指导监督常态化、全程化，凸显行业组织的治理主体地位。四是市级政府。对于地处地级市、由省政府管理的地方应用型高校，加入地属政府作为治理主体，有利于地属政府及时根据地方发展需要和特点，出台并落实产教融合发展政策，有利于实现产教紧密融合。

（三）完善治理组织，减少治理组织间的摩擦

从纵向上看，应用型高校产教融合治理组织的外部结构，应理顺国家层面、省级层面、地市级层面不同部门有关产教融合的职责；从横向上看，产教融合涉及不同的行业、企业、社区，应完善这些组织的结构，设立产教融合对接部门、人员，明确各部门的任务、相关人员的工作职责，强化内、外部组织的全程参与。从宏观层面看，对于应用型高校产教融合治理组织的内部结构，应完善学校层面的组织机构，设立相关的机构、理事会、人员对产教融合事宜进行管理，明确工作范围与职责，同时对学院与专业的设置进行整合，使专业链能很好地与产业链对接。从微观层面看，应完善教学指导委员会、专业指导委员会、教材指导委员会等组织人员构成，专业指导委员会要严格按《教育部 国家发展改革委 财政部关于引导部分地方普通本科高校向应用型转变的指导意见》的要求组建，其成员中来自地方政府、行业、企业和社区的比例不得低于50%[2]，教学指导委员会、教材指导委员会成员可参照此比例组建，这些组织应深度参与学校管理、人才培养、专业建设和课程设置等环节，从而减少治理组织间

的摩擦。

（四）坚持开放发展理念，形成利于资源优化配置的治理机制

首先，坚持开放发展理念，健全激励机制，促进资源的优化配置。在资源有限的条件下优先激励企业，一是扩大税收抵免激励政策认定的范围，调整企业的激励导向，引导企业由重资源投入向重办学产出效果转变，由重资本、设施、设备等硬件投入要素向重技术、知识、管理等软件投入要素转变。二是健全激励政策的监督机构与人员，保证激励政策的普遍推行和规范实施。

其次，坚持开放发展理念，健全现代决策机制，促进资源的优化配置。一是利用信息技术建立产教融合发展平台，以便于各治理主体发布产教融合有关合作、宣传信息，打破各治理主体的信息孤岛，为各治理主体的决策提供信息参考。二是构建多元化治理主体，科学设置组织架构及人员构成，形成平等、开放的合作氛围，保证治理主体决策的科学性。

最后，坚持开放发展理念，健全评估、监控、反馈机制，促进资源的优化配置。评估与监控是依据一定的标准，对产教融合过程中有关政策的制定、有关行为的认定、过程和结果进行检测与监督的过程，它是产教融合高效开展的必要环节。[21]第一，对不同的治理主体设置不同的产教融合标准与指标，强化产教融合投入、过程、效果的评估与监督；第二，开展第三方评价，对不同的治理主体进行评估，评估多元主体在治理中是否规范，治理模式是否有效；第三，利用信息技术搭建产教融合建设平台，并及时公布反馈评估结果。

（五）制定利于资源共享的政策法规，形成可持续的政策法规

党的十九届四中全会强调，将治理现代化作为国家重大战略之一。应用型高校产教融合治理要实现现代化，需要依靠法律、制度的保障，体现法治精神。要制定有利于资源共享的政策法规，形成可持续的政策法规体系。首先，在法律层面，健全法律体系，明确应用型高校的地位；其次，针对应用型高校产教融合治理出台相应的政策、法规，明确各治理主体、治理组织的权利与义务；最后，对照国家和地方政府的法律法规，落实细化为各治理主体的规章制度、实施方案。以此保证资源共享政策的制定与落实，形成可持续的政策法规体系。

参考文献

[1] 习近平. 高举中国特色社会主义伟大旗帜 为全面建设社会主义现代化国家而团结奋斗：在中国共产党第二十次全国代表大会上的报告 [J]. 中国人大，2022（21）：6－21.

[2] 教育部 国家发展改革委 财政部关于引导部分地方普通本科高校向应用型转变的指导意见 [EB/

OL]. (2015 – 10 – 23) [2024 – 08 – 13]. http: // www. moe. gov. cn/srcsite/A03/moe_1892/moe_
630/201511/t20151113_218942. html.

[3] 和震. 建立现代职业教育治理体系 推动产教融合制度创新 [J]. 中国职业技术教育, 2014
(21): 138 – 142.

[4] 姜泽许. 职业教育产教融合高参与治理体系: 政策演进、基本概念及推进策略 [J]. 职教论坛,
2021 (11): 140 – 145.

[5] 潘海生, 程欣. 新时代职业教育产教融合治理体系和治理能力现代化的现实内涵和行动路径
[J]. 中国职业技术教育, 2021 (12): 68 – 74.

[6] 贺书霞, 冀涛. 职业教育产教融合多中心治理机制研究 [J]. 教育与职业, 2022 (20):
38 – 42.

[7] 缪学梅. 区块链视域下职业教育产教融合联盟及其治理机制研究 [J]. 成人教育, 2021 (12):
73 – 79.

[8] 张健. 职业教育: 政行企校合作治理的结构分析与改进对策 [J]. 中国职业技术教育, 2018
(6): 39 – 43.

[9] 许建领, 何伟光. 粤港澳大湾区职业教育产教融合的治理机制创新探究 [J]. 高等工程教育研
究, 2022 (3): 160 – 165.

[10] 卢广巨, 余莎, 胡志敏. 利益分析视角下产业学院的发展逻辑与治理策略 [J]. 职业技术教
育, 2021 (7): 49 – 53.

[11] 蒋新革. 产教融合视域下产业学院治理体系建设研究 [J]. 职业技术教育, 2020, 41 (24):
30 – 34.

[12] 郭广军, 赵雄辉. 高职教育产教融合质量协同治理体系的基本框架与关键路径 [J]. 教育与职
业, 2020 (17): 12 – 19.

[13] 陈星. 以市场为中心的共治: 高职教育产教融合治理机制改革探析 [J]. 教育发展研究, 2019
(23): 56 – 63.

[14] 张健. 管理与治理辨 [J]. 职教通讯, 2018 (10): 4.

[15] 姜泽许. 职业教育产教融合高参与治理体系: 政策演进、基本概念及推进策略 [J]. 职教论
坛, 2021 (11): 140 – 145.

[16] 国务院办公厅关于深化产教融合的若干意见 [EB/OL]. (2017 – 12 – 05) [2024 – 08 – 13].
https: //www. gov. cn/zhengce/content/2017 – 12/19/content_5248564. htm.

[17] 教育部办公厅 工业和信息化部办公厅关于印发《现代产业学院建设指南 (试行)》的通知
[EB/OL]. (2020 – 08 – 11) [2024 – 08 – 13]. http: //www. moe. gov. cn/srcsite/A08/s7056/
202008/t20200820_479133. html.

[18] 杨广俊. 产教融合型企业激励政策优化及推进路径 [J]. 中国职业技术教育, 2022 (12):
91 – 96.

[19] 屈璐, 李癸. 多主体视角下职业教育产教融合激励机制演化博弈分析 [J]. 职业技术教育,
2023 (10): 37 – 45.

[20] 刘永林. 地方高水平应用型高校建设: 现实图景、实践诉求与政策指向 [J]. 教育学术月刊,

2023（5）：3 – 11.

[21] 刘子林，冯用军，韦林华，等. 工程机械产业与职业教育国际化融合发展研究（东盟篇）
　　　[M]. 北京：北京理工大学出版社，2022：后记.

基金项目：2024 年度教育部人文社会科学研究规划基金"教育对口援疆政策绩效
测度及其优化策略研究"（24YJA880008）；广西科技师范学院第二批新文科研究与实
践项目"应用型本科高校教师教学发展中心管理模式与运行机制研究"（项目编号：
2022GKSYWK10）。

作者简介：戴骊郿，陕西师范大学教育学部博士研究生，广西科技师范学院教务
处高教研究室主任，讲师，研究方向为高等教育管理；冯用军，陕西师范大学教育学
部"一带一路"教育高等研究院教授、博士研究生导师，教育学博士后，石河子大学
师范学院党委委员、副院长（援疆），研究方向为教育政策与评价、教育领导与管理、
教育历史与文化。

高等教育产教融合的发展现状、实践困囿与路径优化

摘　要： 本研究探讨新疆在加快产业结构转型的背景下，高等教育产教融合的现状、存在的问题与面临的挑战，并提出了优化策略。虽然新疆高等教育在教育发展方面取得了初步成果，但仍存在着对产教融合重视不足、校企合作表面化和资源配置不均衡等问题。为了有效应对这些挑战，建议增强政策引导力度，优化人才培养模式，改善资源配置机制，深化校企之间的实质性合作，加强交流、交往、交融。优化策略的实施旨在实现新疆教育与产业的深层次融合，培育出能够满足市场需求的高素质专业人才，为新疆的经济社会发展提供坚实的人才智力支撑。

关键词： 西部大开发战略；新疆区域发展；产教深度融合；人才培养

一、引　言

2024 年 3 月国务院国资委发布信息，2024—2026 年中央企业拟在疆投资项目 133 个，涉及金额近 7000 亿元。在新兴产业领域，突出新科技、新赛道、新市场，打造前瞻性、战略性新兴产业"孵化器"，塑造新质生产力，为新疆当地群众创造更多劳动就业机会。[1]新时代新疆经济社会的持续繁荣，亟须以产业发展为引擎，深化高等教育与产业的融合，以产教融合为契机赋予新疆新的人才发展动能。新疆高等教育产教融合的现实需求，是推动经济社会高质量发展的战略选择。本研究通过分析新疆产教融合的现状，发现新疆高等教育产教融合中存在的问题，提出相应的策略，根据高等教育高质量发展的强国目标，培养适应产业转型发展要求的高素质人才，为新疆社会经济繁荣发展提供坚实的智力支撑和人才保障。

二、新疆产教融合的发展现状

2021 年新疆 11 家部门联合印发《新疆维吾尔自治区产教融合试点工作方案》，提出从 2021 年起，通过 5 年左右的努力，建设培育 3～5 个国家及自治区产教融合型城市，建设培育 30 家以上自治区产教融合型企业，建设若干产教融合示范基地、实验实习实训基地及产学合作协同育人项目，并通过探索建立产教融合型企业制度和组合式激励政策体系，实现以点带面、逐步深化，推动自治区产教融合更加深入，经济发展和产业升级，教育和产业体系人才、智力、技术、资本、管理等资源要素进一步集聚融合、优势互补，打造支撑高质量发展的新引擎。[2] 以上为新疆产教融合发展近景目标，随着规划方案时间已过大半，梳理新疆高等教育产教融合的发展现状很有必要。

（一）新疆高等教育扎根于产教融合型城市

近年来，新疆高等教育体系展现出蓬勃发展的态势，从表 1 中可看出其深远布局与区域发展战略紧密关联，显著地体现在其深度扎根于产教融合型城市的战略部署中。如新型城市建设规划中的阿拉尔市、图木舒克市、喀什市、和田市、库尔勒市等，每一座城市都有一所特色高等教育学校。随着"一带一路"倡议的深入推进及西部大开发战略的持续实施，新疆作为连接亚欧的重要桥梁，其高等教育的发展不再局限于传统学术研究的范畴，而是更加紧密地融入了区域经济社会发展。

新疆高等教育主动对接地方产业需求，通过构建产教融合的新模式，实现教育资源与产业资源的深度融合和优化配置。产教融合型城市作为这一战略的核心载体，不仅为高校提供了丰富的实践教学基地和科研项目合作平台，还促进了科技成果的快速转化与产业升级，形成了教育链、人才链与产业链、创新链的有机衔接。例如，将克拉玛依打造为"石油之城"，城市中就有中国石油大学（北京）克拉玛依校区、新疆第二医学院等高等教育机构，这既符合城市建设发展需要，更为当地支柱产业发展提供了人才保障。新疆高等教育扎根于产教融合型城市的实践，不仅是对国家发展战略的积极响应，也是提升区域教育水平、促进产业升级、实现经济社会可持续发展的重要途径。

表 1 新疆高校所在城市分布情况

序号	学 校	所在城市	备 注
1	新疆大学	乌鲁木齐市	
2	石河子大学	石河子市	新疆生产建设兵团
3	新疆医科大学	乌鲁木齐市	
4	新疆农业大学	乌鲁木齐市	
5	塔里木大学	阿拉尔市	新疆生产建设兵团

序号	学　校	所在城市	备　注
6	新疆师范大学	乌鲁木齐市	
7	喀什大学	喀什市	
8	新疆财经大学	乌鲁木齐市	
9	伊犁师范大学	伊宁市	
10	新疆艺术学院	乌鲁木齐市	
11	新疆工程学院	乌鲁木齐市	
12	昌吉学院	昌吉市	
13	新疆警察学院	乌鲁木齐市	
14	新疆理工学院	阿克苏市	
15	新疆第二医学院	克拉玛依市	
16	新疆科技学院	库尔勒市	
17	新疆政法学院	图木舒克市	新疆生产建设兵团
18	新疆和田学院	和田市	
19	新疆农业职业技术大学	昌吉市	
20	新疆天山职业技术大学	乌鲁木齐市	
21	中国石油大学（北京）克拉玛依校区	克拉玛依市	

（二）新疆高等教育服务于产教融合型企业

新疆高等教育在服务产教融合型企业方面呈现出日益深化与多元化的现状。随着新疆经济发展对高素质技术技能型人才需求的不断增长，新疆高等教育主管部门积极调整教育策略，鼓励高校紧密对接企业需求，通过校企合作、产学研融合等多种模式，为产教融合型企业提供有力的人才与智力支持。新疆多所高校已与企业建立了长期稳定的合作关系，共同开展技术研发、人才培养、实训基地建设等项目。例如，新疆大学生命科学与技术学院同生物技术企业开展合作，为学生提供参与实际科研项目的机会，提升了学生在学术研究和技术创新方面的能力。这些合作项目不仅促进了学校与企业之间的资源共享和优势互补，还推动了教育链、人才链与产业链、创新链的有效衔接。通过校企联合培养，学生能够在真实的工作环境中学习实践技能，提升职业素养，为未来的职业生涯发展奠定坚实基础。同时，高校教师也应积极参与企业的技术研发与咨询服务，为企业解决技术难题，推动产业升级与创新。

（三）新疆高等教育协同产教融合共同育人

新疆高等教育体系正积极投身于书写协同产教融合共同育人的新篇章，致力于构建教育与产业深度融合的育人生态。新疆高等教育协同产教融合共同育人的实践已初具规模，成效显著。一方面，高校通过与企业共建实训基地、研发中心等平台，为学生提供了丰富的实践机会和真实的职业环境，有效提升了学生的实践能力和职业素养；另一方面，企业也积极参与高校的教学改革和人才培养过程，将市场需求和技术趋势融入教学内容，增强了人才培养的针对性和实用性。这种合作模式不仅促进了学术研究与产业发展的紧密结合，也为高校师生提供了更广阔的发展空间和更多的创新创业机会。

（四）新疆高等教育激励兵地之间产教融合

新疆高校与兵团企业之间的合作，通过资源共享、项目合作等多元化方式，实现了人才培养和科研创新的互利共赢，这一过程不仅推动了兵团的产业升级，也为高校的科研与教学提供了实践基础。石河子大学作为新疆高等教育系统的杰出代表，其与兵团企业的合作案例尤为突出。例如，石河子大学的 100 多个科技特派团队奔走在新疆各地，正将一个个不可能变为现实。作为新疆生产建设兵团高等教育的一张名片，石河子大学近年来充分发挥综合性高校的学科优势，全面推进兵地经济发展共谋、科技资源共用、创新平台共建、科技成果共享，探索形成具有兵团高校特色的兵地融合推进模式。[3]

兵团在现代农业发展中展现出的创新能力和技术需求，为新疆高等教育院校提供了广阔的研究和应用场景。通过校企合作，兵团企业得以引入高校先进的科研成果和优秀人才，加速了技术创新和产业升级的步伐。同时，高校通过与兵团企业合作，能够及时了解行业需求，调整教学和研究方向，更好地服务于地方经济社会发展。例如，塔里木大学与兵团第一师合作，通过建立校企联合研发中心，共同开展特色作物的种植技术研究和推广，这一合作模式不仅提升了当地农业的科技含量，也为高校科研人员和学生提供了宝贵的实践机会。

三、新疆高等教育产教融合的实践困囿

在西部大开发的战略背景下，虽然新疆产教融合取得了显著进展，为新疆社会经济发展做出了重要的贡献，但高等教育产教融合仍面临诸多挑战，这些问题在一定程度上影响了新疆教育与产业的快速发展。

（一）高校对产教融合的重视程度有所不足

在新疆高等教育产教融合的实践中，重视度不足的问题表现较为突出，这不仅影响了教育质量和人才培养的针对性，也制约了区域经济社会发展的步伐。[4]一方面，高校在做顶层设计时对产教融合的认识不足，未能充分认识到其在促进教育链、人才链

与产业链、创新链有机衔接中的关键作用，导致政策层面缺乏对产教融合的有力推动和系统规划。这种认识上的不足，使得政策环境尚未成熟到能够为产教融合提供有效的激励机制和支持框架。另一方面，部分高校对自身在产教融合中发挥的作用认识不足，存在认识上的误区，认为产教融合仅是职业院校的职责，而忽视了综合性和专业性高校在推动科学研究、技术创新及高层次人才培养方面对产业发展的重要支撑作用。此外，企业作为产教融合的另一重要主体，部分企业推进产教融合的积极性不足，缺乏对高等教育在企业发展中作用的深刻理解，未能充分认识到企业与高校合作在人才培养、技术研发等方面所带来的长远利益，这种认知行为限制了产教融合的深度和广度。

（二）高校人才培养与社会发展需求有所脱节

在高等教育领域，人才培养与社会发展的紧密对接是产教融合深入发展的关键。新疆高校在人才培养与社会发展需求之间存在脱节现象。这种脱节现象主要源于两个方面：一是高校培养模式与市场需求之间的信息不对称，导致高校在制定人才培养方案时，难以准确把握市场的最新需求。这种信息滞后使得教育内容和教学方法可能与行业实际需求不同步，甚至出现偏离，导致学生在完成学业后，可能发现自己所学知识和技能与就业市场的实际需求不匹配，致使毕业生在职场上的适应性和竞争力降低。二是高校对地方产业发展的特点和需求认识不足，导致人才培养缺乏针对性。新疆高等教育产业发展具有独特的地理、文化和资源特征，对人才的需求也有特定的方向和重点。若高校未能深入分析和理解这些特点，就无法制订出符合地方产业发展需求的人才培养计划，从而影响人才培养的质量和效果。以上脱节现象不仅会影响高等教育人才培养质量，也会影响新疆高等教育助力经济社会发展的质量。

（三）校企合作资源配置和深度广度有所欠缺

新疆高等教育产教融合过程中，资源配置的合理性问题日益凸显，成为制约新疆产教融合深入发展的瓶颈。资源配置的不合理主要表现在财力和物力分配方面以及人力资源分配上，这在一定程度上既降低了高校与企业合作的深度和广度，又影响了产教融合的实际效果。[5] 首先，财力欠缺是新疆高等教育中部分高校面临的一个普遍问题。资金是推动产教融合的重要保障，缺乏足够的资金支持，高校就难以更新实验实训设施，难以与企业共建实验室和研发中心，从而限制学生的实践能力培养和创新能力提升。[6] 例如，一些高校在与企业共建实验室的过程中，由于资金不足，无法引进先进的实验设备和软件，无法提供与企业实际需求相符合的实验实训环境。其次，实验实训设施的落后也是部分新疆高校在推进产教融合过程中面临的一个突出问题。个别高校因缺乏持续的投入和更新，实验实训设施陈旧，无法满足现代教育和产业发展的需求，导致学生在实践操作中无法接触到最新的技术和设备。最后，人力资源的分配也是影响新疆高等教育产教融合的一个重要因素。高校需要一支既懂教育又懂产业的专业教师队伍，以推动产教融合政策的实施。然而，部分高校在人力资源配置上存在结构性问题，如专业教师缺乏产业经验，或者企业专家难以参与教学活动等，这些问题都影响着新疆产教融合的成效。

四、新疆高等教育产教融合的路径优化

（一）强化政策引领，提升教育在疆战略地位

在新疆高等教育产教融合的实践中，重视度不足的问题已成为制约教育链、人才链与产业链、创新链有机衔接的主要障碍。为了解决这一问题，必须采取一系列综合性措施，以确保政策环境、教育实践和产业需求之间的有效对接与协同发展。[7]

第一，政策制定者必须从战略高度审视产教融合的重要性，通过制定明确的政策和法规，确立产教融合在促进区域经济社会发展中的核心地位。这包括设立专项基金，用于支持高校与企业间的合作项目；提供税收优惠等激励措施，以降低合作成本，提高双方参与产教融合的积极性。

第二，高校需要从根本上重新审视和调整其教育目标与培养方案。高校应建立与地方产业紧密结合的课程体系，确保教学内容和方法能够及时反映行业发展趋势与市场需求。高校应充分利用自身在科学研究和技术创新方面的优势，通过校企合作项目，为学生提供实际操作和研究的机会，以培养其解决实际问题的能力。

第三，企业作为产教融合的重要参与者，应鼓励和支持其以更积极的态度参与教育过程。企业可通过设立奖学金、实习岗位、研发项目等，与高校共同培养符合行业需求的高素质人才。此外，企业参与高校的教学和研究活动，不仅能够为学生提供实践平台，也有助于企业吸收新鲜血液，促进技术创新。

（二）优化培养模式，提高人才队伍建设质量

首先，建立动态的人才培养信息反馈机制，确保高校能够及时捕捉到市场的最新需求。通过与行业企业的紧密合作，高校可以获取第一手的行业发展趋势和人才需求信息，从而为课程设置和教学内容的更新提供依据。这种信息反馈机制的建立，有助于缩小教育内容与行业实际需求之间的差距。

其次，优化人力资源配置，提升教师队伍的专业水平和增加产业经验是关键所在。高校可以通过人才引进、教师培训、产学研合作等方式，加强教师队伍建设。这不仅能够提高教师的教学水平，也能使教师更加了解行业需求，从而提升教学的实践性和

针对性。特别是要鼓励和支持教师深入产业一线，直接参与到产业实践中去，这不仅能够使教师获得第一手的行业信息，也能够使教学内容更加贴近实际，提高教育的实用性和有效性。

最后，学校和企业共同开发与行业紧密相关的课程和教学内容。企业专家的参与将确保课程的实用性和前瞻性，通过案例研究、现场教学等方法，将行业实际问题引入课堂，增强学生的实践操作能力和解决现实问题的能力。

（三）完善资源配置，深化重点领域校企合作

产教融合中，对于资源配置的合理性需要采取一系列综合性措施，以确保资源配置的优化和产教融合的有效实施。一方面，政策层面的引导和支持至关重要。政府应通过增加财政预算、设立专项基金、提供税收减免等措施，为高等教育产教融合提供稳定的资金来源。同时，政策引导还能鼓励和吸引社会资本投入教育领域，形成多元化的资金投入机制，有效缓解资金不足的问题。另一方面，技术投入是完善资源配置的关键环节，通过引入先进的信息技术、自动化设备和智能系统，大幅提升资源分配的效率和精准度。例如，利用大数据分析和人工智能算法，可以对资源需求进行预测和优化，确保资源被分配到最需要它们的地方。同时，通过物联网技术实现资源的实时监控和管理，提高资源利用的透明度和响应速度。此外，技术创新还能促进新业态和新模式的发展，为资源配置提供更多可能性，推动经济结构的优化升级。因此，加大技术投入不仅能够提升资源配置的智能化水平，还能为经济社会的可持续发展注入新动力。

目前，新疆高等教育产教融合多停留在表层，缺乏深层次和长期性规划，这不仅限制了学生实践能力和创新能力的提升，也影响了高校对地方经济社会发展的贡献。为此，仍需采取一系列连贯性的措施，以促进校企合作的实质性进展。其一，学校与企业应共同参与制定具有战略远见的长期合作规划，该规划应成为双方合作的蓝图，明确合作愿景、目标、路径和评估机制。通过远景规划，双方能够在共同目标的指引下，实现资源共享、优势互补，并持续跟踪合作效果，确保合作项目与产业发展同步进化。其二，学校需要加强与地方产业的深度合作，通过校企合作、产学研结合等模式，深入了解地方产业发展的特点和需求。通过与企业进行共同课程开发、实验室共建、技术项目研发等，高校可以更加精准地培养符合地方产业发展需要的人才。其三，学校应强化实践教学环节，通过增加实习、实训、项目研究等教学形式，提升学生的应用能力和创新能力。特别是在具有新疆区域优势的农业、能源和文化旅游等领域，高校应与相关产业企业合作，为学生提供在实际工作环境中学习和实践的机会，使学生能够更好地适应未来的职业生涯。其四，建立校企联合实践平台，如共建实验室、研发中心和实习基地，为学生提供参与真实项目的机会。实践平台不仅能够作为培养

学生技能的场所，也能够成为实现高校科研与企业技术创新相结合的孵化器。

（四）建立长效机制，加强交流交往交融

兵地融合的独特性为新疆产教融合提供了难得的机遇，同时也带来了一系列挑战。应采取更多的措施，为促进兵地双方的深入合作和资源共享出谋划策。[8]

第一，建立高效的信息共享机制是加强兵地融合的基石。通过构建一个集中的信息共享平台，可以促进兵团与地方高校之间的沟通和了解，实现双方发展需求和优势资源的透明化，该平台可以整合关键的统计数据、产业报告、科研成果等，为双方提供实时的决策支持，从而为双方的合作奠定坚实的信息基础。

第二，基于信息共享机制，创建资源共享平台，将兵团的农业试验基地、生产设施及经验丰富的技术人员等资源向地方高校开放。这种资源共享不仅能够为高校提供丰富的科研和教学资源，同时也能帮助兵团企业吸收高校的科研能力和创新思维，推动技术进步和产业升级。

第三，加强人才交流与合作是促进兵地融合的关键。通过制订人才交流计划，鼓励兵团的技术人员和管理人员到高校进行短期讲学或合作研究，同时高校教师和研究人员也能够参与兵团的生产实践与技术指导。通过共同开发课程、建设实习基地、开展职业培训等方式，可以为学生提供与产业实际紧密结合的学习机会，同时帮助兵团企业培养所需的专业人才。

第四，建立兵地融合的长效合作机制。通过签订长期合作协议，明确双方在科研、教学、人才培养等方面的合作目标和责任，确保合作的稳定性和持续性。同时，构建监督和评估体系，定期评估合作效果，及时调整合作策略，确保兵地融合的健康发展。

五、结　语

在新时代，新疆高等教育产教融合正站在新的历史起点上，亟须加强顶层设计的政策引导，深化教育与产业的融合，优化人才培养策略，合理配置各类资源，激发校企合作的活力。通过源源不断的政策措施的落地，确保教育与社会需求的精准对接，培育出顺应时代潮流、支撑区域发展的高素质人才，统筹推进教育科技人才体制机制一体改革部署，使新疆高等教育产教融合开启新的篇章，为新疆的经济社会发展注入新动力，为新疆实现社会稳定和长治久安提供坚实的人才智力保障。

参考文献

[1] 国务院国资委：2024 年—2026 年 央企将在疆投资 133 个项目 金额近 7000 亿元简介 ［EB/OL］.
　　（2024 – 03 – 12）［2024 – 04 – 06］. https：//tv. cctv. cn/2024/03/12/VIDEII3mydhhnvEp0Op5 Fn-

Lv240312. shtml.

［2］ 自治区 11 家部门联合印发《新疆维吾尔自治区产教融合试点工作方案》［EB/OL］．（2021 – 05 –
19）［2024 – 06 – 18］．https：//xjdrc. xinjiang. gov. cn/xjfgw/c108391/202105/0b2b229a5af14f09bb2
8ccc0a6d2cd73. shtml.

［3］ 光明日报. 石河子大学：发挥高校学科优势 助力兵地融合发展［EB/OL］．（2024 – 05 – 29）
［2024 – 06 – 27］．https：//epaper. gmw. cn/gmrb/html/2024 – 05/29/nbs. D110000gmrb_08. htm.

［4］ 陈耀，郑鑫. 内生增长动力与西部发展方式转型［J］．开发研究，2010（4）：1 – 4.

［5］ 杨丽宏. 边疆民族地区实施高等教育精准扶贫的探索与研究［J］．云南民族大学学报（哲学社
会科学版），2019，36（4）：154 – 160.

［6］ 管培俊. 民族地区同步小康与职业教育的使命［J］．教育研究，2018，39（2）：4 – 9.

［7］ 孙善学. 深化职业教育产教融合的理论与政策思考［J］．中国职业技术教育，2018（1）：23 – 25.

［8］ 马君，杨文杰. 西部地区职业教育 40 年：成就、问题与展望［J］．教育与职业，2019（4）：
5 – 12.

基金项目：新疆师范大学 2024 年度党建研究课题项目专项资助项目"党建引领：高
校有形有感有效铸牢中华民族共同体意识路径研究"（项目编号：XJNUEDU2024002）阶
段性成果。

作者简介：黄林辉，陕西师范大学教育学部博士研究生，新疆师范大学讲师，研
究方向为教育管理；秦伟，陕西师范大学教育学部博士研究生，伊犁师范大学副教授，
研究方向为教育管理。

挑战、价值与进路：高校数智化"一站式"学生社区建设发展策略研究

黄　冠　于博娴

摘　要：新一轮科技革命推动数字技术在教育领域的应用日益广泛，高校传统学生社区管理模式难以满足学生发展和高等教育改革需求。"一站式"学生社区建设的数字化转型既是推进高校综合治理创新的具体实践，也是对教育、科技、人才一体化发展和新质生产力需求的积极回应。本文提出学生社区不仅是提供学习资源和服务的空间，也是促进学生全面发展、培养其创新思维和实践能力的平台，更是不断提升大学生新质生产力载荷的重要场域这一核心观点。基于高校提升管理效能需要数字化管理手段、提升服务保障水平需要数字化技术支持、提升人才培养质量需要数字化育人场域等现实挑战，对数智化"一站式"学生社区建设现状及价值意蕴进行综合分析，并从学生成长目标精准画像、人才培养云端共育、多维资源协同支撑三个方面提出建设实践路径，以期推动高校综合治理创新及人才培养实践高质量发展。

关键词："一站式"学生社区；数字化转型；建设发展

一、引　言

新一轮科技革命和产业变革正在以数字技术全面渗透、跨界应用为特点而形成，数字经济已经成为国家经济增长的重要引擎。党的二十大提出的教育、科技、人才协同发展、产学研深度融合与新质生产力的高科技、高效能、高质量特征有紧密的耦合关系，关系间的互作协同形成共生的发展矩阵（见图1）。具备高新质生产力载荷的新质人才培养处于矩阵的核心；矩阵中相关要素间的有机流动与效能整合是关键。

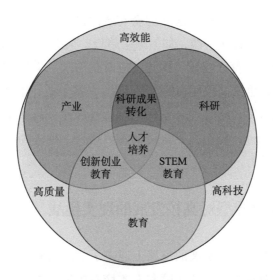

图 1 教育科技人才协同发展、产学研深度融合与新质生产力"三高"特征耦合矩阵

习近平总书记强调："教育数字化是我国开辟教育发展新赛道和塑造教育发展新优势的重要突破口。"[1]作为推进高等教育高质量发展的重要力量，"一站式"学生社区建设的数字化转型不仅是对教育数字化的积极回应，也是加强教育、科技、人才一体化统筹推进，推动教育链、创新链、产业链、人才链深度融合的重要实践。通过数智化加快推进社区生态整体建设，促进各类要素合理流动，使高等教育的人才培养不再是单一的、孤立的行动。大数据和数字技术的有效应用，能实现对学生成长全方位数据的精准收集和分析，为制订个性化、精准化的育人方案提供了数据支撑。在资源共享、实时互联、智能优化的过程中，学生在创新性和探索性方面的能力培养得到进一步强化，有助于形成教育发展新优势，开辟教育发展新赛道。

"一站式"社区的概念最早是在 20 世纪 20 年代由美国城市规划师克拉伦斯·佩里（Clarence Perry）提出的。他主张将居住、教育、商业和娱乐等功能设施集中在一个社区内，使居民可以在步行范围内满足日常生活的各种需求。作为高校综合治理工作开展的一项探索性举措，"一站式"学生社区是实现马克思主义关于"人的全面发展"目标的现实路径。马克思主义强调人的全面发展是指人在能力、素质、社会关系以及个性等方面的全面发展和提升，旨在培养具有高尚品德、丰富知识、强健体魄和审美能力的人。在数智化"一站式"学生社区的建设中，积极将马克思主义理论应用于实际，蕴含了一体化和综合性、集中性的意味，旨在对传统学生住宿社区进行转型升级，构建一体化的综合人才培养区，打造融合多种资源的学习型、服务型和成长型学生社区。[2]

当前学术界围绕高校"一站式"学生社区建设的内涵、价值意蕴、困境等方面展开了研究并有针对性地开展了建设实践。现有研究和实践中，针对"一站式"学生社区建设的策略探索尚不深入。如何建立健全有效的体制机制，引导管理力量、服务力量和教育力量下沉到学生社区一线，如何顺应趋势，全面引入和应用数字化管理手段、数字化技术支持和数字化育人场域，构建适应时代需求、学校需求、学生需求的育人生态是这个新的时代，也是高校面临的重要课题。[3]基于此，本文从教育数字化转型对高校发展的现实挑战出发，结合"一站式"学生社区建设具体案例，对其现状及价值意蕴等方面进行综合分析，以期找到合适的发展路径，推进高校综合治理创新，同时为新质人才培养提供动力。

二、教育数字化转型对高校发展的现实挑战

当前，高校在追求高质量发展的道路上迎来了前所未有的挑战与机遇。数字化转型不仅要求高校在管理效能、服务保障和人才培养质量上进行全面革新，还深刻影响着其教育生态的重塑。数智化"一站式"学生社区如何打造更加高效、精准、开放和智能的教育生态系统，促进学生的全面发展和高等教育的可持续发展也面临着严峻挑战，主要体现在以下三个方面。

（一）提升管理效能需要数字化管理手段

随着社会发展和技术进步，高校在管理效能方面面临新挑战。传统管理模式存在信息不对称、流程烦琐、效率低下等问题，缺乏统一的管理平台和标准化的管理流程，难以满足高等教育高质量发展的需求。针对"网络原住民"的大学生群体，学生社区在教育、管理和服务上需要充分利用网络媒介，挖掘大数据价值，从数据驱动决策支持、流程优化与自动化、实时监控与反馈三个方面为提升管理效能提供新的解决方案，以增强多主体协同和精准育人的实效。针对既有学生社区建设过程中的组织协同、信息壁垒、资源碎片等问题，数字化管理可实现部门平台系统全面联通，深化组织协同[4]，实时监控学校的各项工作进展，及时获取反馈信息，快速做出响应，并有效整合利用教学资源，优化课程设计与安排，提升教学内容的实用性和针对性。通过贯通线下物理与线上虚拟空间，配合"一站式"资源整合与分类、分层次、分区域配置，使学生社区管理全面服务于育人工作。[5]

（二）提升服务保障水平需要数字化技术支持

目前，高校服务在需求端和供给端等方面仍存在诸多困境，而数字技术能够高效整合数据、创新教育载体、迭代教育方式，从多元参与、灵活高效和权责对等等方面整体优化高校服务系统[6]，成为促进教育高质量发展的有效手段。一方面，从高校服务的供给角度来看，部门间的数据割裂是准确识别服务对象的主要障碍，而数字化工

具的应用及其合理授权可以在一定程度上避免这种"数据孤岛"现象，提高经办服务的精准性；另一方面，从高校服务的需求角度来看，育人供给与学生成长需求未能精准匹配。[7]高校应通过数智化"一站式"学生社区平台，打造学生成才的育人矩阵[8]，了解学生的学习行为和需求，进而提供学术资源、实践机会和就业指导等多方面服务。学生可以通过参加社团活动、投身科研项目、实践创业计划等多种方式，有效锻炼实践能力，激发创新精神。[9]此外，通过校园设施的智能管理，在进一步提升校园生活的便利性和体验感的同时，实时收集学生的反馈和需求，及时发现和处理安全隐患，进行调整和优化，确保服务质量。

（三）提升人才培养质量需要数字化育人场域

数字化转型已成为各行各业的必然趋势，人才需求变量的多样化，使高校面临着新的挑战和机遇。高校作为人才培养的主阵地，必须深刻认识到数字化转型对于重塑教育模式、优化培养结构、提升培养质量的深远意义。首先，数字化助推教育主体的多元化联动。教育应与经济社会发展紧密联系，形成校内外企业、组织、个人与社会资源、校园文化和政策的衔接配合，构建高密度、高异质性的教育网络。通过数智化"一站式"学生社区建设，打造校企师资深度共融平台，实现校内理论学习与基础实训、校外企业拓展实训和专业实习的深度合作，打破学校与行业知识壁垒，拓宽学生视野。其次，数字化助推教育模式的个性化重塑。教育与数字技术具有共同的价值追求，即促进人的个性化发展[10]，传统教育模式必将向个性化教育模式转变。同时，大数据加速了管理与流程的再造，教育模式也应当适应从"集中式"到"个性化"的演进。高校应通过构建深度学习算法模型，对学生行为特征数据进行挖掘与分析，并将其与学生教育全过程建立联系，探究其中的数据逻辑，从而建立起一种精准的"一人一画像、一生一模式"的高校社区教育模式。[11]最后，数字化助推教育结果的创造性转化。2024 年《政府工作报告》明确指出，"要积极推进数字产业化、产业数字化，促进数字技术和实体经济深度融合"[12]，新时代对具备跨界融合能力、创新思维与实践技能的新质人才的需求日益迫切。高校应以教育数字化转型驱动高校人才培养改革[13]，依据数字产业和传统产业对人才的实际需求，构建一套全方位涵盖数字素养培育、数字意识提升、数字技能强化及数字治理参与的体系。[14]

三、高校"一站式"学生社区建设发展的现状

"一站式"学生社区综合管理模式建设自 2019 年 10 月启动首批建设试点工作以来，全国院校在建设方面成效显著，积累了丰富经验。在对陕西省 6 所院校的"一站式"学生社区建设进行调研和案例分析后发现，其综合育人功能尚未得到充分激发，

现实困难主要有以下三个方面。

（一）理念共识有待强化

目前，各高校"一站式"学生社区建设的切入点和侧重点各有不同[15]，但普遍存在育人理念有待进一步深化的问题。一是部分学校未能充分认识到"一站式"学生社区要从学生管理向学生教育、服务拓展[16]以及激发学生的主体性转变，使学生在学习实践中表现出自主能动、自由创造等特性，形成以"学生为中心"的良好局面。二是全校范围内联动开展工作的积极性与参与度有待进一步提升。构建"一站式"学生社区旨在建立"三全育人"的长效机制和打造"五育并举"的实践场所，这一目标并非单靠某个部门或二级学院就能独立完成的。

（二）功能定位有待完善

"一站式"学生社区是融合思想教育、学业辅导、生活服务、文化活动和就业指导等多重功能的综合性平台，致力于为学生提供全面而精准的发展引导和服务。目前，一方面，大部分院校在学生社区建设上存在功能窄化、模式照搬、定位不清等问题，未能充分认识学生管理、教育、服务的综合性和互动性。还有学校倾向于认为思想政治教育和日常管理是"一站式"学生社区工作的重要内容，对学生的就业能力与可持续发展能力的培养未给予足够重视。另一方面，部分院校在建设过程中更多关注物理空间的打造，仍处于"盆景式"展示阶段，缺乏深入的功能性布局，尚未形成全覆盖、稳定性的长效机制，无法实现学生社区多功能的深度转型。[17]

（三）资源协同有待提升

育人力量与育人资源的下沉机制、物理空间与社会空间的耦合机制是推动"一站式"学生社区实现高质量发展的关键要素和核心动力。然而，首先，目前大多数院校在这方面存在管理主体职责不清、分工不明、任务交叉等问题，难以形成有效的育人合力[18]，导致师生参与度低、认同感差。其次，资源供给方面的条件不甚理想，尚未以学生为中心进行配置[19]，普遍存在资源供给与学生需求之间不适配的情况，供给方式单一且落后。最后，忽视了企业、家庭等资源力量的下沉，同时存在校际资源共享、专业实践等方面不足的现象。

四、高校数智化"一站式"学生社区建设发展的价值意蕴

高校数智化"一站式"学生社区建设是对高校治理能力现代化的积极回应，更是对教育数字化转型的主动探索。这一转型不仅在于技术的应用，更在于理念的革新和

体系的重构。其旨在聚焦交叉型、复合型、创新型新质人才培养，促使多主体共同参与学生的教育和成长过程，通过数智技术的运用和管理模式的改革，推动学生管理的流程再造和具体业务赋能，更有助于实现高等教育对学生全面发展的价值重构（见图2）。

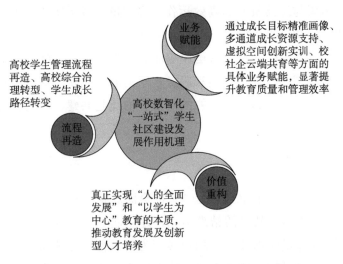

通过成长目标精准画像、多通道成长资源支持、虚拟空间创新实训、校社企云端共育等方面的具体业务赋能，显著提升教育质量和管理效率

高校学生管理流程再造、高校综合治理转型、学生成长路径转变

真正实现"人的全面发展"和"以学生为中心"教育的本质，推动教育发展及创新型人才培养

图2 高校数智化"一站式"学生社区建设的价值意蕴

（一）具体业务赋能

数智化"一站式"学生社区通过成长目标精准画像、多通道成长资源支持、虚拟空间创新实训、校社企云端共育和智能化校园生活管理等方面的具体业务赋能，显著提升教育质量和管理效率，满足学生的多样化需求，促进其全面发展。首先，社区通过智慧化技术实时采集学生的学习数据和思想动态信息，进行数据分析和行为预测，帮助教师精准掌握学生的思想状况，对学生的成绩、兴趣、潜力等多维数据进行综合分析，形成成长目标精准画像。同时，利用虚拟现实（VR）和增强现实（AR）等技术，开展虚拟空间创新实训以及思想政治主题教育活动，提升教育的吸引力和实效性。学校还可以利用这些数据，开展有针对性的职业指导和就业服务，提高毕业生的就业率和就业质量。其次，整合校内外多种资源，通过在线平台和移动端应用，提供在线课程、学术资源库、科研项目数据库等丰富资源，学生可根据学习进度和兴趣便捷获取。学校还与企业和社区合作，搭建校社企云端共育平台，为学生提供实习机会、创业指导和社会实践等成长通道，帮助学生在实践中提升综合素质和就业能力，同时精准对接企业人才需求，推荐合适的学生进行实习和就业，实现教育与产业的无缝衔接，提升毕业生的竞争力。

（二）工作流程再造

数智化"一站式"学生社区注重发挥多方主体的协同作用，基于移动互联网技术，通过建立跨部门、跨领域的合作机制和工作平台，云端有了"没有围墙的校园"，政策要求、学生诉求及社会需求能够被实时、精准地传递至数据中心。大数据技术为科学决策提供了坚实的支撑，数字孪生技术实现了管理运行的精确模拟与控制，而实时交互系统则确保了监督与反馈机制的高效运作。多方位、多层次的管理渠道因此被全面打通，极大地提升了学校事务管理的效率和服务质量。与此同时，数智化手段赋予高校管理更强的适应性和前瞻性，能够迅速响应并调整以应对不断变化的外部环境和内部需求，能够有效实现高校管理效能和服务水平的质的飞跃。通过这种创新的管理模式，真正推动学校人才培养和服务职能的实现，构建起共建、共治、共享的学校治理格局。

（三）教育价值重构

数智化"一站式"学生社区建设是"人的全面发展"和"以学生为中心"教育理念的生动实践。通过对数智技术的精准运用，建立起一个开放、包容、创新的数智化学生社区，实现从传统的学习和生活场域转变为集教育资源访问、个性化学习支持和成长路径规划于一体的数智化成长平台，使学生能充分发挥潜能特长与兴趣爱好等个性特征，实现全面性、个性化的发展。在数智化"一站式"学生社区中，不仅关注学生的学业成绩、创新思维、实践能力等素养培养，还通过跨学科、跨领域、跨文化的活动和实践项目，帮助学生树立坚定的理想信念和正确的价值观，培养其社会责任感。同时，广泛多元的成长资源供给、灵活人性的容错发展机制和科学动态的学生评价体系的建构，将更有力地促使学生主动、自由、放松地成长与进步，有效满足学生多样化的需求，实现学生的全面发展。

五、高校数智化"一站式"学生社区建设路径

数智化"一站式"学生社区的建设是一个系统工程，不是线性的单向育人场域的打造，而是多层级、多方融合的关系网络的搭建。围绕队伍、资源、技术进行相应的完善，全面覆盖物理空间的场景和虚拟空间（线上社区、学生成长发展支撑系统）的建设，强化育人的科学性和信息化管理工具的支撑。在此框架下，通过数据采集，形成学生成长目标精准画像，从而有针对性地进行人才培养云端共育和多维资源协同支撑来建设物理空间和虚拟空间相融合的新校园，拓展教育新空间，打造全新的场域生态，有效赋能教育管理创新和学生成长发展，如图3所示。

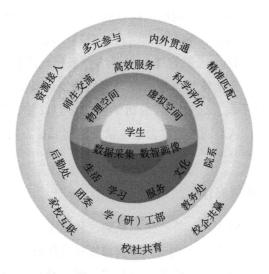

图3 高校数智化"一站式"学生社区建设路径

（一）成长目标精准画像

在高校数智化"一站式"学生社区建设路径中，实现学生成长目标的精准画像是关键环节。秉承"数据育人"的理念[20]，通过物理空间的数据填报系统与虚拟空间的伴随式实时数据同步机制，汇聚考勤记录、课堂表现、图书借阅、在线学习行为、社交互动等动态及静态数据，形成学生一键式画像与成长过程的全息记录。此外，学校应建立覆盖学生全生命周期的数据管理系统，整合教学信息、社团活动记录、日常生活信息、身心健康数据及其他关键成长指标，形成多维度、深层次的数据库。通过对这些数据的整合与分析，可以掌握每位学生的成长轨迹和发展需求，为精准开展学生教育提供有力的靶向决策参考。通过对学生在学习生活、社团活动、社会实践、创新创业等方面的即时数据要素的深度挖掘，准确地把握每位学生的成长特点和发展潜力，制定个性化的学习和发展计划，提供有针对性的辅导和支持。最后，通过对历史数据和实时数据的分析，学校可以识别出潜在的问题和风险，为趋势预警和科学评价提供坚实基础。

（二）人才培养云端共育

在高校数智化"一站式"学生社区建设中，通过分析学生的学术需求、职业兴趣和个人特长，能够有效实现师生间的动态匹配，为学生精准匹配成长导师、行业导师和朋辈互助指导与支持[11]，形成一个互动式、个性化的成长发展空间。在住宿管理、心理健康、学业挑战、上网行为等数据出现异常时，数智化平台能够及时发现学生面临的问题，为辅导员提供预警提醒及处理建议，并为管理部门提供用于监督和查看的多维度数据模型，以便更加科学、精准地高效服务。另外，应建立与学生成长数据相匹配的评价体系，以思想状况、学习生活、科技竞赛、社团组织等数据为依托，运用大数据技术、机器学习算法、人工智能技术，结合思想政治教育规律，构建多维度、多层次的综合评价模型，全面评价学生的综合素质和发展潜力。例如，在就业竞争力评价方面，运用数智化手段，通过深入分析学生的学业成绩、实习经历、社团活动、技能特长等多维度信息，从不同的角度为学生量身定制就业方案，提高其市场适应性，推动高质量新质人才培养发展。

（三）多维资源协同支撑

随着数字化建设的不断深入，将产生一系列过程数据、行为数据和与情境相关的数据[21]，高校应充分利用数据，与内、外部资源形成良性的互动，构建起一个多通道、多层次的发展平台。具体而言，数智化"一站式"学生社区应充分发挥其整合校内资源的能力，精准提供思想政治教育、心理咨询、职业规划和创新创业指导等多方面的服务。还应积极接入校外资源，如利用公共图书馆、博物馆、科技馆等公共资源，拓宽学生的学习和实践渠道。此外，应充分利用校企合作的优势，共建实训基地和研究中心，实现资源共享。开发基于企业真实需求的实训课程和校企合作项目，使学生在校期间就能接触到最新的行业技术和工作流程。通过构建智能化、网络化的实训平台，利用虚拟仿真技术进行模拟操作，有效提升学生的实践能力和就业竞争力。最后，借助平台有效实现家校互联，学校可以发送学生的成长记录、表现报告和个性化建议，帮助家长更好地支持和引导学生的成长；家长也能通过这一平台反馈意见和建议，参与学校的教育管理和决策过程，共同为学生营造一个全面发展的支持环境。

参考文献

[1] 新华社. 习近平在中共中央政治局第五次集体学习时强调　加快建设教育强国　为中华民族伟大复兴提供有力支撑 [EB/OL]. (2023－05－29) [2024－07－23]. https：//www. gov. cn/yao-wen/liebiao/202305/content_6883632. htm.

[2] 王静. 生态系统理论视域下高校"一站式"学生社区建设的功能定位与实践路径 [J]. 江苏高教，2024 (6)：77－82.

[3] YU J. Exploration and practice of "One Stop" student community comprehensive management mode in local colleges and universities [J]. International journal of education and humanities，2022 (5)：82－86.

[4] 朱丽. "三全育人"背景下高职"一站式"学生社区建设的价值意蕴与创新路径 [J]. 河北职业教育，2024，8 (2)：16－19.

[5] 黄碧珠，陈瑞晶. 数智化赋能职业教育、高等教育、继续教育协同创新发展 [J]. 教育与职业，2023 (22)：35－41.

[6] 谭海波，叶玮. 数字技术赋能公共服务：内在机制与主要途径 [J]. 行政论坛，2024，31 (2)：

103 – 110.

［7］杨智勇. 新时代高校学生社区育人模式的改革创新［J］. 思想理论教育导刊，2023（7）：145 – 150.

［8］黄龙. 高校"一站式"学生社区建设的逻辑理路、价值意蕴和实现进路［J］. 湖北开放职业学院学报，2024，37（12）：37 – 39.

［9］叶玥都. 高校"一站式社区"服务育人模式与路径探究：以"先锋驿站"为例［J］. 科教导刊，2024（16）：23 – 25.

［10］虞嘉琦. 论数字时代教育与人的个性化发展［J］. 现代远程教育研究，2024，36（2）：74 – 83.

［11］江明哲，蒋琳，白银. 新时代高校"一站式"学生社区数智画像赋能学生综合发展路径研究：以重庆邮电大学为例［J］. 济南职业学院学报，2024（1）：93 – 97.

［12］新华社. 政府工作报告：2024 年 3 月 5 日在第十四届全国人民代表大会第二次会议上［EB/OL］.（2024 – 03 – 12）［2024 – 07 – 23］. https：//www. gov. cn/yaowen/liebiao/202403/content_6939153. htm.

［13］张军. 高等教育数字化驱动高校人才培养改革研究［J］. 中国高等教育，2024（Z1）：19 – 23.

［14］申国昌，周璇. 数字化赋能高校内部治理现代化的动因、内涵及路径［J］. 现代教育管理，2023（10）：62 – 71.

［15］唐俊，刘红菊. 高职院校"一站式"学生社区建设困境及对策研究［J］. 重庆电子工程职业学院学报，2024，33（1）：115 – 122.

［16］王军华. 高校"一站式"学生社区建设的内生价值、现实挑战与突破进路［J］. 思想理论教育，2022（10）：108 – 111.

［17］王懿. 高校"一站式"学生社区建设的价值意蕴、现实问题与实践理路［J］. 思想理论教育，2022（2）：107 – 111.

［18］叶星. 高职院校"一站式"学生社区建设的问题指向及实践逻辑［J］. 延边教育学院学报，2023，37（3）：61 – 65.

［19］马成瑶. 整体性治理视域下推进高校"一站式"学生社区综合管理的思考［J］. 思想理论教育，2022（3）：96 – 101.

［20］章伟. 数据育人：智慧教育赋能评价改革的区域实践［J］. 中国教育学刊，2024（7）：108.

［21］吕寒雪. 教育数字化转型的数字存在与教育存在［J］. 开放教育研究，2024，30（4）：62 – 70.

基金项目：2024 年度教育部人文社会科学研究专项任务项目（高校辅导员研究）"数智化一站式学生社区建设赋能高校新质人才培养的路径研究与实践"阶段性研究成果；2024 年度陕西高校学生工作研究课题"社会网络对大学生创业机会评估的影响研究"阶段性研究成果。

作者简介：黄冠，陕西师范大学教育学部博士研究生、西安工程大学教师，研究方向为教育领导与管理；于博娴，长安大学人文学院硕士研究生，研究方向为公共管理。

教育强国视域下高校二级学院党委的使命担当和行动路向

朱 伟

摘 要： 党的二十大报告对教育、科技、人才进行统筹部署，强调加快建设教育强国。加快建设教育强国既是目标，也是过程，更是未来一段时期内我国高等教育改革发展的主要任务。高校二级学院党委作为教育政策落实的直接组织者和实施者，要全面贯彻党的教育方针，坚持立德树人根本任务，以全面提高人才自主培养质量和全面提升服务国家战略能力为主线，坚持党建引领、立德树人、科技创新、人才优先、产教融合，抓党建、抓育人、抓创新、抓人才、抓融合，切实答好"教育强国，高校何为"的时代课题，为加快建设教育强国贡献力量。

关键词： 教育强国；高校二级党委；治理；人才自主培养；科技自立自强

一、问题的提出

党的二十大报告对教育、科技、人才进行系统部署，把建成教育强国摆在优先位置。教育强国既是建设目标，也是建设过程，加快建设教育强国，是未来一段时期内我国高等教育改革发展的主要任务。在新时代背景下，我国高等教育迎来了前所未有的发展机遇。高等教育作为国家发展的基础性、战略性支撑，其治理体系和治理能力的现代化是实现教育强国战略的关键。高校二级学院党委作为高校实现"四项职能"的基本组织单位，其治理结构的完善和治理效能的提升成为高等教育改革的焦点。因此，政策层面对二级学院的期望日益提高，要求学院在坚持党的全面领导的同时，深化教育教学改革，加强学科建设和科技创新，提升治理效能，以适应新时代教育发展的需求。

近年来，我国教育事业在高等教育领域取得了显著成就，但是，高校二级学院在高等教育治理实践中仍然面临着诸多层面的挑战。[1]例如，治理理念尚未完全适应建设教育强国的要求，部分二级学院党委的治理结构和机制还沿用传统的管理模式，相对而言缺乏创新性、能动性和发展活力。[2]同时，二级学院党委在学科建设与人才培养之间的协同效应尚未得到充分发挥，学科发展与社会需求对接仍然不够紧密，当前许多学院的人才培养模式亟须改革。此外，二级学院内部治理体系存在一定程度的碎片化现象，相关决策体制机制仍然不够完善，继而影响了二级学院的治理效率和质量。[3]上述问题的存在，制约了高校二级学院治理效能的提升，影响了高等教育的高质量发展，是教育强国视域下高校二级党委需要直面的教育治理实践问题。

本研究立足于教育强国建设背景，在深入研究当前高校二级学院治理现状的基础上，以笔者调研的"双一流"高校 Z 学院为重要实践经验来源，提出了一系列创新性的治理理念和实践路径。结合新时代教育发展的现实要求和教育强国的政策要求，本研究对高校二级学院治理的内涵和目标进行了重新定位，强调了治理理念的现代化和治理结构的优化。同时，本研究针对现存问题，结合案例实践经验，提出了系统性的行动路线，涉及党建引领、立德树人、科技创新、人才优先、产教融合等多个方面，力求提出具有普遍性和针对性的治理方案。本研究不断强调二级学院党委治理效能的提升，不仅关注治理结构和制度的完善，更重视治理实践中的动态调整和持续优化，以实现高校二级学院治理的长效发展，旨在为高等教育治理体系和治理能力现代化提供理论支持与实践指导。

二、教育强国视域下高校二级学院党委的使命担当

当前，我国已进入新发展阶段，开启了全面建设社会主义现代化国家新征程，对高等教育的需要比以往任何时候都更加迫切。2023 年 5 月 29 日，中共中央政治局就建设教育强国进行第五次集体学习，习近平总书记对教育强国建设进行了系统论述，为建设教育强国提供了理论和实践遵循。[4]

在教育强国视域下，高校二级学院党委的政治引领与价值塑造是实现教育强国战略的基础性工作。通过强化高校二级学校党委在政治引领和价值塑造方面的作用，有助于培养出更多德才兼备的高素质人才。同时，高校二级学院党委在人才培养与科学研究方面要紧扣教育强国相关政策要求，紧密结合国家战略需求，深化教育教学改革，强化科技创新，加强师资队伍建设，推动产学研结合，完善教育治理体系，为培养高素质人才和开展高水平科学研究提供有力支撑。在服务社会与文化传承方面，高校二级学院党委同样需要牢记使命担当，通过有效的组织领导和实践活动，为国家的文化繁荣和社会进步做出贡献，培养出更多既有专业素养又具备社会责任感的时代新人。

（一）政治引领与价值塑造

高校二级学院作为高校最主要的教学科研机构，是人才培养、科学研究、社会服务的直接组织者，其治理水平和办学成效直接决定着高等教育的质量。[5]在教育强国建设背景下，高校二级学院党委在政治引领与价值塑造方面扮演着至关重要的角色，是确保教育方向正确、培养出符合时代要求的合格人才的根本保障，是推动教育事业繁荣发展的关键力量。也就是说，政治引领作为高校二级学院党委的核心使命，要求其在教育实践中发挥领航作用，要确保教育内容和方法与国家的教育方针保持高度一致，同时要积极弘扬社会主义核心价值观。通过坚持党的全面领导，确保教育工作始终沿着正确的政治方向稳步前进。

因此，这一使命也对高校二级学院党委提出了更高要求，二级学院党委应深入学习并贯彻党的教育方针，将党的领导贯穿于学院治理的每一个环节。[6]学院二级党委应在课程建设、课堂教学、学生思政、人才引进和教师师德师风建设等方面引领把关，通过全方位的领导和引导，确保教育目标与国家的发展需求同频共振，培养出更多既有深厚专业知识，又具备良好思想政治素质的新时代人才。

价值塑造是高校二级学院党委的另一项重要职责。价值塑造以加强马克思主义理论教育为核心，培养学生的爱国情怀和社会责任感，同时通过课堂教学、社会实践等多种形式，将社会主义核心价值观融入学生的日常学习和生活中，积极引导学生参与国家和社会发展的实践，使他们在服务社会中增长才干、锤炼品格。此外，高校二级学院党委要营造积极向上的校园文化氛围，寓教育于丰富多彩的文化活动中，以文化人、以文育人。

（二）人才培养与专业建设

高素质的人才队伍是国家竞争力的核心，也是推动社会进步和创新的关键力量。高校二级学院党委必须坚持立德树人根本任务，培养具有社会责任感、创新精神和实践能力的人才。这要求学院党委在教育教学过程中注重学生的全面发展，强化思想政治教育，坚定学生的理想信念，提升学生的道德修养。

专业建设是人才培养的基本单元，课程是人才培养的核心要素。高校看似为学生提供专业教育，其实在很大程度上是向学生提供课程，专业教育的数量和质量由课程决定。[7]高校二级学院党委应根据国家需要和行业企业需求，不断调整优化专业建设方案，加强专业课程体系的设计，构建科学合理的课程架构，注重通识课程、基础课程与专业课程的衔接，培养学生的创新思维和创新能力。

（三）学科建设与科学研究

学科建设是提升学院核心竞争力的牵引力。学院党委需要根据国家战略需求和学院自身特色，明确学科发展方向，加强学科团队建设，提升学科科研水平。通过跨学科研究和学术交流，激发学术创新活力，推动学科交叉融合，形成具有特色的学科优势。学院党委应当根据自身的定位和发展目标，合理规划学科布局，凝炼学科方向，加大对学科建设的支持力度，在师资队伍、科研设备、学术交流等方面给予优先保障，聚焦学科方向培养和吸引优秀青年人才，不断增强原始创新能力，提升科技创新水平。同时，要建立公平、公正的教师评价和激励机制，完善科研评价体系，落实分类评价制度，不以论文数量和项目经费为唯一评价标准，更加注重科研成果的质量和贡献度，充分调动教师的积极性和创造性。

（四）社会服务与文化传承

高校二级学院党委在服务社会的过程中扮演着桥梁和纽带的角色，其重要职责不仅体现在加强学院内部的学术研究和人才培养，更在于将学院的智力资源和科研成果转化为服务社会发展的实际能力。学院党委应积极服务高质量发展，通过科研创新、社会服务项目、政策咨询等形式，将学院的学术资源和研究成果转化为推动社会发展的动力，包括与地方政府、企业及其他社会组织建立合作关系，共同解决实际问题，推动科技成果转化，为地方经济和社会发展提供智力支持与技术支持。[8]

与此同时，学院党委要深刻认识到文化在国家发展和民族复兴中的重要作用，积极推动中华优秀传统文化的传承与发展。通过举办文化节、学术讲座、展览等活动，增强师生对优秀传统文化的认同感和自豪感，同时鼓励创新思维，促进文化与时代发展的融合。通过社会实践、志愿服务等活动，让学生在服务中学习、在实践中成长，增强其解决社会问题的能力。同时，通过通识教育、校园文化建设等举措，加强对学生的文化教育，培养其对文化多样性的尊重和理解。在实践层面，高校二级学院党委需要建立和完善相关制度，确保服务社会与文化传承工作的系统性和长效性，包括制定明确的目标和工作计划，建立合作平台，构建激励和评价体系，鼓励师生积极参与到服务社会与文化传承的工作中来。

三、高校二级学院党委落实教育强国战略的行动路向

党的基层组织是党执政的组织基础，是党的全部工作和战斗力的基础。加强党的基层组织建设，关键是抓好落实。高校二级学院党委作为党在教育领域的基层组织，建设教育强国关键在于抓好各项工作的落实。抓落实，就是抓党和国家的教育方针政策、工作部署和措施要求在学院层面的落地见效，以确保建设教育强国的目标任务顺利实现。

高校二级学院党委应坚持党对教育事业的全面领导，坚持立德树人根本任务，聚焦全面提升人才自主培养质量、全面提升服务国家重大战略能力发展主线，抓党建、

抓育人、抓创新、抓人才、抓融合。要坚持党建引领，在促进党建业务融合上抓落实；要坚持立德树人，在提高人才自主培养质量上抓落实；要坚持科技创新，在提升服务国家需求能力上抓落实；要坚持人才优先，在加强青年科技人才培养上抓落实；要坚持产教融合，在健全校企协同育人机制上抓落实。

（一）坚持党建引领，在促进党建业务融合上抓落实

高校二级学院党委要始终坚持党的全面领导这一最高政治原则，全面贯彻党的教育方针，把坚持党的领导融入学院事业发展各方面。一是始终把党的政治建设摆在首位。坚持和完善习近平总书记重要讲话重要指示批示精神贯彻落实机制，落实"第一议题"。以政治建设为统领，将政治标准和政治要求贯穿于思想建设、组织建设、作风建设、纪律建设以及制度建设中。持续加强班子建设，不断提升政治判断力、政治领悟力、政治执行力，切实发挥好学院党委的领导作用。严格履行学院"党政联席会、党委会、三重一大"议事规则，强化科学决策，保障师生在决策中的知情权、参与权和建议权，提高决策民主性和科学性。二是加强党的创新理论武装。健全学院党委理论学习中心组制度和党员、教职工理论学习制度，严格落实"三会一课"，深入推进理论学习制度化、体系化、长效化。三是全面完善基层党组织的政治功能和组织功能。坚持大抓基层的鲜明导向，以"党建业务融合"为抓手，引导师生党支部围绕大局工作、聚焦发展难题，奋力攻坚克难，推动改革发展，发挥战斗堡垒作用。实施党建示范创建和质量创优计划，以标杆院系和样板支部为目标，全面落实师生党支部工作标准，提升党建规范化、制度化、品牌化水平，促进党建业务融合。加大在高层次人才和优秀大学生中发展党员的力度，激励广大党员立足岗位发挥先锋模范作用。四是切实履行全面从严治党主体责任。严格落实管党治党政治责任，坚持"党政同责"和"一岗双责"。强化政治监督，确保上级党委重大决策部署在学院落地执行。强化学院政治把关作用，在教师引进、课程建设、教材选用、学术活动实施等重大问题上严把政治关，把握好政治原则、政治立场、政治方向。紧盯学院招生就业、教学科研、学生管理等重点领域和关键环节，强化党内监督，形成各类监督合力。

（二）坚持立德树人，在提高人才自主培养质量上抓落实

高校二级学院党委要落实立德树人根本任务，坚持"价值塑造、知识传授、能力培养"三位一体教育理念，全面提高人才自主培养质量。一是强化学生思想政治引领，深入实施"时代新人铸魂工程"，全面推进"大思政课"建设，深化思政课程改革创新，建设高质量课程思政体系，善用社会大课堂，推动思政课程、课程思政和日常思政教育同向同行、有效贯通。深入挖掘红色育人资源，拓展红色育人创新载体和有效路径，将红色基因创造性转化为育人资源，引导青年学子将个人成长、个人梦想融入

强国建设。二是始终坚持以"本"为本，把本科教育放在人才培养的核心地位，构建一流本科教育体系，加快培养拔尖创新人才。要切实落实本科教育中心工作，强化教师育人使命，将最好的教学资源配置到本科教育、最优秀的教师用到本科教育，落实教授为本科生授课制度。聚焦国家需求，面向"四新"建设①，优化培养方案，推动培养目标、毕业要求、课程体系、课程目标一体设计、相互支撑，打造一流专业体系。以"核心课程建设"为抓手，以高水平科研团队为基础组建新型实体教学组织，设立课程组，强化课程组作为基层教学组织的核心作用，落实课程建设和教学组织，打造一流核心课程体系。三是纵深推进"三全育人"②综合改革，全面完善"十大育人"体系③，聚焦"学业、毕业、就业"，完善本科生全员导师制，强化导学成效，构建"学生自学，导师导学，朋辈助学"的新型师生关系和良好育人格局。要充分发挥"第二课堂"实践育人的重要作用，提升学生的创新实践能力，强化系统思维，设计进阶式专业实验和创新实践，贯通培养学生创新思维和工程能力，引导学生从"解题"转向"解决问题"。四是在推动教育数字化转型上守正创新、变革应用。要革新教育理念，树立以学生为中心、个性化学习、终身学习的教育理念，构建人人可学、处处可学、时时可学的学习环境和学习资源。要借助大数据、人工智能等先进技术，积极推广线上线下融合的混合式教学模式，丰富教学手段，改善教学效果。要通过对学生学习数据的分析，强化学生课程评价，努力做到因材施教。要将数字素养和创新能力的培养融入课程的各个环节，开设与数字技术相关的新课程，以适应数字化时代对人才的新要求。要加强教师的数字技术培训，提升教师的信息技术应用能力和数字教育素养，使教师能够熟练运用数字化工具开展教学活动，并引导学生在数字环境中进行有效的学习。要建立基于数字化平台的教育管理系统，实现教育资源的高效配置和管理。优化教育评价方式，采用多元化的评价指标，充分考虑学生在数字环境中的学习过程和成果。

（三）坚持科技创新，在提升服务国家需求能力上抓落实

高校二级学院党委以服务支撑科技自立自强为使命，加强有组织科研及科技创新能力提升。一是以学科建设为牵引，以科研平台能力建设为抓手，主动融入国家实验室建设体系，推进全国和省级重点实验室建设，提升重点平台服务国家重大战略的能力，增强国家战略科技力量。聚焦国家战略需求，发挥学院特色优势，开拓发展新赛道，加强新兴交叉学科建设。建立学科与科研方向、专业一体推进、相互支撑机制，做到学科建设负责人、学科方向负责人、专业负责人权责统一到位；以国际学术会议

---

① "四新"建设是指新工科、新医科、新农科、新文科建设。
② "三全育人"是指全员育人、全程育人、全方位育人。
③ "十大育人"体系包括课程育人、科研育人、实践育人、文化育人、网络育人、心理育人、管理育人、服务育人、资助育人、组织育人。

品牌建设为抓手，打造高水平的学术载体，提升学科国际影响力。二是以解决国家重大问题为目标，加快突破国家战略急需关键核心技术。强化有组织科研与集成攻关，加强重大项目谋划和论证，组织实施好国家重大研发计划。强化与行业龙头企业、军工科研院所的深度合作，组建形式多样的创新联合体，提升联合攻关能力。促进基础学科和新兴学科的交叉融合，激发创新活力，以新科学技术引领新质生产力的提升。三是强化产业创新，推动科技成果转化。要不断完善科技成果转化机制，消除科技创新与产业应用之间的壁垒；要深化分类评价，加大对科技成果转化的激励力度，提高教师进行成果转化的积极性；要协同专业机构，加强科技成果转化服务，为科技成果的转化提供技术评估、知识产权保护、融资对接等专业化服务。

（四）坚持人才优先，在加强青年科技人才培养上抓落实

高水平人才队伍是学院发展的核心要素和首要资源。高校二级学院党委要牢固树立"人才第一资源，人才第一战略，人才第一抓手"的"三个第一"理念，加强人才队伍建设，建设一支高素质专业化教师队伍。一是加强党对教师工作的全面领导，强化思想政治引领，培育弘扬高尚师德。健全全方位、全生涯、全覆盖的教师思想政治教育体系，用红色基因涵育政治素养、家国情怀。以我国特有的教育家精神引领教师队伍建设，强化教书育人第一职责，把认真履行教育教学职责作为评价教师的基本要求，促使教师以身作则、身体力行，让新时代教育家精神成为广大教师的共同精神追求。二是以"青年人才引育"为抓手，全力做好人才工作。充分发挥学院党委的带头作用，夯实人才工作责任，发挥团队寻访人才、引进人才作用，以才引才，形成人才工作合力；充分发挥海内外校友和留学人员的作用，推荐和引进海外优秀人才。把青年人才发展置于关乎学院发展全局的战略位置，强化青年科技人才培养，通过科研项目和科技攻关锻造青年人才，支持青年教师在重大科技任务中"挑大梁"。实施长周期考核，重点支持有潜力的青年教师心无旁骛地在人才培养和基础前沿、关键核心技术领域取得突破。提升人才服务质量和水平，尽心竭力为人才办实事、办好事、解难事，营造人才为本、信任人才、尊重人才、善待人才、包容人才的良好环境。

（五）坚持产教融合，在健全校企协同机制上抓落实

产教融合是建设教育强国的必由之路，是高等教育服务国家经济社会发展的着力点，是教育、科技、人才一体化发展的战略性举措。产教融合涉及政府、高校、企业等多个行动主体，构建开放共赢的产教融合、校企合作协同机制，是高校深化产教融合的难点和重点。高校二级学院党委要做好产教融合相关利益需求者的分析评价工作，通过利益赋予来协调安排各行动主体的角色，激发需求侧和供给侧变革合力，强化产教融合各行动主体的协调配合，探索不同层次、领域、类型的产教融合、校企合作模

式。一是加强党建结对共建，构建协同工作机制。强化共同使命、凝聚双方共识，采用党支部结对共建、成立联合工作组等方式，建立有效的沟通协调机制，共同解决合作过程中出现的问题。畅通人才交流与共享机制，组织学院教师到企业挂职锻炼，聘请企业技术人员到学校兼职授课，担任企业导师。二是强化协同育人，共同培育产业急需的紧缺人才。面向产业需求，和行业知名企业、科研院所共建创新实践基地，形成"科创实践＋科研实践＋校企实践"工作模式，着力提升学生的工程实践能力和创新创业能力。三是加强与龙头企业的战略合作，提升协同创新能力。构建学院、科研平台和国家科研院所、龙头企业深度合作机制，共建联合实验室、新型研发机构、概念验证中心和其他各类科研平台，与企业"共同出题"，共同解决行业重大问题，共同承担国家重大任务，共同推动重大科技成果的转化与应用。

新时代新征程，加快建设教育强国，使命光荣、责任重大。高校二级学院党委要深刻把握教育强国的科学内涵，坚持党对教育工作的全面领导，坚持立德树人根本任务，聚焦人才自主培养和科技自立自强，在加快推进教育强国建设中彰显使命担当，狠抓工作落实，不断提升治理效能，以严实作风和担当精神加快推进二级学院高质量发展，切实答好"教育强国，高校何为"时代课题，为教育强国建设贡献力量。

参考文献

[1] 吴瑾. 我国大学内部二级学院治理研究综述及展望 [J]. 中国人民大学教育学刊，2021 (1)：85 - 99.

[2] 贺祖斌. 论大学治理体系下二级学院的"八大关系" [J]. 国家教育行政学院学报，2023 (1)：8 - 14，48.

[3] 宋志燕. 高校二级学院治理效能内在逻辑与实践进路 [J]. 西北师大学报（社会科学版），2022 (5)：111 - 119.

[4] 习近平. 扎实推动教育强国建设 [N]. 求是，2023 - 09 - 16 (18).

[5] 汲婧，韩慧瑜，樊瑜波. 高校二级学院"双螺旋"育人模式研究 [J]. 学校党建与思想教育，2023 (4)：37 - 39.

[6] 蒋琦玮，陈治亚. 强化高校二级学院党的领导作用的探讨 [J]. 思想教育研究，2018 (3)：93 - 97.

[7] 魏小琳. 构建高校教学管理新范式：从"专业管理"向"课程管理"的转变 [J]. 中国高教研究，2011 (8)：60 - 62.

[8] 李成吾. 党的全面领导在高校二级学院的实践探索 [J]. 学校党建与思想教育，2020 (23)：43 - 45.

作者简介： 朱伟，陕西师范大学教育学部博士研究生，西安电子科技大学副研究员，研究方向为高等教育管理、创新创业教育与管理。

教育强国建设背景下高质量职业教育教师队伍建设的逻辑、困境及进路

李　明

摘　要： 高质量职业教育教师队伍建设是职业教育高质量发展的核心和教育强国建设的题中之义，其遵循职教教师队伍质量提升、职教教师培训体系健全、职教教师校企双向流动和职教教师社会关注增强的内在逻辑。面对职教教师队伍结构不够合理、职教教师培养体系不够完善、职教教师校企流动不够通畅和职教教师培训机制不够健全等问题，应通过完善职教教师培养体系、健全职教教师培训机制、加强"双师型"教师队伍建设和优化职教教师队伍结构等基本路径实现高质量职业教育教师队伍建设，为建设教育强国造良匠之师，筑牢强国之基。

关键词： 教育强国；高质量发展；职业教育；教师队伍建设；教师教育

习近平总书记强调，"要从战略高度来认识教师工作的极端重要性，把加强教师队伍建设作为基础工作来抓"[1]。截至 2022 年年底，我国各级各类专任教师达 1880.4 万人，其中本科层次职业学校、高职（专科）学校、中等职业学校专任教师为 136.6 万人，占专任教师总数的 7.26%[2]，说明职业教育教师队伍总量较大。职业教育教师队伍建设既要关注数量，又要在数量增长的同时兼顾其质量。加快建设教育强国，需要高质量职业教育教师队伍的有力支撑。如何认识和理解教育强国建设与高质量职业教育教师队伍的关系，是一项重大理论问题和现实课题。新发展阶段如何具体落实教育强国建设，教育强国建设赋予高质量职业教育教师队伍建设何种新要求、新内容，以及如何实现高质量职业教育教师队伍建设，这是本文需要回答的问题。

一、教育强国建设背景下高质量职业教育教师队伍建设的内在逻辑

强国必先强教，强教必先强师。在迈向教育强国的征途中，职业教育作为培养高

素质技术技能人才的关键一环，其教师队伍的质量直接关系到国家技能型人力资源的储备与创新能力。高质量职业教育教师队伍的建设，不仅是提升整体教育质量的基石，更是推动经济社会转型升级、实现高质量发展的强大引擎。有高质量的职教教师，才会有高质量的职业教育。高质量职业教育教师队伍建设不仅是教育领域发展的关键环节，更是实现教育强国战略的核心要素。教育强国的理念建立在教育高质量发展的基础上，而高质量职业教育教师队伍建设的动力源于关注职业教育现实需要与服务于教育强国建设。作为培养技术技能型人才的重要渠道，职业教育教师队伍的质量直接决定着人才培养质量。加强职业教育教师队伍建设，提升教师专业素质和技能水平，是实现教育强国和人才强国战略的必然选择。在此背景下，深入探讨职业教育教师队伍建设的内在逻辑，有助于为职业教育高质量发展提供持续的动力。高质量职业教育教师队伍建设应契合教育强国目标，适应职业教育高质量发展需求，凸显职业教育类型特色。因此，基于教育强国建设目标、高质量职业教育教师队伍建设的内涵和教育高质量发展的内在需求，进而提出高质量职业教育教师队伍建设的内在逻辑。

（一）提质培优：推动职教教师队伍质量提升

随着社会经济的快速发展和产业结构的转型升级，我国对技术技能型人才的需求越来越大，职业教育作为培养这类人才的重要途径，其教师队伍的质量直接关系到人才培养的质量。教师队伍是发展职业教育的第一资源，教师是支撑新时代国家职业教育改革的关键力量。[3]在教育强国建设进程中，高质量职业教育教师队伍建设既要注重培养优秀人才，也要关注整体素质的提升。职业教育教师队伍质量的提升，实际上是提质与培优相结合的深层次体现。培优，即培养出优秀的教师，通过严格的选拔和深入的培育，吸引和鼓励更多优秀人才投身于职业教育事业中。提质，则是对教师个体素质的提升、对现有教师队伍质量的提升，以及对教师队伍整体质量的提升。这并不是一个孤立的阶段，而是一个涵盖职前和职后质量提升的一体化过程。另外，提升职业教育教师队伍的专业素养，也是推动教师队伍质量提升的关键。这包括了对师德师风的强化建设、对专业知识和能力的提升、对教学能力的提升，以及对实践经历的丰富。这些因素共同突出了职业教育中"学中用、用中学"的职业类型特色。通过这种方式，可以培养出优秀的职业教育教师，以满足为社会培养高素质技术技能型人才的需求。在建设高质量职业教育教师队伍的过程中，需要关注教师队伍建设的整体性和系统性，以确保教师队伍的稳定性和可持续性。这是一个长期而复杂的过程，需要从多个角度，采用多种方式，进行深入的探索和实践。

（二）培训升级：助力职教教师培训体系健全

面向 2035 年建成教育强国的目标，教育强国战略赋予了教育事业更为艰巨的历史使命。培训升级是健全职教教师培训体系的关键，这不仅是量的增加，更是质的飞跃，旨在打造一支能够引领未来职业教育发展方向、适应经济社会发展新需求的高素质、专业化、创新型教师队伍。首先，职教教师培训体系应当是一个结构完整、层次分明的系统。这意味着培训体系需要覆盖教师职业生涯的各个阶段，从入职前的岗前培训到在职期间的持续专业发展，再到高级别的专业引领和领导力培养，形成一条螺旋上升、不断进阶的培养路径。体系内部各要素之间要相互衔接、协同作用，确保培训内容的系统性和连贯性。职教教师不仅需要具有扎实的专业理论知识，更需要具有丰富的实践经验和教学能力。其次，职教教师培训体系的健全必须紧密围绕行业需求和教育发展目标进行精准定位。随着产业升级和科技进步，职业教育需要不断适应新的职业岗位需求，这就要求培训体系能够预测并响应这些变化，确保培训内容的前沿性和实用性。同时，明确的培养目标也是体系健全的基础，它指引着培训的方向，确保教师能够掌握必要的专业知识、教学技能和实践经验。最后，培训体系在设计上必须注重理论与实践的紧密结合。通过引入案例分析、模拟教学、企业实习等实践性强的教学环节，帮助教师将所学理论知识转化为实际教学能力，提升教学效果和质量。

（三）校企联动：推动职教教师校企双向流动

校企联动作为推动职教教师与企业之间双向流动的重要策略，对于促进职业教育与产业发展的深度融合具有重要意义。校企联动旨在打破传统教育与产业之间的壁垒，实现教育资源和产业资源的有效对接与共享。只有深化校企合作，才能更好地培养具有企业经验和实践能力的"双师型"教师，从而为我国职业教育的发展贡献力量。一方面，通过校企联动，职业院校的教师能够深入企业一线，了解行业最新动态和技术发展趋势，从而在教学中更好地融入实践元素，提升教学内容的实用性和针对性。另一方面，校企联动还促进了职教教师和企业人员的双向交流与互动。教师能够借助企业的实践平台，不断提升自身的专业技能和实践能力；而企业人员则能在与教师的合作中，获取更多的教育理念和教学方法，有助于提升企业内部培训的质量和效果。此外，校企联动还有助于构建校企合作的长效机制，推动双方在人才培养、技术创新、成果转化等方面的深度合作。通过共同制定人才培养方案、共建实训基地、联合开展科研项目等方式，实现教育链、人才链与产业链、创新链的有效衔接，为职业教育的高质量发展注入新的活力。

（四）认同升级：推进职教教师社会关注增强

我国职业教育教师的社会关注度持续增强，反映出国家对职业教育事业的高度重视，以及社会对高素质职业教育教师的迫切需求。职教教师作为培养未来社会所需技能人才的关键角色，其地位和作用愈发凸显。首先，加大政府部门支持力度，推进职教教师社会关注增强。通过实施职业教育教师队伍建设工程，加大对师范院校的支持力度，优化职业教育教师培养体系，提高职业教育教师的综合素质。其次，促进认同升级，推进职教教师社会关注增强。越来越多的人意识到，职业教育教师在培养高素质劳动者和技能型人才方面具有举足轻重的作用。最后，营造全社会关注的良好氛围，推进职教教师社会关注增强。对地方、学校及优秀教师团队的典型案例进行广泛而深入的报道，通过挖掘并展示这些典型案例的先进事迹和成功经验，激发社会各界的共鸣与关注，从而调动更广泛的社会力量参与和支持职业教育教师队伍的建设与发展。这种全方位的宣传策略旨在营造一种尊重职业教育、重视职教教师队伍建设的社会氛围，为职业教育事业的持续健康发展提供强有力的舆论支持和社会基础。同时，媒体还纷纷报道职业教育教师的优秀事迹，展示他们在教育教学工作中的辛勤付出和崇高境界，进一步提升了职业教育教师的社会地位。

二、教育强国建设背景下高质量职业教育教师队伍建设的现实困境

目前，职教教师队伍结构不够合理、职教教师培养体系不够完善、职教教师校企流动不够通畅、职教教师培训机制不够健全等问题仍然是教育强国建设进程中高质量职业教育教师队伍建设所面临的挑战。

（一）职教教师队伍结构不够合理

高质量职业教育教师队伍建设中，职教教师队伍结构不够合理问题凸显，主要表现在以下几个方面：首先，从性别角度来看，教师队伍的性别结构失衡，女性教师占了较高比例，而男性教师则相对较少。其次，年龄分布不够理想。教师队伍中年轻和老年教师的比例相对较高，而中年教师的比例则偏低，这种分布状况在一定程度上造成了"中部塌陷"的现象。中年教师通常具有丰富的教学经验和稳定的教学能力，是职业教育中不可或缺的力量。再次，从职称结构来看，教师队伍的职称分布存在不合理现象。这一问题表现在各级职称教师的比例失衡，高级职称教师数量不足，而初级和中级职称教师则过多。这样的职称结构可能会影响教师队伍的整体教学和科研水平。最后，教师队伍的学历结构不够合理。《2022 年全国教育事业发展统计公报》显示，中等职业教育专任教师中，本科以上学历占比为 94.86%。《2023 全国职业教育教师现状调研报告》显示，专科及以下师资占 4.13%，本科占 74.88%，硕士占 19.72%，博士仅占 1.27%。[4]职教教师队伍学历层次以本科为主，教师队伍中拥有高学历的教师偏少，高层次人才匮乏。这意味着可能有一部分教师在专业知识和技能上存在一定的不足，并将对职业教育的质量和学生的学习效果产生影响。

（二）职教教师培养体系不够完善

职教教师培养体系不够完善，导致我国职业教育质量和发展受到制约。首先，培养职教师资的高等院校数量稀缺。截至2021年，全国共有普通本科师范院校145所，专门培养职教师资的本科师范院校却仅有12所[5]，开设专业数量也不足100个（不含与普通本科师范重复的专业），开展职教师资硕士层次培养的单位只有34所，无论是本硕层次院校还是专业设置数量，都无法满足职业教育百万规模扩招、普职比例相当、职教师资队伍"类型化"培养等现代职业教育快速发展的迫切需要。其次，职业教育教师来源渠道单一。长期以来，职业教育教师的培养主要依赖于常规师资补充途径，也就是通过常规的教育培训和教育实践来培养职业教育教师。尽管这种培养方式被视为职业教育教师来源的主渠道，但其地位并未得到充分确立和认可，这意味着职业教育教师在培养质量和培养数量上可能都无法完全满足实际的需求。最后，职教教师培养尚未解决"类型化""职业化"的问题。在深入探索职教教师培养体系的道路上，不难发现，"类型化"与"职业化"的缺失不仅是表面上的标签问题，更是深植于教育体系内部的结构性挑战。当前的职教师资队伍建设仅仅解决了有无问题，并未解决"类型化""职业化"等职教师资的专业素质特质问题，存在类型需求不匹配、学历层次不达标、能力结构不完善等问题，无法满足现代职业教育"类型化"转型需要。[6]

（三）职教教师校企流动不够通畅

职教教师校企双向流动不畅的深层次影响远远超出了表面的资源调配障碍，而是直接关系到职业教育体系的质量提升与可持续发展。具体表现在以下五个方面：一是管理制度不够健全。这让教师在寻求校企流动时缺乏明确的路径指引和必要的政策支持，削弱了他们探索新职业路径的热情与动力。二是校企合作流于形式。缺乏实质性内容与合作机制的支撑，难以构建起教师与企业间紧密互动、知识共享与技术交流的桥梁，限制了职业教育与产业需求的精准对接。三是企业参与度低。这反映了社会各界对职业教育价值的认知偏差，企业作为技术创新的主体，其资源未能充分融入职业教育体系，不仅削弱了职业教育的实践性和前瞻性，也阻碍了教师在实践中成长、在企业中锤炼的路径。职业发展空间的局限性则像一堵无形的墙，限制了教师在专业领域的精耕细作与跨界融合，影响了他们向更高层次发展的可能性。四是职业发展空间有限。相较于企业，职业学校在教师职业发展方面提供的空间和机会相对较少，不利于教师流动和企业人才引进。五是待遇差异和职业转换难度的双重压力。校企之间在工资待遇、社会保障等方面存在较大差异，使得教师在流动过程中面临生活压力和职业发展困境。职教教师职业转换难度大，由于缺乏有效的职业转换机制，许多教师难以在校企间进行职业转换。

(四) 职教教师培训机制不够健全

职教教师培养机制不健全，无法满足现代职业教育对高素质师资的需要。[7]从培训内容来看，目前我国职教师资培训的课程体系整体而言不够先进，缺少针对新兴产业和先进技术的培训内容。这使职教师资的培训课程难以跟上时代的发展步伐，无法满足现代职业教育的需求。从培训方式来看，传统的职教师资培训主要以课堂讲授为主，缺乏实践性、创新性的培训方式，使得教师在实际教学中难以将理论知识转化为实践能力。从参加培训的机会来看，不同级别的教师所获得的培训机会不均衡。通常情况下，职业院校中的骨干教师和优秀教师能够获得更多的培训机会，而公共课教师以及新手教师则往往难以获得参与培训的机会。调查显示，41.48%的职教教师过去一年未参加过地级市及以上的教研培训活动。[4]从培训师资力量来看，部分培训师自身的专业素养薄弱，难以满足为职业教育教师提供优质培训的需求。同时，由于缺少优秀企业技术人员的参与，职教师资培训的质量受到影响，导致教师在培训过程中难以实时掌握行业尖端及新兴技术的发展动态。

三、教育强国建设背景下高质量职业教育教师队伍建设的实现进路

高质量教育体系中的职业教育必须是高质量的，职业教育中的教师队伍建设也必须是高质量的。高质量职业教育教师队伍建设面临职教教师队伍结构不够合理、职教教师培养体系不够完善、职教教师校企流动不够通畅、职教教师培训机制不够健全等问题。因此，本文从完善职教教师培养体系、健全职教教师培训机制、加强"双师型"教师队伍建设和优化职教教师队伍结构等方面探讨高质量职业教育教师队伍建设的实现进路。

(一) 完善职教教师培养体系

职业教育高质量发展的根本保障是高质量教师培养体系建设[8]，其必须建立在健全的职教教师培养体系基础之上。第一，以职业教育教师培养院校"扩容提质"为关键。为了破解当前职业教育教师培养院校不足、质量不高的困境，一方面，要持续加强职业技术师范院校建设，针对部分尚未布局职业技术师范院校的地区，鼓励有条件的优质高职学校转型升级为职业技术师范院校或开办职业技术师范专业[9]；另一方面，应重点提高职业教育师资培养层次，通过推进"本科—硕士"一体化的职业教育师资培养，开放"双师型"职业教育博士层次人才培养。第二，优化教师队伍结构，加强高层次人才引进和培养，提高教师队伍的整体素质和学术水平。第三，培养高技术技能型教师，注重多元化、专业化、实践性和创新性，以适应不断变化的市场需求和社会发展需要。

（二） 健全职教教师培训机制

职业教育教师的专业培训和技能提升是高质量职业教育教师队伍建设的核心环节。首先，政府、企业和学校应该加大对职业教育教师专业培训的投入，提供更多的培训机会和资源，确保教师能够不断更新知识和技能，跟上行业发展的步伐。其次，应该建立完善的职业教育教师技能评价体系，通过科学的评价机制来衡量教师的技能水平，并以此为依据制定个性化的培训计划和职业发展规划。再次，通过开展各种技能竞赛、经验交流等活动，促进教师之间的合作与共同进步。建立多层次、多形式的培训体系，提高培训的针对性和实效性。同时，应该注重培养教师的实践教学能力，加强校企合作，让教师有机会参与到企业的实际工作中，增加教师的实践经验，提高其技能水平。最后，应建立有效的激励机制，鼓励教师不断提升自己的专业素养和技能水平，为优秀的教师提供更多的晋升机会和更好的福利待遇。最终建设一支高素质、高水平的职业教育教师队伍，为职业教育的可持续发展提供有力保障。

（三） 加强"双师型"教师队伍建设

要实现职业教育高质量发展，"双师型"教师队伍建设是关键。[10] 首先，创新"双师型"教师培养模式。遵循职前培养、岗前培训、职后研修、学历提升一体化培养规律。职前培养扎实的专业知识，岗前开展有针对性的课程培训，职后研修积累丰富的实践经验。同时，加强校企合作，鼓励教师与企业工程技术人员交流互动，掌握产业发展的最新动态，提高教师的产业认知水平和实践能力。其次，优化"双师型"教师队伍结构。通过引进、培养、调配等手段，逐步打造一支以高级职称教师为龙头、中级职称教师为主体、初级职称教师为补充的结构合理的职教梯队。在此基础上，选拔一批具备较高教学水平和实践能力的优秀教师，给予政策支持和激励措施，以发挥他们的示范引领作用。再次，完善评价激励机制。建立以教育教学质量、实践能力、创新成果为主要内容的"双师型"教师评价体系，充分体现教师的工作特点和价值。最后，加强国际交流与合作。借鉴国外"双师型"教师队伍建设先进经验，结合我国实际情况，不断创新人才培养模式。鼓励教师参与学校的国际化建设，有利于提升学校的国际化水平，拓宽职业教育教师的国际化视野。[11]

（四） 优化职教教师队伍结构

首先，加大职业教育教师的培养力度，提高培养质量。可以通过增加培养基地、完善培养方案、提高培养标准等方式，培养更多高素质的职业教育教师。同时，应注重引进外部人才，吸引更多有实践经验的企业专家、高技能人才加入职业教育教师队伍，优化教师队伍的专业结构。其次，合理规划职业教育教师队伍的规模和结构。一方面，应根据职业教育的需求和发展趋势，制定合理的教师队伍发展规划，逐步增加教师的数量，同时也要注意优化教师性别、年龄、职称、专业等方面的结构，使其更加均衡。另一方面，建立动态调整机制也是必要的，可以根据实际情况及时调整教师队伍的结构和规模，以适应教育的发展变化。最后，完善职业教育教师的评价和激励机制。通过建立科学的评价机制，对教师的教育教学水平、专业能力、职业道德等进行全面评价，以此激励教师不断提高自身素质，提升教学质量。这样一来，不仅能够优化职业教育教师队伍的结构和规模，还能提升职业教育的整体质量，为社会培养出更多优秀的人才。

参考文献

[1] 习近平：做党和人民满意的好老师：同北京师范大学师生代表座谈时的讲话 [EB/OL]. （2014 – 09 – 10）[2024 – 04 – 06]. https：//www. gov. cn/xinwen/2014 – 09/10/content_2747765. htm.

[2] 赵婀娜，吴丹. 我国专任教师总数超 1880 万 [N]. 人民日报，2023 – 06 – 02（07）.

[3] 许玲，杨蕾. 职教师资队伍建设的中国方案 [N]. 中国教育报，2022 – 11 – 29（05）.

[4] 2023 全国职业教育教师现状调研报告发布 [EB/OL]. （2023 – 09 – 05）[2024 – 02 – 14]. https：//www. eol. cn/news/yaowen/202309/t20230905_2459514. shtml.

[5] 辛雨，唐瑗彬，徐冉. 我国职业院校"双师型"教师队伍建设的关键问题、推进困境及解决对策 [J]. 高等职业教育探索，2023，22（4）：17 – 23.

[6] 罗宇，李尚群. 守望"双师型"：职业教育教师队伍建设的中国图景 [J]. 职教论坛，2023，39（7）：83 – 90.

[7] 蔡光洁. 两会建言丨职业教育高质量发展急需夯实职教师资队伍 [EB/OL]. （2022 – 03 – 08）[2024 – 02 – 16]. https：//www. thepaper. cn/newsDetail_forward_17010478.

[8] 王笙年，徐国庆. 职业教育高质量发展的关键制度壁垒及其结构性消解 [J]. 高校教育管理，2023，17（1）：92 – 99.

[9] 王红，罗小丹. 整体性建设高质量教师教育体系支撑中国式教育现代化：中国式教师教育现代化的系统谋划 [J]. 苏州大学学报（教育科学版），2023，11（2）：1 – 10.

[10] 张秋兰，蔡杜娟，洪紫如. "三强化""双循环"打造"双师型"教师队伍 [N]. 光明日报，2023 – 04 – 20（08）.

[11] 陈忠，陈尘. 结合现实需求优化本科职业教育师资 [N]. 中国社会科学报，2023 – 10 – 17（08）.

基金项目：陕西师范大学研究生领航人才培养项目"城乡教师质量公平的理论与实践研究"（项目编号：LHRCTS23017）。

作者简介：李明，陕西师范大学教育学部博士研究生，研究方向为教育基本理论、教师教育。

新质生产力赋能应用型大学高质量发展：
理论逻辑与现实路径

李园园

摘　要：应用型大学作为区域经济社会发展的生力军，承担着为新疆维吾尔自治区经济社会发展培养应用型、技术技能型人才的重要使命，现已进入亟须建强的高质量发展阶段。其高质量发展不仅受到政策推动，也与区域特有的产业结构紧密相关。习近平总书记提出的新质生产力，不仅对新疆产业集群建设发展具有重要意义，对建强应用型大学也有战略指导意义。新质生产力从创新、产教融合、数字化等理论逻辑层面驱动新疆应用型大学发展，赋能其从政策顶层设计，面向新疆产业集群建设同步办学定位、人才培养改革、师资队伍建设等路径实现高质量发展。

关键词：新质生产力；新疆；应用型大学；高质量发展

　高等教育的发展在很大程度上依赖于生产力的提升和应用。习近平总书记于2023年9月首次提出的"新质生产力"[1]，迅速成为推动我国高质量发展的核心动力。与此同时，随着全球经济格局的变化和新一轮科技革命的兴起，我国高等教育面临着前所未有的挑战与变革。《2024年国务院政府工作报告》[2]（以下简称《报告》）明确提出，我国将致力于加速构建现代产业体系，并推动新型生产力量的快速成长，以促进经济的高质量发展。在教育方面，《报告》除了强调"加强高质量教育体系建设"，还增加了"建强应用型高校""增强中西部地区高校办学实力"的表述。不难看出，伴随着新质生产力的蓬勃快速发展，我国应用型高校已经进入需要创新、建强，走特色鲜明的高质量发展道路的新阶段。

　　新疆作为我国西部最大的省份，国家的政策扶持、各省市的对口支援，以及其独特的地理位置、丰富资源、区域优势为新质生产力的快速发展创造了良好的条件。应用型高校长期服务区域经济社会发展，在新兴产业，如绿色能源、高科技制造等领域的人才培养方面发挥了关键作用。目前，新疆的应用型大学面临前所未有的发展建强机遇，应在新质生产力发展驱动下，实现通过服务区域经济社会实现自身高质量发展的目标。

一、新质生产力的建设内涵

（一）相关研究

国内许多研究已经开始关注新质生产力对高等教育的影响，通过文献梳理发现，业界对于新质生产力与高等教育发展方面的研究主要集中在以下几个方面。

1. 新质生产力与高等教育现代化

新质生产力的发展需要科技创新和高素质人才，而高等教育现代化是推动新质生产力发展的内在要求，通过学科专业设置的调整和人才培养模式的创新，支撑新质生产力的形成。[3]

2. 发展新质生产力与高等教育强国建设

新质生产力引发高等教育的系统性变革，高等教育是新质生产力发展的关键要素；要通过促进知识生产、科技创新和人才培养来形成新质生产力，推动其高质量发展。[4]

3. 新质生产力与产教深度融合

新质生产力与产教深度融合相互赋能，是推动区域经济创新发展的关键，产教融合的深度发展需要解决产业主导动力不足和校企合作壁垒的问题。[5]

4. 新质生产力与职业教育发展

新质生产力为职业教育高质量发展提供动力支撑，而职业教育高质量发展为新质生产力的涌现提供智力保障，两者具有高度耦合的关系。[6]此外，张壹帆和陈岷峰[7]总结了新质生产力与区域经济协调发展的共进路径：新质生产力的培育需要依托科技创新，推动新质生产力的发展离不开制度创新，区域经济协调发展需要加强基础设施建设，实现区域经济的协调发展需要强化人才支撑。当前，很多研究侧重于理论层面的探讨，缺乏对具体区域和实践操作的深入分析。

（二）新质生产力的内涵

1. 新质生产力的概念界定

新质生产力是指在新一轮科技革命和产业变革推动下形成的，以科技创新为核心，具有高科技、高效能、高质量特征的生产力。这一概念强调创新发展、协调发展、绿色发展、开放发展和共享发展，是推动经济高质量发展的关键因素。

2. 新质生产力的内涵[8]

新质生产力的核心要素及内涵如表1所示。

表1 新质生产力的核心要素及内涵

序号	核心要素	内　涵
1	创新驱动	新质生产力强调科技创新在生产力发展中的主导作用，通过不断的技术革新和管理创新，推动生产力的发展
2	数字化	数字化转型是提升生产力的重要途径，新质生产力与数字技术的广泛应用密切相关
3	智能化	智能化技术的应用，如人工智能、机器学习等，是新质生产力的关键组成部分，有助于提高生产效率和产品质量
4	绿色化	新质生产力注重可持续发展，推动绿色生产方式和消费模式，减少对环境的影响
5	协调发展	新质生产力追求区域之间、产业之间以及经济与社会之间的协调发展
6	开放发展	新质生产力倡导开放合作，通过国际交流与合作，促进知识和技术的共享
7	共享发展	新质生产力强调发展成果的共享，旨在实现社会的公平与包容性增长

注：根据网络信息整理而成。

3. 新质生产力的培育与应用型大学发展的耦合

根据李锦的总结[9]，创新科技和优秀人才是推动新质生产力发展的关键要素。新质生产力已经展现出其对推动经济高质量发展的强大动力和稳固基石作用。[10]高等教育的现代化进程，是促进新质生产力发展的核心动力；通过对学科专业进行战略性调整、创新人才培养策略，来培育和支撑新型生产力量的构建。实现高等教育高质量发展，迫切需要创新的生产力理论进行引领。新质生产力（核心三要素）培育与应用型大学高质量发展在以下三个方面深度耦合：

（1）打造新型劳动者队伍。新质生产力的发展要求劳动者不仅要具备专业技能，还要有创新思维和持续学习的能力。应用型大学作为人才培养基地，需要调整教育模式，以培养出能够适应新质生产力需求的人才。一方面，要培养具有战略眼光和创新能力的人才，这些人才能够在科技、经济和社会领域引领变革；另一方面，要培养技术技能型人才，他们能够熟练地运用新技术和新方法，提高生产效率和产品质量。

（2）使用新型生产工具。新质生产力的实现往往依赖先进的技术和工具。应用型大学需要加强与产业界的合作，引入并掌握关键核心技术；通过专业设置和课程改革，确保学生能够熟练使用这些新型工具，为新兴产业的发展和传统产业的升级提供技术支持。

（3）塑造适应新质生产力的生产关系。新质生产力的发展需要相应的生产关系作为支撑。应用型大学在这一过程中的作用包括推动教育体制和机制的改革，以适应新质生产力的发展需求；通过产教融合，促进教育资源与产业需求的有效对接，形成开放、协同、共享的教育生态；通过改革，消除制约新质生产力发展的障碍，促进生产要素的高效流动和优化配置。

二、应用型大学高质量发展的阶段和特点

（一）应用型大学发展进入新阶段

从《关于引导部分地方普通本科高校向应用型转变的指导意见》[11]印发以来，应用型高校建设一直备受关注。党和政府关于应用型大学发展的重要论述如表 2 所示。

表 2　党和政府关于应用型大学发展的重要论述

序号	重要论述	出处
1	提质培优、增值赋能	党的十八大报告
2	强调了"深化产教融合、校企合作"的重要性	党的十九大报告
3	统筹职业教育、高等教育、继续教育协同创新，推进职普融通、产教融合、科教融汇，优化职业教育类型定位的战略布局	党的二十大报告
4	强调建强应用型本科高校	《2024 年政府工作报告》

从表 2 中可以看出应用型本科教育在国家发展战略中的重要地位，新时代也赋予了其发展的新内涵。我国应用型大学建设现在已经进入一个注重创新、强化特色、追求高质量发展的新阶段。

（二）应用型大学高质量发展的内涵和标准

高质量发展是指在教育质量、科研水平、社会服务能力等方面达到较高水平，能够有效促进学生全面发展和社会进步的教育模式。

应用型大学高质量发展的标准主要包括教学质量、科研水平、社会服务能力、学生就业率和满意度等指标。

（三）新疆应用型大学面临新机遇新挑战

《国家中长期教育改革和发展规划纲要（2010—2020 年)》[12]提出，要重点扩展应用型、复合型和技能型人才的培养范围，同时指导高等教育机构进行恰当的定位，避免同质化发展。各高校应塑造独特的教育理念和特色，以在各自的层面和专业领域内发展出鲜明的特色，并努力成为行业领先者。作为应用型大学，更应当关注地方经济社会发展需要。在 2022 年 7 月对新疆的考察中，习近平总书记强调了油气、煤炭、矿产、粮食、棉花和果蔬等资源和产业在全国经济发展中的重要性，提出要培育和加强这些具有地方特色的产业优势。[13]《2024 年新疆维吾尔自治区政府工作报告》特别强调了政府工作的重点之一，是集中精力发展"八大产业集群"，旨在积极打造一个既具有新疆特色，又拥有竞争优势的现代产业体系。[14]因此，新疆应用型大学应该从办学定

位、人才培养目标等方面围绕八大产业集群建设目标，做好顶层设计，与时俱进，与区域共发展。

（四）深化各类"融合"，改革完善人才培养

史秋衡和张纯坤认为，应用型大学作为服务地方经济社会发展的主力军，对于地方经济转型升级责无旁贷，应通过培养高质量应用型人才助力地方经济高质量增长，并利用自身的科研与技术优势帮助企业解决技术难题，服务行业企业创新发展。[15]顾永安表示，应用型大学如果想要实现高质量发展，除了注重产教结合这一核心要素，还需重视多维度的融合策略，包括科技与教育的结合、高等教育机构与地区或地方经济的协同发展、大学与所在城市的深度融合、校政企合作、学科与专业间的交叉融合、专业教育与创新创业教育的整合，以及专业课程与信息技术的紧密结合等多元化发展路径。[16]

新疆应用型大学应当锚定办学定位和服务面向，因地制宜，根据自身特长和优势，服务自治区产业集群建设实现高质量发展。要实现高质量发展，需要锚定服务面向区域产业，在学科、专业上扬长避短，不断壮大；坚持特色化发展路径，不仅是经济社会进步对高等教育机构提出的必然要求，也是地方应用型大学实现持续成长的关键战略。[17]各主体应积极响应习近平总书记的号召："要坚持把高质量发展作为各级各类教育的生命线，加快建设高质量教育体系，以教育高质量发展赋能经济社会可持续发展。"[18]

三、新质生产力赋能应用型大学高质量发展的理论逻辑

新质生产力的概念和内涵决定了它可以从以下几个方面赋能新疆应用型大学的高质量发展。

（一）创新驱动理论

新质生产力不是凭空产生的"全新"的生产力，它是在以前生产力基础上的创新和改革。创新驱动理论强调通过创新来推动经济和社会发展。新质生产力的本质内涵是创新，核心关键是创新，核心动力也在创新，包括科技创新与产业创新。[19]新质生产力通过创新驱动和技术进步，推动应用型大学的学科建设和科研能力提升，使其更好地服务于地方经济社会发展。

（二）产教融合理论

新质生产力的发展，以创新为核心动力，产教融合就是实现创新的关键途径。教育与产业紧密结合，能够直接响应产业发展的创新需求，促进科技创新成果的转化和

应用。因此，新疆应用型大学积极开展多类型、多层次、多维度的产教融合合作，将有助于其高质量发展。国家发展改革委、教育部等八部门联合印发《职业教育产教融合赋能提升行动实施方案（2023—2025）》，明确2025年国家产教融合试点城市达到50个左右、在全国建设培育1万家以上等一系列目标，[20]体现了国家对持续深化职业教育产教融合的内在要求。产教融合是推动应用型大学高质量发展的重要途径。新疆维吾尔自治区积极响应国家政策，支持区内高校开展形式多样的产教融合合作。根据2023年新疆维吾尔自治区发展和改革委员会公布的数据，2022年新疆高等教育在校生为71.8万人，围绕服务区域经济产业发展，建有产教融合实训基地24个、公共实训基地14个、自治区产学研联合培养研究生示范基地185个（兵团31个）、国家级现代产业学院1个、自治区级现代产业学院13个。[21]新疆维吾尔自治区政府全面落实党的治疆方略，将高等教育定位为引领教育高质量发展的关键领域，不断扩展其办学规模，鼓励支持高校强化产教融合，稳步提高人才培养质量。

（三）数字化转型理论

随着第四次工业革命的到来，人类进入了数字化时代。新时代背景下，数字经济从数据要素、数字技术创新驱动、数字技术设施、数字治理等方面赋能新质生产力发展[22]；新时代背景下的新质生产力，其核心在于"新"字，新技术、新数据、新设施、新的治理能力将推动数字化转型，赋能应用型大学新发展。

四、新质生产力赋能应用型高校高质量发展的路径选择

（一）以构建引领高质量发展的顶层设计体系为纲领

教育是培育和发展新质生产力的基础。习近平总书记强调，应顺应科技发展的最新趋势，对高等教育机构的学科布局和人才培养机制进行优化，以培育符合生产力发展和推动经济高质量增长所需的关键人才。[23]

1. 重审办学定位

别敦荣从内容观角度总结了应用型大学办学的"群性"和"个性"特征。[24]新疆应用型大学在办学基本要素的构成及办学要求上既有家族相似性的群性特征，又有在群性基础上发展起来的区别于其他同类高校的特性，如办学历史、学科特色、区位优势等。以新质生产力发展为驱动力，应用型大学应该坚持以行业、产业需求为导向，突出应用导向、特色趋向，精准把握经济社会发展需求和行业产业转型升级的要求，提高人才培养和科技创新的针对性、实用性。研制契合应用型定位、指向高水平建设与高质量发展的规划体系并认真落实。

2. 赋能人才培养

黄群慧和盛方富提出，作为战略性人才，新型劳动者不仅能够推动新型生产力量的发展，而且具备熟练运用先进生产工具的能力，他们被视为应用型人才，对于创新和提升生产力具有至关重要的作用。新型劳动者能够持续创造和熟练操作新型劳动工具，拓展和创造新型劳动对象，使用和维护新型基础设施，是新质生产力中最活跃、最能动的主体。新质生产力与拔尖创新人才培养密切相关，这是由于新质生产力的核心在于创新，而创新的关键在于人才。在新一轮科技革命和产业变革的背景下，新质生产力的培育和发展迫切需要高校为社会培养出一批能够引领新质生产力发展的顶尖人才，从而为国家的科技进步、经济发展和社会进步提供坚实的人才支持与智力保障。

为培育新质生产力构建人才培养体系，是新疆应用型大学的新使命和责任担当。祝智庭等指出，新质人才应具备适应科技发展的技术思维与技术具身性。[26]传统产业升级和新兴产业出现为培养新质人才提供了支撑。2023年2月，教育部联合其他四个部门发布了《普通高等教育学科专业设置调整优化改革方案》。[27]该方案指出，学科专业构成了高等教育体系的基石，是培育人才的关键基础，对高等教育支持经济社会高质量发展的能力具有直接的影响。此外，教育部发布的2023年普通高等学校本科专业备案和审批结果[28]显示，新疆高校有数个服务区域发展的专业获得审批，其中包括首个飞行技术专业，为应用型大学建强人才培养体系提供了参考。

3. 加强人才引进和师资队伍建设

人是新质生产力核心要素中最具能动性的主体，也是应用型大学向好发展的动力源。培育一支能够与现代科技进步和社会生产力发展同步的高素养人才队伍，对于加速科技创新成果的产生至关重要，这同样是促进和壮大新型生产力量的关键需求。[29]然而，新疆乃至整个西部地区的人才引进和高校师资队伍建设困难一直是阻碍高质量发展的难题之一。新疆的经济发展水平相对落后，与东部沿海地区的差距明显，这导致在提供经济激励方面存在局限，在同等政策条件下难以吸引和保留人才。[30]2024年4月23日，习近平总书记在重庆主持召开新时代推动西部大开发座谈会时特别强调，西部地区要加快产业转型升级，必须高度重视人才的引育工作。[31]具体来说，可以从两个方向来实践：一是"筑巢引凤"，通过制定更加灵活、具有吸引力的人才政策，以及大力营造尊重、服务、鼓励创新的文化氛围来吸引外来人才；二是"本土培养"，注重对本土人才的挖掘和培养，通过加强职业教育和技能培训等方式提高本地人才的技能和素养，鼓励返乡创业发展，等等。

4. 促进科研创新

科技是第一生产力。应用型大学想要实现高质量发展，必须加大科研以完善政策作支撑。具体来说，要在平台、组织、师资队伍、人才培养方案制定以及科技成果转化等方面持续完善支持、鼓励政策。例如，新疆工程学院携手矿业企业，共同建立了工程技术研发中心，专注于核心技术的深入研究与实践应用，以及专业人才的培育。通过深化产学研合作，该中心致力于将科技成果转化为推动高质量发展的动力。[32]

（二）以推进新疆八大产业集群建设为导向，增强服务功能

新疆八大产业集群的建设对于促进地区经济多元化、提升资源利用效率、推动产业升级具有重要意义，应用型大学在这一进程中发挥着关键作用。在新质生产力赋能下，应不断提升教育和科研水平，深化产教融合，实现产学研一体化。具体措施包括：

（1）调整课程与专业设置，以满足产业需求，培养高素质应用型人才。

（2）加强科研与企业合作，推动技术创新和产业升级。

（3）实施校企合作，通过实践教育提升学生解决实际问题的能力。

（4）建立产学研合作平台，促进信息交流和技术转移。

（5）提供政策咨询和市场分析，帮助企业有效利用政策资源。

（6）拓展国际合作，引进先进教育理念和产业技术。

（7）设立创业孵化器，支持学生和团队创新与创业。

（8）提供持续教育和培训，帮助在职人员适应产业发展。

新质生产力为应用型大学注入了新动力，推动其高质量发展。新疆应用型大学以八大产业集群为发展导向，通过优化课程设置、强化实践教学、深化产学研合作，将显著提升人才培养的质量。同时，这些大学应积极对接区域经济社会需求，通过科技创新、成果转化和社会服务，为新疆经济转型升级和社会全面进步做出积极贡献。

参考文献

［1］习近平在黑龙江考察时强调 牢牢把握在国家发展大局中的战略定位 奋力开创黑龙江高质量发展新局面［N］．人民日报，2023－09－09（01）．

［2］李强．政府工作报告：二〇二四年三月五日在第十四届全国人民代表大会第二次会议上［N］．人民日报，2024－03－13（01）．

［3］杨国兴，阎凤桥．发展新质生产力需要加快推进高等教育现代化［J］．江苏高教，2024（5）：23－25.

［4］管培俊．发展新质生产力与高等教育强国建设［J］．江苏高教，2024（5）：17－19.

［5］申妍瑞，胡纵宇．新质生产力与产教深度融合双向赋能：现实困境与实践路径［J］．中国高校科技，2024（5）：89－93.

［6］陈凤英．新质生产力与职业教育高质量发展的耦合机理［J］．民族教育研究，2024（2）：1.

［7］张壹帆，陆岷峰．新质生产力与区域经济协调发展：共生机理与共进路径 以长三角区域经济发展为例［J］．湖湘论坛，2024（4）：36－49.

［8］中国工信新闻网．什么是新质生产力？［EB/OL］．（2024－02－05）［2024－05－20］．https：//

www. cnii. com. cn/yw/202402/t20240205_542990. html.

［9］李锦. 从习近平总书记深刻阐释新质生产力理论看国有企业发展新质生产力的任务与实现路径［J］. 现代国企研究，2024（Z1）：15.

［10］蒋永穆，乔张媛. 新质生产力：符合新发展理念的先进生产力质态［J］. 东南学术，2024（2）：52 – 63.

［11］教育部 国家发展改革委 财政部关于引导部分地方普通本科高校向应用型转变的指导意见［EB/OL］.（2015 – 10 – 23）［2024 – 05 – 20］. http：//www. moe. gov. cn/srcsite/A03/moe_1892/moe_630/201511/t20151113_218942. html.

［12］国家中长期教育改革和发展规划纲要工作小组办公室. 国家中长期教育改革和发展规划纲要（2010—2020 年）［EB/OL］.（2010 – 07 – 29）［2024 – 05 – 20.］http：//www. moe. gov. cn/srcsite/A01/s7048/201007/t20100729_171904. html.

［13］艾尔肯·吐尼亚孜. 锚定高质量发展这个首要任务，努力谱写中国式现代化建设新疆篇章［N］. 学习时报，2023 – 07 – 12（01）.

［14］艾尔肯·吐尼亚孜. 政府工作报告：2024 年 1 月 30 日在新疆维吾尔自治区第十四届人民代表大会第二次会议上［EB/OL］.（2024 – 04 – 28）［2024 – 05 – 20］. https：//www. xinjiang. gov. cn/xinjiang/zfgbml/202404/0a0997f00c424a99a80cfa8ec14a033a. shtml.

［15］史秋衡，张纯坤. 应用型大学高质量发展的博弈困境及战略调适［J］. 江苏高教，2022（8）：24 – 29.

［16］顾永安. 应用型大学高质量发展：挑战、战略及核心理念［J］. 深圳职业技术学院学报，2023，22（5）：12 – 18.

［17］侍旭. 地方应用型高校在推进中国式现代化中的使命担当［J］. 中国高等教育，2023（11）：24 – 27.

［18］习近平. 以教育之强夯实国家富强之基：习近平总书记在中共中央政治局第五次集体学习时的重要讲话指明教育强国建设方向［N］. 人民日报，2023 – 05 – 31（01）.

［19］国家发展改革委等部门关于印发《职业教育产教融合赋能提升行动实施方案（2023—2025 年）》的通知［EB/OL］.（2023 – 06 – 13）［2024 – 05 – 20］. https：//www. ndrc. gov. cn/xxgk/zcfb/tz/202306/t20230613_1357505. html.

［20］新疆维吾尔自治区发展和改革委员会. 完整准确贯彻新时代党的治疆方略推动新疆高等教育高质量发展［EB/OL］.（2023 – 12 – 18）［2024 – 05 – 20］https：//xjdrc. xinjiang. gov. cn/xjfgw/c108391/202312/335348a31a914632abf21b759819371d. shtml.

［21］焦勇，齐梅霞. 数字经济赋能新质生产力发展［J］. 经济与管理评论，2024，40（3）：17 – 30.

［22］张军. 为推动新质生产力加快发展贡献新时代高等教育力量［J］. 红旗文稿，2024（5）：4 – 8.

［23］别敦荣. 应用型高校的办学理念与建设路径［J］. 中国高教研究，2022（4）：1 – 8.

［24］黄群慧，盛方富. 新质生产力系统：要素特质、结构承载与功能取向［J］. 改革，2024（2）：1 – 18.

［25］祝智庭，戴岭，赵晓伟，等. 新质人才培养：数智时代教育的新使命［J］. 电化教育研究，2024（1）：52 – 60.

［26］教育部等五部门关于印发《普通高等教育学科专业设置调整优化改革方案》的通知［EB/OL］. (2023 – 03 – 02)［2024 – 05 – 03］. http：//www. moe. gov. cn/srcsite/A08/s7056/202304/t20230404_ 1054230. html.

［27］教育部办公厅关于进一步做好普通高等学校本科专业设置工作的通知［EB/OL］. (2024 – 04 – 02)［2024 – 05 – 02］. http：//www. moe. gov. cn/srcsite/A08/moe_1034/s4930/202404/t20240418_ 1126253. html.

［28］蒲清平，黄媛媛. 习近平总书记关于新质生产力重要论述的生成逻辑、理论创新与时代价值［J］. 西南大学学报（社会科学版），2023，49（6）：1 – 11.

［29］王伟，张新华. 新疆区域创新体系建设的现状、问题及对策研究［J］. 新疆社科论坛，2020 (3)：49 – 55.

［30］习近平主持召开新时代推动西部大开发座谈会强调 进一步形成大保护打开放高质量发展新格局 奋力谱写西部大开发新篇章［N］. 人民日报，2024 – 04 – 24（01）.

［31］程良宏，张腾飞.“一带一路”十周年与新疆高等教育发展［J］. 中国民族教育，2023（10）：22 – 26.

作者简介：李园园，华中科技大学教育科学研究院博士研究生，新疆工程学院副教授，研究方向为高等教育管理。

数字化时代高校思政课教师践行教育家精神：
价值意蕴、现实困境及纾解之策

纪　燕

摘　要： 本文探讨了数字化时代高校思政课教师践行教育家精神的三层价值意蕴，分析了其面临的六大现实困境：坚守理想信念与打破信息茧房的挑战、维护道德情操与应对教育数据化导向的协调、实现育人智慧与数字技术应用的失衡风险、保持躬耕态度与数字化工具理性的潜在冲突、践行仁爱之心与满足学生个性化需求之间的数字鸿沟、追求弘道目标与数字化教学资源质量参差的难题。最后，从社会、高校和思政课教师三个层面，提出营造尊师重教的数字生态环境、构建全方位的数字教育支持体系、主动适应并引领教育数字化新态势等纾解之策，旨在推动高校思政课教师队伍建设、提升高校思政教育整体质量，服务于国家教育高质量发展战略和教育强国目标的实现。

关键词： 教育家精神；思政课教师；数字化；高校

一、引　言

百年大计，教育为本；教育大计，教师为本。从 2014 年提出的"四有好老师"，到 2016 年明确的"四个引路人"，再到 2019 年设立的"人民教育家"荣誉称号，以及 2023 年强调的"中国特有的教育家精神"，这些不仅是对教育事业高质量发展的深层次理念探微，亦是对教师队伍建设不断向更高标准迈进的命题深赜。建设教育强国，离不开教育家精神的深层引领与价值支撑。[1]教育家精神，作为一种深植于教育实践中的价值追求和行为准则，对于提升教师的专业素养、促进学生的全面发展具有显著的导向与引领作用。[2]

数字化时代，高等教育领域正经历着深刻的变革。信息技术的迅猛发展不仅重塑了教学方式和学习习惯，也赋予了高校立德树人工作新的使命与要求。做好高校思想政治工作，是一项重大的政治任务和战略工程。[3]现实中，思政课教师践行教育家精神仍面临着诸多困境，如信息技术与传统教学理念的融合难题、数字化环境下的价值观念冲突等。这些问题不仅制约了思政课教师践行和弘扬教育家精神，也影响了思政教育的整体质量和效果，阻碍了高校立德树人工作的深入推进。鉴于此，本文以"数字化时代"为研究背景，聚焦"高校思政课教师"群体，旨在深入探讨数字化时代高校思政课教师践行教育家精神的价值意蕴，分析当前面临的现实困境，并在此基础上提出切实可行的纾解之策，以期为高校思政课教师践行教育家精神提供理论支撑和实践指导，为推动高校思政课教师队伍建设、提升高校思政教育质量、培养担当民族复兴大任的时代新人贡献智慧和力量。

二、数字化时代高校思政课教师践行教育家精神的价值意蕴

教育家是追寻和守护教育普遍价值，并将这些价值贯彻于学校教育实践中的人，是将教育理想转变为教育现实的人。[4]在数字化时代，高校思政课教师践行教育家精神不仅是对传统师道精神的传承与发扬，也是对当代社会变革和教育创新的积极回应，具有重大的价值意蕴。

（一）教育家精神的内涵阐释

2023年9月9日，习近平总书记全面阐述了教育家精神六个方面的核心要义：理想信念、道德情操、育人智慧、躬耕态度、仁爱之心、弘道追求。从倡导教育救国理念，到实践教育报国承诺，再到实施科教兴国战略，以及追求教育强国目标，每一个阶段都凝聚了中国人民的智慧与努力，积累了丰富的精神财富。这些宝贵的精神财富塑造了具有中国特色的教育家精神。

教育家精神映照着传统师道的道德光辉，体现了心有大我、至诚报国的理想信念和言为士则、行为世范的道德情操。自古以来，孔子、孟子等伟大教育家不仅传授知识，更注重品德的陶冶。孔子倡导"仁者爱人"理念，孟子强调"得天下英才而教育之"的志向，这些古代圣贤的教育智慧，至今仍激励着现代教育工作者以高尚的道德情操为学生树立榜样，培育出德才兼备的时代新人。

教育家精神承载着时代变革的价值使命，在当代社会展现为勤学笃行、求是创新的躬耕态度和启智润心、因材施教的育人智慧。以张桂梅等教育工作者为例，他们在偏远地区默默奉献，以乐教爱生、甘于奉献的精神为孩子们点亮了知识的明灯，用实际行动诠释了教育家精神在新时代的价值。他们的事迹激励着广大教育工作者积极响应国家教育发展的号召，以实际行动推动社会进步，展现教育家精神在当代社会的生

动实践。

教育家精神塑造着教育创新的前行路径。面向未来，教育家精神将继续引领教育创新的实践潮流，体现胸怀天下、以文化人的弘道追求和乐教爱生、甘于奉献的仁爱之心。未来的教育家们，正如新时代的"大先生""经师""人师"[5]，将继续致力于培养具备国际视野和本土情怀的复合型人才。他们将以开放的心态和前瞻的视野，推动教育内容和方法的创新，充分利用现代科技手段，为学生提供更加个性化、终身化的教育体验。教育家们将不断探索适应未来社会的教育模式，为培养新时代的创新者和领导者贡献智慧和力量。

（二）思政课教师践行教育家精神的三层价值

思政课是落实立德树人根本任务的关键课程。[6]思政课教师是塑造学生世界观、人生观、价值观，培育社会主义核心价值观的关键角色。思政课教师践行教育家精神，不仅关乎其自身职业理想与道德品质的升华，更在于对国家未来和社会进步的深远贡献，具有重大的现实意义和长远的历史价值。

1. 学生层面：全面发展与培根铸魂

思政课教师践行教育家精神能推动学生全面发展与核心价值观的深化塑造。数字化时代为学生提供了丰富的信息资源和学习平台，学生面临着信息爆炸和多元价值观念的冲击，思政课教师通过践行教育家精神，能够引导学生正确理解和应对这些挑战，帮助他们树立正确的世界观、人生观和价值观，从而促进学生的全面发展和个性化成长。

2. 教师层面：专业成长与师德风范

思政课教师践行教育家精神意味着在专业素养和师德风范上的双重提升。在数字化教育环境中，思政课教师需要不断适应教育趋势变化，更新教育理念，提高信息技术应用水平，以更好地满足学生的学习需求。"以新时代教育家精神引领教师教育高质量发展，具有强化教师教育立德树人能力，培养教育家型教师，建构中国式教师教育现代化新图景等多重价值。"[7]

3. 国家教育事业发展层面：文化传承与教育强国

思政课教师践行教育家精神关乎文化传承与教育创新驱动的实现。思政课教师作为文化传承的重要力量，肩负着传承中华优秀传统文化、革命文化、社会主义先进文化的使命。同时，在数字化背景下，思政课教师还需不断探索教育创新的方法和途径，为培养具有创新精神和实践能力的人才提供有力支持，推动国家教育事业的持续健康发展。

三、数字化时代高校思政课教师践行教育家精神的现实困境

数字技术赋能高校思政课教师是数字化时代思政课教学高质量发展的应然之举，同时，数字技术的迭代发展使高校思政课教师的工作等发生了路径转向。[8] 路径转向之下，高校思政课教师在践行教育家精神的过程中，面临着前所未有的困境与挑战。

（一）坚守理想信念与打破信息茧房的挑战

随着"推进教育数字化"的持续深入，高校思想政治理论课已形成了一个多层次、立体化的数字生态系统，这一转变显著重塑了教师的备课模式、授课模式、学生的学习方式等。[9] 然而，在此背景下，"信息茧房"现象日趋突出，表现为个体在海量信息流中倾向于选择性地接收和处理与其原有观念相符的信息，从而形成一种认知上的隔离状态。信息茧房现象使思政课教师往往局限于自我认同的信息圈内，难以接触到多元化的观点和信息。这对于思政课教师而言，不仅意味着其在引导学生形成全面、客观的认知格局以及坚守核心价值观方面的作用受到抑制，正确理想信念的传播受到阻碍，还可能导致学生在信息封闭的环境中形成片面认知、极端认知等。此外，学生在信息封闭的环境下可能形成孤立视角甚至极端立场，导致思政教育的难度加大。思政课教师如何在坚定理想信念的基础上，通过教育信息技术创新破除信息茧房效应，构建开放包容、多元互动的教学环境，引导学生跨越信息壁垒，实现对主流价值观的接受与有效传播，这无疑是当下亟待解决的重要学术命题。

（二）维护道德情操与应对教育数据化导向的协调

在数字化教育背景下，高校思政课教师面临维护道德情操与应对数据驱动教育导向之间的张力问题。在教育数据化进程中，教学成效与学生学业表现被转化为可量化的数据指标，这一转变在某种程度上削弱了教师的伦理道德情操。在以数据为核心的评价体系内，教师可能过度集中于数据指标的优化，从而忽略了对学生全面成长需求的关注和满足。这种数据导向的评价模式不仅可能引起教育目标的偏移，也可能损害师生之间的信任和互动，减少教育的人文关怀。此外，数据化教育环境中的道德情操问题还涉及教育公平和学生隐私保护等更为广泛的伦理议题。教师在利用数据分析和评价工具时，必须考虑到这些工具可能带来的伦理风险，并采取相应的措施来保护学生的权益。因此，高校思政课教师在维护道德情操的同时，如何深入理解和批判性地反思数据驱动教育导向的影响，确保教育本质不被数据化侵蚀，探索在数字化教育环境中保持教育人文精神的有效途径，构成了高校思想政治教育教师所面临的一个紧迫且实际的挑战。

（三）实现育人智慧与数字技术应用的失衡风险

首先，全媒体信息的指数级增长和裂变式传播在丰富思政话语资源的同时，也产生了价值多元多变甚至混乱失序的困境，稀释和消解了思政课教师在课堂上的话语主导权。[10]其次，数字技术的便捷性和高效性为思政教学提供了新的可能，但过度依赖数字技术可能一方面导致教师教学内容和方法的单一化，另一方面导致学生认知结构窄化、缺乏深度和系统性的思考等一系列问题。[11]最后，数字化教学环境中的互动性和参与性可能不如传统教学环境，这可能会影响师生之间的情感交流和学生的社会化发展。如何在充分利用数字技术的同时，坚守和深化对传统教育理念与方法的认识，构建起既能体现时代特征又不失教育本真的新型教学模式，实现二者的有机融合，是当前高校思政课教师亟须破解的核心难题。这一难题既是对教师专业技能的考验，也是对教育者教育哲学与智慧的深度锤炼。

（四）保持躬耕态度与数字化工具理性的潜在冲突

首先，在数字化教学环境中，教师可能受到各种教学软件和平台的诱惑，过于注重教学形式和结果的展示，而忽视对教学内容的深入探究和精力投入。这种倾向可能导致教师失去对教学内容的热爱和对教学方法的探索精神，从而影响教学质量和效果。其次，数字化工具的使用可能会使教师过分依赖预设的教学程序和自动化的教学辅助功能，减少教师与学生之间的互动和沟通。教师可能会忽视对学生情感、态度、价值观的引导，这对于思政教育来说尤为重要，因为思政教育的核心在于培养学生的社会主义核心价值观和良好品德。最后，过度依赖数字化工具还可能导致教师自身的专业发展和教学创新能力的退化。教师可能会逐渐失去对教学内容深入挖掘和创新教学方法的动力与能力，这对于保持教育活力和适应教育改革的要求来说是不利的。

（五）践行仁爱之心与满足学生个性化需求之间的数字鸿沟

在数字化教育情境下，高校思政课教师践行仁爱之心面临的核心挑战，是如何在数据驱动的评价体系与学生个性化、情感细腻的教育需求之间寻得平衡。当教学成效和学生的学习表现越来越多地被转化为可量化的数据指标，如考试成绩、课堂参与度、在线学习时长等时，学生情感的细腻变化、价值观的形成以及创造力的激发反而容易被忽略，而这些恰恰是仁爱之心教育理念中最应被珍视的部分。然而，当前教育评价体系的不足，使得教师在践行仁爱之心时，难以在海量数据中为每个学生精准画像，阻碍了个性化培养和深度情感交流，降低了教育的全面性和深度。在这一体系下，学生的成长和进步被简化为可量化的分数及等级，而非一个全面、多维的发展过程。这种评价方式可能导致教育实践中过度强调结果，而忽视教育过程中的探索、创新和实践的重要性。教育在本质上是一项人与人之间的互动活动，需要教师对学生的情感需求和个性特点给予充分的关注与理解。然而，当教师将注意力集中在数据上时，可能会忽视与学生之间的情感交流和个性化指导，从而影响师生关系的建立和维护。

（六）追求弘道目标与数字化教学资源质量参差的难题

在数字化教学资源的海洋中，高校思政课教师面临着筛选和利用高质量教学资源的挑战，这对于实现教育的弘道目标尤为关键。数字化教学资源的多样性和丰富性虽然为教学提供了广阔的选择空间，但同时也带来了质量不一的问题，这对教师的专业判断和资源整合能力提出了更高的要求。弘道目标强调的是教育的道德责任和文化传承，要求教师不仅要传授知识，更要培养学生的价值观念和文化素养。然而，面对质量参差的数字化教学资源，教师如何在保证教学内容的准确性、时效性和适用性的同时，有效地培育和弘扬社会主义核心价值观，成为一个亟待解决的问题。此外，数字化教学资源的版权问题、内容的不准确或过时等问题，也可能对教学质量和教学效果产生负面影响。这些问题的存在不仅损害了教育资源的公信力，也可能误导学生的学习方向，将对思政教育的质量和效果构成潜在威胁。

四、数字化时代高校思政课教师践行教育家精神的纾解之策

在数字化时代的大潮中，社会、高校和思政课教师应实现三位一体，共同突破路径依赖，主动拥抱信息技术，以教育家精神为价值引领，统筹推进高校思政课教师坚守教育初心和使命，投身于培养社会主义建设者和接班人的伟大事业。

（一）社会层面：强化政策引领与舆论支持，营造尊师重教的数字化生态环境

首先，政府应依据国家教育法规和政策，增加对数字化教育的财政支持，确保教育资源的公平分配和高效利用，这正体现了教育家精神中对教育公平和质量的不懈追求。其次，媒体应承担起塑造公众观念的责任，通过多渠道宣传思政课教师的专业成就和教学创新，积极宣传思政课教师的优秀事迹，以此强化教育家精神中的榜样作用和社会责任感。再次，鼓励企业、非政府组织和学术机构与高校建立产学研合作模式，为思政课教师提供实践机会和发展空间，推动教育内容和方法的创新，实现教育资源的个性化和智能化。最后，社会应引导公众正确理解数字化技术的价值和作用，避免过度追求效率和效益而忽视教育本质，形成全社会关心和参与教育的良好氛围。通过这些综合措施，构建一个更加开放、互动、共享的数字化教育生态系统，为思政课教师的专业成长和思政教育质量的提升创造更加有利的条件，从而推动教育家精神在数字化时代的传承与发展。

（二）高校层面：深化教学改革与创新资源建设，构建全方位的数字化教育支持体系

高校在推动思政教育的数字化转型中扮演着核心角色，应构建全方位的数字化教育支持体系，确保思政课教师能够在数字化时代中更有效地履行其教育使命。高校应完善教学设施，提供先进的数字化教学工具和平台，加强对数字化教育资源的建设和管理，构建内容优质、丰富的思政教育教学资源库，确保思政课教师能够获取优质的资源。高校应通过设立专门机构、开展教师培训等方式，提升思政课教师运用数字化技术的能力和水平，每学期定期组织针对思政课教师的数字化技能培训，包括新媒体运用、数据分析、网络课程设计等，以提升其数字化素养和教学能力。通过这样的培训，教师不仅能够提升自身的数字化素养，还能够更好地理解和践行教育家精神，将这种精神融入数字化教育教学的各个方面。高校还应建立完善的数字化教学评价和激励机制，对思政课教师的数字化教学成果进行客观评价和合理激励，加强对思政课教师职业精神的培养和引导，激发其教学热情和创新活力，激励其坚守教育初心和使命。更重要的是，高校应依托数字平台和数字环境，从精神追求、实践行动与责任伦理等层面出发，使思政课教师积极主动陶冶德高为范的精神追求，锤炼知行合一的师德师风，坚定培根铸魂的强师使命，为思政课教师提供一个坚实的数字化教学支持体系，促进思政教师的专业成长和思政教育的质量提升。

（三）思政课教师层面：提升自我修养与专业发展，主动适应并引领数字化教育新态势

在数字化教育的新态势下，高校思政课教师应当积极培育和践行教育家精神，主动适应并引领数字化教育教学新趋势。首先，坚持自我教育与外部支持相结合的发展模式[12]，内化教育家精神，树立与数字化教育教学相适应的数字理念，提升数字胜任力水平和数字素养，助推教育数字化转型。[13]其次，"求是创新的躬耕态度"指向教师终身发展，开拓创新的时代要求[14]，思政课教师应当以教育家精神为指引，不断创新教学方法和手段。这包括运用数字化工具丰富教学内容，设计互动性强的课堂活动，以及开发能够激发学生批判性思维和创新能力的课程。通过这些创新实践，教师能够更好地实现教育家精神中对教育质量的追求和对人才培养的重视。此外，思政课教师还可以通过参加各类数字化教育培训、阅读相关学术文献、关注数字化教育动态、积极参与学术交流和研究等方式不断更新自身的知识结构和提升自身技能水平，以适应数字化时代教育发展的新要求。这种终身学习的态度和对教育事业的持续投入，正是教育家精神的重要体现。最后，思政课教师应秉持崇高的教育家精神，以自身的人格魅力和实际行动诠释价值理性的重要作用，主动纠正工具理性在教育过程中的过度渗

透，避免其对价值理性的遮蔽。坚持以人为本，以教育家的大爱情怀和深刻洞察力，启发和引领学生形成正确的世界观、人生观和价值观，真正实现教育的本质——立德树人，促进个体生命境界的提升和社会文明的进步。

参考文献

［1］刘海燕. 教育家精神的时代意蕴与践行理路［J］. 教育研究，2023，44（12）：121 – 129.

［2］张志勇，史新茹. "中国特有的教育家精神"的演进逻辑、本质内涵和时代价值［J］. 中国教育学刊，2023（11）：1 – 6，96.

［3］肖皓文，曹银忠. 深刻理解习近平关于做好高校思想政治工作的重要论述［J］. 党的文献，2023（5）：25 – 32.

［4］金生鈜. 以教育为志业：教育家的精神实质［J］. 中国教育学刊，2011（7）：1 – 6.

［5］靳诺. 加强高校教师价值观塑造 着力培养"经师"和"人师"的统一者［J］. 中国高等教育，2023（22）：25 – 28.

［6］习近平. 思政课是落实立德树人根本任务的关键课程［EB/OL］.（2020 – 08 – 31）［2024 – 03 – 10］. http：//www. gov. cn/xinwen/2020 – 08/31/content_5538760. htm.

［7］董辉，孙少帅. 以新时代教育家精神引领教师教育高质量发展［J］. 陕西师范大学学报（哲学社会科学版），2023，52（5）：37 – 45.

［8］韩一凡. 数智生活：数字技术赋能思政课教学生活化的新指向［J］. 学校党建与思想教育，2024（1）：67 – 70.

［9］冯博. 高校思想政治理论课数字生态系统的内涵、结构与运行机制探析［J］. 思想教育研究，2023（12）：100 – 106.

［10］邹太龙，戚冠辉. 全媒体时代思政课教师话语权的内涵嬗变、现实挑战与重构路径［J］. 民族教育研究，2024（1）：1 – 9.

［11］李敏. 算法推荐赋能高校思政课改革创新的机遇、风险与路径［J］. 思想理论教育导刊，2024（1）：136 – 144.

［12］金兢，牟凌刚. 教育家精神的历史根源、内涵特质与培育路径［J］. 中国教育科学，2024，7（1）：46 – 54.

［13］赵健. 技术时代的教师负担：理解教育数字化转型的一个新视角［J］. 教育研究，2021，42（11）：151 – 159.

［14］李森. 教育家精神的文化逻辑［J］. 教育科学研究，2023（11）：1.

基金项目：2024 年度校级人文社会科学研究项目"马克思主义理论专项"（项目编号：SLGMLLZX2401），陕西省"十四五"教育科学规划 2023 年度课题（项目编号：SGH23Q0297）。

作者简介：纪燕，陕西师范大学教师发展学院博士研究生，陕西理工大学讲师，研究方向为高等教育管理、思想政治教育。

专业学位研究生教育培养过程的实践逻辑

张　杨

摘　要： 专业学位研究生教育在优化高层次人才培养结构、推进学术与实践创新型人才分类发展、有效满足社会经济发展对高层次应用型人才需求等方面发挥着重要作用。与学术型研究生教育培养过程相比，专业学位研究生教育培养过程的最大特点在于实践性，只有遵循专业学位研究生教育的实践属性，才能形成较为独特的专业学位研究生教育培养的实践模式。专业学位研究生教育培养过程的实践逻辑不仅是社会需求与人才培养目标的需要，也是实践导向与创新驱动发展的必然，更是产教融合与校企合作互联互通的结果。

关键词： 专业学位研究生教育；实践性；社会需求；创新驱动；产教融合；校企合作

一、引　言

随着全球科技竞争的加剧和我国经济社会进入高质量发展阶段，国家对高层次应用型人才的需求日益迫切。党的十八大以来，国家先后召开全国教育大会、研究生教育大会，把教育、科技、人才作为全面建设社会主义现代化国家的基础性、战略性支撑进行统筹谋划，这充分地展现了党和国家把对人才培养的重视程度提升到前所未有的水平。研究生教育位于国民教育的最顶端，是高水平、高素质、高层次人才培养的高地，必然决定着国家创新型人才培养的高度。作为研究生教育的重要组成部分，专业学位研究生教育是培养解决经济生产和社会发展实际问题的高层次应用型人才的重要途径，在我国高等教育体系中占据特殊地位。

自20世纪90年代以来，我国专业学位研究生教育已走过30余年，规模不断扩大，结构持续优化，取得了显著成就。在规模上，从《全国教育事业发展统计公报》中的招生数据[1]来看，2018—2022年，专业学位研究生招生规模从44.66万人上升至71.44万人，增长60.0%，其中专业学位博士研究生招生规模从0.68万人上升至2.46万人，增长261.8%，专业学位硕士研究生招生规模从43.98万人上升至68.98万人，增长56.8%。《关于深入推进学术学位与专业学位研究生教育分类发展的意见》[2]提出，到"十四五"末期，专业学位硕士研究生招生规模预计扩大到硕士研究生招生总规模的2/3左右，专业学位博士研究生的招生数量也会进一步增加。在结构上，目前我国已设立了67种专业学位类别，涉及经管、法律、艺术、医学、工程等众多领域和行业[3]，面对新一轮科技革命和产业变革对人才培养提出的新要求，专业学位研究生教育作为服务国家实践应用型人才供给的重要力量源泉，不断引导高校优化学科结构，加大高层次应用型人才培养力度，加快培养复合型创新人才。

然而，专业学位研究生教育在快速发展的过程中也暴露出了一些问题。首先，部分高校在专业学位研究生教育中仍存在依附学术型研究生教育培养模式的倾向，未能充分体现出专业学位教育的独立性。[4]专业学位的培养方式与方法尚未实现与学术学位培养的有效区分，整体而言，其培养模式差异化程度较弱，尚未构建起一套完善且富有专业学位特色的人才培养体系。[5]专业学位培养过多地依附于学术型培养方案，导致培养效果难以充分满足社会需求，同时缺乏独立的、具有针对性的培养路径，创新思路也不够明确，从而使专业学位研究生在职业性与专业性方面与要求之间存在一定差距。[6]其次，专业学位研究生教育的实践教学环节相对薄弱，实践应用基地和资源不足，难以满足学生综合实践能力的培养需求。[7]以校企合作为例，一方面，合作企业的数量相对有限、类型较为单一，高校选择合作企业时主要局限于所在城市，且合作企业的层次差异不显著，难以实现差异化培养的目标[8]；另一方面，校企合作的动力机制缺失，导致合作的深度和持续性不足，当前的合作多呈现出临时性和阶段性的特点，缺乏长期稳定的合作基础，因此协同育人的效果难以得到持续有效的保证。[9]此外，一些高校在课程设置、教学模式、成果培育及评价体系等方面存在与专业学位研究生教育特点不相适应的问题。[10]一方面，理论课程依旧占据核心位置，而实践课程的比重相对较低[11]；另一方面，课程设置的针对性不足，课程体系的构建倾向于符合校内师资资源的配置状况，而未充分考量与专业学位研究生个人能力培养以及企业实际发展需求的对接。[12]总体而言，专业学位研究生课程体系的建设与实践的融合程度不高，课程设置与人才培养的实际需求之间存在偏差，进而导致专业学位研究生难以达到应用型人才培养的预期目标。

要解决专业学位研究生教育存在的诸多问题，必须聚焦专业学位研究生培养过程的实践逻辑，实践性是专业学位研究生培养目标的本质要求和内在规定，是专业学位研究生教育区别于学术型研究生教育的根本属性，是专业学位研究生教育存在和发展的基石。[13]专业学位硕士研究生教育之所以会遭受诟病，在很大程度上是因为培养单位没有深刻认识其实践性内涵，未能突出专业学位硕士研究生教育的特殊属性，导致专业学位研究生教育远离初衷，人才培养质量与市场需求脱节。因此，提高对专业学位研究生教育实践性内涵的认识，厘清专业学位研究生培养的实践逻辑，立足市场实际需求，强调在社会和职业的真实环境下培养能够解决经济生产和社会发展实际问题的高级应用型人才，是专业学位研究生教育高质量发展的根本途径。

二、专业学位研究生培养过程实践逻辑的起点：满足社会需求与人才培养目标达成的双重需要

专业学位研究生培养过程的实践逻辑，便是源于社会经济发展的迫切需求与高等教育人才培养目标的精准对接。在全球化浪潮与科技进步的双重驱动下，社会经济结构快速转型，对兼具深厚理论基础与卓越实践能力的高层次应用型人才的需求急剧增加，传统学术型研究生培养模式面临变革要求。专业学位研究生教育应运而生，作为回应这一需求的创新举措，它紧密围绕社会实际需求与国家战略导向，构建了理论与实践深度融合、科研与应用并进的培养框架。

（一）专业学位研究生培养过程的实践逻辑植根于社会经济发展之中

伴随着经济社会的持续进步与科技的迅猛发展，社会对高层次、应用型人才的需求呈现出日益增长的态势。然而，传统学术型研究生教育在致力于培养科研创新人才的同时，在一定程度上也显露出满足行业实际需求方面的局限性。正是在这一背景下，专业学位研究生教育应运而生，其培养目标明确聚焦于能够有效应对经济生产和社会发展实际问题的高级应用型人才。[14]我国目前正处于百年未有之大变局的特殊发展时期，加之经历着新一轮科技革命和产业变革的洗礼，对实践应用型人才的需求更是急剧攀升。专业学位研究生教育在我国已经发展了30余年，为填补人才供给的缺口贡献了巨大力量，旨在为社会输送既拥有扎实理论基础，又具备强大实践能力的专业人才，从而更好地服务于国家和社会的发展需求。

（二）专业学位研究生培养过程的实践逻辑是国家政策导向的结果

党的十八大以来，以习近平同志为核心的党中央高度重视教育事业的全面发展，召开了具有里程碑意义的全国教育大会及研究生教育大会，深入贯彻创新、协调、绿色、开放、共享的新发展理念，明确提出优化高层次人才培养结构，强调学术创新型人才与实践创新型人才并重的发展路径。在这一宏观战略指导下，专业学位研究生教育作为实践创新型人才培养的关键领域，被赋予了前所未有的重要地位和使命。党的十九大报告进一步指出，要加快一流大学和一流学科建设，实现高等教育内涵式发展，

这为专业学位研究生教育提供了更加广阔的舞台。党的二十大报告则明确将教育、科技、人才作为全面建设社会主义现代化国家的基础性、战略性支撑，强调要全面提高人才自主培养质量，推动专业学位研究生教育在服务国家战略需求中发挥更大的作用。2023年以来，国家密集出台了一系列法律法规及政策文件，如《教育部关于深入推进学术学位与专业学位研究生教育分类发展的意见》及《中华人民共和国学位法》等，不仅首次在法理层面明确了学术学位与专业学位研究生教育具有同等重要的地位，真正划定了两种学位类型的"法律界限"，还详细规划了两类学位的分类发展蓝图。这些政策不仅细化了专业学位研究生的设置标准、培养方案、评价体系，还鼓励加强产教融合、科教融汇，确保专业学位研究生教育紧密对接经济社会发展需求，培养出更多具备扎实专业知识、卓越实践能力和良好职业素养的高级应用型人才，为加快建设教育强国、科技强国、人才强国提供坚实的智力支撑。

（三）专业学位研究生培养过程的实践逻辑是人才培养目标定位的需要

专业学位研究生教育作为高等教育体系的重要组成部分，其培养过程的实践逻辑不仅受到社会经济发展的影响和国家政策的引导，更深层次地根植于人才培养目标的精准定位之中。人才培养目标的明确与合理设定，是专业学位研究生教育实践活动的出发点和归宿，也是确保其培养质量的关键所在。[15]从人才培养目标来看，专业学位研究生教育明确指向高层次应用型人才的培养，这一目标定位直接关联到培养过程的实践逻辑。与传统的学术型研究生教育侧重于理论知识的学习和科研能力的培养不同，专业学位研究生教育更加注重实践能力的锤炼和职业素养的提升。因此，其培养过程必须紧密围绕这一核心目标，通过课程设置、实践教学、导师指导等多个环节的精心设计，确保研究生能够真正掌握解决实际问题的能力。

三、专业学位研究生培养过程实践逻辑的核心：彰显实践导向与创新驱动发展的必然

专业学位研究生培养过程实践逻辑的核心深刻彰显了实践导向与创新驱动发展的必然趋势。这一趋势不仅源于社会对高层次应用型、复合型人才的迫切需求，更体现为专业学位研究生教育对于实践性、应用性与职业性融合发展的深刻把握。实践作为联系理论与实际的桥梁，不仅赋予专业学位研究生以解决实际问题的能力，更是其职业生涯发展的坚实基石。与此同时，创新作为驱动行业进步和社会发展的核心要素，在专业学位研究生培养过程中被赋予了前所未有的重要性，成为塑造其核心竞争力、推动行业创新发展的关键力量。

（一）专业学位研究生培养过程应彰显具有应用性与职业性的实践性特征

从哲学范畴来看，实践性代表实践活动所具有的实际操作性和可检验性。它强调的是理论与实践的结合，以及理论在实践中的应用和验证。实践性是理论生命力的体现，是理论发展的动力源泉，也是理论服务于实践的重要途径。专业学位研究生教育的应用性体现在其培养目标上，即培养能够解决经济生产和社会发展实际问题的高级应用型人才。与学术型研究生教育不同，专业学位研究生教育更加注重知识的应用和实践能力的培养，强调所学知识的直接转化和应用能力。专业学位研究生教育的职业性体现在其本质上是一种职业性学位，开设领域主要集中在具有相应职业背景的学科中。专业学位研究生的求学追求更多聚焦于高层次的职业水准而非单纯的学术水平，其学位授予标准也更加侧重于对专业实践能力和职业素养的评价。[16]

实践性与应用性、职业性之间紧密相连，相互促进。实践性是应用性和职业性的基础，通过实践可以获得和应用知识，发展职业技能；应用性强调知识的实用性和可转移性，与职业性中的技能要求紧密相连；职业性则为实践性和应用性提供了方向与目标，指导着实践的方向和内容，并衡量个人的职业能力。这三者共同构成了专业学位研究生在职业发展中的核心竞争力。

（二）专业学位研究生培养过程形成了实践导向的培养模式

专业学位研究生教育显著地强调实践导向，这一核心理念全面渗透于课程设置、教学内容、教学方法以及评价标准等多个培养环节之中，构成了其独特的培养体系。具体而言，在课程设置方面，专业学位研究生教育紧密贴合行业需求与职业标准，精心设计了一系列具有明确针对性和高度实用性的专业课程及实践环节，旨在确保学生所学知识与技能能够直接服务于未来的职业发展。教学内容上，该教育模式尤为注重理论知识与实践经验的深度融合，通过引入案例分析、模拟实训等多种教学手段，有效促进学生实践能力的全面提升。在教学方法层面，专业学位研究生教育积极倡导问题导向、项目驱动等互动式教学模式，鼓励学生积极参与、主动探索，以此培养其独立思考与团队协作的核心能力。[17]至于评价标准，实践成果被视为衡量学生学习成效的关键指标，特别强调学生在解决实际问题过程中所展现出的综合能力与创新潜力。此外，高校还致力于与企业、行业协会等外部机构建立深度的合作关系，共同为学生打造丰富多元的实习实训基地，使学生在真实的职业环境中深化对专业知识的理解，进一步提升其解决实际问题的专业技能与综合素养。

（三）专业学位研究生培养过程的实践逻辑在于强化以创新驱动的发展动力

专业学位研究生教育不仅着重于实践能力的培养，还体现了对创新精神培养的高度重视。通过让学生积极参与科研项目、企业合作、社会实践等多种活动，促使他们在实践中发现问题、解决问题，并在此过程中不断积累创新经验。这种以创新驱动的发展动力机制，不仅有助于极大地提升学生的综合素质和竞争力，使他们能够更好地适应未来社会发展的需求，而且还通过激发学生的创新潜能和科研活力，为推动行业和社会的发展进步提供了新的动能。为实现这一培养目标，专业学位研究生教育坚持注重创新驱动和科研支撑体系的构建[18]，鼓励学生更加深入地参与科研项目和技术创新活动，以此培养其敏锐的创新意识和扎实的科研能力。同时，高校及研究机构也应不断加强科研平台建设和师资队伍建设，为专业学位研究生教育提供坚实有力的科研支撑和智力保障，从而共同推动专业学位研究生教育的创新发展和质量提升。

四、专业学位研究生培养过程实践逻辑的实现路径：坚持产教融合与校企合作

专业学位研究生培养过程实践逻辑的实现，关键在于产教融合与校企合作。产教融合通过高校与产业界的深度合作，共同塑造符合行业需求的人才培养模式，确保教育内容与产业需求紧密契合。校企合作则侧重于提供多元化实践机会，通过与企业紧密合作，实现学生在真实工作环境中锻炼与成长。两者相辅相成，推动教育链与产业链、创新链的有效对接，促进科研成果转化应用，提升学生实践能力和职业素养，为行业输送高素质应用型人才，实现教育资源与产业资源的优化配置和互利共赢。这两条实现路径不仅满足了社会对专业人才的迫切需求，也推动了教育与产业的协同发展。

（一）专业学位研究生培养过程实践逻辑的途径之产教融合

产教融合的核心在于通过高校与产业界的深度合作，共同制定人才培养方案、开发课程资源和实训项目，以确保教育内容与行业需求的高度契合。这种模式的实施，不仅有助于提升专业学位研究生的实践能力和职业素养，还可以推动科研成果的转化和应用，促进产业的升级和发展。

在产教融合的过程中，高校应主动出击，积极与产业界建立广泛的联系和合作。一方面，高校可以邀请产业界的专家和企业家参与到人才培养方案的制定中，根据产业发展趋势和市场需求调整专业设置和课程内容，确保教育的针对性和实效性。另一方面，高校还可以与产业界共同开发课程资源和实训项目，将最新的产业技术和实践经验引入教学，提升学生的实践能力和创新能力。[14]同时，产业界也应为高校提供必要的实践基地和师资支持，通过设立实习基地、研发中心等合作平台，为学生提供真实的工作环境和实践机会，帮助他们在实践中锻炼和提升自己。此外，产业界的专家和技术人员还可以参与到高校的教学和科研活动中来，为学生提供专业的指导和帮助。

（二）专业学位研究生培养过程实践逻辑的途径之校企合作

校企合作是专业学位研究生教育实践中的另一个重要环节。通过与企业建立紧密的合作关系，高校可以为学生提供更多的实习实训机会和职业发展平台，使学生在真实的工作环境中得到锻炼和提升。同时，企业也可以借助高校的智力资源和技术优势，解决实际生产中的问题，推动产业升级和创新发展。

在校企合作的过程中，高校和企业应共同制定合作计划和目标，明确双方的权益和责任。通过共建实践基地、联合培养项目等方式，实现资源共享和优势互补。企业可以为学生提供实践岗位和职业发展机会，帮助他们更好地了解行业动态和市场需求；高校则可以为企业输送优秀人才和技术支持，解决企业在生产过程中遇到的技术难题和创新需求。此外，校企合作还可以促进科研成果的转化和应用。高校拥有丰富的科研成果和创新资源，但往往缺乏将其转化为实际生产力的能力和平台。而企业则拥有强大的生产能力和市场渠道，可以将科研成果快速转化为产品和服务。[13]因此，通过校企合作，可以将高校的科研成果与企业的生产实践相结合，推动科技成果的转化和应用，促进产业的升级和发展。

总之，专业学位研究生教育作为培养高层次应用型人才的重要途径，在我国高等教育体系中占据重要地位，其特点在于实践性、应用性和职业性，这些特点在实践中得到了充分体现并形成了独特的实践逻辑。当前，在教育强国建设的新征程中，我国专业学位研究生教育将在规模与结构、培养模式、评价标准、质量监控体系等方面持续优化和创新发展，必将为经济社会发展和国家建设提供更加有力的高层次应用型人才支撑。

参考文献

[1] 教育部. 全国教育事业发展情况 ［EB/OL］. （2023 - 07 - 05）［2024 - 06 - 30］. http：// www. moe. gov. cn/jyb_sjzl/.

[2] 教育部. 教育部关于深入推进学术学位与专业学位研究生教育分类发展的意见 ［EB/OL］. （2023 - 11 - 30）［2024 - 06 - 30］. http：//www. moe. gov. cn/srcsite/ A22/moe _826/202312/ t20231218_1095043. html.

[3] 中国研究生招生信息网. 专硕巡展：带你了解专业学位硕士 ［EB/OL］. （2022 - 09 - 13）［2024 - 06 - 30］. https：//yz. chsi. com. cn/kyzx/zt/zsxz. shtml.

[4] 李术才，蒋红光，朱太锐，等. 综合性大学专业学位研究生教育发展的困惑、困境与出路 ［J］. 学术探索，2022（5）：63 - 72.

[5] 范晓婷，逯纪峰，陈倩. 专业学位研究生教育、科技创新与经济增长：基于我国 1996—2018 年数据分析 ［J］. 中国高校科技，2022（12）：63 - 69.

[6] 罗国华. 产教融合背景下我国专业学位研究生教育改革探析 ［J］. 三峡大学学报（人文社会科

学版），2021，43（6）：113 – 116.

［7］ 熊玲，张莉莉，许勇，等. 深化产教融合　服务粤港澳大湾区：华南理工大学专业学位研究生教育的探索与实践［J］. 学位与研究生教育，2023（4）：1 – 8.

［8］ 包水梅，杨若凡，陈龙根. 我国专业学位研究生教育政策的议程设置：基于多源流理论的分析［J］. 教育发展研究，2017（Z1）：1 – 9.

［9］ 杨晨美子. 专业学位研究生教育产教融合的困境与破解：互动仪式链理论视角的分析［J］. 高教探索，2024（1）：54 – 60.

［10］ 王一然，宋晓静，张丽华. 我国专业学位研究生教育协同育人培养的现状与对策［J］. 教育理论与实践，2024（3）：9 – 14.

［11］ 许俊强，廖林清，罗云云，等. 服务社会需求实施产教融合全面深化专业学位研究生教育改革［J］. 重庆理工大学学报（社会科学），2021，35（7）：145 – 153.

［12］ 张炜. 专业学位博士生教育的中美比较与思考：基于研究生教育分类发展的视角［J］. 学位与研究生教育，2024（6）：1 – 6.

［13］ 刘国瑜. 专业学位研究生教育的实践性及其强化策略［J］. 学位与研究生教育，2015（2）：19 – 22.

［14］ 罗云菊，谢强，刘丽娟. 基于职业性与学术性统一的专业硕士学位职业性教育研究：以重庆大学全日制土木水利专业学位点为例［J］. 高等建筑教育，2022，31（2）：59 – 65.

［15］ 杨跃. 重思教师职业的专业性、实践性与学术性：兼论深化教育硕士研究生教育改革的关键议题［J］. 学位与研究生教育，2019（10）：24 – 28.

［16］ 黄丽静，延美丽，朱敬. 知识生产视角下专业学位研究生教育改革发展研究［J］. 扬州大学学报（高教研究版），2024，28（3）：61 – 68.

［17］ 刘彬，杨欣桦. 专业学位硕士研究生教育的实践性及其实现路径：以翻译硕士专业学位研究生教育为例［J］. 大学教育科学，2020（4）：79 – 85.

［18］ 郑世良，李丹. 专业学位研究生教育的学术漂移：表征、成因及治理［J］. 研究生教育研究，2019（6）：54 – 59.

作者简介：张杨，陕西师范大学博士研究生、研究生院助理研究员，研究方向为学位法与教育政策、研究生教育。

| 下　篇 |

深化教育综合改革与教育强国建设

我国技工教育演进轨迹、发展成就及愿景分析

张　帆　司晓宏

摘　要： 技工教育是职业教育体系的重要组成部分，是培养技能人才的重要途径。新中国成立至今，技工教育经历了五个阶段：探索起步期、停滞摆动期、复苏调整期、创新发展期和质量提升期，实现了从封闭到开放、从传承到创新的转型。75 年来，技工教育体系日趋完善，工学结合与产教融合特色愈加鲜明，教赛结合的教学方式被广泛采用，社会服务功能显著增强。展望未来，技工教育将建立与经济社会同步发展的机制，打造高质量培养体系，推动新质生产力发展，在促进区域发展与就业服务中发挥更大效能。

关键词： 技工教育；技能强国建设；高质量发展；历史演进

技工教育（education for technicians）是以培养技术工人为目标的专门教育[1]，是教育与产业、学校与企业、学习与工作关联最紧密的一种教育模式，也是最基础、最广泛的民生教育。新中国成立以来，我国技工教育经历了艰难而曲折的发展历程，取得了辉煌的成就。

一、新中国技工教育的发展历程

我国近代技工教育的起源可追溯至清末洋务运动时期，当时为了抵御西方列强的坚船利炮，迫切需要培养掌握现代技术的工人来构建国家的工业基础，为此兴办了一批技工教育学堂，如江南制造局工艺学堂（1865 年）、福州船政学堂（1866 年）、天津机器制造局学堂（1868 年）、北洋武备学堂（1885 年）等。民国初期达到顶峰的实业救国思潮，促进了技工教育的进一步发展，如张謇创办的纺织染传习所（1912 年）、黄炎培创办的中华职业学校（1918 年）、新西兰友人路易·艾黎在陕甘宁边区创办的培黎工艺学校（1942 年）等均可视为技工教育的萌芽与滥觞。然而，当时军阀混战、

列强入侵，社会缺乏稳定的基础，技工教育也仅停留在零星发展的状态。技工教育全面发展是新中国成立以后的事情，回溯这一历程，大体可以将其划分为以下五个阶段。

（一）探索起步期（1949—1960 年）

新中国成立初期，一方面百废待兴，另一方面城市面临着棘手的失业问题，技工教育遂成为解决城市失业问题的重要途径。1950 年，北京劳动人民文化宫更名为"职工大学"，开办技术学习班和专题讲座。1952 年，政务院在"以工代赈、生产自救"的工作中加入了开展职业训练的要求。1953 年，劳动部门借助失业工人专业技术训练班创办了技工学校，采用产教融合的办学模式，确立了依托行业企业办学的体制机制。劳动部统筹规划成立了大批技工学校，为"一五"计划建设培养了大量技工人才。随后，国家明确指出技工学校的设立是为了满足国家经济建设的需求。[2]《技工学校标准章程（草案)》《关于提高技工学校教学质量的决议》等进一步明确了办学规范，明确以培养初级、中级技工为目标，以生产实习为主要教学手段。中苏造船公司工人技术学校率先进行分层教学，将理论和实操课程分为一、二、三级，由经验丰富的技工负责操作指导和帮带。1956 年原劳动部颁布的《关于试行中华人民共和国工人技术学校标准章程（草案)》，确立了技工教育的培养目标是中级技术工人。[3] 截至 1958 年，全国设有技工学校 417 所，其中 75 所下放到各省、市、自治区管理。1949—1959 年，我国共培养毕业生 28 万人，技工院校的规模趋于稳定。

（二）停滞摆动期（1961—1976 年）

1961—1963 年，在缩短战线、压缩规模、合理布局、集中力量提高全国高、中等学校教学质量思想的指导下，技工学校数量和在校生人数不断下滑。1964 年，技工学校划归教育部主管，劳动部给予协助，此时采取的一系列调整措施对技工教育的发展造成了一定的阻碍。[4]1971 年 7 月全国教育会议简报中虽然强调技工学校是我国科学技术文化教育事业的重要组成部分[5]，但加强技工教育的措施却很少。这一时期，技工教育经历了停滞、下滑、摆动的艰难过程。

（三）复苏调整期（1977—2011 年）

1978 年，技工学校划归原劳动总局主管，教育部协助，短期技能培训逐渐恢复[6]，为当时中国经济复苏贡献了重要力量。党的十一届三中全会后，技工教育在办学体制、招生计划、就业政策等方面迈入了多元并举的阶段，并开始从短期培训向学制教育过渡，办学规模高速扩张。1979 年，国务院批准在津、鲁、豫、吉四省市设立技工师范学院。1986 年，原劳动人事部颁发《技工学校工作条例》，将技工学校界定为中等职业技术学校。1988 年，工人八级技术等级简化为初、中、高三级，[1]同时下发的《工人考核条例》明确了技能评价及晋升路径。1989 年，技工院校开始探索"双证书"（学历证书与职业资格证书）制度。1992 年，技工学校招生由指令性计划改为指导性计划，被赋予更多的办学自主权，全国学校数量增至 4392 所，在校生规模达 155.6 万人。[7]1999 年高校扩招对技工院校的就业生态产生了影响，部分院校撤并到职业中学。2000 年，江苏省常州技师学院的设立引发了各地技师学院的兴起，有效增加了高技能人才的供给。2002 年，"技工荒"促使各级政府和技工院校从办学机制、人才培养培训模式、政策支持、专业与课程设置、技能教学等方面进行改革，以提高技工教育的吸引力。

（四）创新发展期（2012—2020 年）

随着市场对高技能人才需求的增长，我国技工教育已形成包含技工学校、高级技工学校和技师学院的三级培养体系。党的十八大以来，技工教育以创新创业为导向[8]，推进工学一体化课程改革，深化产教融合，办学质量显著提升，在第 44 届和第 45 届世界技能大赛中，技工院校选手获金牌和奖牌数占中国参赛选手的比例均接近 60%。[9]2012 年，《技工学校设置标准（试行）》颁布，确定技工教育的培养目标为适应现代化生产、服务需要的中级技工。2015 年，助学金及免学费政策激励了农村学生报读技工院校。2016 年，《技工教育"十三五"规划》明确技工院校中级、高级、预备技师班毕业生分别按中专、大专、本科学历落实相关待遇[10]，毕业生就业率从 2009 年的92.45% 逐年提高到 2018 年的 98.57%。截至 2020 年年底，全国共有技工院校 2423 所（技师学院 496 所），在校生 395.5 万人，向社会提供职业培训超 400 万人次，我国技工教育的成果逐渐显现。[11]

（五）质量提升期（2021 年至今）

"十四五"期间，我国产业结构转型升级速度加快，出现"结构性技工荒"，技工教育面对质量提升的新挑战。2021 年，中共中央办公厅、国务院办公厅印发《关于推动现代职业教育高质量发展的意见》，强调了产业学院和企业学院的重要性。同年，人力资源社会保障部等公布《关于深化技工院校改革 大力发展技工教育的意见》，明确提出要大规模开展与产业项目匹配的职业技能培训，加快培养紧缺的技术技能人才。[12]2022 年，习近平总书记强调制造大国要有强大的技术工人队伍。[13]同年，新修订的《中华人民共和国职业教育法》确定了技工教育的法律地位。人力资源社会保障部颁布的《技工教育"十四五"规划》提出要加强高水平技师学院的建设。[11]。2022 年年底，全国共有技工院校 2551 所，在校生 445 万人。技工教育的对象更加广泛，开发了弹性学制及技能鉴定培训，拓展了公共实训和就业服务等，形成了产教融合的综合性培养培训基地，技工教育高质量发展开始启程。

二、新中国技工教育的发展成就

新中国成立以来，技工教育经历了从初步探索到质量提升的演进历程，实现了从封闭到开放、从传承到创新的调整转型，在这一过程中，技工教育的重点已从满足受教育者的基本教育需求，提升为追求教育质量的持续优化。

（一）技工教育的制度体系日趋规范和健全

随着新时代的到来，中国特色现代技工教育体系已经初步建成，在经济社会发展中展现出不可或缺的作用。

首先，培养方向明确化。随着经济社会的发展，技工教育的培养对象从初、中级工向高级工和技师拓展。"双证书"制度的实施，为学生的职业发展和就业选择提供了明确指引。《技工教育"十四五"规划》明确提出到2025年，基本形成技工教育体系更加完善、布局更加合理、特色更加突出、技能人才培养规模和质量更加契合经济社会发展需要的良好局面。[15]

其次，办学管理规范化。自1953年起，技工教育在教学管理、专业设置、机构建设、人员编制和经费管理等方面逐步得到明确的政策指引。[15]1956年，劳动部开始逐步规范技工学校的办学标准，1979年又对办学机制、招生计划以及毕业生就业政策等进行了系统性改革。2012年，人力资源社会保障部颁布了《技工学校设置标准（试行）》《高级技工学校设置标准（试行）》《技师学院设置标准（试行）》，完善了技工教育的管理体制。

最后，职业资格标准系统化。1993年，职业资格证书制度[16]的推行提升了技工教育的认可度。2013年，职业技能等级认定制度进一步完善了资格认定的标准和程序，推动了技工院校在培养培训、评价、使用三个方面的相互衔接。同时，国家开放大学和广东省等积极构建资历框架，为技工教育与普通教育的衔接奠定互认基础。

（二）工学结合、产教融合培养模式逐渐形成

我国技工教育在秉持"服务发展、促进就业"的办学方向中，不断以市场需求为导向，以产教融合为核心，以质量提升为目标，改进和创新人才培养模式。

首先，工读参半培养模式的形成。新中国技工教育秉承了工学交替的教育思想，自1958年半工半读[17]的教育理念被提出以来，技工学校始终坚持生产与教育相结合的教学模式。《技工学校暂行办法》（1954年）明确生产实习学时占50%~60%，理论课学时占40%~50%。[18]技工院校已普遍通过顶岗实习等形式，让学生获得实际工作经验。随着《关于推动高级技工学校和技师学院加快培养高技能人才有关问题的意见》

（2006年）的发布，技工教育进一步推行弹性学制和学分制，实现了教学的多元化管理。2015年，"企业新型学徒制"开始试点推行，凸显了企业在技工教育中的主导地位，确立了企业在技能人才培养过程中的核心作用，保证了教育内容与企业实际需求的紧密结合。

其次，工作现场教学的探索。2000年，劳动和社会保障部提出建立职业培训综合基地或职业培训集团，提升技能人才培养的效率和质量。近年来，各地纷纷建立技工院校产教联盟（共同体），如广东岭南现代技师学院与京东集团合作，将企业工作场景引入校园，使工学结合、产教融合落到实处。

最后，工学一体化教学模式的建立。随着技工教育与劳动就业的联系日益紧密，2009—2019年，国家推行以职业能力培养为目标、以典型工作任务为载体的一体化课程改革试点，200余所技工院校、31个专业开始重新调整其办学模式。[19] 2021年，中共中央办公厅、国务院办公厅颁布《关于推动现代职业教育高质量发展的意见》，全面推进工学一体化技能人才培养模式的实施。

（三）以赛促教、教赛结合的教学方式基本形成

在技工教育教学改革浪潮中，"竞赛—课程—实训"的教学方式不仅丰富了技能教学内容，还提升了学生的学习动力，改善了教学生态。

首先，"以赛促教"是现阶段教学方式的优化。自20世纪末起，技能竞赛活动已从单纯的教学评估工具逐步融入教学全过程，实现了教学、竞赛、生产实践的深度整合。中国技校选手在世界技能大赛中的卓越表现，证明了技能竞赛能有效推动技能人才培养。

其次，赛事促进了教学标准与职业标准的融合，并成为接轨国际标准的重要平台。通过赛事活动，技校师生得以接触并学习各国职业技能标准，有利于提升教学质量，促进专业标准与国际标准对接，确保教学内容的前沿性和实用性。

最后，赛事成果间接提升了企业技术水平。参赛者通过竞赛掌握了前沿的职业技能与标准，将这些技能带回学校和企业，促进了新技能的广泛传播。不仅拓宽了校企的技术视野，也提升了毕业生的就业竞争力。

（四）技工教育的社会服务功能日益拓展

技工教育是培养技能人才的重要渠道，对区域经济发展与民生改善具有重要作用，其社会服务功能正在不断延伸与深化。

首先，提升劳动者就业能力。技工教育通过与劳动市场的动态对接，对劳动者进行职业能力培养，为其提供改善生活条件的机会，不但能有效缓解就业市场的结构性矛盾，还能增强劳动者的就业适应性和职业流动性。

其次，为制造业的转型升级培养高技能人才。具有精湛技艺和创新能力的"大国工匠"是制造业创新的关键人才；新时代技工教育的新理念、新格局强化了产教融合，推动了制造业高端化、智能化发展需要的技能人才供给。

最后，深化教育扶贫组织促进社会均衡发展。技工院校持续拓宽贫困家庭学生的入学渠道，并通过结对帮扶和政府补贴培训，如百日免费线上技能培训、农民工稳就业技能培训[20]等，为贫困地区和乡村培养其急需的技能人才，推动社会均衡发展。

三、未来我国技工教育的愿景展望

展望未来，我国技工教育正站在新的历史起点上，迎来高质量发展的新纪元。"中国特色、世界水平"的技工教育体现了高质量教育的双重追求：既深植于中国的社会文化和经济发展需求，又与国际教育标准接轨，旨在培养具有全球竞争力的技术技能人才。这一时期，技工教育的教育体系、教育教学模式、动态调整机制，以及社会服务功能将从以下四个方面得以全面提升，从而为国家经济社会可持续发展提供坚实支撑。

（一）铸就校企协同的高质量教育体系

在追求技工教育高质量发展的过程中，构建校企协同的教育体系显得尤为重要。

首先，增强校企合作的灵活性、适应性、便捷性。通过持续优化校企双制、工学一体的教育教学模式，扩大"企业新型学徒制"的培养规模，推动政府、企业与学校的多元办学平台建设。

其次，构建有效的管理制度。包括组建协同多元办学平台，协同开展招生招工、专业规划与课程开发。同时，建立综合评价体系，确保管理、办学、评价各环节的有机联动。

最后，创建校企资源共享平台。实现教学、竞赛、职业（岗位）、标准等信息共享，从而增强教学内容与就业市场的对接，为学生提供更加精准的职业发展路径。

（二）构建新时代技能人才培养生态

在新时代背景下，技工教育的改进与转型对于培养适应社会发展需求的技能型人才至关重要。

首先，聚焦于整合行业核心工艺与技术，提炼职业素养的基本要素，培育有文化、有技能、能就业的复合型人才。

其次，教育重点转向培养具备现代信息技术、适应高端先进设备、具备知识快速迭代能力的新型人才。[21]。特别是在农业领域，要培养适应新业态发展需求的技能型新农人，以促进乡村振兴和农业现代化。

最后，提升技工教育的师资质量。这是构建健康教育生态的关键。通过引导和支持教师的专业发展，提供参与行业实践的机会，并引入行业专家参与教学与研讨，可以为教学生态注入新的活力，确保教育内容的前沿性和实践性。

（三）构建与产业结构转型升级契合的动态机制

技工教育作为培养技能人才的重要途径，与产业结构转型升级保持同步，对经济社会发展至关重要。

首先，确立数据驱动的决策基础。通过构建系统化的数据收集与分析框架，实时监测劳动力市场及技术技能发展的趋势，为教育教学改革提供科学的依据。

其次，实现教学内容的动态更新。依据数据分析结果，与产业界紧密协作，确保教学内容及时更新，反映行业最新需求，紧跟技术前进的步伐。

最后，制定战略规划与调整机制。基于持续的评估和反馈，适时调整战略规划，确保技工教育与产业升级同步，满足经济社会发展的长期需求。

（四）拓宽区域协调发展与就业服务功能

技工教育在推动区域协调发展和乡村振兴中扮演着关键角色。

首先，优化区域发展布局是技工教育的重要任务。通过调整专业设置和更新教学内容，技工教育能够更好地融入区域经济，形成与地方产业相匹配的特色和优势，为区域经济发展培养所需的技能人才。

其次，提升就业服务能力是技工教育的重点。通过增强技能培训的针对性、扩大其覆盖面，技工教育能够更有效地服务于结对帮扶和乡村振兴战略，培育当地急需的技能人才，促进就业和劳动力市场的稳定。

最后，加强再就业培训是技工教育服务功能的延伸。通过提供技能升级和职业转换培训，帮助新生代农民工、去产能分流职工、退伍军人、大龄就业困难人群提升就业能力，实现更高质量的就业。

新中国的技工教育从起步到壮大，始终坚持服务于经济社会发展，当前正朝着优化教育教学结构和内容、培养与产业结构转型升级相应的技能人才的方向前进。未来技工教育将聚焦国家战略，深化对教育教学规律的认识，全面提升教育教学质量，培养新型技能人才，推动新质生产力发展，支撑中国智造，助力中国梦的实现。

参考文献

［1］顾明远. 教育大词典［M］. 上海：上海教育出版社，1998：649.

［2］崔秋立. 坚定信心 保持特色 提高质量：学习习近平总书记关于"大力发展技工教育"重要指示体会［J］. 职业，2020（2）：11－13.

［3］李蔺田. 中国职业技术教育史［M］. 北京：高等教育出版社，1994：266－291.

［4］国家劳动总局技工培训局. 技工培训工作文件汇编：1978 年 2 月至 1980 年 10 月［M］. 北京：劳动出版社，1981：8.

［5］方展画，刘辉，傅雪凌. 知识与技能：中国职业教育 60 年［M］. 杭州：浙江大学出版社，2009：50－73.

［6］李梦卿，周艳. 新中国成立六十年我国职业教育政策综述［J］. 教育与职业，2009（36）：5－8.

［7］张倩，宁永红，刘书晓. 新中国成立以来的技工教育：历程、回归与超越［J］. 中国职业技术教育，2017（24）：65－70，80.

［8］打造中国技工教育"常青藤"［N］. 中国劳动保障报，2017－01－18（04）.

［9］王晓君，崔秋立. 新中国成立 70 年技工教育的发展特色及贡献［J］. 职业，2019（29）：13－15.

［10］石剑. "十三五"期间技工教育发展：成就、困惑与展望［J］. 职业技术教育，2021，42（33）：66－70.

［11］技工教育"十四五"规划［J］. 中国人力资源社会保障，2021，142（12）：4－5.

［12］习近平对我国选手在世界技能大赛取得佳绩作出重要指示 弘扬精益求精的工匠精神 激励广大青年走技能成才技能报国之路 李克强作出批示［J］. 中国人力资源社会保障，2019（10）：2.

［13］朱永新. 制造业大国呼唤高素质技工［N］. 人民日报，2018－09－14（05）.

［14］韩通，郯海霞. 面向 2035：我国技能型社会建设的内涵实质、现实逻辑与机制路径［J］. 职业技术教育，2022，43（19）：20－26.

［15］崔秋立，王倩，李兴军. 改造与兴建：新中国初期技工教育发展研究［J］. 中国职业技术教育，2020（30）：63－72.

［16］李红卫. 我国职业资格证书制度执行偏差原因分析：基于 1993—2002 年制度变迁的思考［J］. 职教论坛，2012（18）：22－25.

［17］印进宝. 党建八十年 中华擎天柱：中国共产党八十年建设的历程与思考［M］. 北京：军事科学出版社，2001：417.

［18］李梦卿，王若言，罗莉. 现代学徒制的中国本土化探索与实践［J］. 职教论坛，2015（1）：76－81.

［19］李远方. "十四五"技工教育迎来新契机［N］. 中国商报，2021－11－18（03）.

［20］李心萍. 我国技能劳动者超过 2 亿人，其中高技能人才超过 5000 万人，技能人才需求旺盛［N］. 人民日报，2021－03－19（19）.

［21］李心萍，黄福特，林丽鹏. 加快形成新质生产力［N］. 人民日报，2024－03－05（06）.

基金项目：国家社会科学基金重点项目"推进义务教育优质均衡发展研究"（项目编号：22AZD080）；2023 年全国高校、职业院校物流教改教研立项课题"技工院校物流专业'岗课赛证'综合育人模式研究"（项目编号：JZW2023152）。

作者简介：张帆，陕西师范大学博士研究生，广东省电子商务技师学院高级讲师；司晓宏，陕西省社会科学院教授，陕西师范大学博士研究生导师。

高中阶段职普融通课程建设的
现实困境与破解路径选择

谭佳佳　衣新发

摘　要： 推进高中阶段职普融通课程建设是满足学生多样化成才选择、促进教育公平、破解职普教育失衡问题的现实需求，也是优化教育结构、促进教育优质均衡发展、加快建成教育强国的重要举措。我国许多地方和学校积极开展了职普融通课程建设的改革实践，但面临课程简单叠加、缺乏统筹指导、缺乏等值观念等现实困境。深化职普融通课程建设，需要坚持融通共生，以系统思维赋能职普课程深度融通；注重统筹兼顾，以顶层设计汇聚职普课程融通多元力量；强化制度保障，以资历框架推动职普课程等值互动。

关键词： 职普融通；课程建设；现实困境；破解路径

职普融通即职业教育和普通教育的融会贯通，其范围已从高中阶段拓展至教育体系各阶段[1]，旨在破除教育类型壁垒，整合两类不同教育资源，实现资源共享、衔接、互认，对接学生多元发展需求，优化教育结构，促进教育优质均衡发展。近年来，国家多次出台文件从顶层推进职普融通改革发展，如 2021 年发布的《关于推动现代职业教育高质量发展的意见》强调加强各学段普通教育与职业教育渗透融通，2022 年新修订的《中华人民共和国职业教育法》指出职业教育与普通教育相互融通，不同层次职业教育有效贯通，党的二十大报告把职普融通上升为国家重点教育改革项目。各地也积极开展实践探索，创建综合高中、创设职普融通班、互派师资、互开课程等，但改革成效并不理想。此外，学界关于"职普融通"的现有研究大多侧重于内涵诠释、国际经验、政策建议等，鲜少涉及课程建设这一核心主题，特别是高中阶段的课程建设。

课程建设是践行"职普融通"理念，实现职普渗透、职普贯通培养的载体和关键，是推动国家"职普融通"政策落地生效和满足学生应试教育与职业学习双重需求的出发点和落脚点。基于此，本研究拟从我国高中阶段职普融通课程建设的现实动因、现实困境和路径选择三个方面予以探讨。

一、我国高中阶段职普融通课程建设的现实动因

开展职普融通课程建设是由我国高中阶段教育的功能定位、价值归旨、现实需求所决定的，也是知识生产方式变革和教育体系融合创生的必然要求，富有鲜明的时代价值和科学内涵。

（一）功能定位：满足学生多样化发展的成才需求

多样性是我国高中阶段教育的内在属性，集中体现在兼顾学术教育和职业教育、升学与就业、不同学科之间的关系上。陶行知先生对高中阶段教育的多样化功能做了深刻而全面的阐释。他指出，高中阶段的教育至少包含三个方面的功能：一是为接受高等教育做准备，二是为未来的职业生涯做准备，三是为参与社会实践活动做准备。[2]这就要求高中阶段的教育提供多样化的教学内容，坚持特色化办学方向，为学生未来的多种专业选择做足准备。首先，高中阶段的课程内容设置应该初步体现专业化。一方面，通过开设综合实践活动、科技、艺术、语言、体育等丰富多样的课程，满足学生的个性化学习需求，为学生提供多元的学习路径和专业选择；另一方面，要注重基础课程与专业元素的融合，即在语文、数学、英语等基础学科教学中，培养学生的核心素养，如批判性思维、逻辑思维和沟通能力等，同时融入相关专业的知识或案例，激发学生的学习兴趣，让学生初步了解专业内容和发展前景。其次，高中阶段的教育应为准备就业的学生提供专业的技能培训和职业探索。一方面，要注重实践教学的专业化布局，创建与特定专业相关的实验室，为学生提供实验操作机会，增强其实践动手能力；另一方面，要积极寻求与外部企业或研究机构合作，为学生提供短期实习机会，让学生亲身体验专业工作，为其进入更高水平的专业化学习阶段提供职业探索和能力支持。高中阶段是学生专业能力和职业兴趣形成并发展的重要阶段，是社会专业化人才队伍分流的关键时期，做好职普融通课程建设是实现我国高中阶段教育功能多样化的应有之义和必要之举。

（二）价值归旨：促进教育公平的重要基础

教育公平是国家政策层面始终关切的价值追求，是中国式教育现代化的基本要求。教育资源、教育机会的不平等分配是阻碍教育公平的重要因素。长久以来，普通教育在财政投入、师资力量、发展机会等方面远超职业教育。职普两种不同教育类型的分流常被视为社会分层的工具。英国学者麦克·扬在深入分析英国的中学课程体系后指出："课程设置如何反映出社会分层的一个显著例证在于学术课程与职业课程的划分。职业课程通常被认为不如学术课程。更严重的是，这类课程被与那些学习能力低下的

学生联系在一起。"[3] 高中阶段接受职业教育的青少年常被贴上"成绩差""没前途""问题学生"等负面标签。事实上，这些学生大多属于留守少年、贫困学生、进城务工人员随迁子女，其家庭经济资本、文化资本和社会资本薄弱。若不能从公共教育资源和教育机会的配置上向这些弱势群体倾斜，以矫正先赋性资本的"不平等"，就会破坏教育的公平性，延续贫困的代际传播，进而加剧不同阶层群体之间的断裂和对立。

高中阶段职普融通的课程建设可以从多方面促进教育公平。首先，职普融通课程建设促进了教育资源公平。职普融通课程建设的核心要义在于整合发展课程资源，促进职普教育元素的融会贯通，发展学生的多元智能，提升学生的综合素质。职普融通课程建设鼓励职业学校和普通学校互选、共建、共享课程资源，这种互通共享的课程建设模式消解了职业教育和普通教育之间的知识分层，促进了同一区域教育资源获得的公平性。其次，职普融通课程建设为学生提供了多样化的学习内容或发展路径，可以满足青少年的多样化成才需求，有助于促进教育结果公平。职普融通课程建设包含两种方式：横向渗透和纵向贯通。横向渗透是指层次相同但类型不同的教育在课程内容上相互渗透，如普通高中课程和职业高中课程之间的相互渗透，主要以课程互选、资源共享、学分互认的方式来实现横向合作，促进职普融通和优势互补。纵向贯通是指不同层次、不同类型的教育在课程内容之间的交错衔接，如职业高中课程和普通高等院校课程之间的衔接与转换。多样化的课程学习内容为学生提供了多次选择、多种成才路径，为家庭背景各异或兴趣特长不同的学生提供了更多成功机会，有利于促进教育结果公平。最后，职普融通课程建设能够促进教育过程公平。职普融通班通常在高二学年才分流。高一学年以基础文化课程为主，且课程设置与普通高中同步，由普通高中教师授课，教学进度、考试安排也与普通高中同步，这在一定程度上促进了教育过程的公平性。

（三）现实所需：破解职普失衡问题的必然选择

职普融通是顺应社会发展变迁、产业结构调整的时代选择。20 世纪 90 年代初，我国从计划经济体制向市场经济体制转型，随着经济结构的调整和生产技术的进步，产业结构发生了深刻变革，需要大量的专业技能型人才。为了适应人才需求的变化，国家引入了职普分流政策，通过自上而下的强制分流机制，快速扩大职业教育规模，为不同层次和领域的产业精准培养人才，促进了国家经济繁荣发展。进入 21 世纪，产业结构调整向智能化时代迈进，经济发展从依赖要素驱动和投资驱动向创新驱动转变。社会对人才培养也提出了更高的要求。劳动者不仅需要具备专业知识和技能，更要具备创新能力、人文素养和社会责任等综合素质。职普融通是大势所趋，可通过优化教育资源配置和丰富课程设置，全面提升学生综合素质，高效灵活地支撑产业变革和社会发展。

我国技能人才缺位严重。2021 年的官方数据显示，在全国 7.5 亿就业人员中，技能劳动者超 2 亿人，占比 26.7%，高技能人才为 5800 万人，占比 7.7%，且技能人才需求的增长率长期保持在 1.5 倍以上，高技能人才则达 2 倍以上。[4]受社会认知偏见影响，一些民众宁愿子女选择办学质量最差的普通高中，也不愿选择办学质量最好的职业高中。2022 年，我国普通高中和职业高中在校生分别为 2713.87 万人和 1339.29 万人[5]，职普学生数量比约为 2：1，失衡问题严重，人才结构急需优化，职普融通势在必行。高中阶段教育应通过加强职普融通课程建设对接高等教育和社会需求，为学生提供更宽广的平台和选择，营造"人人努力成才、人人皆可成才"的良好环境，扭转职普教育失衡、人才供需矛盾突出的局面。

二、高中阶段职普融通课程建设的现实困境

尽管近年来一些地区和学校在高中阶段普通教育与职业教育的课程融通方面开展了有益探索，并形成了多样化的融通模式，但仍存在课程简单叠加、缺乏统筹指导、缺乏等值观念等现实困境。我国高中阶段的职普融通课程建设还停留在表层，缺乏深度交融和系统整合。

（一）课程设置：简单叠加，缺乏深度融通

随着高中阶段教育综合改革的深入推进，青岛、宁波、成都等地积极开展职普融通试点改革。然而，这些试点学校在设置职普融通课程时，以简单叠加为主，没有考虑课程结构和课程内容的内生关联与相互衔接问题，课程体系松散，缺乏内在逻辑。高中阶段的普通教育侧重于理论知识的学习，而职业技术教育则注重实践技能的培养，二者在人才培养目标、课程内容设置、教育教学方法上存在显著差异。如果只是粗浅地将课程叠加或拼凑在一起，而不进行深度融通，就会陷入"通而不融"的困境，难以形成互补优势，不仅不能满足学生个性化成长的需求，还会增加学生的学习负担。我国虽然采用"双轨制"教育体系，且以课程渗透式推动职普融通，但在课程融通动力上还有所欠缺。我国民众对职业教育的接受度不高，绝大多数学生不愿意分流至职业高中。我国在技术类课程方案的设计上不够详尽，操作性也相对较弱，导致学科间联系不紧密、实施手段单一、融通程度有限。

（二）课程组织：缺乏统筹指导，难以形成育人合力

职普融通课程建设是一项复杂而庞大的系统工程，需要统筹指导，多元协同。在我国，高中教育阶段一直实施的是职普分离的"双轨制"教育模式。这种模式下的普通教育和职业教育各自以独立的学籍制度和管理体系运行，导致教育主管部门按照自

己的发展规划独立设计学校课程和落实教育管理职责，职业教育与普通教育之间缺乏有效的互动交流，造成了学生在不同类型学校间转换的障碍。虽然我国多个地方开展了职普融通课程建设的探索实践，但缺乏宏观层面的统筹指导、科学规划和政策支持，导致职普融通试点单位各自摸索，难以形成育人合力。

在课程内容上，许多学校依旧以理论知识学习为主，技术类课程还停留在机械化时代，且缺乏实践操作和职业体验，导致学生对未来职业生涯发展没有真实的感知和明确的方向；在课程结构上，往往忽视了课程内容的连贯性和灵活性，没有根据学生的认知发展和社会需求进行优化调整，课程结构单一；在课程实施上，有的学校面临职业类课程师资力量不强、教学设备不足等现实困难，严重制约了职普融通课程建设的高质量发展。职普融通课程建设具有责任主体多元化、建设程序规范化的重要特征，搭建政府统筹、地方自治、行业指导、校企合作的多元协同路径是推进我国高中阶段职普融通课程建设的重要途径。

（三）课程互动：等值观念有待加强，课程资源以单向流动为主

2022 年新修订的《中华人民共和国职业教育法》指出，职业教育和普通教育具有平等地位和等值属性。即无论是接受职业教育还是普通教育的学生，在个人成就、社会认可以及未来发展潜力和机遇上均具有同等重要的价值和意义。职普等值是职普融通的前提条件。虽然法律赋予职业教育和普通教育等值性，但在公众认知层面，职普等值的观念仍有待加强。受传统观念的束缚，我国职业教育长期被异化为低于普通教育的"次等教育"或"兜底教育"，学生、家长对职业教育的认可度和支持度远不如普通教育，导致职普融通课程建设不深入、不均衡。

在实践层面，职普融通课程建设的等值性也有待加强，主要表现为课程互选、学籍互转、学分互认的双向流动人才培养遇阻，教育资源以单向流动为主。在课程互选上，主要是职业高中向普通高中单向提供专业选修课程，很少有普通高中向职业高中提供相应的课程。这种单向的课程输出反映了职业教育与普通教育在资源共享上的不平衡，限制了职普融通课程建设的深入发展。在学籍互转上，以普职单向流通为主，即普通高中学生能够轻易地转入职业高中学习，只需在教育行政部门简单注册即可，而职业高中学生要想转入普通高中学习则难度较大，需要通过相应的考试，且录取人数有限。在学分互认上，普通高中和职业高中尚未普遍采用学分制，缺乏学分互认基础。即使在实行了学分制的高等职业教育和普通本科教育中，学习成果之间的可比性、等值性和互认性也尚未形成。

三、高中阶段职普融通课程建设的路径选择

破解我国高中阶段职普融通课程建设中的困境，实现其在教育强国建设中的关键

作用，需要从融通共生、统筹兼顾和制度保障等多方面协同发力，促进职业教育与普通教育的有效结合，为教育体系持续发展注入新动力。

（一）融通共生：以系统思维赋能职普课程深度融通

职普融通课程建设是推动职普融通高质量发展，助力教育强国建设的重要抓手，需要坚持系统思维、深度融通。要摒弃单一孤立，甚至二元对立的思维模式，在职业教育和普通教育之间、学校教育和社会生活之间建立起融通共生关系，同构课程内容，提升教育系统的综合性和适应性，促进学生适应性发展、终身发展、全面发展。欧美发达国家高度重视职业素养、创新思维、文化素养等课程内容的内在联系，开设了职普深度融通的"共同核心课程"，不仅为学生发展打下了坚实的学术基础，还提升了学生自主发展、解决复杂问题的综合能力，帮助学生做好升学与就业的双重准备。

在我国，也有类似的课程方案，学校在理念上也重视学生的综合素质培育，但融通程度明显不足。据调查，31%以上的普通高中学生认为学校和教师对通用技术课程重视不够，其考试评价过于简单，课程融通流于形式。[6]郑硕等在高职院校开展了常规授课和整合授课的教学实证研究，结果发现，与常规授课相比，整合授课能显著提高学生的课程成绩和职业能力。[7]因此，要以系统思维赋能职普融通课程建设，树立大教育观，跳出职教办职教，摒弃将职业教育与普通教育视为完全隔离、互不兼容的封闭系统的狭隘思维。将职业生活中的劳动美德、工匠精神等职业素养与文化课程中的学科知识、学习态度等科学素养有机融合，推动普通高中内部生成"职业素养"和职业高中内部生成"学术素养"，以实现不同类型课程的融通共生。

（二）统筹兼顾：以顶层设计汇聚职普课程融通多元力量

当前，我国社会正在向智能化时代转型。原有的职普分离教育模式不再适应时代需求。职普融通已成为教育体系改革的基本方向，其核心在于实现职普课程的深度融通。这一任务极为复杂，需要强化顶层设计，从政策支持、资源整合、课程设计等多方面入手，确保改革的顺利进行。

国家教育行政部门应坚持教育、科技、人才一体化推进，系统构建职普融通课程建设的政策体系。通过发布专门针对职普融通课程建设的文件，明确课程融通的目标、内容、考评机制及保障条件等，推动职普融通课程改革。地方政府、企业、学校等相关单位需结合当地区域发展计划、经济产业发展水平、教育教学资源等实际情况，统筹制定教学、评价、管理等课程实施细则和配套指导意见，明确职普融通课程建设的形式、路径和评价指标，明确各利益相关者的责任和义务，并提供财政支持，推动职普融通课程建设精细化执行。

在资源整合方面，学校层面可设立职普联合学校或混合学校，构建以项目为导向的课程管理模式，为实施职普融通提供一个更为灵活的管理环境；地方教育行政部门应在职普融通方面加强师资培训，提升教师对职普融通理念的认知与实践能力，促进职业学校与普通学校间的师资互派及交流互动；企业也应积极参与职普融通课程建设，为学生提供实践机会，强化学生知识与技能的结合，并及时反馈行业需求，协助学校调整优化职普融通课程内容，确保教育内容与产业发展同步。

在课程设计方面，需要企业、中职学校、高等院校等多方参与，共同设计开发紧贴生活和实际的学习项目，重视职业技能和理论知识的结合，设计符合学生发展需求和时代发展需要的课程体系；重视学习内容的渐进性、连贯性和系统性设计，根据学生的身心发展水平、认知能力，优化教学设计；探索多种形式的课程融通教学模式，如共同课程式、生涯指导式、专业体验式等。

（三）制度保障：以资历框架推动职普课程等值互动

实现职普课程的深度融通需要依托坚实的制度基础，特别是课程融通过程中的难点需要制度的保驾护航。社会认知偏见和等值转化不畅是职普课程融通过程中的主要难点。因此，要尽快建立国家资历框架制度，完善职普学分互认机制，破除社会对文凭的过度依赖和偏见，为职业教育正名和赋能，促进职普课程深度融通。

一是借鉴欧洲学分转换系统，在职普教育之间建立起等值、可转换的标准框架，在不同层次和不同类型的学历证书与资格证书之间架构起等值互认的转换系统。构建全国统一的管理体系和认证标准，创建职普教育学分互认制度，确保接受不同教育类型的学习成果能在同一评价体系下实现等值评价和公平兑换，促进职业教育与普通教育、学历证书与职业技能等级证书之间的互通衔接。这不但能推动教学计划的制订、学业知识的传递、学习成效的评估、证书和课程的认证，还能增强学生的流动性，保障普通教育与职业教育的等值性。[8]

二是创建职普融通资历框架公共服务信息平台。明确学习成果认证、积累转换的基本思路、技术路线和实施细则等，明确该框架下的理论基础知识和实践技能要素，建立与学分制相适应的课程结构体系和统一规范的课程标准。参照国家设定的普通教育标准和职业教育标准，对不同类型教育途径获得的资格进行认证。这一过程将严格参考课程内容和学分绩点。同时，规范资历证书的发放流程，确保其统一性和标准性。

三是建立监管评价制度，定期对职普融通资历框架的执行情况进行监管和评定。成立专门的权威机构（如国家资历框架委员会），组建各学科专业工作组实施质量监控和成效评估；同时听取各利益相关者的意见和建议，以此来衡量国家资历框架制度的有效性和合理性；然后有针对性地加以改进完善，切实保障普职融通改革的深入推进。

参考文献

[1] 韦幼青，孙振东. "普职融通"的出场语境及价值向度 [J]. 贵州社会科学，2022（2）：

120 - 126.

[2] 申国昌，白静倩. 陶行知的高中教育思想及其当代价值 [J]. 中国教师，2023（7）：16 - 21.

[3] 扬. 未来的课程 [M]. 谢维和，王晓阳，等译. 上海：华东师范大学出版社，2003：62 - 65.

[4] 让技能人才拥有更多获得感、自豪感：专访人社部副部长汤涛 [EB/OL]. （2021 - 11 - 03）
[2024 - 07 - 22]. https：//www. gov. cn/xinwen/2021 - 11/03/content_5648691. htm.

[5] 钟伟春. 普职分流的世界经验、共同趋势与对策建议 [J]. 职业技术教育，2023，44（31）：
17 - 24.

[6] 常宝宁. 普职融通的现实需求与改进策略：学生发展的视角 [J]. 中小学校长，2022
（6）：24 - 28.

[7] 郑硕，陈培培，赵妍妍，等. 职业院校基础护理与护理人文整合课程的设计与应用 [J]. 护理
学杂志，2022，37（1）：1 - 5.

[8] 安东尼·约翰·维克斯，宋颉. 欧洲学分互认体系：一个转换与累积体系 [J]. 开放教育研究，
2012，18（1）：33 - 35.

基金项目：陕西本科和高等继续教育教学改革研究重点项目（项目编号：23ZZ020）；
北京师范大学"中国基础教育质量监测协同创新中心专题成果（培育类项目）"（项目编
号：2022 - 05 - 016 - BZPK01）。

作者简介：谭佳佳，陕西师范大学教育学部博士研究生，重庆交通大学教师，研
究方向为职业教育、教育心理学；衣新发，陕西师范大学教授，博士研究生导师，研
究方向为教育心理学。

家庭资本对中等职业技术学校学生
社会情感能力的影响

——教师参与的中介作用

高雅妮　祁占勇

摘　要： 家庭资本对学生，特别是中职学生社会情感能力的影响深远，但其通过教师参与发挥作用的机制尚未得到实证和讨论。本文通过对陕西省西安市"基础教育提升三年行动计划"中的问卷调查进行研究，探讨了家庭资本和教师参与对陕西省西安市 16372 名中等职业技术学校学生社会情感能力的影响。结果表明，家庭资本通过教师参与间接增强了学生的社会情感能力。对于家庭经济困难的中职学生而言，该中介作用表明，增加中职教师的参与度可以有效干预和提高中职学生社会情感能力。本研究不仅丰富了资本理论，而且为旨在提高中等职业技术学校学生社会情感能力的策略提供了强有力的实证支持。

关键词： 家庭资本；社会情感能力；教师参与；中介效应

一、引言

"家庭资本"这一概念最初由 Coleman 于 1988 年提出，涵盖了家庭动态中的各种资源，这些资源深刻影响个体的发展轨迹和生活，跨越经济、人力、社会和文化维度，深刻塑造了个体的教育成就、社会经济流动性和整体生活质量。[1] 尽管家庭资本至关重要，但其分配和应用的差异持续在教育与社会框架内造成长期的不平等。根据人力资本理论，人类能力的发展通过对人类潜力的投资而演变，这些投资在很大程度上取决于家庭可获得的资本资源。例如，Conger（2007）提出，经济富裕的家庭可以提供丰富的资源和有利于儿童发展的环境，而经济困难的家庭往往面临更高的婚姻不和与父母抑郁的风险。[2] 这些风险源于生活压力的增加。[3] Naglieri 等（2011）的研究表明，家庭资本在塑造学生社会情感能力方面的重要性得到了越来越多的认可。[4]而在提升学生社会情感能力方面，教育者在促进学生社会情感发展中的作用也被视为教育环境中的重要因素之一[5]，有效实施社会情感学习计划的教师显著提高了学生的学业成绩和个人福祉。[6]

中职学生面临着与接受普通教育的学生截然不同的挑战，其在情绪调节、人际沟通和协作技能等方面的表现相较于接受普通教育的学生较差，而这些方面对于个人的学业成功和就业至关重要。在我国，中等职业技术学校的学生普遍来自经济上较为困难的家庭并且通常住校，这就进一步凸显了学校教师在学生社会情感能力发展中的关键作用。[7]通过精心设计的干预措施、良好的师生关系和支持性的学习环境，教师可以对学生的社会情感发展产生重大的正向影响。[8]本文旨在阐明家庭资本与教师参与在培养中等职业技术学校学生社会情感能力中的互动关系，因此，本研究提出两个假设：

（1）家庭资本对中等职业技术学校学生的社会情感能力具有正向影响。

（2）教师参与在家庭资本对中等职业技术学校学生社会情感能力的影响中起到中介作用。

二、文献综述

（一）家庭资本

家庭资本包括家庭活动中的各种资源，在塑造个体发展和总体福祉方面起着关键作用，其被定义为包括经济、人力、社会和文化资源在内的有形和无形资产的集合，对于促进社会流动性、教育成就和生活质量具有重要作用。Coleman（1988）的研究表明了家庭资本的复杂性质及其对个人生活轨迹的深远影响。[1] Lareau（2003）、Goyette和Xie（1999）的研究调查了家庭资本的代际传递，考察了父母资源如何影响子女的生活机会。[9-10]家庭资本在支持青少年社会情感能力发展方面至关重要，Gonzalez等（2017）的研究表明，积极的家庭动态，如开放的沟通、情感支持和父母参与，能够营造有利于青少年情商发展的环境。[11]此外，家庭内安全依恋关系的存在与青少年的情绪调节和人际交往技能的提升相关联。[12]通过支持和有效沟通来利用家庭资本，青少年能够较好地应对社会挑战、调节情绪，并在家庭内外培养健康的人际关系。

（二）中职学生社会情感能力

社会情感能力（Social – Emotional Competence，SEC）是个体有效管理与自己、他人及集体关系的能力，是非认知技能的重要方面。[13]经济合作与发展组织（OECD）曾强调在教育环境中培养这些技能的重要性。[14] Durlak等（2011）的研究表明，专注于社会情感学习的项目显著提高了学生的情绪调节能力、人际交往技能和总体心理健康水平。[12]而中职学生的社会情感能力包括一系列对其学业成功和生活幸福而言至关重要的技能，这些能力的发展受到众多因素的影响，这些因素影响学生进行社会互动、管理情绪和建立社交关系的能力。Brackett 等（2011）的研究表明，师生关系在培养社会情感能力方面具有关键作用，强调了促进积极社会行为和情绪调节的支持性教育环境的重要性。[15]此外，Hamre 和 Pianta（2001）研究了以教师为主导的课堂气氛如何影响学生的社会情感成长，强调了以信任、尊重和情感安全为特征的培育氛围的重要性。这些研究揭示了家庭影响和个人结果之间的复杂相互作用，强调了有效的社会情感学习需要家庭和教师的多方面协作，以全面支持学生的情感和社会成长。[16]在职业技术教育环境中，发展社会情感能力对于学生获得必要的学术和职业成功技能至关重要。

（三）教师参与

教师在塑造学生的认知、社会和情感发展方面发挥着基础性作用，通过实施社会情感学习（Social Emotional Learning，SEL）项目和建立培育性的师生关系，对教育环境中的动态产生重大影响。Rimm – Kaufman 和 Hamre（2010）进一步探讨了师生互动在促进社会和情感成长中的关键作用，揭示了以响应性和鼓励为特征的教师行为在增强学生情绪调节和学业参与方面的重要性。[17]Pianta 等（2007）和 Bear 等（2006）进一步研究了课堂质量和师生互动的性质对学生社会情感发展的影响，这些研究表明支持性的教育环境对学生的情绪调节和社会能力有显著贡献。[18-19]Hattie（2008）和 Marzano（2003）的工作则探讨了不仅提高学业成绩，还增强学生自我效能感的有效教学策略，强调了差异化教学和形成性评估的重要性。[20-21]除了课堂，教师作为连接家庭和学校之间的桥梁，也发挥着重要作用，要增强家长参与并建立促进协作的教育生态系统。此外，Taylor 等（2017）和 Durlak 等（2015）的研究则主张通过教师、家庭和社区资源的合作提升学生的社会情感能力。[22-23]一系列研究表明，在中等职业技术教育中，教师参与在塑造学生的社会情感能力方面发挥着不可或缺的作用，包括帮助学生发展强大的个人和职业身份。

（四）我国职业技术教育视域下家庭资本、教师参与及学生社会情感能力的联结

在我国，Wang 和 Guo（2019）的研究揭示了家庭经济状况对学生获取教育资源和机会的显著影响。[24]他们认为，来自较为贫困阶层的学生往往会在教育路径上遇到重大障碍，这些障碍会显著阻碍他们的学术和职业进步。同样，Chen 和 Yu（2022）的研究揭示了社会情感能力在增强学生学业表现和总体福祉方面的重要作用，建议在课程中采用有针对性的教育干预措施来提高这些技能。[25]当下学界普遍认为教师参与在塑造学

生教育体验和结果方面具有关键重要性，有效的教学策略和强大的、支持性的师生关系是促进高水平学生参与和学业成功的基础。Wang 和 Liao（2008）的研究强调了专门为应对职业学校学生独特需求而设计的创新教学方法的重要性，这些方法可以显著提高学习成果；[26]此外，Zhao 和 Ko（2020）的研究表明，积极的师生关系创造了支持性的学习环境，这对于发展职业技能和取得学业成功至关重要；[27] Liu 和 Ishak（2023）的研究进一步建议将行业专业人士融入教学过程，有助于弥合理论知识与实际应用之间的差距，从而提高学生的技术能力并培养与现实需求相一致的职业身份。[28]

三、研究方法

（一）研究对象

本研究的数据集源自陕西省西安市"基础教育提升三年行动计划"中的调查问卷，针对西安市的中职学生共发放了 16372 份在线问卷，所有问卷均被完整填写，完成率达 100%。调查采用李克特 5 级量表，从"非常不满意"到"非常满意"来评估受访者的回答。参与调查的中职学生包括 7700 名男性（占 47.0%）和 8672 名女性（占 53.0%），女性略占多数。大多数参与者，即 13393 人（占 81.8%）住校，仅有 18.2% 的学生不住校；参与者中，2554 人（占 15.6%）来自城市，1380 人（占 8.4%）来自县城，12438 人（占 76.0%）来自农村，农村背景的中职学生居多，这与认知情况基本相符。就学生父母的婚姻状况而言，多数学生（13879 人，占 84.8%）父母婚姻状况正常，1771 人（占 10.8%）表示其父母离异，427 人（占 2.6%）有父母亡故的情况，295 人（占 1.8%）为其他情况。此外，参与调查的中职学生家庭经济状况各不相同：1351 人（占 8.3%）处于非常困难的经济状况；4999 人（占 30.5%）处于比较困难的经济状况；9698 人（占 59.2%）报告经济状况中等；260 人（占 1.6%）的家庭比较富裕；64 人（占 0.4%）的家庭非常富裕，如表 1 所示。

表 1　人口学统计

项目	子项目	人数	百分比（%）
性别	男	7700	47.0
	女	8672	53.0
是否住校	是	13393	81.8
	否	2979	18.2
户口	城市	2554	15.6
	县城	1380	8.4
	农村	12438	76.0

项目	子项目	人数	百分比（%）
父母婚姻状况	正常	13879	84.8
	离异	1771	10.8
	一方或双方亡故	427	2.6
	其他	295	1.8
家庭经济状况	非常困难	1351	8.3
	比较困难	4999	30.5
	中等	9698	59.2
	比较富裕	260	1.6
	非常富裕	64	0.4

（二）研究工具

1. 家庭资本

本研究使用中等职业学校学生的家庭经济状况、父母教育程度和父母职业作为家庭资本的综合衡量指标。数据来自中等职业学校学生的自我报告，家庭经济状况根据当地收入进行编码："1 = 人均月收入少于1000元，非常困难"，"2 = 人均月收入在1000元至2000元之间，比较困难"，"3 = 人均月收入在2000元至3000元之间，中等"，"4 = 人均月收入在4000元至6000元之间，比较富裕"，"5 = 人均月收入超过6000元，非常富裕"。父母的教育程度编码为1～8，依次代表"没有接受过教育""小学""初中""中等职业技术学校""高中""高等职业学校""大学""研究生"。一般而言，父母的教育程度可以代表其文化水平，受教育程度越高的父母通常越重视子女的教育和文化素养。父母职业编码为1～8，依次代表"个体经营者""农民""商业和服务业一般工人""生产和制造业工人""技术工人（包括司机）""教师、工程师、医生、律师""企业/公司的中高级管理人员""国家机关和机构的领导和职员"。通常，父母的职业可以代表家庭的社会地位，编码数字越大，家庭对体力劳动的依赖程度越低，社会地位和生活环境越稳定。家庭经济状况、父母教育程度和父母职业的综合得分越高，表示家庭资本越充足。

2. 社会情感能力

中等职业技术学校学生的社会情感能力测量采用了学生社会情感能力问卷。该工具改编自由中国教育部社会情感学习项目与联合国儿童基金会合作开发的家长版中国学生社会情感能力问卷。问卷包含30个项目，旨在评估学生社会情感学习的各个方面。参与者根据自己的经历与项目描述的一致程度，使用李克特5级量表对每个项目进行评分，评分范围为1（完全不符合）～5（完全符合）。这些得分的总和提供了学生社会情感能力的量化指标，得分越高，表明在这一领域的发展越好。问卷的可靠性较高，其 Cronbach's alpha 系数为 0.988。此外，社会情感能力各维度的可靠性系数均超过 0.7，进一步确认了量表的可靠性。本研究还通过因子分析评估了问卷的效度。结果表明模型拟合良好，近似均方根误差（*RMSEA*）为 0.09，比较拟合指数（*CFI*）、Tucker-Lewis 指数（*TLI*）、增量拟合指数（*IFI*）和简约拟合指数（*PGFI*）的值分别为 0.916、0.908、0.916 和 0.647。这些指数共同表明问卷准确测量了预期的构念，是评估中等职业技术学校学生社会情感能力的可靠工具。

3. 教师参与度

关于教师在中等职业技术学校学生社会情感能力发展中参与度的研究采用了改编自惠特克（Whitaker）等开发的 Pianta 教师—学生关系问卷（短版）。参与者通过李克特 5 级量表对每个项目进行评分，其中 1 表示"完全不符合"，5 表示"完全符合"。总分越高，表明教师在学生社会情感学习中的参与度越深。问卷的可靠性较高，Cronbach's alpha 系数为 0.987。此外，教师参与度各维度的可靠性系数均超过 0.7。因子分析的结果支持了问卷的效度，得到的拟合指数良好。*RMSEA* 为 0.09，均方根残差（*RMR*）为 0.013，均表明拟合良好。*CFI*、*TLI* 和 *IFI* 分别为 0.969、0.958 和 0.969，表明模型拟合度较好。然而，简约拟合优度指数（*PGFI*）略低，为 0.549，但仍在可接受范围内。这些指数共同确认了改编问卷在评估中等职业技术教育中教师参与社会情感方面的有效性和可靠性。

（三）数据分析与统计

本研究使用 SPSS 26.0 和 AMOS 23.0 软件对数据进行统计分析，并使用 Process 3.3 插件进行中介效应分析。首先，按照 Liu 等（2016）的建议，测度量表内部一致性的可靠性和结构效度，以验证本研究中使用的工具；其次，进行相关性分析，以计算研究变量之间的相关性；再次，使用结构方程模型（SEM）进行结构性分析；最后，在 SEM 的基础上进行中介效应分析，以检验教师参与的中介作用。中介效应分析中使用了 Hayes（2009）推荐的偏差校正引导抽样法，以准确计算间接效应的 95% 置信区间，根据 Hayes（2009）的研究，如果 95% *CI* 不包含零，则引导抽样估计表明间接效应显著。[29]本研究中使用了 1000 个引导抽样样本。为了评估模型拟合度，使用了多个指标，即 *TLI*、*CFI* 和 *RMSEA*。根据 Hu 和 Bentler（1999）的建议，*TLI* > 0.90、*CFI* > 0.90 和 *RMSEA* < 1.0 表示模型拟合度良好。[30]

四、研究结果与分析

（一）可靠性和结构效度测度

在本研究的探索性因子分析过程中，排除了非必要变量，以聚焦于最相关的研究目标。采样适度的 *KMO* 测量值高达 0.990，表明剩余变量非常适合进行因子分析。此外，自由度（df）为 1081，Bartlett 球形检验的显著性水平为 0.000，数据支持相关矩阵的因子化。五个变量进一步可靠性分析显示，Cronbach's alpha 系数为 0.975，表明内部一致性较好，每个因子内的项目高度相关。

（二）相关性分析

表 2 展示了研究变量的相关性矩阵，说明了参与评估的变量之间的显著相关性。相关性分析将教师参与度分为三个不同的组成部分：互动、沟通频率和态度，每个组成部分都与学生的社会情感能力表现出强烈的正相关关系。

表 2　研究变量的相关性矩阵

变量	IA	AT	FOC	TI	FC	SEC
IA	1	0.936 **	0.088 **	0.992 **	0.063 **	0.909 **
AT	0.936 **	1	0.086 **	0.969 **	0.060 **	0.897 **
FOC	0.088 **	0.086 **	1	0.090 **	0.355 **	0.088 **
TI	0.992 **	0.969 **	0.090 **	1	0.064 **	0.921 **
FC	0.063 **	0.060 **	0.355 **	0.064 **	1	0.071 **
SEC	0.909 **	0.897 **	0.088 **	0.921 **	0.071 **	1
M	3.82	3.78	2.55	3.80	3.13	3.45
S	0.849	0.866	0.684	0.838	0.876	0.715

注：报告标准化系数。* 表示 $p < 0.05$，** 表示 $p < 0.01$，*** 表示 $p < 0.001$。IA = 互动，AT = 态度，FOC = 沟通频率，TI = 教师参与，FC = 家庭资本，SEC = 社会情感能力。

具体而言，一是教师互动的维度高度相关（$r = 0.909$，$p < 0.01$），表明与社会情感能力之间存在强烈的正相关关系；二是教师态度也与社会情感能力高度相关（$r = 0.897$，$p < 0.01$）；三是虽然沟通频率的相关性较低，但仍然与社会情感能力正相关（$r = 0.088$，$p < 0.01$），表明教师和学生之间的更多交流与更好的社会情感能力结果相关；四是整体教师参与度（涵盖互动、态度和沟通频率）与社会情感能力有极强的正相关关系（$r = 0.921$，$p < 0.01$），强调了全面教师参与在支持学生社会情感能力发展中的关键作用；五是家庭资本也与社会情感能力正相关（$r = 0.071$，$p < 0.01$），这一

结果支持了家庭内的经济和社会资源以及父母教育和职业对增强学生社会情感能力的积极贡献。这些发现共同强调了教师参与和家庭资本对中等职业技术学校学生社会情感能力发展的显著影响，旨在增强这些领域的干预措施可能在促进学生更好的社会情感结果方面非常有效。

（三）结构性分析

本研究利用 SEM 分析了中等职业技术教育环境中家庭资本、社会情感能力和教师参与之间的潜变量关系。所构建的模型如图 1 所示，显示了与数据的良好拟合，拟合指数如下：自由度为 374，$p < 0.01$，$RMSEA = 0.053$，$CFI = 0.93$，$TLI = 0.924$。SEM 分析结果表明，家庭资本显著影响学生的社会情感能力，并且教师参与对这种影响具有中介作用。具体而言，模型显示，较高水平的家庭资本（包括家庭收入、父母受教育程度和父母职业）通过教师参与机制（如互动质量、交流频率和教师对学生的总体态度）增强了学生的社会情感能力。这些发现强调了教师参与对家庭资本与学生社会情感之间关系的中介作用，更多地参与和联系学生的教师能够有效利用较高水平家庭资本的优势，进一步培养和增强学生管理情绪与建立社会关系的能力。

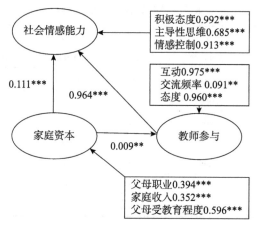

图 1　家庭资本、教师参与和学生社会情感能力之间的结构方程模型

注：*表示 $p < 0.05$，**表示 $p < 0.01$，***表示 $p < 0.001$。

（四）中介效应分析

为了进一步检验教师参与对家庭资本与学生社会情感能力之间关系的中介作用，本研究使用 Hayes 等（2009）推荐的偏差校正引导抽样法进行中介效应分析，如表 3 所示。引导抽样的结果表明，教师参与在家庭资本对学生社会情感能力的影响中具有显著的中介作用，验证了两个研究假设。

表3 教师参与的中介作用

路径	效应类型	效应值	95% CI		Boot标准误差	相对效应值	
			Bootstrap 下限	Bootstrap 上限			
$FC \rightarrow TI \rightarrow SEC$	间接效应	0.048	0.041	0.074	0.007	82.67%	
$FC \rightarrow TI$	$X \rightarrow M$	0.061	0.046	0.075	0.007	——	
$TI \rightarrow SEC$	$M \rightarrow Y$	0.785	0.779	0.79	0.003	——	中介作用
$FC \rightarrow SEC$	直接效应	0.010	0.005	0.015	0.002	17.23%	
$FC \rightarrow SEC$	总效应	0.058	0.045	0.07	0.006	100%	

注：TI = 教师参与，FC = 家庭资本，SEC = 社会情感能力。

五、研究结论与讨论

以上研究结果验证了本文提出的两个假设：家庭资本对中等职业技术学校学生的社会情感能力具有正向影响，且教师参与在家庭资本对中等职业技术学校学生社会情感能力的影响中起到中介作用。这一发现表明中职教育中应更加重视教师的角色和学生的家庭资本，以促进学生的全面发展。

第一，本研究证实了考虑到年级水平、户籍登记和家庭规模等因素后，家庭资本在中等职业技术学校学生的社会情感能力中仍然是一个重要的正向预测因素。这种关系表明，更高水平的家庭资本，包括家庭经济资本、家庭社会资本及家庭文化资本等都在学生的社会情感能力发展中起着重要作用。

第二，教师参与在传导家庭资本作用于学生社会情感能力的过程中起着关键的中介作用，表明教师的参与可以显著增强家庭资本对学生社会情感能力的影响。此外，分解教师参与表明，特定行为，如互动质量、交流频率和教师对学生的整体态度至关重要。每个组成部分都有助于增强学生的社会情感能力，凸显了教师在教育环境中所扮演的多方面角色。

第三，家庭资本对社会情感能力的影响不仅是直接的，而且受到教师参与水平的显著调节。这种中介作用体现了协同效果，教师参与可以消除由家庭资本差异导致的学生社会情感能力差异的劣势，强调了教师在教育体系中作为重要平衡者的观点。通过积极参与中职学生的成长，教师可以减轻社会经济背景较差的学生所面临的劣势。因此，针对提高中等职业技术学校学生社会情感能力的干预措施不仅应该集中于家庭资本，还应该着眼于最大化教师的参与程度，可以采用培训教师掌握有效的沟通策略、营造支持性课堂环境等方法，与学生建立强有力、基于信任的关系，帮助中职学生增强其社会情感能力，从而提升其学习水平和生活质量。

参考文献

［1］COLEMAN J S. Social capital in the creation of human capital ［J］. American journal of sociology,

1988, 94: S95 – S120.

[2] CONGER R D. Economic pressure in African American families: a replication and extension of the family stress model [J]. Developmental psychology, 2007, 43 (3): 551 – 562.

[3] GERSHOFF E T, RAVER C C, ABER J L, et al. Income is not enough: incorporating material hardship into models of income associations with parenting and child development [J]. Child development, 2007, 78 (1), 70 – 95.

[4] NAGLIERI J A, LEBUFFE P, SHAPIRO V B. Universal screening for social – emotional competencies: a study of the reliability and validity of the DESSA – mini [J]. Psychology in the schools, 2011, 48 (7), 660 – 671.

[5] SÁNCHEZ – ÁLVAREZ N, BERRIOS M M P, EXTREMERA N. A meta – analysis of the relationship between emotional intelligence and academic performance in secondary education: a multi – stream comparison [J]. Frontiers in psychology, 2020 (11), 1517.

[6] MARTIN A J, NEJAD H G, COLMAR S, et al. Adaptability: how students' responses to uncertainty and novelty predict their academic and non – academic outcomes [J]. Journal of educational psychology, 2013, 105 (3), 728.

[7] ZHANG D, LI X, XUE J. Education inequality between rural and urban areas of the People's Republic of China, migrants' children education, and some implications [J]. Asian development review, 2015, 32 (1), 196 – 224.

[8] JENNINGS P A, GREENBERG M T. The Prosocial classroom: teacher social and emotional competence in relation to student and classroom outcomes [J]. Review of educational research 2009, 79 (1): 491 – 525.

[9] LAREAU A. Unequal childhoods: class, race, and family life [M]. Berkeley: University of California Press, 2003.

[10] GOYETTE K A, XIE Y. Educational expectations of Asian American youths: determinants and ethnic differences [J]. Sociology of education 1999, 72 (1): 22 – 36.

[11] GONZALEZ N A, CONGER R D, KJOS M A. Family support and economic hardship as predictors of emotional resilience in children [J]. Journal of family psychology, 2017, 31 (4): 425 – 435.

[12] DURLAK J A, WEISSBERG R P, DYMNICKI A B, et al. The impact of enhancing students' social and emotional learning: a meta – analysis of school – based universal interventions [J]. Child development, 2011, 82 (1), 405 – 432.

[13] AHMED I, HAMZAH A B, ABDULLAH M N L Y B. Effect of social and emotional learning approach on students' social – emotional competence [J]. International journal of instruction, 2020, 13 (4), 663 – 676.

[14] Organisation for Economic Co – operation and Development. Skills for Social Progress: The Power of Social and Emotional Skills [EB/OL]. [2024 – 05 – 10]. https://doi.org/10.1787/9789264226159 – en.

[15] BRACKETT M A, REYES M R, RIVERS S E, et al. Classroom emotional climate, teacher affiliation, and student conduct [J]. The journal of classroom interaction, 2011, 46 (1): 27 – 36.

[16] HAMRE B K, PIANTA R C. Early teacher – child relationships and the trajectory of children's school

outcomes through eighth grade ［J］. Child development, 2001, 72 （2）, 625 – 638.

［17］ RIMM – KAUFMAN S E, HAMRE B K. The role of psychological and developmental science in efforts to improve teacher quality ［J］. Teachers college record, 2010, 112 （12）, 2988 – 3023.

［18］ PIANTA R C, BELSKY J, HOUTS R, et al. Opportunities to learn in America's elementary classrooms ［J］. Science, 2007, 315 （5820）, 1795 – 1796.

［19］ BEAR G G, MINKE K M. Children's needs III: development, prevention, and intervention ［J］. National association of school psychologists, 2006.

［20］ HATTIE J. Visible learning: a synthesis of over 800 meta – analyses relating to achievement ［M］. London: Routledge, 2008.

［21］ MARZANO R J. What works in schools: translating research into action ［M］. Alexandria: ASCD, 2003.

［22］ TAYLOR R D, OBERLE E, DURLAK J A, et al. Promoting positive youth development through school – based social and emotional learning interventions: a meta – analysis of follow – up effects ［J］. Child development, 2017, 88 （4）, 1156 – 1171.

［23］ DURLAK J A, DOMITROVICH C E, WEISSBERG R P, et al. Handbook of social and emotional learning: research and practice ［M］. New York: Guilford Press, 2015.

［24］ WANG A, GUO D. Technical and vocational education in China: enrolment and socioeconomic status ［J］. Journal of vocational education & training, 2019, 71 （4）, 538 – 555.

［25］ CHEN H, YU Y. The impact of social – emotional learning: a meta – analysis in China ［J］. Frontiers in psychology, 2022 （13）: 1040522.

［26］ WANG Y H, LIAO H C. The application of learning portfolio assessment for students in the technological and vocational education system ［J］. Asian EFL journal, 2008, 10 （2）, 132 – 154.

［27］ ZHAO Y, KO J. How do teaching quality and pedagogical practice enhance vocational student engagement? A mixed – method classroom observation approach ［J］. International journal of educational management, 2020, 34 （6）, 987 – 1000.

［28］ LIU X, ISHAK N N B M. Research on the application and development of RPA in accounting higher vocational education: a Chinese perspective ［J］. International journal of education and humanities, 2023, 10 （2）, 178 – 182.

［29］ HAYES A F. Beyond Baron and Kenny: Statistical mediation analysis in the New Millennium ［J］. Communication monographs, 2009, 76 （4）: 408 – 420.

［30］ HU L, BENTLER P M. Cutoff criteria for fit indexes in covariance structure analysis: conventional criteria versus new alternatives ［J］. Structural equation modeling: a multidisciplinary journal, 1999, 6 （1）: 1 – 55.

作者简介: 高雅妮, 陕西师范大学教育学部博士研究生, 主要从事比较职业教育研究; 祁占勇, 陕西师范大学教育学部教授, 博士研究生导师, 教育学博士, 主要从事教育政策与法律、职业教育等研究。

中等职业学校"五育融合"实施机制和路径研究

赖水珍

摘　要： 中等职业教育是我国教育体系的有机组成部分，在培养具备专业技能人才和推动社会经济进步方面起着重要作用。"五育融合"是教育领域最新的探索，落实"五育融合"已成为教育领域的共识。中职学校是践行"五育融合"的主要场域，学校应该从融合育人价值共识、建设专业引领、实施保障体系三个维度分析学校"五育融合"育人机制；进一步分析中职学校落实"五育融合"存在的困境，进而阐述学校"五育融合"自上而下、自下而上的实施路径。

关键词： 中等职业学校；"五育融合"；实施机制；实施路径

中等职业学校，涵盖中等专业学校、成人中等专业学校、技工学校及职业高中（简称中职），构成了我国教育体系中至关重要的一环。这些机构致力于培养高水平技能人才，为社会经济发展提供坚实的人才支持。习近平总书记指出："统筹职业教育、高等教育、继续教育，推进职普融通、产教融合、科教融汇，源源不断培养高素质技术技能人才、大国工匠、能工巧匠。"[1]这是以习近平同志为核心的党中央部署"教育强国、人力资源强国"的重要举措，开启了职业教育新篇章。当前，我国教育已经步入中国式现代化阶段，处于传统教育转向现代教育的关键时期。2019 年《中国教育现代化 2035》发布，"五育融合"① 成为教育行业的热门话题，涉及如何通过"五育融合"重构教育新体系，[2]学术界从不同视角进行论述，从理论层面建构到实践层面探索，相关研究成果不断丰富发展。"五育融合"是教育领域的育人新范式，是对"如何培养人""培养什么人"的系统回应，是推进国家教育现代化的有力举措。

---

① "五育融合"是指将德育、智育、体育、美育和劳动教育这五个方面有机地结合起来，形成综合性的教育体系。

一、中等职业学校"五育融合"实施机制

中职教育是接轨初中教育的重要一环，是一种以就业为导向的教育形式，对促进我国技能人才培养和就业具有十分重要的贡献。2022 年 5 月修订的《中华人民共和国职业教育法》提出，本次修订以推动职业教育高质量发展，建设教育强国、人力资源强国和技能型社会为主要目标。[3]本次修订为职业教育指明了发展方向，即中等职业教育不仅要注重学生的技能训练，也要强调学生综合素质的发展。学校是系统、科学实施"五育融合"活动的重要场域，是落实立德树人目标的主阵地。"五育融合"从目标、内容、实施等层面把各教育要素联合成为整体，促进个体德、智、体、美、劳全面发展。[4]"五育融合"蕴含"五育"全面发展，直击当前教育"重智"的现象，人的教育活动应该包含生命、知识、道德和审美等维度，提升教育的丰富性、全面性和完整性。本文从学校育人价值意识、育人体系建设专业引领、融合育人实施保障体系三个维度论述中职"五育融合"机制，共同促进学校实施"五育融合"教育。

（一）深度促动学校育人价值共识

1. 建设教育强国的现实需要

"五育融合"是新时代教育领域的新探索，以培养能够担当民族复兴重任的优质创新人才为使命。职业教育与社会经济发展紧密相连，主要体现在两个方面：一是促进教育体系自身完善与发展；二是培养社会经济发展所需要的技术型人才，服务于社会经济发展。因此，职业教育人才培养的质量会影响社会经济的发展。当前世界处于百年未有之大变局，世界多极化、经济全球化、社会信息化、文化多样化等愈演愈烈，机遇与挑战并存。[5]在科技迅猛发展的今天，各国之间的竞争实质是高质量人才的竞争，其核心在于学校。只有从学校抓起，专注于提升教育教学水平，才能培养出高质量的人才。"五育融合"并不是凭空而来的或是空中楼阁，而是在"五育并举"实践的基础上发展而来的，凝聚着一批批教育家对人才培养的初心和使命担当。"五育融合"的提出顺应了时代发展的需要，也是高举教育现代化旗帜的重要举措，彰显着国家对人才培养的期许，旨在促进学生德智体美劳全面发展，使学生得到充分自由发展。

2. 学校是教育理念的践行者

职业教育的核心是人才的培养，其在教育强国建设中发挥着重要作用。[6]高质量的中等职业教育应深入贯彻党的教育方针，将立德树人确立为教育的根本任务，应着眼于学生的全面发展，包括道德、智力、体育、美育和劳动教育，旨在培育既有专业技能又具备全面素质的高质量人才。中职教育一直以"就业为导向"，教育资源和视线聚

焦于就业，当代社会对其要求是建立培养目标为"就业有能力，升学有基础"、技能与知识并重的教育新体系。中职教育应该从自身发展的角度思考其在"五育融合"中扮演的角色，肩负起教育理念传播者和实施者的"双重身份"，勾勒出职业教育未来的蓝图。首先，中国式职业现代化应该从学校层面进行规划，把"五育融合"纳入学校发展规划中，使学校教育与党和国家方针政策保持高度一致并着眼未来，深刻认识融合育人对建设人才强国、职业教育强国、人力资源强国的价值所在。其次，校长作为学校的领导者，应该具备规划思维和卓越领导能力，在深刻理解国家战略方针的基础上，全面规划带领教师深化教育改革。最后，教师作为理念的践行者，必须具有正确的价值共识，贯彻实施"五育融合"育人理念，深刻认识到自己肩负着培养有责任担当的社会主义建设者的重任，为建设教育强国贡献力量。

（二）强化育人体系建设专业引领

1. 加强课程体系创新建设

德智体美劳五育应该是一个整体，其彼此联通，犹如人之筋骨之间的有机联系，不可割裂分离。在中职学校教育活动中，五育之间并非孤立的，而是相互渗透和促进的，形成了一个有机统一的整体。党和国家从国家战略上肯定了职业教育的地位，新时代技能型人才培养的课程体系应该深化对"五育融合"创新课程体系的建构。一方面，融合多维度课程资源。"五育融合"课程实施不仅要依靠学校内部系统的支撑，同时也离不开外部支持，应充分发挥社会资源、家庭资源、企业资源等的作用，共同构建育人空间。另一方面，构建融通式课程体系。学校作为育人主体必须承担课程开发责任，"五育融合"课程体系构建以融合育人为根本思想理念，依托国家"三级"课程体系，构建一套适合学校自身发展的课程体系，使学校教育更高效，在跨学科和跨时空的背景下，深入开发、协调和整合课程资源，使课程设计更加注重综合性和实践性。

2. 深化教学方式变革

建设技能强国的关键在于高素质技术技能人才的不断涌现，而培养高素质技术技能人才则离不开中国式职业教育现代化。[7]学校的理念需要转化为实践，下沉到课堂教学，需要加强教学体系专业化建设，加强教学过程中对学生的专业引领，使学生个性得到充分发展，让每个学生学有所成。中职毕业生面临不同的选择，一是直接进入社会生产和服务行业等一线岗位，这些岗位的工作强度相对来说比较大，学生需要具备良好的身体素质以应对工作中的挑战，同时还要具备健全的心理素质和良好的审美意识等。二是可以选择继续深造，通过春季高考等途径考取高职院校，继续进行理论和实践的深化学习，为未来发展打下更扎实的基础。例如，广东省每年1月初举行的

"3＋X"证书考试为中职学生走向更高层次院校学习提供了渠道和路径。首先,"五育融合"的课程特征要求改变传统的教学模式,遵循社会发展需求,使教学内容活动化,形成"技能强国,文化育人"的格局。其次,"五育融合"基于中国式教育现代化体系的精神、理念,应该构建教师、家长、企业、社区等多元主体协同育人体系,充分利用社会资源,丰富课程体系,使课程体系能够更好地服务于人的发展。最后,加强对教师专业能力的培养,使其具备更强的教学能力,使中职教育在自身系统中更有生命力,同时也能满足社会对职业教育的需求。

(三) 健全育人实施保障体系

1. 建立"五育融合"教学生态

"五育融合"教学理念的提出是教育界以实际行动响应国家教育强国战略的号召,以提升个人综合素质为目标,以服务于国家和社会经济建设为宗旨,激发个人的生命力和活力。全面实施"五育融合"的教育理念,是应对新时代建设职业教育强国所面临的机遇与挑战的重要举措,也是提升中职学校育人质量的重要途径,还是高举立德树人旗帜的表现。当前,中等职业教育仍面临一些亟待解决的问题,包括学校之间的办学水平差异较大、人才培养质量有待提升等。如何贯彻落实立德树人方针?这既是现实之问,也是教育系统需要回答的问题。中职教育以技术立足,但在教育过程中出现了"轻知识、重技能"的倾向,导致人才评价方式单一化,"五育"之间失衡、割裂的现象时有发生。在深化教育改革的背景下,中职教育应该从全局出发,加强对自身教育系统的升级和改革,为"五育融合"建立良好的教学生态,以保障融合育人落到实处。

2. 建构育人保障体系

党的二十大报告提出职普融通的理念,在国家层面高度重视职业教育,把职业教育与普通教育摆在同等重要的位置,突出职业教育的价值,这对职业教育系统本身发展来说,既是机遇也是挑战。推进职普融通实现了"以促进人全面发展为宗旨的教育价值观的回归",是落实立德树人根本任务的实践。[8]职普融通是以人的发展为本质的新理念,重新定义了职业教育与普通教育之间的关系,是新时代职业教育的新机遇和新突破。立德树人教育方针的落实需要政府、学校、社会提供相关的支持和保障,使教育目标得以落实,为实现教育强国的伟大使命做出贡献。走职业教育强国道路的提出,为职业教育发展提供了指向标,进一步明确了职业教育的培养主体和目标。"五育融合"教育理念与教育强国号召相耦合,需要社会合力提供保障,形成"政府、学校、社会、家庭"四位一体的保障和支撑,为培养德才兼备的人才而努力。教育改革离不开学校管理机制的重塑,为确保"五育融合"能够顺利下沉到课堂教学,需要重塑学校管理制度，从根本上为"五育融合"教育提供支撑机制和保障系统。

二、中等职业学校"五育融合"实施困境

"五育融合"教育理念是我国教育领域根据多年教育实践并结合教育发展和时代需求而提出的育人新理念。职业教育"五育融合"人才培养模式处于起步阶段，学校在推进"五育融合"育人方面还面临"五育"之间割裂、失衡等诸多难题。[9]我们应该正视问题并找出问题关键进而加以攻克，为职业教育更好地发展提供保障。中职教育落实"五育融合"问题的实质是什么，是我们亟须解决的问题。

第一，缺乏对"五育融合"教育价值的认识。尽管职业教育已被确立为与普通教育同等重要的教育形式，但其发展仍受到一些传统观念的限制，在人才培养质量、教育特色以及毕业生的社会适应能力方面仍有提升空间。职业教育应该为社会建设培养高质量劳动者和技能型人才，中职教育顺应了国家对技能人才的需求急剧增加的发展趋势，[10]具有教育和就业双重优势，应该成为广大师生和家庭提高教育水平的重要选择。反观现实，中职教育的价值在一定程度上被低估，其地位被边缘化，根本原因在于社会对其误解和偏见，一些人认为中职教育是普通高中教育筛选"剩下"的，学生素质普遍偏低，导致中职院校整体对自身教育认同感偏低；同时社会对中职教育的理解也存在偏差，认为中职教育只需要掌握技能知识，而忽略对文化知识的掌握。在各种"偏见"的长期影响下，中职教育的价值没有得到充分的体现，这也是导致"五育融合"在现实教学中存在困难的原因。

第二，功利化教育导致"五育"失衡。过去，我国职业教育更多地强调对技能的习得，而忽视对人的全面发展的教育价值，特别是在学校教育方面，专注于专业技能的习得，而疏于学生的综合发展和可持续发展。这种现象在很大程度上是由传统认知导致的，无论是家长还是学生，甚至是社会，都认为中职教育只需要掌握技能，缺乏对个体全面发展的认知。在中国式教育现代化进程中，职业教育担当着培育多元化技能人才、传承和创新技术技能、激发就业与创业活力的重任，具有广阔的发展前景。学生、家长和社会应该打破这种狭隘的认知和传统的偏见，重新审视职业教育的地位，深刻认识到中职教育对社会技能人才培养和社会经济发展的贡献。

第三，教育资源分配不均衡导致"五育"割裂。教育强国建设背景下的职普融通，其本质在于打破职业教育与普通教育之间的不平衡状态，破解人的发展的不完整性和片面性的难题，实现各自的现代化转型。[11]长期以来，职业教育和普通教育形成"两轨"分离的状态，彼此之间存在着"鸿沟"，中职教育长期处于被"孤立"的状态，教育资源更多向普通教育倾斜。职业教育被贴上"技能教育"的标签，导致教学资源更多体现在技能领域，缺乏人文社会等资源，导致中职教育体系出现重劳育和智育、忽视

德育、弱化体育、抑制美育等现象，违背了立德树人的教育理念，使"五育"被人为割裂。

三、中等职业学校"五育融合"实施路径

教育是民族振兴、社会进步的重要基石。"五育融合"所体现的教育价值，也是教育对学生发展的诉求，使教育主体构建已有经验与逻辑认知之间的关系，实现学生个体成长的整体性。新时代的中职教育应该致力于满足人的发展需要，培养"学校人"与"职业人"的多维度人才，学校要从自上而下和自下而上两条路径实施"五育融合"教育。

（一）自上而下的路径

1. 加强顶层设计

在顶层设计中，将"五育融合"作为一把尺子或者一个参照系，审视学校管理、课程、课堂教学和学生生活，这涉及多元主体的协同机制。[12]中职教育应该主要抓职业技能，同时也抓职业精神，使其发展围绕社会发展、技术发展、生产方式变革需要，培养兼具技术和素养的社会主义接班人。为了有效推进"五育融合"，应该建立相应课程配套设施，提供良好环境，这关系到国计民生。学校应站在理论探索与实践应用的双重高度上，制定"五育融合"的实施规划，秉承"以德育人、以文化人、以技强人"的教育理念，培养具有时代精神的"匠人"和具备时代特色的"匠心"，持续培养并输出高素质技能人才。

2. 深化校区家社联系

职业教育是一种双向教育，一边连着教育，一边牵着产业，是科技成果转化的"最后一公里"。[13]职业教育的教育属性和社会属性决定着学校在实施教育过程中万不可采用单一形式或者闭门造车，应该协同同类型的学校，加强资源共享和经验交流。各地区教育部门应该搭建相关专业合作机制、成果展示活动、学术或专题研讨等平台，打破学校之间、区域之间的壁垒，将课程体系建设实践经验推广到相应的学校，形成学校间的合力。学校不是"孤岛"，教育也不是"围城"，中职院校应该加强与社会、家长、企业的沟通，形成共同协作新模式，深度联动培养人才，共同推进中等职业教育高质量发展。

3. 强化学校专业引领

"五育融合"归根结底要落实到课堂教学中，教师是实践关键，教师的专业能力是否得到充分发挥影响着教育目标的落实。中职教育旨在培养专业技能人才，教师的专

业成长是教育质量提升的核心，是实现受教育者专业成长的关键。学校在完善课程体系的同时，也应加强对教师专业能力的培养，确保教师能够适应教学的不断发展。在教学实践中，教师应该创新教学理念，运用多样化的教学策略，以调动学生的积极性，鼓励他们积极投身于学习活动中。同时，教师应该关注学生的个性化需求，实施差异化教学，以满足每个学生的发展要求。将"五育融合"理念落实到教学中是一项目长期、复杂而艰巨的任务，需要一线教师积极应对，做好打"持久战"的准备，为教育高质量发展而奋斗。

（二）自下而上的路径

1. 打造高效率育人课堂主阵地

中等职业教育对建设技术技能人才培养体系，加快建设教育强国和人力资源强国具有直接而重要的作用。[14]中职教育不仅要专注技能教育，培养学生的社会生存能力，还要加强人文素养的培育，以丰富学生的精神世界，提升他们的生活质量与人生价值。中职教育应该确定"为国育才，为党育人"的高度思想觉悟，站在时代的前端，从整体出发，落实于实践，建设高效的育人课堂，敢于创新，育时代新人。职业教育应该致力于培养身体健康、心灵纯净、技能卓越的高质量技能人才。这反映了人才培养的需求与"五育融合"理念的契合，"五育融合"顺应时代发展对人才的需求，使学生具备融入社会的能力，充分实现自我价值，达到身心和谐发展。中共中央、国务院印发的《深化新时代教育评价改革总体方案》明确提出"改进结果评价，强化过程评价，探索增值评价，健全综合评价"。[15]职业教育教学过程应该摒弃各种偏见，扎根课堂实践，深化教育改革；要融合多种评价机制，从多维度、多层面评价学生，使学生做到"知行合一""止于至善"。

2. 创设特色校本课程

学校应根据"五育融合"理念，从整体上对学校课程建设和育人方案做出整体规划，基于本校的培养目标与国家课程系统构建校本课程新体系，挖掘地方特色课程资源，构建融合育人的地方课程，促进学校课程体系改革。在教学活动中，学校要依据地区实际情况创设有地方特色的课程体系，将德育、智育、体育、美育和劳育融入课程中，形成超学科活动课程、超学科学习空间、超学科学习模式等。同时，也可以对某一学科的不同领域进行融合，或者将多学科进行融合，使各个学科之间形成协同互补的体系。学校应该以校本课程为载体，整合地方资源，加强与地方企业的联系，同时考虑教师的课程能力和资源情况，构建一套兼具地方特色和融合育人思想的课程体系，使学生能主动参与到教育活动中，实现"五育融合"的教育价值。

3. 加强校际联系

职业教育正实现从单一的就业导向"谋业"，向重视个人成长和全面发展的"谋人"转变,这一转变增强了职业教育在促进学生全面发展方面的教育功能。同时,中等职业教育的培养目标也经历着时代的演进,从就业导向转向更加均衡发展的模式,即在促进就业的同时,为学生提供升学机会,秉持"就业与升学并重"的教育理念。从就业的"单向度"培养转向多维度的培养,使职业教育兼具社会性和人文性的双重属性。构建地方特色课程体系时,不仅要联动本区的资源,还要联系外部资源,打破资源割裂的困境,从而更好地拓宽资源来源,强化资源利用。这样才能充分激发职业教育的活力,焕发职业教育应有的生命力、活力,为"中国制造"向"中国创造"转型提供人才支撑和人力资源保障,实现我国工业化的更新迭代。

总之,在全面建设社会主义现化代国家新征程中,中职教育肩负着育人使命。随着我国全面深化改革、全面建设技能型社会的进程不断推进,中职教育应该做时代的弄潮儿,向"高精尖"方向发展,培养高素质的技能人才。

参考文献

[1] 习近平. 习近平在中共中央政治局第五次集体学习时强调 加快建设教育强国 为中华民族伟大复兴提供有力支撑 [N]. 人民日报,2023 – 05 – 30(01).

[2] 李政涛,文娟. "五育融合"与新时代"教育新体系"的构建 [J]. 中国电化教育,2020(3):7 – 16.

[3] 中华人民共和国职业教育法 [EB/OL]. (2020 – 04 – 20)[2024 – 06 – 25]. https://www.gov.cn/xinwen/2022 – 04/21/content_5686375.htm.

[4] 刘登晖,李华. "五育融合"的内涵、框架与实现 [J]. 中国教育科学(中英文),2020(9):85 – 91.

[5] 习近平外交思想研究中心. 推动历史车轮向着光明目标前进 [N]. 人民日报,2021 – 08 – 19(09).

[6] 祁占勇,吴仕韬. 职业教育强国建设:内涵要义、多重逻辑与推进路径 [J]. 西南大学学报(社会科学版),2024,50(1):165 – 176.

[7] 祁占勇,鄂晓倩. 中国式职业教育现代化与技能强国之路 [J]. 民族教育研究,2023,34(2):5 – 14.

[8] 马延伟. 论普职融通的价值导向与制度路径 [J]. 职业技术教育,2023,44(4):24 – 30.

[9] 徐雪平. 高职院校五育融合育人瓶颈及破解 [J]. 职业技术教育,2021,42(23):71 – 75.

[10] 陈鹏. 中等职业教育基础性定位的再认识 [J]. 国家教育行政学院报,2021(5):26 – 32.

[11] 张桂春,卢丽华. 职普融通的教育理念与实践:基于公民素质培养的视角 [J]. 教育科学,2014,30(5):22 – 26.

[12] 宁本涛. 杨柳. 以"五育融合"之力撬动基础教育高质量发展:来自第二届全国"五育融合"研究论坛的观点 [J]. 中国电化教育,2021(6):1 – 6.

[13] 董刚. 深化现代职业教育体系建设改革,一体推进教育、科技、人才三大强国建设 [J]. 职业技术教育,2023,44(12):8 – 10.

［14］郭静. 功能结构视角下中等职业教育多样化发展的制度构建［J］. 中国教育学刊, 2022 (11)：65 – 70.

［15］中共中央, 国务院. 深化新时代教育评价改革总体方案［N］. 人民日报, 2020 – 10 – 14 (01).

作者简介：赖水珍, 陕西师范大学教育学部博士研究生, 研究方向为课程与教学论。

基于英语学科的高职生中华文化传播能力培养：何谓、何以与何为

任文静

摘　要： 在教育强国建设进程中，我国职业教育加速发展且呈现出国际化发展态势。新时代高职生在面向世界、加强国际交流的同时，也需要增强文化意识，在推动中华文化走向世界的过程中发挥作用。为了应对此变化，高等职业教育专科英语课程需要重视对学生中华文化传播能力的培养。由此，探究基于英语学科的高职生中华文化传播能力何谓、何以与何为三重逻辑具有重要意义。"何谓"回应高职生在英语学习中以文化理解为根柢、文化译介为中枢、文化阐释为外显，建立指向中华文化传播的能力内涵问题。"何以"回应培养高职生中华文化传播能力的价值问题。"何为"回应如何以转变英语教学方式、改进学习方式、变革评价方式等作为培养高职生中华文化传播能力的有效路径问题。

关键词： 高职生；中华文化传播能力；高职英语；文化自信；教育强国

教育强国不仅是衡量国家文化软实力的重要标志，也是建设文化强国的必然要求。[1]在教育强国建设进程中，我国职业教育加速发展且呈现出国际化发展态势。[2]从文化视角审视，职业教育是民族文化传承和创新的重要载体，职业教育应以中华传统文化为基石，积极传承和弘扬民族文化，增强中华文化认同感，提升教育强国的文化自信价值。[3]新时代高职生在加强国际交流、走向国际的同时，也需要增强文化意识，在推动中华文化走向世界的过程中发挥作用。为了应对此变化，高等职业教育专科英语课程需要在关注常态化英语语用能力养成的基础上，同步重视对学生中华文化传播能力的培养，致力于培养具有中国情怀、国际视野、能用英语有效传播中华文化的高素质技术技能型人才。[4]由此，探究基于英语学科的高职生中华文化传播能力何谓、何以与何为三重逻辑对高职英语教学具有重要意义。

一、何谓：高职生中华文化传播能力的内涵

文化承载着历史与传统，传递着价值观和信仰，文化共享的渠道是传播，文化传播能力对于文化传承与创新至关重要。中华文化传播能力作为特定文化传播能力，指的是个体在有效且恰当[5]传播中华文化的过程中表现出来的能力。培养高职生中华文化传播能力与高职英语学科核心素养中的多元文化交流息息相关。[4]高职生作为文化传播者对英语教学中的中外文化进行文化理解，用英语语言符号译介中华文化信息，通过阐释和关联不同文化有效、得体地传播中华文化的能力即为其中华文化传播能力，具体表现为文化理解、译介和阐释的能力。

（一）以"文化理解"为根柢，兼备中华文化理解和外国文化理解的能力特质

语言的内在文化特性强调了文化理解在语言学习过程中的重要性，文化理解能力的培养和发展是中华文化传播能力形成的基础。在高职英语学科教学中，学生不仅接触和学习英美国家的文化，还广泛涉猎世界各国文化和中华文化，这种多元文化内容的学习为高职生提供了丰富的文化知识背景。基于英语学科的高职生所培养的文化理解能力，不仅包括对英美等外国文化的深入理解，更重视对中华文化的理解。文化理解作为全球传播能力的重要组成部分，[5]在中华文化传播能力发展中也起着重要作用。外国文化理解能力赋予高职生使用与对方文化特点和思维习惯相契合的语言进行有效的跨文化交流的能力；中华文化理解能力则帮助他们在充分理解中华文化的基础上，有效、恰当地完成文化传播任务，讲好中国故事。

（二）以"文化译介"为中枢，联通中华文化翻译和目标语文化翻译的结构系统

高职生中华文化传播能力的核心是文化译介，这要求学生同时精通中华文化和目标语文化翻译，以确保中华文化的内涵得到准确传达，并能为目标语文化受众所接受。译介技能在职业英语技能中尤为重要。[4]中华文化翻译要求学生在深刻理解中华文化的基础上，将中华文化元素及内涵以贴近原意的方式呈现给不同文化背景的受众，此异化翻译体现了对中华文化的尊重和传承。目标语文化翻译则要求学生在深入了解目标语言文化的基础上，适应其文化特征和交流习惯，此为归化策略。通过融汇中华文化翻译能力和目标语文化翻译能力，灵活应用归化和异化，能促进中华文化在不同文化语境中的有效、得体传播。两种文化系统下翻译能力的结合体现了高职生在文化译介中的双重角色：既是中华文化的传承者，又是跨文化交流的桥梁。

（三）以"文化阐释"为外显，糅合中华文化阐释与跨文化阐释的时空维度

高职生中华文化传播能力外显于文化阐释，文化阐释的能力要求学生疏解、阐明中华文化意涵，调动跨文化意识，有效化解原语文化信息。疏解中华文化意涵要深挖中华文化的深层价值，领悟中华文化的精神内核，不流于表面形式，直触语言文化的核心和灵魂。阐释者对中华文化内涵进行阐释需要关注文化的自在性，了解文化的产生背景，从这个意义上说，所有的阐释者都存在于时间维度上。跨文化阐释要求高职生顾及对方的文化语境，利用对方的文化"前理解"，用对方耳熟能详的语言来阐述、阐释自身思想意图，进而实现有效传播。[7]其考虑了文化差异和时空背景对文化阐释的影响，某种意义上将阐释者置于空间维度上。在实际传播过程中，高职生需要考虑不同文化语境，灵活探寻中华文化阐释和跨文化阐释的时空维度，以达到最佳的传播效果。

二、何以：培养高职生中华文化传播能力的价值

高职生中华文化传播能力是指高职生理解中外文化、译介中华文化信息、阐释中华文化内涵的能力。教育强国建设进程中文化自信建设是重要方面。[8]培养高职生中华文化传播能力的价值体现在促进高职学生对文化包容性的领悟、助推其全球胜任力的提升、助力其文化自信的增强等方面。

（一）融通文化理解，促进高职生对文化包容性的领悟

培养高职生中华文化传播能力具有重要的文化教育价值，对中华文化精神的深刻洞察、对外国文化特征和价值观的全面理解，能够使高职生学会尊重和欣赏不同文化的独特性，逐渐形成开放包容的心态，在求同存异的基础上，尊重并欣赏世界文化的多样性。对中华文化的深刻理解还能增强学生对中华文化本身包容性特点的领悟。从异质他者文化视角精析中华文化意涵，更能理解中华文化一元性和多样性结合的统一性、中国文化多元复合性的特征以及中华传统文化包容性的文化态度，以此提高对中华民族多元一体格局的文化认同。[9]学生用英语准确地介绍中华文化，能增加对文化差异的敏感性和适应性认知，促进不同文化之间的相互理解和尊重。学生用英语阐释中华文化内涵，并根据不同文化受众适当调整阐释策略，也能助力其理解和接纳不同文化。

（二）融合文化译介，助推高职生全球胜任力的提升

中华文化传播能力的培养以英语语言能力为基础，其中翻译技能尤为关键。英语

的听说读写译技能为高职生提供了与世界沟通的工具，而文化译介的过程则深化了其对英语语言的掌握和运用能力。随着语言能力的提升，高职生在国际交流中将更加自如，更能深刻理解国际规则，熟练运用英语，在全球事务中发挥更大的作用。中华文化传播能力的提高与跨文化交流能力的提升密切相关。跨文化交流是新时代大学生全球胜任力的核心，[10]文化译介能力是成功进行跨文化交流的关键。随着文化译介能力的增强，高职生将更加积极地参与到跨文化交流中，体验不同文化间的差异，增强传播中华文化的动机和能力。高职生参与全球事务，能够深刻领悟厚积中华文化知识储备、用英语学习中华文化的重要性，[11]进而有助于消除高职生在参与全球事务时可能遇到的文化障碍，使其能够更有效地传播中华文化。

（三）融汇文化阐释，助力高职生文化自信的增强

在全球化背景下，培养高职生中华文化传播能力对于增强文化自信和促进文化传承意义深远。教育作为文化传播的关键载体，不仅承载着知识传授的功能，更肩负着文化理解和价值塑造的使命。[12]通过文化译介和阐释，高职生将中华文化的核心价值传递给不同文化受众，有助于提升中华文化的国际影响力，这也是对高职生文化自信的一种强化。文化阐释能力的提升，使高职生在面对不同文化观念和价值观时，能够更加自信地表达和捍卫自己的文化立场。跨文化阐释能力的提高，强化了从他者视角出发的文化自我意识，增强了高职生对中华文化的认同感。译介外国文化的认异过程，中外文化比较中从认异到认同的过程，深刻回应了文化认同的哲学本质，辩证思考与确认了差异性基础上的同一性，因而使中华文化认同得以深化，文化自信得以增强。

三、何为：培养高职生中华文化传播能力的路径

培养高职生的中华文化传播能力涉及诸多方面，也有众多的实施路径。同时考虑高职英语学科的本体价值和中华文化传播能力培养的需求，是在探讨培养路径时重点关切的问题。本研究从转变教学方式、改进学习方式、变革评价方式三个角度提出培养路径。

（一）转变教学方式，开展内容语言融合的大观念教学

中华文化传播能力是一种综合素养，建立在扎实的英语语言能力基础上，对其培养需要有机融合语言和内容，建立整体思维，使用内容语言融合的大观念教学，将零散的文化主题和语言技能有机结合起来。[13]强调语言与内容间的联系，在使学生理解英语的语法规则和词汇，意识到英语是一种受各种历史、社会与文化因素影响的不断发展的语言。大观念能有效改善碎片化的英语学习方式，增进高职生对语言文化间关系

以及文化深层内涵的理解。与语言相关的大观念是指学生需要综合掌握的英语语言及其使用规则的基本知识。与内容相关的大观念指的是与社会、文化等特定领域相关的具体知识。[14]前者涉及语篇中的语言类知识和方法类知识，后者包括语篇中的文化类知识和价值观知识。在基于内容语言融合的大观念培养高职生中华文化传播能力的英语教学中，除了关注表层的语言知识，更重要的是要获取语篇所承载的有关中外文化的文化类知识和价值类知识。

下面以《新标准职业英语综合教程：1》第6单元"商务差旅"为例，通过组织内容语言融合的大观念教学关注高职生中华文化传播能力，从提炼内容语言融合的大观念、确定教学目标、设计大观念单元教学结构、组织教学活动等方面[15]来呈现具体的培养过程。一是提炼内容语言融合的大观念。首先，提炼语篇内容大观念，即在商务差旅中，主动适应文化差异是成功的关键；其次，提炼语篇的语言知识，学生通过研读语篇，提炼出商务差旅中文化适应的关键词汇和语法结构。二是确定教学目标。依据提取的大观念，确定单元教学目标：理解中外文化差异，掌握将中华文化元素准确译介给外国受众的技巧；能够准备一份反映文化适应性和中华文化传播的差旅报告。三是从大观念、单元情境、教学结构、教学价值四个方面，设计大观念单元教学结构，教学结构应围绕大观念设计单元情境，开展一系列学科实践，包括比较文化异同、探讨文化译介技巧、探索中华文化传播的对策。四是组织教学活动。教学活动包括模拟国际商务差旅的角色扮演，在模拟的跨文化环境中实践文化译介和阐释技巧；针对选定国家的文化背景，撰写并汇报差旅报告，展示对文化差异的理解，呈现将中华文化元素有效地介绍给外国伙伴的策略。通过以上教学方式，学生能够在实际或模拟的跨文化互动中，加深对中华文化传播能力的认识和应用。

（二）改进学习方式，实行英语跨学科文化主题学习

传统学习方式忽视学生个体差异和实践应用能力的培养，难以满足不同学生的学习需求和兴趣。跨学科主题学习鼓励学生围绕自己感兴趣的主题深入探究问题，能够实现个性化学习。培养高职生的中华文化传播能力可以考虑使用英语跨学科文化主题学习，围绕某一文化主题，整合不同学科有关中外文化的知识，实现全面理解。[16]学习过程始终以英语课程为基础，以特定文化主题为核心，整合其他学科的内容、方法和思维方式，[17]帮助提升学生的文化理解、译介和阐释能力。目前高职英语教材仍以单元形式展开，每个单元涉及不同的文化主题。教师可以围绕教材中某一单元的整体文化主题设计跨学科学习活动，关联多个语篇内容，以问题驱动将活动贯穿于整个单元的教学过程中；也可以基于单元文化主题，利用真实情境和任务，引导学生综合运用语言和跨学科知识解决问题。

选取《新标准职业英语综合教程：1》第6单元"商务差旅"的主题内容，以跨学

科主题学习为抓手，培养高职生的中华文化传播能力，可以通过确定学习主题、制订学习计划、持续学习探究、制作学习作品、交流学习成果、促进学习反思等环节[18]来分析英语跨学科文化主题学习过程。一是确定学习主题。教师创设出国商务差旅的问题情境，激发学生的探究兴趣。学生在问题情境中感知商务差旅中可能遇到的多元文化，明确学习的目标是要理解不同文化差异、掌握文化译介技巧、准确阐释文化差异。二是制订学习计划。学生以小组为单位，通过网络资源和图书馆资料收集有关商务差旅与跨文化交流的信息。小组成员共同绘制知识图谱，明确不同文化背景下的商务实践，并制订详细的学习探究计划，包括文化译介技能的练习和文化差异的案例研究。三是持续学习探究。学生深入探究不同文化背景下的商务实践，通过案例分析学习如何在实际商务差旅中应对文化差异；小组内部组织模拟商务洽谈，实践文化译介和阐释技巧，探讨如何利用文化译介技巧来克服文化差异带来的挑战。四是制作学习作品。学生可以创作英语剧本，展现不同文化背景下的商务交流场景；撰写商务差旅报告，分析文化差异对商务活动的影响；制作跨文化沟通策略手册，总结有效的文化译介方法和沟通技巧。五是交流学习成果。学生通过研讨会和作品布展，交流文化译介和阐释策略。六是促进学习反思。学生撰写学习日志，反思自己在理解和处理文化差异方面的成长；汲取同伴和教师的反馈，总结自己在文化译介和阐释方面的经验。学习过程始终以商务差旅中的多元文化理解、译介和阐释为主线，引导学生探究多元文化，尊重并理解文化差异，以此增强文化包容性，培养高职生的中华文化传播能力。

（三）变革评价方式，实施文化回应性评价

传统的评价方式往往忽视学生个体差异和文化背景，而文化回应性评价则通过尊重和利用学生的多元文化经验，促进学生的全面发展。中华文化传播能力要求深入理解中华文化的意涵，文化回应性评价珍视学生的文化体验和领悟，有助于从异质他者的视角建构深刻的中华文化理解。中华文化传播能力要求将中华文化准确地译介给受众，文化回应性评价提倡学生在沟通交流时充分考虑沟通对象的不同文化背景，提高其将中华文化元素准确译介给不同文化受众的能力。中华文化传播能力要求对中华文化进行合理的阐释，文化回应性评价强调要根据不同文化接受者对中华文化传播的文化观念和价值诉求[19]来调整阐释策略，有助于进行适应性文化阐释。文化回应性评价要求评价者具备强烈的文化意识，确保评估活动能够体现和尊重文化多样性、文化包容性和文化公平性。[20]高职具有不同的文化背景，文化回应性评价能够尊重传播主体的文化多样性，使其在整个评价过程中保持文化敏感性，坚持中华文化传播表征的多元文化理解价值取向，确保从文化理解的角度进行评价。

下面仍以商务差旅中的多元文化为例，进一步探讨如何依据文化回应性评价设计评价标准，来确定学生在完成以培养中华文化传播能力为目标的角色扮演任务时所应

关注的评价焦点。围绕商务差旅角色扮演中对文化差异的理解、文化译介策略的使用和不同文化差异的阐释等方面，具体评价可从以下三个方面展开：一是文化差异的理解深度。评价学生对目标国家文化习俗、商业惯例和社交礼仪的了解程度，以及其能否准确描述并恰当运用这些文化特征于角色扮演中；评估学生对中华文化历史背景、传统习俗和核心价值观的认知程度，以及其能否在角色扮演中展现出对自身文化的认同；评价学生对中外文化差异的理解深度，包括如何整合对不同文化的认识、识别和尊重文化差异，并在商务差旅的角色扮演任务中有效地沟通和阐释这些差异。二是文化译介的得体程度。评估学生在角色扮演中如何准确地将中华文化元素译介给不同文化背景的受众，包括语言的准确性、文化符号的正确使用和文化信息的忠实传达；考查学生在商务差旅情境下与不同文化背景人士沟通的能力，特别是如何适应和理解不同文化环境中的商务礼仪和交流方式。三是文化阐释的适应性程度。评价学生在面对不同文化接受者时，如何调整自己的阐释策略，以适应不同文化语境的价值观；考查学生能否灵活运用不同的沟通方式和表达技巧，使中华文化得到准确传达并被广泛接受。这些评价标准旨在确保评价活动能够全面反映高职生的中华文化传播能力，旨在通过这样的评价方式，更好地激励高职生深入学习和理解中华文化，提高其在跨文化环境中的沟通和传播能力。

参考文献

[1] 刘益东. 文化软实力与教育强国建设：国际比较视野中的中国实践 [J]. 教育研究, 2024, 45 (5)：15 - 29.

[2] 武汉大学国家发展战略研究院智库团队人工智能与职业教育转型研究课题组. 人工智能时代职业教育转型的路径选择 [J]. 教育研究, 2020, 41 (6)：115 - 124.

[3] 朱旭东, 李育球. 新时代教育强国的新内涵建构 [J]. 重庆高教研究, 2018, 6 (3)：3 - 8.

[4] 中华人民共和国教育部. 高等职业教育专科英语课程标准：2021 年版 [M]. 北京：高等教育出版社, 2021：1, 2, 7.

[5] ROBERT N. Competence in communication：a multidisciplinary approach [M]. Boston：Sage Publications, 1984：19.

[6] 陈国明, 赵晶晶. 论全球传播能力模式 [J]. 浙江社会科学, 2006 (4)：131 - 139.

[7] 李庆本. 强制阐释与跨文化阐释 [J]. 社会科学辑刊, 2017 (4)：200 - 206.

[8] 薛二勇, 李健. 教育强国建设的政策内涵、监测指标与战略路径 [J]. 中国教育学刊, 2023 (7)：1 - 6.

[9] 邴正. 中华文明的包容性与文化认同 [J]. 教学与研究, 2024 (1)：15 - 22.

[10] 黄雯怡. 新时代大学生全球胜任力素养框架构建和培养路径研究 [J]. 江苏高教, 2023 (12)：94 - 100.

[11] 孙海洋, 高塬. 中国英语学习者母语文化译介能力及其影响因素研究（英文）[J]. Chinese journal of applied linguistics, 2020, 43 (1)：105 - 125, 127.

[12] 郑金洲. 文化传播与教育［J］. 华东师范大学学报（教育科学版），1994（4）：55－62.

[13] ERICKSON L. Stirring the head, heart, and soul：re－defining curriculum and instruction［M］. 2nd ed. Thousand Oaks：Corwin Press, 2001：36.

[14] YUAN R, ZHANG T F, WANG Q. Unleashing the potential of big ideas in language education：what and how?［M］. New York：TESOL Quarterly, 2024.

[15] 王蔷，周密，蒋京丽，等. 基于大观念的英语学科教学设计探析［J］. 课程·教材·教法，2020, 40（11）：99－108.

[16] 吴刚平. 跨学科主题学习的意义与设计思路［J］. 课程·教材·教法，2022（9）：53－55.

[17] 王蔷，刘诗雨. 在英语教学中开展跨学科主题学习的意义与关键问题解决［J］. 英语学习，2023（7）：4－11.

[18] 袁磊，王阳. 数字教育背景下中小学跨学科教学的困境与应对［J］. 电化教育研究，2023, 44（12）：87－94.

[19] 高若瑜. 美国文化回应性评价的实施框架与标准［J］. 外国中小学教育，2019（10）：29－35.

[20] 李召存. 探寻文化回应性的学前教育质量评价［J］. 教育研究，2017, 38（4）：64－71.

作者简介：任文静，陕西师范大学教育学部博士研究生，研究方向为课程与教学论。

面向学习型社会：技能型社会建设的内涵、挑战与路径

刘珺珺

摘　要：2021 年国家提出建设技能型社会的重大战略，与学习型社会的战略相辅相成。在本质内涵上，学习型社会更注重知识的更新，技能型社会则更强调终身技能的学习和掌握。在内在逻辑上，终身教育是二者共同的理论基石，终身学习是二者共同的动力内核，构建服务全民终身学习的教育体系是二者共同的实践路径。面向学习型社会，技能型社会的建设面临技能领域错位的文化危机、服务全民终身技能学习的现代职业教育体系有待完善及技能型社会建设的人文意蕴缺失等挑战。因此，技能型社会的建设需要消除错位的文化危机，加强技能文化建设；走出职业教育误区，构建服务全民终身技能学习的教育体系；回归人的全面发展，归正技能型社会建设的价值取向。

关键词：技能型社会；学习型社会；终身教育

技能型社会建设是我国在面临百年未有之大变局时，为了迎接新一轮的科技革新和产业转型而制定的关键战略，这一战略在 2021 年 4 月的全国职业教育大会上被首次提出。同年 10 月，中共中央办公厅与国务院办公厅联合发布了《关于推动现代职业教育高质量发展的意见》，高瞻远瞩地确立了我国技能型社会建设的宏伟蓝图，明确指出了两大里程碑式的目标：到 2025 年，技能型社会建设全面推进；到 2035 年，技能型社会基本建成。[1] 作为学习大国，我国始终将构建学习型社会置于重要位置，自党的十六大提出形成全民学习、终身学习的学习型社会[2]后，我国持续推进学习型社会的建设。要想早日迈入教育强国行列，技能型社会和学习型社会的建设无疑是两大关键战略。本研究旨在从二者之间的耦合关系出发，探究技能型社会与学习型社会的内在逻辑，从而揭示技能型社会建设的深刻内涵、面临的挑战以及可行的路径。

一、学习型社会与技能型社会的内涵辨析

二者内涵的核心都指向"学习",同时两者之间又存在一定的差异,学习型社会强调的是学习的全面性和普遍性,而技能型社会则更侧重技能的掌握和应用。

(一) 学习型社会的内涵

"学习型社会"的概念是美国学者赫钦斯(R. B. Hutchins)在其 1968 年的著作 *The Learning Society* 中提出的。赫钦斯在该书中指出,学习型社会是"一个每个人都已经开始在教育机构接受自由教育,且正在这些机构之内或之外持续自由学习的社会"。[3]20 世纪初,我国也逐渐迈向建设学习型社会的道路。习近平总书记指出要建设"人人皆学、处处能学、时时可学"的学习型社会[4],这一论述精准捕捉了学习型社会的精髓与核心。"人人皆学"强调了学习的主体。在传统的学校教育制度中,学习的主体仅仅指在学校围墙里学习的学生。随着终身教育和学习型社会概念的提出,终身教育时代来临,学习的主体已逐渐从青少年扩展到成人乃至社会的所有公民。"处处能学"强调了学习的空间与场域。从传统的学校课堂到图书馆、科技馆、社区、家庭,甚至是现代网络平台,学习的触角延伸至每一个角落。"时时可学"则强调了学习的灵活性与持续性。"时时"既指一天 24 小时,又指人的全生命周期。在一天之中,人们可以根据自己的节奏和需求随时学习;在一生之中,学习覆盖人的整个生命周期,不必被强制划分为学习阶段和工作阶段,从出生到死亡,每个阶段中都有学习与成长的契机。综上所述,学习型社会是一个以全民广泛参与学习、学习机会遍布各个角落、学习行为贯穿日常生活为显著特征的社会形态,其终极目标在于促进全民学习与终身学习的良好风尚的形成。

(二) 技能型社会的内涵

在 2021 年 4 月召开的全国职业教育大会上,技能型社会的理念被提出,并明确指出了技能型社会的内涵,即"国家重视技能、社会崇尚技能、人人学习技能、人人拥有技能"。[5]"国家重视技能"为技能型社会建设提供了全方位的制度保障和强有力的推动力量。这种自上而下的力量体现在政策制定、体系构建、质量提升等方面,不断为技能人才的培养提供支持;"社会崇尚技能"是技能型社会建设的文化价值体现,弘扬的是劳动光荣、劳动崇高的社会风尚,为技能型社会的建设奠定了文化基调;"人人学习技能"是技能型社会建设的内核动力,彰显的是一种自下而上的力量,社会中的每个人都自发主动地学习,这种力量源自社会中每个个体对于技能学习的自发性和主动性,是技能型社会发展的内在驱动力;"人人拥有技能"是技能型社会建设追求的目

标，体现了社会的公平与平等，在这样的社会中，每个人都能通过各种形式的学习提升自身的技能，实现个人价值。综上所述，技能型社会是以崇尚劳动的社会风气为基础、以国家技能人才培养制度体系为保障、以全民终身技能学习为内驱动力、以实现全体社会成员的技能生成与更新为目标的新型社会形态。

（三）二者的内涵辨析

学习型社会与技能型社会的内涵在多个维度上既相互关联又各有侧重。这两者都是社会发展进步的重要体现，它们从不同角度揭示了社会对个人学习和发展的期望与要求。二者内涵的核心都指向"学习"，技能型社会以学习求技能，学习型社会以学习求发展，通过不断地学习来寻求新技能、新知识、新思想，从而提升审美水平，完善人性。在学习的对象上，"人人皆学"是二者共同的要求；在学习的时间上，二者都以人的生命为周期来展开，这种学习具有延展性和持续性，学习是融入生命全过程的。

二者之间又存在一定的差异。学习型社会凸显的是学习的普遍性和全面性，更关注个体和组织的全面发展；而技能型社会则更侧重于技能的掌握和应用，更关注个体和社会的实际需求与竞争力。学习型社会与技能型社会在推动社会进步中相辅相成，各自扮演着不可替代的角色。学习型社会为技能型社会的建设提供了重要的学习环境和文化氛围，使个体能够更加便捷地获取知识和技能；而技能型社会的建设则进一步推动了学习型社会的发展，使学习更加具有针对性和实效性。技能型社会与学习型社会相辅相成，互为支撑，共同构成了现代社会发展的两大支柱。

二、学习型社会与技能型社会的内在逻辑

当前，学习型社会与技能型社会作为国家两大核心战略，虽各自聚焦于不同维度，却在深层次逻辑上紧密相连，展现出显著的内在联系与共同的价值追求。

（一）共同的理论基石：终身教育

1965 年，法国教育家保罗·朗格朗在联合国教科文组织主办的成人教育大会上提出了终身教育的理论，随后这一理论受到了全球各国的广泛关注。1968 年，美国学者赫钦斯在其著作《学习型社会》中提出了学习化社会的理念，其背景与终身教育理论的兴起不谋而合。1972 年，联合国教科文组织国际教育委员会发布了具有里程碑意义的《富尔报告》，该报告不仅吸纳了赫钦斯的学习型社会概念，还明确指出："终身教育是学习型社会的基石。"[6]随着终身教育理念被引入我国，国家不断优化终身教育体系，持续推动各级各类教育的协调发展，营造全民终身学习的社会氛围。我国在面临人力资源结构失衡问题时创造性地提出了技能型社会这一本土化概念，它是一种以技

能为核心的社会形态，高度强调个体和社会对终身技能发展的重视与追求。

终身教育可被视为学习型社会和技能型社会共同的理论基石。这种教育理念突破了传统教育的框架，将教育视为一个有机的生命整体，旨在满足不同年龄段、不同背景和不同需求的人们的学习需求。学习型社会强调知识的不断更新与积累，以及个体和社会的持续学习与发展；技能型社会则更加注重终身技能的学习和培养。只有把学习型社会和技能型社会的建设放置于终身教育的理论框架下，才能确保学习型社会和技能型社会的建设真正落地生根，为社会的可持续发展注入强大的动力。

（二）共同的动力内核：终身学习

终身学习的理念同样是在 1972 年的《富尔报告》中被提出的。之后，终身学习这一理念虽有发展，但是一直处于不愠不火的状态。直到 1994 年在罗马召开了首届世界终身学习大会，同时在 UNESCO 和 OECD 等组织的推动下，全球才掀起了终身学习理念的热潮。值得注意的是，终身学习虽与终身教育紧密相连，但二者间存在微妙差异。真正意义上的终身教育实则根植于深入人心的终身学习理念之上。终身教育，更多地映射出国家层面的规划与愿景，它是对教育体系的一种宏观构建。而终身学习，则是一种源自个体内心的行为，其核心在于个体生命的持续成长与自我完善。[7]终身学习具有自主性、内生性等特征，可视为学习型社会和技能型社会建设共同的动力内核。终身学习，即个人终其一生持续追求新知识与新技能的获取，以灵活应对社会的变化与进步。它凸显了一种不懈追求、自我驱动的学习精神，成为个人成长与社会发展的核心引擎。

学习型社会与技能型社会均构建于终身教育与终身学习的坚实基石之上。在学习型社会中，学习被视为推动发展的不竭动力；而在技能型社会中，学习则聚焦于技能的精进，以技能学习为核心，引领社会前行。这两大社会形态相辅相成，共同强调了持续学习对于个人成长与社会进步的重要性。

（三）共同的实践路径：构建服务全民终身学习的教育体系

学习型社会和技能型社会是提升国民素质、促进经济社会持续发展的两大关键战略。构建服务全民终身学习的教育体系是实现这两大战略的关键路径，这一体系是我国对终身教育和学习型社会的新认识和新提法，与以往的国民教育体系截然不同。国民教育体系根据年龄与学习能力分段，其背后是局部的理念；服务全民终身学习的教育体系则是一个有机的整体，以全民终身学习为核心，注重教育的普及性、连续性、灵活性和多样性，致力于构建一个覆盖全民、贯穿一生的学习网络，为每个人提供持续的学习机会和资源，推动社会的持续进步和发展，其背后是整体观的理念。[8]

在整体观视域下，构建学习型社会和技能型社会必然需要终身教育与终身学习两大支柱共同发力。终身教育作为自上而下的制度力量，主要由政府、教育机构等官方组织推动，具有规划性、组织性和系统性的特点。通过制定相关政策和法规，为学习型社会和技能型社会的建设提供有力的政策保障与资源支持。而终身学习则作为自下而上的自发推动力量，强调每个人的自主学习和自我提升。在终身学习理念的指引下，每个人都可以根据自己的兴趣、需求和能力，选择适合自己的学习方式和内容，持续不断地进行学习和自我完善。

三、技能型社会建设的挑战

技能型社会这一新兴的社会形态，在其构建过程中面临着诸多挑战。这些挑战既来自文化观念、教育体系本身等内部因素，也涉及经济发展、社会转型等外部因素。

（一）技能领域错位的文化危机

我国是具有五千多年历史的文明古国，在历史的长河中不仅创造了辉煌的科技成果，还传承了精益求精、专注执着、敬业奉献的工匠精神。然而，当前技能型社会的建设出现了文化错位的危机，主要体现在对技能学习和技能人才的不重视、不认可，以及过度追求学历的社会氛围。这种偏见强调学术成就与仕途晋升之间的紧密联系，这种观念在一定程度上影响了教育资源的分配和社会对各类教育的认知。[9]在这种背景下，技能型社会的建设受到了一定程度的制约。一方面，一些人认为技能学习和职业教育不如普通高等教育"体面"，导致部分家长和学生更倾向于选择传统学术路径，而非职业教育；另一方面，技能学习意识的淡薄也是当前技能型社会建设中文化危机的一个重要体现。技能学习往往需要长时间的实践和经验积累，需要学习者具备耐心和毅力。然而，由于社会对技能学习的重视程度不足，许多人缺乏学习技能的积极性和动力。这不仅影响了技能人才的工作积极性和职业发展，还制约了技能型社会构建的步伐与成效。

（二）服务全民终身技能学习的现代职业教育体系有待完善

技能型社会强调的"人人学习技能"，是一种走向全民终身技能生成与更新的理想的社会形态。[10]一个促进全民终身技能习得的现代职业教育体系，应当构建起一个既纵向衔接又横向贯通的立体化网络框架。其中，纵向的连贯性体现在从初等职业教育无缝过渡到高等职业教育，进而延伸至研究生阶段的职业教育，形成完整的教育链条，为技能型人才提供持续学习和上升的空间。然而，我国职业教育的学历层次仍有所限制，尽管已经有部分高职院校升格为职业本科学校，开展本科层次的职业教育试点，但整体上，职业教育的学历层次仍然较低，这在一定程度上限制了职业教育学生的升学空间和发展前景。横向融通则要求职业教育与各级各类学校教育之间建立有效的衔接和转换机制，长期以来这两者处于割裂的状态，家长更愿意让孩子接受普通教育，把职业教育当作迫不得已的无奈之举。2022 年新修订的《中华人民共和国职业教育法》，推动我国职业教育体系迈入了一个全新的发展阶段。此次修订不仅是对职业教育地位的重大提升，更实现了职业教育从"层次教育"向"类型教育"理念的深刻转型。当下我国正处于新一轮科技革命进程中，对于技术技能的需求达到了前所未有的高度，全民终身技能学习的需求尚未得到满足，现代职业教育体系的建设任重而道远。

（三）技能型社会建设的人文意蕴缺失

技能型社会建设背后的逻辑是人与技术的建构关系，这种关系决定了技能型社会建设的价值取向具有复杂性和多元性。职业教育是技能型社会建设的基石，关于职业教育的价值取向，国内外都存在着激烈的争辩。在 20 世纪初的美国教育界，弗兰克·普洛瑟被誉为"美国职业教育的先驱"，其秉持的"职业主义"教育理念，与约翰·杜威所倡导的"民主主义"教育哲学发生了碰撞与交锋，两者在教育价值取向上展开了激烈的辩论。普洛瑟强调职业教育的实用性和职业性，即重视技能作为实现特定职业目标的手段和工具。杜威批判了普洛瑟的观点，他坚信教育应当超越单纯的职业技能训练，致力于培养具有民主精神、批判性思维和社会责任感的公民。[11]在我国教育领域，"工具主义"与"人文主义"两种教育理念的交锋也未曾停歇，且长期以来向功用性一端倾斜，而对于人文教育的重视则显得相对不足。迈入 21 世纪后，我国推出了一系列聚焦于"就业导向"的战略措施，旨在搭建职业教育与经济社会发展之间的桥梁，精准孵化出市场迫切需求的高素质职业人才与技术技能型人才，以满足社会发展的多元化需求。这一战略导向，无疑为推动我国产业升级和经济转型提供了坚实的人才支撑。但与此同时，一些亟待解决的问题也逐渐浮出水面，例如，在追求专业技能与实用知识的高效传授过程中，部分职业院校出现了重"功用"而轻"人文"的倾向。课程设置与教学内容过度聚焦于职业技能的速成与专业知识的积累，然而，在追求职业教育发展的进程中，却忽视了对学生人文精神的滋养、创新潜能的激发以及社会责任感的培养。因此，未来我国的职业教育应努力在"功用"与"人文"之间找到最佳平衡点，更好地服务于技能型社会的建设。

四、面向学习型社会的技能型社会建设路径

技能型社会建设是国家当下重大的发展战略，在学习型社会的大趋势下，技能型社会的建设何去何从是当下亟待思考的问题。

（一）破除错位的文化危机：加强技能文化建设

技能型社会的建设，不仅关乎经济结构的优化升级，更深刻影响着社会文化的塑造与传承。因此，加强技能文化建设，不仅是对技能本身的提升，更是对社会价值观的重塑与引导。首先，树立劳动光荣的价值理念。这要求在社会各个层面，包括家庭、学校、企业和媒体等，都积极倡导劳动的价值，让劳动成为受人尊敬、令人向往的生活方式。其次，将劳动光荣的价值理念融入教育体系。教育体系作为培养未来社会成员的主阵地，应当承担起培养学生劳动意识、劳动技能和劳动习惯的重任。最后，深刻把握并弘扬"劳模精神"、"劳动精神"和"工匠精神"，是技能文化建设的灵魂所在。这些精神不仅是中华民族宝贵的精神财富，更是推动技能发展和社会进步的重要精神动力。要深入挖掘这些精神的内涵，提炼其精髓，通过多种形式进行广泛传播和弘扬。同时，也要在全社会营造尊重劳动、崇尚技能、鼓励创新的良好氛围，让每个人都能够感受到劳动的价值和尊严。

（二）走出职业教育误区：构建服务全民终身技能学习的教育体系

面对新一轮工业革命所引发的产业结构与就业格局的深刻变革，人们赖以谋生的技能知识体系已远远超越了传统、一次性学校学历教育的范畴，转而需要一种持续、动态的终身技能学习模式，即能够全面服务于全民终身技能学习的教育体系。服务于全民终身技能学习的教育体系，应是一个多元融合、纵横交错的有机生态系统，其生命力在于全面覆盖与深度渗透的特性。在纵向维度上，该体系贯穿人类生命的始终，从婴幼启蒙至耄耋之年，每个成长阶段都镶嵌着适宜的教育资源与服务，确保学习成为伴随一生的连续旅程。在横向维度上，这一体系展现出前所未有的开放性与包容性，融合了六大核心板块：其一，学校教育，作为知识传授与技能培养的基础阵地；其二，开放式学习与线上课程，利用数字技术打破时空限制，提供灵活多样的学习路径；其三，社区学习，强调社区作为学习共同体的作用，促进知识共享与经验交流；其四，等值（教育）计划，确保不同学习形式与途径之间的价值得到公平认可；其五，非正规与非正式教育，如工作坊、研讨会、兴趣社团等多种形式，丰富学习经历，激发内在潜能；其六，技能提升与重塑培训，针对职场人士，紧跟行业发展趋势，提供定制化、前瞻性的技能培训与再教育机会。[12]这个有机的整体生动地诠释了技能学习的形式、阶段、人群、地点等内容，彼此之间是不可分割的有机生命体。

（三）回归人的全面发展：技能型社会建设价值取向的归正

德国社会学家马克斯·韦伯认为，人们从事某种职业并非都只是为了维持生活，在这种经济行为中还蕴含着"天职思想"或超越宗教的责任感，劳动就是人们的一种美好的生活方式。[13]这里的"天职"指的是一种使命感,一种对工作的深刻认同和责任感。它超越了单纯的经济利益,涉及个人的信仰、价值观和对社会的贡献。在韦伯看来,每个人都被赋予了一种特定的职业或使命,通过从事这一职业,人们能够实现自我价值,同时也为社会的进步做出贡献。在长达数个世纪的工业文明进程中,技术技能无疑扮演了改造社会的核心驱动力的角色,极大地推动了社会生产力的发展与生产方式的变革。然而,这一进程也伴随着技术外化引起的人性异化[14],在追求技能提升和职业发展的过程中,人们过于关注技术的实用性和效率,而忽视了人性的关怀和价值的追求。这种倾向导致了人与人之间的关系变得冷漠,人们更加注重物质利益,越来越像一个"职业人"而不是一个"全面的人"。人是技能型社会建设的核心力量,在强调技能经济效益的同时,要更关注人的尊严、价值和自由,关注人的全面发展。离开人的全面发展谈论技术,势必会加速技能型社会建设走上异化之路,人与"人本身"渐行渐远,最终沦为"工具人"。因此,唯有回归人的全面发展,践行"工具主义"与"人文主义"的统一,才是技能型社会建设的应有之义。

参考文献

[1] 中共中央办公厅 国务院办公厅印发《关于推动现代职业教育高质量发展的意见》[EB/OL].(2021 – 10 – 12)[2024 – 03 – 20]. http://www.moe.gov.cn/jyb_xxgk/moe_1777/moe_1778/202110/t20211012_571737.html.

[2] 江泽民.全面建设小康社会,开创中国特色社会主义事业新局面:在中国共产党第十六次全国代表大会上的报告[EB/OL].(2006 – 12 – 22)[2024 – 03 – 20].https://www.most.gov.cn/zxgz/jgdj/xxyd/zlzx/200905/t20090518_69741.html? eqid = 966d7ae600027ef900000002649b956e.

[3] 赫钦斯.学习型社会[M].林曾,李德雄,蒋亚丽,等译.北京:社会科学文献出版社,2017:155.

[4] 习近平致信祝贺国际教育信息大会开幕[EB/OL].(2015 – 05 – 23)[2024 – 07 – 24]. http://cpc.people.com.cn/n/2015/0523/c64094 – 27045995.html.

[5] 陈宝生.办好新时代职业教育 服务技能型社会建设[EB/OL].(2021 – 05 – 01)[2024 – 07 – 24].https://www.gov.cn/xinwen/2021 – 05/01/content_5604302.htm.

[6] 联合国教科文组织.学会生存:教育世界的今天和明天[M].华东师范大学比较教育研究所,译.北京:教育科学出版社,1996:223.

[7] 张慧萍,侯怀银."终身学习"解析[J].职教论坛,2022,38(9):88 – 95.

[8] 徐莉.服务全民终身学习的教育体系:中国教育现代化的里程碑[J].宁波大学学报(教育科学版),2021,43(5):28 – 32.

[9] 朱德全,石献记.从层次到类型:中国职业教育发展百年[J].西南大学学报(社会科学版),2021(2):103 – 117,228.

[10] 刘晓,李甘菊.面向技能型社会的职业教育转型:体系重塑与治理策略[J].高等工程教育研究,2024(1):158 – 163.

［11］周文和，尤伟. 批判与归正：对我国职业教育发展中价值取向的审视［J］. 职教通讯，2023（6）：34 - 42.

［12］袁益民. 服务技能型社会的全民终生学习体系新诠释［J］. 高教发展与评估，2022，38（5）：1 - 12，119.

［13］韦伯. 新教伦理与资本主义精神［M］. 康乐，简惠美，译. 桂林：广西师范大学出版社，2010：37.

［14］李秋霞，陈晓乐，肖斌. 职业教育适应性的生成逻辑［J］. 教育与职业，2023（6）：19 - 26.

基金项目：国家社会科学基金教育学一般课题"新时代中国特色终身教育体系构建研究"（项目编号：BGA200061）。

作者简介：刘珺珺，陕西师范大学教育学部博士研究生，研究方向为终身教育和教育管理。

社区教育高质量发展的行动逻辑与现实路径

——以新质生产力为背景

李 渭

摘 要：新质生产力的发展不仅需要各类拔尖创新人才的培养，更需要全民科学文化素质的普遍提高，其中离不开社区教育作用的发挥。新质生产力为社区教育带来发展机遇，同时社区教育通过自身的高质量发展赋能新质生产力。新质生产力决定了社区教育高质量发展的行动逻辑，具体来说，社区教育要以推动社区共同体形成为行动指向、以促进人的全面发展为根本宗旨、以促进社区教育高质量公平为行动原则、以推动社区治理为行动保障。在现实路径方面，社区教育要以推动社区共同体形成作为自身高质量发展的根本遵循，推动育人之变、模式之变和管理之变，以实现自身的高质量发展。

关键词：社区教育；新质生产力；终身教育；社区

"加快形成新质生产力"是新时代中国式现代化实现高质量发展必须肩负的历史使命。生产力是一定的劳动者运用一定的生产工具改造物质对象的实际过程，教育是使人成为人的过程，生产力和教育在人的实践活动中得到统一。[1]教育作为培养人的活动，面对新质生产力的新目标、新任务，各类型的教育应该做出哪些系统性变革，以实现自身发展与生产力发展的双向驱动，是摆在各类型教育面前的一项重要课题。2024年3月，在十四届全国人大二次会议举行的民生主题记者会上，怀进鹏就如何培养大批拔尖创新人才答记者问时说：要"通过教育来培养拔尖创新人才。发展新质生产力……更需要一大批全面发展的、投身中国式现代化的建设者和接班人。"[2]这段话充分表明新质生产力的发展不只需要各类拔尖创新人才，更需要全民科学文化素质的普遍提高，其中离不开社区教育作用的发挥。因此，有必要以社区教育这一终身教育的重要组成部分为研究起点，将社区教育高质量发展作为研究对象，探讨新质生产力背景下社区教育的高质量发展问题。

一、社区教育与新质生产力的相互作用关系

（一）新质生产力为社区教育带来发展机遇

要想对事物有充分的认识，就应该注重对事物本源的探索。那么，对于新质生产力为社区教育带来发展机遇这一问题的理解，可以从生产力推动社区教育的产生中得到证明，其中离不开"社区"这一中介变量。新中国成立后，为了尽快恢复与重建社会生产力，城市实行了单位制，农村推行了人民公社制度。单位制是新中国成立后，与落后的生产力状况相适应的一种特殊的社会组织形式。为了进一步解放和发展生产力，国家推行改革开放政策，中国进入急剧的社会转型时期。在内外因素的共同作用下，单位制走向解体。"单位共同体"消失后，"社区成为国家权力下沉的载体，是游离于'单位共同体'之外的人们重新汇集的区域"。[3]在社区建设与社区服务兴起的大潮下，社区教育最先在上海出现。

从社区教育的产生过程可知，它是社会主义先进生产力的产物，是社会主义现代化的必然结果。先进生产力与新质生产力具有一脉相承的关系。因此，鉴于社会主义先进生产力推动社会变迁和社区教育的产生，新质生产力也将为社区教育带来发展机遇。同时，在《中共中央关于进一步全面深化改革 推进中国式现代化的决定》这一纲领性文件中，提出要健全因地制宜发展新质生产力的体制机制。同时把加强终身学习保障作为构建支持全面创新体制机制的重要举措。[4]对于作为终身学习重要支撑的社区教育，它与新质生产力统一于中国式现代化的新征程中。高质量发展作为全面建设社会主义现代化的首要任务，推动社区教育高质量发展也就成为健全因地制宜发展新质生产力体制机制的一项重要举措。

（二）社区教育高质量发展赋能新质生产力

一方面，社区教育是新质生产力的支撑者。一是社区教育为新质生产力提供高素质劳动力。社区教育通过提升全民科学文化素质，有利于实现科学知识的再生产，为新质生产力提供坚实基础。二是社区教育有利于培养人的创新精神。"构成幸福生活的种种因素只能是一个人所创造的永恒的意义性环境。"[5]幸福生活来自于人的创造性的生活。个体生来就有创造的潜能，但这种潜能转变为现实，则要经过长期的引导与培养。这种引导和培养不能脱离人的生存环境而开展，社区教育通过推动社区与人的和谐发展，教会人们如何创造性地生活。在此过程中，人的创造潜力得到激发。另一方面，社区教育是人的现代化的培育者。新质生产力最终要服务于人的现代化，对于生活在群体中的人来说，其现代化只有在与群体的现代化的互动中才能实现。对于人们工作生活的重要场所——社区来说，其教育的巨大影响也由此凸显。

二、新质生产力背景下社区教育高质量发展的行动逻辑

（一）基于新质生产力的属性：以推动社区共同体形成为行动指向

马克思在《德意志意识形态》中试图以原始共同体、虚假共同体和真正共同体勾勒出人类社会的发展脉络。共同体是未来社会的发展方向。真正共同体的实现依赖于生产力的极大发展。"唯有借助于这些生产力，才有可能实现这样一种社会状态，在这里不再有任何阶级差别，不再有任何对个人生活资料的忧虑，并且第一次能够谈到真正的人的自由，谈到那种同已被认识的自然规律和谐一致的生活。"[6]新质生产力作为生产力现代化转型的理论跃升与实践创新，是推动中国特色社会主义建设又好又快发展和社会物质财富极大丰富的生产力。社会主义社会的未来形态是共产主义社会，共同体是共产主义社会在社会形态方面的表现，因此，促进人的全面发展的真正共同体的实现依赖于新质生产力的高度发达，新质生产力的社会历史属性决定了其必然会推动真正共同体的实现。共同体在社区表现为社区共同体，社区共同体是社区的未来发展方向。社区教育体现为教育与社区发展的紧密结合，社区教育的这一内在本质规定性决定了在新质生产力背景下，社区教育高质量发展体现为以推动社区共同体形成为行动指向。

（二）基于新质生产力的质：以促进人的全面发展为根本宗旨

新质生产力的质的变革核心是要素禀赋变革和全要素生产率的提升，并由此推动产业结构和经济结构的演进。"人类并非动物那般无法改变的顽固族类，而是始终处于实现自身潜能的进程中。"[7]新质生产力不仅强化了教育要面向未来、服务终身学习需要的必要性，同时强调终身教育要以促进人的全面发展为根本宗旨，作为终身教育重要组成的社区教育，同样要以促进人的全面发展为根本宗旨。

为什么说新质生产力背景下的终身教育要以促进人的全面发展为根本宗旨呢？一方面，新质生产力背景下的终身教育具有促进人的全面发展的可能性。从新质生产力质的变革的核心可知，全要素生产率提升所带来的直接结果是"迂回劳动"不断增加，劳动者个人自由时间增多。"时间实际上是人的积极存在，它不仅是人的生命的尺度，而且是人的发展的空间。"[8] "与此相适应，由于给所有的人腾出了时间和创造了手段，个人会在艺术、科学等方面得到发展。"[9]这在客观上也使终身教育具有促进人的全面发展的可能。另一方面，新质生产力背景下的终身教育具有促进人的全面发展的必要性。发展新质生产力既注重经济效益，也注重社会效益，始终以促进民生福祉为根本目的。由于生产力的发展与人的发展之间相互制约的关系，教育要服务于生产

力与人的协调发展。在此背景下的终身教育或社区教育也要以促进人的全面发展为根本宗旨。

（三）基于新质生产力的量：以促进社区教育高质量公平为行动原则

从量的方面来看，生产力具有改造物质对象实际程度的规定性，使之表现为一定的规模和布局。从规模来看，新质生产力教育、科技、人才一体化的系统性与整体性特征，有利于促进人的全面发展，这也是教育公平的最高理想，即新质生产力的社会主义性质决定了其对高质量教育公平的促进作用。从布局来看，发展新质生产力通过经济的合理布局，最终要实现共同富裕。具体到教育层面，既要把教育资源的"蛋糕"做强做优，也要把不断扩大的优质教育资源的"蛋糕"分好，使受教育者都能平等地接受优质教育。因此，新质生产力对共同富裕的促进作用，客观上要求教育要推动高质量公平的实现。对于生活在一定地域范围内的具体生动的个体而言，共同富裕的实现离不开社区教育的高质量公平。党的二十大报告指出要建设高质量教育体系和促进教育公平[10]，可见，促进教育公平对于教育高质量发展具有重要意义。因此，从量的方面来看，社区教育高质量发展的实现，要以促进社区教育高质量公平为行动原则。

（四）基于新质生产力的度：以推动社区治理为行动保障

从度的方面来看，不应把新质生产力看作一个实体性概念，而应把它视为一个实践范畴和过程概念。新范式的传播在激起一次发展的浪潮前，整个社会要经历一次深刻的社会变革，佩蕾思称之为"制度的创造性毁灭"。[11]可见，新质生产力的扩散传播不是自动实现的。因此，要充分发挥社会主义制度的优越性，全面深化改革，从破与立两个方面推动社会主义新型生产关系的形成，推动新质生产力的发展。[12]破与立的一个重要表现就是社区由管理走向治理。为什么新质生产力背景下社区要由管理走向治理呢？"共同参与的事业的范围不断扩大和人的各种能力的解放，不是理性思辨的结果，而应归结于科学技术与生产力的发展。"[13]新质生产力是以高质量发展带来高品质生活的生产力，它对协作、绿色、开放的强调，客观上使社区居民共同参与事业的范围不断扩大，使社区由管理走向治理。

在新质生产力这一根本动力的作用下，在社区治理、社区教育、社区发展三者相互促进关系的影响下，社区教育以推动社区治理作为自身高质量发展的行动保障。当前社区治理仍呈现出行政权威特征，具体表现为行政协调和符号化的运动式治理。社区教育内部的不同专业社群在资源共享和多元共治过程中，不仅为社区多元治理提供了合理渠道，也有助于社区成员形成多元共治的价值观念，推动社区由管理走向治理。社区教育在推动社区治理的过程中，实现人的发展与自身发展。因此，推动社区治理是社区教育高质量发展的行动保障。

三、新质生产力背景下社区教育高质量发展的现实路径

（一）新质生产力背景下社区教育高质量发展的根本遵循

新质生产力的社会历史属性决定了社区的未来方向是共同体，这也是社区教育高质量发展的应有之义。那么，如何理解社区共同体？对于社区共同体的形成，社区教育在其中能够发挥什么作用？对于这两个问题，有必要立足于"共同体"这一上位概念进行探讨。

共同体由默认一致、习俗与宗教的社群意志表现出来，是一种传统社会的组织形态。国内对于共同体的探索，可追溯至《礼记·礼运》中的"大同"，其代表一种理想的社会状态。相比之下，"社区"的含义要丰富得多。它经历了从欧洲到美国，从美国到中国，从学术话语到政策话语，进而进入日常生活这样一个不断中国化、本土化的发展历程。总的来说，"社区是一种人们对于过往和未来想象的共同体，人们对于过往想象什么及对于未来憧憬什么是厘清社区本质的关键"。[14] 在对"共同体"和"社区"的内涵特征进行简要阐述后，"社区共同体"的内涵也具有了雏形。"社区共同体"既具有传统社区人与人之间的亲密特质，又不同于传统社区对人自由个性的压制以及对地域性的强调，它是社会多重空间所呈现出的一种高度整合性的社会关系形态。

在对社区共同体的内涵有了基本认识之后，社区教育应如何具体地推动共同体的实现？首先，从办学模式来看，要推动社区教育高质量公平的实现，以避免新质生产力的"虚高度"。其次，从育人模式来看，要促进人的自由全面发展。一方面，其在内容上涵盖思想道德、科学、技术、艺术、体育等方面。另一方面，社区教育要培养社区成员自由和充分地参与社区生活的能力，推动交往的普遍发展。真正共同体的实现需要人的普遍交往。最后，从教育体制机制方面来看，要由社区教育管理走向社区教育治理。国家最终会走向消亡，取而代之的是"自由人联合体"，这需要公民具有完善的社会治理能力。社区教育治理是公民社会治理能力提升的重要实践场域。因此，在体制机制方面，社区教育要使居民成为主体，参与社区教育治理，提升公民的社会治理能力。

（二）新质生产力背景下社区教育高质量发展的主要策略

1. 育人之变：以促进人的自由全面发展为导向丰富社区教育内容

新质生产力的最终目标是要服务于人的自由全面发展，因此，促进人的自由全面发展也是社会主义制度下社区教育高质量发展的应有之义。这一最高理想要求对社区教育的内容进行改革。任何教育活动都应具有德育、智育、体育、美育四重维度。[15] 针

对教育活动的四个维度，社区教育的内容要涵盖思想道德、科学、技术、艺术、体育等方面。

在思想政治教育方面，新质生产力的实现需要强有力的精神支撑，思想政治教育的必要性由此体现。针对社区居民的思想政治教育主要围绕两方面内容展开：一是社会主义核心价值观教育，二是居民的参政议政教育。居民的政治素养是推动社区共同体形成的重要保障。在科学教育方面，科学教育不只包括自然科学，也包括人文科学。科学的非神秘化和通俗化是形成高素质劳动力的关键。社区教育不只要传播自然科学知识，也要培育居民的人文精神。在技术教育方面，要使人们懂得如何科学地使用技术。社区教育不仅要做好科技成果在居民中的普及工作，也要使居民懂得这些成果如何更好地为自己的生活服务，而不是被技术所控制，通过技术来改变自身及社区环境。在艺术教育方面，社区教育所开展的艺术教育是人民大众的艺术教育，是要唤起人们的创造热忱，帮助人们实现高质量生活的艺术教育。社区教育通过以当地特色文化为主要内容的艺术教育，促使社区居民把对美的欣赏与感悟内化为自己生活的一部分。在体育方面，社区教育旨在唤起人们对生命的尊重与敬畏。社区教育应当通过健康知识讲座、社区运动会、社区义诊等形式，唤醒居民对自身生命力量的重视，使居民学会如何充分地适应自己的身体。

2. 模式之变：补短板，推动社区教育高质量公平

首先，满足不同群体的终身学习需要。发展新质生产力需要协调好农业现代化、新型工业化、城镇化、信息化等方面的关系，为数字经济提供广阔的发展基础和应用场景，其中离不开全民科学文化素质的普遍提高。社区教育应通过满足人们的终身学习需要，推动全民科学文化素质的普遍提高。其次，补短板，吸引更多的成年人参与社区教育课程与活动。社区教育的对象不仅要包括生活居住在社区中的成年人，还应包括在社区内工作的中青年群体，以及更大范围内拥有学习意愿的成年人。此外，新质生产力背景下教育数智化的深入推进，使所有拥有学习意愿的社会成员都能成为社区教育的对象，这对于新质人才的培养具有重要意义。最后，补短板，服务劳动力素质提高。"理论上经济增长的劳动力动因可分解为劳动力行为、素质、资源配置等因素各自对经济增长的作用。"[16] 社区教育补短板，赋能新质生产力，也要围绕劳动力动因的构成要素展开。一是要引导规范劳动力行为。社区教育除了要为成人提供必要的知识与技能培训，还应通过营造良好的社区环境来引导规范劳动力行为。二是促进劳动力素质提高。社区教育要立足人们工作生活的空间场域与产业状况，坚持教育与生产劳动紧密结合，促进劳动者素质提高。三是服务劳动力配置结构改善。劳动力结构配置问题实质上是劳动力能否合理流动的问题。一方面，社区教育要通过形成参与社会治理机制，促进区域内劳动力流动制度的在地化实践；另一方面，社区教育要通过创新自身体制机制，推动社区教育高质量公平，服务劳动力合理流动。

3. 管理之变：以管理走向治理为导向改革社区教育体制机制

前文提到，新质生产力推动社区管理走向社区治理，社区教育也应适应这种变化，改革自身体制机制，由管理走向治理。当前社区教育管理体制与运行机制的核心矛盾就在于行政力量和社群体系的权力关系倒置，主要依靠自上而下的政府行政力量的推动，并不能基于社区教育自身规律或居民自身需求抑或社区问题解决模式去自主或自发地实施教学行为，由此导致社区教育的教育功能难以转化为社区的治理效能。造成这种现象的原因主要是社区教育管理体制和运行机制不够健全，解决之策是对其进行改革，推动社区教育由管理走向治理。在宏观上，要坚持党委领导和政府统筹，明确社区教育的合理性与合法性地位。在具体运行中推行"去行政化"，从制度上明确不同主体在社区教育中各自的职责与权限。在微观上，一是形成社区教育治理的集体共识。要坚持人民主权原则，保障并促进社区成员参与治理权利的实现，推动形成以社区成员为中心的治理格局；同时，通过多种形式开拓公民参与社区教育治理的渠道，激发和强化公民公共精神的潜能。二是深入推动纵横联动的社区教育网格化治理体系建设。社区教育不仅要在纵向上逐级推动教育目标的实现，横向上也要渗入植根于社区内部的其他领域，由此形成"纵横交错"的社区教育网络。社区教育网格化治理体系有助于避免社区教育陷入"自娱自乐"的尴尬处境，鼓励社区成员不仅注重自身利益的实现，也注重追求公共利益。

四、结语

新质生产力的形成发展要求教育不能只局限于培养技能型和创新型人才，更要关注全民科学文化素质的普遍提高，这样才能避免新质生产力的"虚高度"，最终实现物质与精神的共同富裕。社区教育作为教育强国建设的重要内容之一，当前仍未得到充分重视，突出表现为立法与政策规划的缺失或不足，社区教育的发展未能得到充分保障。将社区教育置于生产力、新质生产力背景下进行考察，有助于提升社区教育在国民教育体系中的地位。同时，为了适应新质生产力的发展需要，社区教育要从根本遵循、育人模式、办学模式、管理模式等方面进行变革，这对新质生产力形成和社区教育自身高质量发展均具有重要意义。

参考文献

[1] 高海清. 马克思主义哲学基础 [M]. 北京：人民出版社，1987：255.

[2] 怀进鹏. 十四届全国人大二次会议举行民生主题记者会，教育部部长怀进鹏回答记者提问　厚植人民幸福之本　夯实国家富强之基 [EB/OL]. (2024-03-10) [2024-08-09]. http://www.moe.gov.cn/jyb_xwfb/s5147/202403/t20240310_1119485.html.

［3］张丽华，鲍宗豪. 新时代社区共同体的构建及其实现路径［J］. 江西社会科学，2020，40（1）：237－245.

［4］中共中央关于进一步全面深化改革 推进中国式现代化的决定［EB/OL］.（2024－7－21）［2024－08－09］. http：//www. moe. gov. cn/jyb_xwfb/s6052/moe_838/202407/t20240722_1142205. html.

［5］赵汀阳. 论可能生活［M］. 北京：生活·读书·新知三联书店，1994：21.

［6］中共中央马克思恩格斯列宁斯大林著作编译局. 马克思恩格斯文集：第9卷［M］. 北京：人民出版社，2009：121.

［7］雅思贝尔斯. 什么是教育［M］. 童可依，译. 北京：生活·读书·新知三联书店，2021：65.

［8］马克思. 机器：自然力和科学的应用［M］. 中国科学院自然科学史研究所，中共中央马克思恩格斯列宁斯大林著作编译局，译. 北京：人民出版社，1978：169.

［9］中共中央马克思恩格斯列宁斯大林著作编译局. 马克思恩格斯文集：第8卷［M］. 北京：人民出版社，2009：197.

［10］怀进鹏. 加快建设教育强国 为全面建设社会主义现代化国家提供基础性、战略性支撑［EB/OL］.（2023－01－05）［2024－01－05］. http：//www. moe. gov. cn/jyb_xwfb/moe_176/202301/t20230105_1038295. html.

［11］佩蕾丝. 技术革命与金融资本：泡沫与黄金时代的动力学［M］. 田方萌，译. 北京：中国人民大学出版社，2007：165.

［12］孟捷，韩文龙. 新质生产力论：一个历史唯物主义的阐释［J］. 经济研究，2024，59（3）：29－33.

［13］杜威. 民主主义与教育［M］. 王承绪，译. 北京：人民教育出版社，2001：97－98.

［14］卫小将. 从"小区"到"社区"：共同体的衰落与重建［J］. 西北师大学报（社会科学版），2023，60（6）：119－126.

［15］项贤明. "五育"何以"融合"［J］. 教育研究，2024，45（1）：41－51.

［16］范先佐. 教育经济学［M］. 北京：中国人民大学出版社，2014：68.

作者简介：李渭，陕西师范大学教师发展学院博士研究生，内蒙古开放大学讲师，研究方向为社区教育。

职业教育教师专业发展的内生动力困境与路径研究

张　薇

摘　要： 职业教育高质量发展对教育强国建设意义重大，而职业教育教师专业发展内生动力是实现职业教育高质量发展的重要路径选择。职业教育教师专业发展的资源是激活内生动力的基础，参与是提升内生动力的途径，认同是巩固内生动力的核心。然而，职业教育污名化、"躺平"的工作氛围、教师专业工具化期待、培养制度体系不健全等导致职业教育教师专业发展内生动力不足，需要激活职业教育教师专业发展的资源、采用多元协同＋数字化手段、加强职业认同、推进职业教育教师职前职后一体化发展等，从而提升内生动力。

关键词： 职业教育教师；教师专业发展；内生动力

一、问题的提出

党的二十大报告明确提出，要"加快建设国家战略人才力量，努力培养造就更多大师、战略科学家、一流科技领军人才和创新团队、青年科技人才、卓越工程师、大国工匠、高技能人才"。[1]职业教育与普通教育具有同等重要地位，是现代化教育体系中的重要类型之一，主要为国家培养技能型人才。近年来，党和国家先后出台了《国家职业教育改革实施方案》《关于推动现代职业教育高质量发展的意见》《职业教育提质培优行动计划（2020—2023年）》《教育部办公厅关于开展职业教育教师队伍能力提升行动的通知》等一系列文件，强调要加强职业教育教师队伍建设，促进职业教育高质量发展。教师队伍建设的核心是教师专业发展，教师专业发展的核心是教师的自主发展，[2]因此，职业教育的高质量发展在于唤醒职业教育教师专业发展的内生动力。

近年来，关于教师专业发展的研究逐渐聚焦于不同类型的教师群体的发展动力问题，如乡村教师[2]、高校青年教师[3]、幼儿教师[4]、中学优秀教师[5]等的专业发展动力研究，其中，对职业教育教师群体关注不够，仅有个别研究以中职教师为研究对象，研究不同职业生涯阶段的专业发展动力。[6]从研究问题来看，学者普遍将教师专业发展的动力分为内生动力（又叫内源动力）和外生动力（又叫外源动力）。一般而言，外生动力是指外界环境的"促动"，内生动力则是指内部自我的"重构"。[7]所谓内生发展，指的是教师专业发展的动力主要来自教师自身，是一种内在性的、主动性的发展模式，其基本特点是"以人为中心"。[8]所谓外生发展，指的是教师专业发展的动力主要来自外部的干预和调节，是一种外源性的、被动式的发展模式。教师专业发展主要依靠外部力量的发动与推进，即"要我发展"，这种力量主要来自社会、国家、教育主管部门、学校、家庭和学生，通过价值、制度、资源和文化等要素来调节并发挥作用。[9]传统的发展模式强调外生发展，即依赖外部因素对教师专业发展主体的支持影响作用，但这种模式最终会导致教师专业发展的主体性丧失，工具理性使教师生命异化，无法为教师专业的可持续发展提供动力。因此，教师专业发展转向内生式发展模式，我国教师专业化从个体被动专业化向个体主动专业化转变。[10]内生发展模式强调"以人为中心"的发展，在生命哲学视域下，教师专业发展是一种主体觉醒、创新意识和精神追求的生命实践，具有终身性，需要付出毕生时间和精力去完善与提升。[11]然而这种模式也存在一定的局限性，实际上，这是一种理想状态，教师专业发展倾向于那些更愿意参与和已经具备一定发展能力的教师，最终指向的是少数教师的参与和精英式的专业发展。同时，教师专业发展根植于一定的环境和文化生态中，必须在一个整体关联、动态平衡和互动共生的文化系统内进行细致考察。因此，需要破解内生与外生的二元对立，以教师专业发展的内外部资源为基础，提高教师专业参与度，巩固外界和教师对其专业身份的认同，探索教师专业发展内生动力的新机制。

二、职业教育教师专业发展内生动力的内在机理

（一）资源是激活内生动力的基础

职业教育教师专业内生发展的实现需要整合利用内部资源和外部资源，不能只强调其中一个方面。内部资源主要是指职业教育教师个人具有的专业资本，如专业知识、专业技能、专业品质等；外部资源包括自然资源，也包括以教师为中心形成的文化资源、制度供给、经济供给等。首先，在资源的开发和利用中，需要破解内部、外部的二元思维，应该从整体的思维视角，关注内部和外部资源之间的链接与整合功能，以资源间的联系为纽带讨论教师专业发展。若仅从单一的视角出发，教师专业发展过程中的资源利用就会出现结构性缺陷，导致发展不充分。其次，在教师专业发展过程中，除了教师专业资本，外部资源的作用尤其重要，是教师专业发展内生动力的催化剂。

特别是职业教育，长期以来被认为是教育体系中"兜底"性质的教育类型，处于边缘地位，职业教育教师专业发展需要国家和社会力量给予必要的支持。最后，在激活内生动力的过程中，具有不同资源的参与主体因所处立场和视角不同可能产生分歧，无法有效地整合和利用内部、外部资源，因此需要形成有效的沟通和协调机制，寻找各方关联的纽带。

（二）参与是提升内生动力的途径

参与主要是指职业教育教师主动向外部相关主体提出自身的需求或参与培训的行为，其包括教师、学校、学生、社区和政府机构等的参与。参与本质上是赋权，要使各参与主体都能享有平等的机会。这种赋权渗透在参与活动的整个过程中。职业教育教师作为主要的参与主体，通过参与表达自己的发展诉求，使其外显，特别是在专业发展中处于弱势的教师也可以在参与中寻求发展的可能性。学校、社区、政府，甚至家长和学生等各方资源都可在参与过程中建立联系。由此，职业教育教师通过参与过程形成自身的内部资源和外部资源的链接，将自身转化为推动专业发展的内生核心动力，这是内生动力提升的关键途径。

（三）认同是巩固内生动力的核心

职业教育教师对其专业身份的认同，一方面确定了教师的专业身份特征，另一方面也能够反映教师对职业教育、职业学校的主体意识和归属感，通过身份、主体意识和归属认同来体现教师自身的专业发展表征。首先，职业教育教师作为专业发展的主体力量，专业认同会唤起教师的主体意识，激发教师的专业主体性，以此形成专业意识，并进一步形成教师专业发展的自主性。其次，激励职业教育教师参与行动。教师专业发展内生动力的激发离不开教师的有效参与，而有效参与的动力来源于教师对专业的认同，使教师的参与更加积极。再次，为教师和资源的整合提供心理纽带。基于职业学校和专业形成的认同为职业教育教师提供了共同的情感和目标，这在一定程度上强化了整合教师专业资本和外部资源所需的纽带。最后，为学校发展提供文化意义。教师的专业发展不仅是教师自身的成长，更涉及学校、社会等的综合发展，这种发展不仅赋予教师职称、待遇等方面的提升，更具有文化层面的意义，形成可持续发展的基础。

三、研究设计

本研究采用半结构化访谈方式，抽取三所职业院校不同职称、不同年龄的三位职业教育教师作为访谈对象，针对职业教育教师专业发展面临的内部、外部环境以及专业发展内生动力中存在的困境进行全面了解。访谈对象的基本信息如表1所示。

表1　访谈对象的基本信息

教师	性别	任教专业	学历	职称
HL	女	学前教育	本科	中级
SH	女	小学教育	硕士研究生	初级
××	男	心理学	硕士研究生	副高

四、教师专业发展内生动力的现实困境

（一）职业教育污名化阻碍职业教育教师专业发展

中国传统文化思想中一直有"学而优则仕""万般皆下品，唯有读书高""君子劳心，小人劳力"等潜在文化，滋生出对职业教育所培养的技术人才的歧视，特别是以分数为主的考核评价制度，更使得职业教育学校学生被贴上"学业失败者"的标签，在现代社会逐步演绎为学历崇拜和学历歧视，职业院校成为"低人矮三分"的"次等教育"，更成为家长努力规避的迫不得已的选择。这种职业教育在认知和考核制度上的污名化，使职业教育教师既没有普通中学教师的存在感，也没有高校教师的地位，成为整个教育体系中最不显眼的存在，致使他们的职业认同度较低，在专业发展中动力不足。例如，访谈对象谈道："教师其实在思维、人际关系各个方面挺封闭的，包括我们职校老师，我就不太喜欢当老师。"（HL教师）"本来学生都已经经历了高考的失败，继续在这里混三年。"（SH教师）"到职业院校的这些学生，总分都比较低，上课的时候你讲什么学生也不太有反应，他们没有反馈，他玩他的，不会有太多的学生理你。"（××教师）职业学校既有高校的高等性又有职业性，因此职业教育教师在这种组织属性中也存在对教师角色认知上的模糊性，似乎并不能将其简单归于学术偏好的高校教师或实践偏好的职业教师。"职业未来、专业前景等充满了不确定性，（我们）怕学校停招或者被合并，也有学校升大专和升本科的压力，这种压力相比于中小学更加复杂。"（HL教师）HL教师的担忧是职业教育教师需要面临的普遍而现实的问题。因此，在这种身份的不确定性中，教师的专业体验感较差，严重削弱了教师的从教信念，教师在负面的反馈中对自我专业身份不断怀疑，发展动力不足。

（二）"躺平"的工作氛围消磨职业教育教师专业发展的热情

"躺平"从字面上理解是一种动作，也是一种状态，现在作为流行词汇用于表征一种向往平静、追求舒适的职业心态。职业教育教师的职业稳定，没有学生升学的压力，学校内部的竞争压力较小，教师进入职业学校后，工作氛围普遍比较宽松、节奏较慢，

很容易对工作环境产生安逸感，缺乏紧迫感。特别是当工作和生活产生冲突时，教师通常会将家庭、身心健康、快乐幸福等作为追求目标，工作为生活让步，"躺平"就成为一种理性的选择。"我在 2021 年已经评上了副教授，我基本上也就差不多躺平了。教学上现在也没人听我的课，都是我听别人的课。科研上我们学校本来就不重视，也没有平台，评教授要发两篇 C 刊，我也就不太抱希望。"（××教师）"现在学校也有很多教学比赛、职业能力大赛、指导学生比赛、申报课题等，但是老师们的积极性不高。老教师都觉得我这么大年龄了，也不评职称，一般都不参加了；年轻老师现在还没有经验，都没有自信，也就不参加了。大家好像都想推脱，领导没办法，就要求每个教研室必须出人，大家就只能轮着来，被选到的老师也是应付了事。"（HL 教师）

（三）工具化期待挤压了职业教育教师专业发展的空间

当前，我国教师专业发展意愿更多满足于外在的工具化期待，而非教师内心深处的价值追求，这种发展导向逐渐趋于标准的模板化塑造偏离了教师专业发展的个性化成长。其发展手段也没有充分考虑教师的内在力量，而是带有明显的外塑化痕迹，其发展的动力很少是来自对美好教育的向往，而更多的是各种压力下的被动反应。[12] 职业教育教师数量短缺，工作任务琐碎繁杂，大部分时间消耗在学生的纪律、安全、生活习惯管理以及各项行政事务方面，每日疲于应付，几乎没有自主支配的时间，自然也很难有自主发展的意愿和行动。"现在也不能说老师不努力吧，事情真的太多了，光带班主任就要开班主任会、开班会、关注问题学生、奖助贷评优，要上交各种表格。除了上课，这些基本上就把所有的时间都占满了。下了班还有孩子、有家庭要照顾，老师是心有余而力不足，感觉一直是被推着走，根本没有时间去反思自己的教学，更没有时间去和其他老师交流，别人也很忙。"（SH 教师）职教教师参与教学及各项活动应该是源于教师对教育事业的热爱和向往，然而工具理性导向下的教师专业发展目标异化为对比赛结果、证书考级率的追求，使得职教教师专业发展机械化、个性化发展被限制，无法从根本上产生积极的推动力。

（四）培养制度体系不健全导致职业教育教师实践素养不足

在 2020 年发布的《职业教育提质培优行动计划（2020—2023 年)》中，教育部明确了"双师型"教师在专业教师中的占比，要求到 2023 年超过 50%。[13] 职业教育对"双师型"教师提出明确的要求，不仅要具备教育教学的知识和能力，能够有效地组织教学，还应具备行业实践经验，能够适应当前职业教育学校发展和产业转型升级背景下高素质技术技能人才的培养需求。然而，以中职学校为例，2018 年中职学校录用的本科毕业生将近 88% 都是非师范毕业生，缺乏系统的职业教育教师培养，对专业知识的掌握不够。此外，大部分职业教育教师并没有相关行业的从业经历，实践和理论脱节，缺乏行业经历和经验。"身边也没有特别厉害的有经验的教师，大家都差不多，只能靠自己看看书。大家都很忙，承担的教学和非教学任务都挺多的，也不好意思麻烦别人，最多听听课吧。"（HL 教师）教师们在感到专业知识有限的同时，也产生了深深的无力感，专业发展的动力愈发不足。

五、教师专业发展内生动力的提升路径

（一）激活职业教育教师专业发展的资源，支撑内生动力发展

首先，职教教师专业发展要扎根于职业学校和企业，激活职业学校、企业和政策资源，打造职业学校的专业特色。因此，职业教育教师的专业发展定位要与当地产业结构、地理位置、政策环境、学校文化、家庭社区、学生资源等客观资源的特征保持一致。发展的价值要从自身的发展、引领学生的成长拓展到服务于社会经济的发展，以及学校文化、企业精神的传承上。其次，职教教师专业发展要依托所在地的资源，对比其他地区、其他学校、其他专业的职教教师，探寻自身发展特色。特别是学校环境作为职业教育教师专业发展的直接场域，是动力生成的重要场所之一，教师大部分的时间都在学校中度过，这也为教师专业发展提供了时间保障。因此，学校应该创设良好的文化氛围，激发职业教育教师专业发展动力生成的活跃性因子。最后，搭建教师专业发展平台，增强教师团队合作意识，形成学习共同体，树立教师学习榜样等。

（二）多元协同＋数字化手段助推职业教育教师专业发展内外部资源的转换

近年来，随着职业教育的发展，职业教育教师的学历不断提升，学校应该从以政府为主的"自上而下"的治理模式向多元协同的治理模式转变。多元协同的治理模式可以为学校提供社会资本、经费支持和相关政策，其有效参与能满足职业教育教师专业发展的需求。首先，提升多元协同的组织治理能力，调动各方资源的积极性。培育多元协同的组织治理能力，职业学校需要和政府、社区等加强合作，建立常态化的协同机制，为职业教育教师搭建教学、科研、社会服务、政策响应、教师互动交流等为一体的数字平台，拓宽知识能力获取的渠道，突破职业教育教师在专业发展中"无人请教"的时空限制，削弱信息的不对等，推动数字技术和职业教育教师的专业发展深度融合。

（三）加强职业认同，巩固职业教育教师专业发展的内生动力发展

职业认同是建立专业自信的基础，包括职业教育教师对自我身份的认同，也涵盖

其他外部主体对职业教育教师的认同，这种认同作用于职业教育教师，使之保持专业发展的状态，巩固内生动力。目前，不少职业教育教师在职业性和高等性的张力间陷入身份迷茫的两难境地，在"我是谁""我的价值如何"的身份确定和建构过程中，遭遇身份认同的迷茫与危机。这主要源于其专业发展路径中主体身份未能充分彰显以及由此导致的专业自信不足。人的生命活动与动物的生命活动的最根本区别在于人的活动是有目的、有意识的，人只有具有主体意识，并在实践中获得主体地位，才能更好地发挥主观能动性。[14]具体来说，可以通过重塑职教教师专业发展的主体地位，增强职业教育教师的身份认同和职业幸福感。职业教育不是低质量的教育，职教学生也不是低成就的学生，职业教育有其独特的价值哲学。西方受实用主义思想的影响而重视职业教育，我国也受实利主义思想的影响而有陆费逵的"生计"职业教育理念、黄炎培的"敬业乐群"职业教育观念、梁启超的"职业不分贵贱"等职业教育思想。这些理论思想都深刻地阐释了职业教育的地位，特别是在新时代建设中国式现代化的进程中，职业教育更成为高技能人才培养的主阵地、大国工匠孕育的摇篮，应不断消弭社会偏见。

（四）推进职业教育教师职前职后一体化发展体系，保障内生动力发展

职业教育教师专业发展伴随着教师生命成长的终身学习过程，需要从系统观的视域，构建职前培养和职后培训相衔接、内生发展和外部发展相整合的一体化发展体系。《关于推动现代职业教育高质量发展的意见》[15]要求加强职业技术师范院校建设，为新时代职业教育做好师资储备；同时强调优化完善教师培训内容，健全教师精准培训机制，建立教师发展支持体系。目前全国仅有 12 所职业技术师范院校，每年职业技术师范教育类毕业生不足 2 万人。[16]相关政策更多关注职业教育教师的职后培养，对职业教育师范生的培养关注不够；加上师范生生源单一，培养方式仍然以知识传授为主，导致培养的职业教育教师并不能满足高质量的职业教育对教师专业发展的要求。此外，职业学校的教师除来自职业师范院校外，还主要来自普通高校和企业，企业培养的教师在实践经验和教学技能方面具有显著优势，但在理论知识和基础教学方面能力相对薄弱，而普通高校教师则与之相反。因此，需要提高职业技术师范教育的培养质量，从招生规模和招生渠道上满足职业教育的需求，比如在招生类型上考虑让企业的青年技术人员等接受技术师范教育。进一步探索本硕贯通的培养模式，丰富培养方式，利用现代化技术，构建协同育人机制，加强产教融合和校企协同等，提升培养效果。

参考文献

[1] 习近平：高举中国特色社会主义伟大旗帜 为全面建设社会主义现代化国家而团结奋斗：在中国共产党第二十次全国代表大会上的报告 [EB/OL].（2022 - 10 - 25）[2024 - 04 -

06］. https：//www. gov. cn/xinwen/2022－10/25/content_ 5721685. htm.

［2］姜丽娟，刘义兵. 乡村教师专业发展内生动力的生成及培育［J］. 教育研究与实验，2021（5）：79－83.

［3］曹茂甲，姜华. 高校青年教师专业发展动力体系探析［J］. 教育科学，2021，37（3）：89－96.

［4］韩峥. 自我决定理论视野下农村幼儿教师专业发展内源动力生成研究［D］. 南宁：南宁师范大学，2023.

［5］王海平. 优秀教师专业发展的动力构成：对41位中学特级教师的访谈分析［J］. 上海教育科研，2016（5）：45－49.

［6］程薇洁. 中职学校不同职业生涯阶段的教师专业发展动力研究［D］. 长沙：湖南农业大学，2022.

［7］孟旭. 论教师专业发展的动力机制［J］. 教育理论与实践，2015（22）：34－37.

［8］张学军，党文晶. "互联网＋"时代外部驱动与自主发展统一取向的教师专业发展观［J］. 中国电化教育，2017（8）：13－18.

［9］陈春莲，刘宗南. 论教师内生式发展的机理与逻辑［J］. 教育研究与实验，2024（2）：114－120.

［10］戴伟芬，曾芯怡. 乡村新手教师高质量专业发展：能动性的发展困境与路径选择［J］. 华中师范大学学报（人文社会科学版），2023，62（4）：171－181.

［11］夏飞，高燕. 内源与外源发展：教师专业发展的实践博弈［J］. 中国教育学刊，2015（8）：86－91.

［12］阳泽，杨润勇. 自组织：教师专业发展的重要机制［J］. 教育研究，2013（10）：95－102.

［13］教育部等九部门关于印发《职业教育提质培优行动计划（2020—2023年)》的通知［EB/OL］. （2020－09－23）［2024－05－11］. http：//www. moe. gov. cn/srcsite/A07/zcs_zhgg/202009/t2020092_492299. html.

［14］姚姿如，杨兆山. "以人为本"教育理念的意蕴［J］. 教育研究，2011（3）：17－20.

［15］国务院关于印发国家职业教育改革实施方案的通知［EB/OL］. （2019－01－24）［2024－05－11］. https：//www. gov. cn/zhengce/content/2019－02/13/content_5365341. htm.

［16］钟嘉月，李娅玲. 职业教育教师专业素养研究：基于扎根理论的职业教育教师政策分析［J］. 职业技术教育，2019，40（25）：29－34.

基金项目：2024年自治区高校基本科研业务费项目（项目编号：XJEDU2024J122）。

作者简介：张薇，陕西师范大学教育学部博士研究生，昌吉学院副教授，研究方向为教育基本理论、教师教育。

职普融通背景下综合高中生涯规划教育的应为、难为和能为

高　寒　樊莲花　刘　敏

摘　要：建设教育强国应推进职普融通已成为一种政策共识，职普融通在中学阶段最具改革性的实践探索是设立综合高中。生涯规划教育是推进职普融通的内在要求，是推动综合高中发展的内生动力，是促进综合高中学生发展的有力支撑。职普融通背景下，综合高中生涯规划教育存在顶层设计缺位、实施体系错位、支持系统失位等困境。加强综合高中生涯规划教育，应加强顶层设计，促进综合高中生涯规划教育政策理论的实践转化；聚焦课程建设，实现生涯规划教育与综合高中内部治理共生发展；锻造专业队伍，引领生涯规划教育从粗放到专业、从个别到全员转型；协同教育资源，构建全人教育模式下综合高中生涯规划教育新体系。

关键词：职普融通；综合高中；生涯规划教育

党的二十大报告明确指出到 2035 年建成教育强国，并提出应推进职普融通，建设教育强国应推进职普融通已成为政策共识。职普融通在中学阶段最具改革创新性的实践探索是设立综合高中[1]，生涯规划教育是综合高中建设的重点领域，将生涯规划教育融入教学的全过程是保持综合高中富有生机与活力的内在动能。[2]本文立足职普融通，试图厘清综合高中加强生涯规划教育的必要性，反思其开展过程中面临的困境，并为综合高中开展生涯规划教育提出建议。

一、职普融通背景下综合高中生涯规划教育的应为之由

（一）生涯规划教育是推进职普融通的内在要求

生涯规划教育是职普融通的内容和要求。近年来，多项关于职业教育和职普融通

的政策均要求开展生涯规划教育（见表1）。

表1　近年来职普融通政策关于开展生涯规划教育的要求

时间	政策（文件）	内容
2017 年 1 月	《国家教育事业发展"十三五"规划》	在义务教育阶段开展职业启蒙教育
2019 年 1 月	《国家职业教育改革实施方案》	加强学生生活实践、劳动技术和职业体验教育
2019 年 2 月	《中国教育现代化 2035》	在中小学普遍开展劳动和职业启蒙教育……推进中等职业教育和普通高中教育协调发展……鼓励探索举办附设执教班的综合高中，允许学生转读职业教育并按规定享受中等职业教育相关政策……鼓励普通高中开设选修课程、职业课程……加强与职业教育的衔接，大力推进普职融通
2019 年 6 月	《中共中央 国务院关于深化教育教学改革全面提高义务教育质量的意见》	加强学生生活实践、劳动技术和职业体验教育
2020 年 3 月	《关于全面加强新时代大中小学劳动教育的意见》	初中要注重围绕增加劳动知识、技能，加强家政学习，开展社区服务，适当参加生产劳动，使学生初步养成认真负责、吃苦耐劳的品质和职业意识。普通高中要注重围绕丰富职业体验，开展服务性劳动，参加生产劳动
2021 年 3 月	《中华人民共和国国民经济和社会发展第十四个五年规划和 2035 年远景目标纲要》	深化职普融通，实现职业技术教育与普通教育双向互认、纵向流动
2021 年 10 月	《关于推动现代职业教育高质量发展的意见》	加强各学段普通教育与职业教育渗透融通，在普通中小学实施职业启蒙教育，培养掌握技能的兴趣爱好和职业生涯规划的意识能力 探索发展以专项技能培养为主的特色综合高中
2022 年 4 月	《中华人民共和国职业教育法》	县级以上人民政府教育行政部门应当鼓励和支持普通中小学……根据实际需要……进行职业启蒙、职业认知、职业体验，开展职业规划指导、劳动教育，并组织、引导职业学校、职业培训机构、企业和行业组织等提供条件和支持 职业学校应当建立健全就业创业促进机制，采取多种形式为学生提供职业规划、职业体验、求职指导等就业创业服务，增强学生的就业创业能力

　　生涯规划教育是推进职普融通的重要基础。推进职普融通旨在满足学生个性化、职业化的成长需求，拓展其在升学、就业和创业等方面的选择空间，促进其全面发展。然而，当前我国高中阶段职普分流以分层为主，大部分地区仍然将文化科目中考分数作为职普分流的主要标准[3]，容易导致"唯分数""唯升学"现象的出现。要使分流制度改革为不同类型人才的自愿分轨机制，贯穿教育过程的生涯规划教育是必要前提。[4]同时，高中阶段学生处于生涯准备期，毕业即面临就业或升学，需要慎重考虑学

业、专业、职业。因此,高中阶段的"职普融合"教育策略需要确保学生既具备扎实的文化素养,又拥有相应的职业能力,以确保学生有选择的基础素养和基本能力,还应加强生涯规划教育,指导高中学生明晰自我认知与职业定位,帮助其做出最适合自身的选择。要通过综合高中职普融合教育模式,培养既具备文化素养又具备职业能力的复合型人才,生涯规划教育是实现其教育功能的重要基础。综上,职普融通下综合高中建设需要加强生涯规划教育,通过生涯规划教育推动高中阶段职普融通教育从分层向分类、从对立向融通转变。

(二)生涯规划教育是推动综合高中发展的内生动力

首先,加强生涯规划教育有助于综合高中厘清办学思路。《现代职业教育体系建设规划(2014—2020年)》提出,综合高中是职业教育与普通教育双向沟通的"立交桥"。从纵向视角分析,综合高中通过构建对口升学和独立高考两条路径,将职普校级分流转换为校内分流,提供学术教育与职业教育的双向流动通道,打破职业教育即终结性教育的固有认知。从横向视角审视,综合高中可通过学籍转换、课程转换等加强职业教育与普通教育间的沟通协调,提供更多类型的教育路径选择。[5]同时,综合高中发展既需遵循高中阶段教育教学的客观规律,又需彰显文化与技能并重的育人宗旨,进而实现职业教育与普通教育在办学模式上的优势互补。[6]故此,职普融通背景下综合高中学生面临分流、分类、分科、分级等多次选择,均需学生具备生涯规划力、适应力和选择力,如图1所示。综合高中要围绕"综合"办学,协调管理好分流、分类、分科、分级等多个环节,通过加强生涯规划教育,有助于综合高中明确办学定位、厘清办学思路。

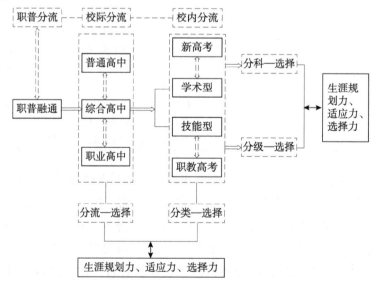

图1 职普融通背景下综合高中学生面临多次选择

其次，加强生涯规划教育有助于综合高中走出办学困境。综合高中建设面临诸多困境，最突出的是课程体系建设问题。当前，综合高中在形式上虽然增加了课程内容，但缺乏对课程体系的统一规划和整合，既未能打破普通高中与职业学校课程各自为政的现状，也未能在普通教育与职业教育之间搭建起桥梁。需要重构综合高中的课程体系，以确保其既能满足学生的多样化需求，又能有效促进学生在不同教育路径之间顺利过渡。同时，普通高中因缺乏生涯教育、专业教育而导致毕业生一旦未能升学便基本没有普通高中文凭的教育回报价值；[7]中职学校要摆脱学生不擅长文化基础知识学习的刻板印象，不能将人培养成"单向度的技术人"，要放眼学生的终身发展和职业生涯发展，致力于培养"完整的技术人"。[8]将生涯规划教育课程作为综合高中课程体系整合的抓手，有利于综合高中摆脱当前课程体系建设不足的困境，也有利于综合高中避免重走普通高中和职业高中缺乏生涯规划教育带来系列问题的老路，深入推进职普融通。

最后，加强生涯规划教育有助于综合高中凝练办学特色。要发挥综合高中办学特色，就要立足职普融通教育下"以受教育者职业生涯发展为中心的学校"的办学理念，建立基于生涯指导的终身教育体系。随着新高考改革的推进，选择性成为教育性之外的重要特性。在此背景下，以生涯规划教育建设多元的学生发展路径是综合高中区别于普通高中和职业高中的"特色赛道"。通过构建完善的生涯规划指导机制，并创新课程结构，综合高中能够实现其功能的多元拓展，推动职业教育与普通教育从割裂走向融合，促使有志于就业的学生实现"优质就业"，渴望升学的学生顺利"进阶深造"，希望留学的学生成功"海外求学"，有志创业的学生"成功创业"。[5]

（三）生涯规划教育是促进综合高中学生发展的有力支撑

一方面，加强生涯规划教育有助于为综合高中学生终身发展奠定基础。职普融通的逻辑起点是"以人为本"的教育理念，目标是解决传统职业教育在人才培养过程中知识结构与能力结构失衡的问题，推动受教育者的全面、均衡和个性化发展。[9]高质量的职普融通教育应以人的终身发展为旨归，提供全过程的生涯指导。[10]职业生涯的持久与可持续发展不仅能助力个体实现自我成长，实现其人生价值最大化，同时也是满足国家经济、社会发展需求，推动人力资源深度开发与优化配置的重要策略。加强综合高中学生生涯规划能力培养，能够提前介入学生的职业生涯规划，帮助学生尽早确立发展方向，并有针对性地提升生涯规划能力，从而为学生职业生涯的终身可持续发展奠定良好基础。[11]

另一方面，加强生涯规划教育有利于综合高中学生获得更加公平的教育机会。新时代职普融通是在构建中国特色高质量教育体系和促进教育公平背景下提出的，[11]建设教育强国，需要树立科学的人才观、成才观、教育观，加快扭转教育功利化倾向。在中学生生涯管理能力的培育上，他人与业内专家的指导至关重要。在综合高中开展生涯规划教育既能激励学生主动探索各类学习资源，拓宽职业道路的选择，也能助其提升生涯管理能力，学会在复杂多变的社会环境中立足。同时，家庭经济基础薄弱的学生因家庭资源和社会支持不足，生涯规划和管理信息依赖学校与同辈，在学校内开展科学的生涯规划教育，可以有效应对由家庭资本差异导致的教育不公，打破信息壁垒，有利于促进教育公平。

二、职普融通背景下综合高中生涯规划教育的难为之困

（一）夹缝中生存：综合高中生涯规划教育顶层设计缺位

当前，我国生涯规划教育尚处于初始阶段，缺乏统一的标准规范其发展。尽管部分省市积极探索与实践生涯规划教育，但相关标准的制定仍显不足。从国际经验来看，多个国家在推进职普融通的过程中，均针对生涯规划教育制定了一系列法律和制度。例如，美国的《生计教育法案》《从学校到工作机会过渡法案》、澳大利亚的《职业发展框架》以及瑞士的《联邦职业教育与培训法》等，都明确规定了生涯规划教育的强制性和具体内容，确保了生涯规划教育在教育体系中的核心地位。[12] 而我国仅在部分政策文件中有所提及，并未明确制定标准。此外，在各地开展的新一轮综合高中改革中，鲜有围绕生涯规划教育开展的探索。

（二）举步维艰：综合高中生涯规划教育实施体系错位

其一，综合高中师生对生涯规划教育存在认知偏差。目前，我国学者尚未形成生涯规划教育的统一定义，因缺乏统一的标准和要求，在综合高中的生涯规划教育建设和实施中，存在窄化、弱化、边缘化等认知偏差。例如，将生涯规划教育局限于职业教育、选科指导，过于功利和短视，重视其"选择性"功能，忽视其"教育性"功能，没有认识到生涯规划教育在学生学业、专业、职业、就业、事业认识和选择上的重要价值。生涯规划教育只是作为综合高中各项改革的"镶边"和"点缀"，并不是学校内部治理变革的重要内容，难以发挥其基础性、突破性和引领性作用。

其二，综合高中生涯规划教育课程体系建设融通不够。我国综合高中生涯规划教育课程体系建设存在零散化、碎片化等问题。学术型课程和技能型课程在综合高中的课程架构中难以有效融合。分散的课程结构导致生涯规划教育课程、学术型课程以及专业型课程之间有所割裂，学生在接受生涯规划教育时难以获得全面、连贯的知识与技能。在综合高中的课程体系中，横向与纵向的课程间缺乏有效衔接和整合，导致"立交桥"式课程网络不通畅。

其三，综合高中生涯规划教育师资队伍建设不适应时代需求。当前我国只有北京、上海、浙江等经济较为发达地区的部分中学有条件配备专业生涯导师，其他地区中学的生涯教育工作多由班主任、心理教师或思政教师兼任，授课教师缺乏专业性，普遍

存在指导经验和实践能力不足等问题。[13]部分学校即便有专职的生涯规划教师，由于培训和学习机会有限，教师的专业性也难以持续提升，在教师队伍建设和教师专业素养培育上明显落后于时代发展要求。

(三) 独木难支：综合高中生涯规划教育支持系统失位

一是管理部门衔接不紧，在综合高中和生涯规划教育的管理与支持上难以给予足够的指导和帮助。有些地区的综合高中被纳入职成教科管理，有的归普教科管理，更普遍的情况是普通高中教育部分由普教科管理，中职教育部分则交由职成教科负责。由于教育行政机关缺乏专门针对综合高中的管理部门，导致上级管理部门与学校之间出现管理错位和沟通不畅。

二是学段衔接不紧。综合高中因其"综合性"，上一学段对口大专院校、高职院校等多类学校，下一学段对口义务教育，本应有大量开展生涯规划教育的支持资源。然而，由于学段间衔接不紧密，资源和信息并未得到有效利用。同时，当前我国义务教育生涯启蒙教育存在较大空白，尽管国家在政策层面积极推动生涯启蒙教育普及，但在实践中仍面临多重挑战，如职业体验资源分配不均、社会对生涯启蒙教育的价值认识不足等。[14]需要进一步探索有效策略，加强学段间沟通衔接，促进生涯规划教育信息畅通和资源合理利用。

三是内外联动不畅。一方面，不同区域与校际差距显著，先进的生涯规划教育经验难以得到有效推广和扩散。一些教育资源丰富的地区和学校，生涯规划教育已经取得了显著成果，形成了许多值得借鉴的先进经验。然而由于区域间发展不均衡，以及校际间资源分配的差异，先进经验往往难以被其他地区和学校所知晓与采纳。另一方面，资源欠缺的地区和学校在开展生涯规划教育时，往往感到有心无力。由于经费、师资等资源的限制，生涯规划教育的实施面临诸多困难。同时，学校在获取资源的过程中，也存在思路保守和封闭的问题，局限于自身的资源和条件，缺乏与外界的交流和合作，难以获得更广泛的支持和帮助。

三、职普融通背景下综合高中生涯规划教育的能为之策

(一) 加强顶层设计，促进综合高中生涯规划教育政策理论的实践转化

一是加强法律法规建设。通过法律条文明确生涯规划教育的性质与地位，凸显其重要性与合法性。立法不仅是确保生涯规划教育得以规范、合法且强制执行的关键手段，更是其有效实施的前提和基础。从法律层面界定综合高中与普通高中、职业高中并列的办学类型，明确综合高中的办学主体、课程设置和管理职责，将其置于深化改

革、促进普职融合与渗透、满足社会对人才培养需求的战略高度，确保其在教育体系中的独特地位，以满足社会对多元化、高质量人才的需求，[15] 从而为综合高中生涯规划教育的开展奠定良好的管理基础。

二是加强管理体制建设。为了完善综合高中生涯规划教育的管理体系，应明确界定各级政府机构、教育部门和劳动部门等相关部门的具体职责与角色。学校应在其年度计划中纳入生涯规划教育的系统化规划，阐述实施策略、任务分配、人员职责以及所需的支持体系。例如，河北省内丘县学生生涯规划的起点相对较低，内丘县四中特别设立了生涯规划指导办公室，专注于根据学生的兴趣、能力和特长进行分类培养。这一创新举措为县域内农村普通高中探索多样化、特色化的办学模式和农村中学生涯规划教育提供了宝贵的经验。其他省份及地区也可结合当地的实际情况，建立健全综合高中生涯规划教育管理体制机制，探索本土化、可执行的管理模式。此外，还应完善综合高中生涯规划教育的资金支持与保障机制，使综合高中生涯规划教育能够得到强制性保障，支持其健康发展。

法律保障、行政支持及学校制度确立，有助于增进各利益相关者对生涯规划教育的认识，并明确自身角色与职责，推动综合高中生涯规划教育开展得更加系统、稳定和明确，加快政策理论的实践转换。

（二）聚焦课程建设，实现生涯规划教育与综合高中内部治理共生发展

在内部治理结构上，建设以生涯指导机构为中心的新时代综合高中治理体系。在学校内设置专门的生涯指导机构，制定生涯规划教育的相关计划和标准，并协调各相关部门和人员共同推进生涯规划教育的实施。此外，生涯指导机构还应积极与其他教育机构、企业和社区建立合作关系，共同为学生提供丰富的实践机会和职业发展资源。在构建这一治理体系的过程中，需要注意以下两个方面：一是要确保生涯指导机构的独立性和专业性，使其能够客观、公正地为学生提供生涯规划服务；二是要注重学生的参与和反馈，及时调整和完善生涯规划教育的相关政策措施。

在课程治理体系上，建设以生涯规划教育为核心的纵横联通式职普融通课程。在规划综合高中的生涯规划教育内容时，需要遵循综合化、差异化、多样化的原则。首先，课程体系应体现综合化，不仅设立专门的生涯规划课程和工作体验项目，还应将生涯规划的理念融入日常学科教学中，并辅以指导活动，形成完整的生涯规划课程体系。其次，课程结构应体现差异化。根据综合高中学生学术和职业的不同类型选择，对课程进行分类差异化建设，满足不同类型学生的学习需求。同时，基于学生思维能力发展层次差异，各类课程均可细化为基础、进阶和高级三个层次，确保各层次学生均能找到适合自己的学习路径。最后，课程选择应展现多样化。生涯规划教育与学科知识的融合是必然趋势，需根据学校特色和学生实际，选择适合的课程内容。

（三）锻造专业队伍，引领生涯规划教育从粗放到专业、从个别到全员转型

一是建设专职生涯规划教育导师队伍，提供专业生涯规划指导。为提升生涯规划教育的专业性，应构建一支专职生涯规划教育导师团队，为学术型学生提供详尽的升学指导以及与此相关的学业规划和职业规划，如高考志愿填报、大专院校专业设置解读等；为求职学生提供精准的就业指导，包括就业信息收集和职业规划建议；为特殊群体学生提供专业指导。二是建设兼职生涯规划教育教师队伍，渗透学科生涯规划教育。将生涯规划理念融入日常学科教学之中。在分层走班等学校管理体制下，由部分学科教师兼任小组指导员，不仅负责学科教学，还可承担生涯规划教育任务。师生定期开展交流讨论活动，了解学生在学习、生活、心理等方面的动态，并提供相应的辅导和支持。跨学科的生涯规划教育，有助于学生在学科学习中自然融入对生涯规划的思考，实现知识学习与个人发展的有效结合。[16]三是建设校友互助队伍。为了充分利用同辈经验，可积极构建校友互助队伍。充分挖掘校友职业经历，为学生提供贴近实际、富有洞见的职业生涯建议。作为同龄人的"辅导员"，同辈更能理解学生的需求和困惑，从而提供更加个性化的辅导。

（四）协同教育资源，构建全人教育模式下综合高中生涯规划教育新体系

为了提升生涯规划教育的全面性和系统性，需要协同各方教育资源，形成全人教育模式下的综合高中生涯规划教育合力。一是人力、物质与制度资源协同整合。通过建立区域性生涯规划指导中心，将政府部门、教育机构、志愿组织、企业组织等资源有机结合，形成多方联动的合作网络。鼓励各类组织积极参与，为综合高中学生提供丰富的实践机会与资源支持，共同推动生涯规划教育的发展。二是校内与校外资源深度融合。综合高中应围绕学校生涯规划教育的整体规划，积极促进校内与校外资源的深度融合。以学校为主体，加强政府、家长、社会等多方参与，构建"政府—学校—家长—社会"的生涯规划教育交互模式。通过邀请企业家及职工来校交流、组织学生参观知名企业、参与生涯规划活动等方式，拓展学生的实践视野，提升其实践能力和职业素养。三是新资源与传统资源有效耦合。充分利用数字智能新资源为生涯规划教育提供数据支持和理论指导，如建立网络平台、提供在线测评工具、开展在线课程等方式，为学生提供更加便捷、个性化的生涯规划服务。同时，也应珍视传统资源中的教育经验，避免过分依赖数据而忽视教育的本质。在整合新资源与传统资源的过程中，注重资源的来源、规范性和时效性，确保生涯规划教育的科学性和有效性。

参考文献

[1] 徐国庆，余韵. 职普融通的当代涵义与实践框架：基于技术及职业关系演变的分析 [J]. 教育

研究，2024，45（2）：4-15.

[2] 祁占勇，吴仕韬. 积极发展综合高中是高中阶段教育职普融通的关键之举 [J]. 中国教育学刊，2024（5）：36-41，88.

[3] 郝天聪. 普职协调发展不等于取消普职分流 [J]. 职教通讯，2022（5）：18-19.

[4] 林玥茹，石伟平. 当前我国高中阶段学校多样化发展的政策隐忧与远景展望 [J]. 教育发展研究，2023，43（24）：51-56.

[5] 王福建，王阳. 我国综合高中发展的价值向度、现实问题与路径突破 [J]. 教育理论与实践，2023，43（14）：14-19.

[6] 王鸿宾. 综合高中的发展困境及变革 [J]. 教学与管理（中学版），2017（11）：11-14.

[7] 袁桂林. 论高中教育机构和培养模式多样化 [J]. 湖南师范大学教育科学学报，2015，14（2）：58-63.

[8] 姜蓓佳. 坚持高中阶段学校多样化发展的三重逻辑与实现路径 [J]. 职教通讯，2023（11）：5-14.

[9] 黄亚宇，邓奕，赵琼花. 新职业教育法实施下职普融通发展模式研究 [J]. 教育科学论坛，2023（12）：7-11.

[10] 杨蕾，谭进欧. 丹麦职业教育吸引力提升政策的动因、举措与策略 [J]. 比较教育研究，2023，45（7）：47-56.

[11] 李连增，海南. 美、英和日本职业教育体系对普职融通政策实施的启示 [J]. 现代商贸工业，2023，44（6）：75-77.

[12] 孙宏艳. 我国职业生涯规划教育应端口前移：基于中美日韩高中生职业生涯规划教育的研究 [J]. 素质教育大参考，2013（18）：32-35.

[13] 孙筱琳. 新高考视角下基础教育阶段职业生涯教育的国际比较 [J]. 职业教育研究，2021（1）：84-89.

[14] 朱长江，陈鹏. 我国普职融通研究热点与发展态势的可视化分析 [J]. 教育与职业，2023（15）：28-35.

[15] 常宝宁. 台湾综合高中发展的政策举措及其启示 [J]. 中国教育学刊，2014（3）：30-34.

[16] 徐星. 芬兰教育成功的基石：为每个孩子提供个人支持　专访芬兰埃肯纳斯学校校长玛瑞安妮 [J]. 上海教育，2012（5）：50-51.

基金项目：国家社会科学基金重点项目（项目编号：22AZD080）；2023 年度国家社会科学基金教育学西部项目"数字化赋能义务教育优质均衡发展督导评估机制研究"（项目编号：CHX230350）。

作者简介：高寒，陕西师范大学教育学部博士研究生，研究方向为教育管理；樊莲花，西安外国语大学讲师，教育学博士，研究方向为教育管理与监测评估；刘敏，陕西师范大学教育学部博士研究生，西华师范大学附属中学党委书记，研究方向为教育管理。

素质教育助力教育强国建设：
基础、困境与路径

摘　要： 作为教育的核心，素质教育对于教育强国建设具有重要推动作用。历经近四十年的发展，素质教育的学术研究、制度建设和实践影响等为教育强国建设奠定了坚实基础。当前，素质教育仍面临研究不够深入、制度体系不健全、实践阻碍未完全消除的困境。对此，应进一步深化素质教育学术研究、健全素质教育制度体系、消解素质教育实践障碍，以素质教育的高质量发展助力教育强国建设。

关键词： 素质教育；教育强国；教育发展

党的二十大报告作出"加快建设教育强国"战略部署。[1] "素质教育是教育的核心"[2]，在教育改革和发展中扮演着关键角色。以素质教育助力教育强国建设，既是新时代素质教育的目标使命，也是教育改革和发展的必然选择。全面反思素质教育的已有基础、当前困境和突围路径，对于素质教育的高质量发展和教育强国的加快建设具有重要的价值与意义。

一、素质教育助力教育强国建设的基础

如果将 1985 年《中共中央关于教育体制改革的决定》的印发视为我国实施素质教育的开端，那么素质教育已有近四十年历史。近四十年来，素质教育在学术研究、制度建设和实践影响三个层面蓬勃发展，为教育强国建设奠定了坚实基础。

（一）学术研究：素质教育研究成果丰富

自 1987 年柳斌提出素质教育概念开始[3]，诸多研究者便围绕素质教育主题展开研讨。2024 年 5 月 1 日，在中国知网期刊全文数据库中，将"素质教育"作为检索词进

行"篇名"检索，近四十年来已发表的篇名中含有"素质教育"的北大核心期刊论文多达八千余篇。分析素质教育研究文献发现：

第一，在研究领域上，素质教育研究在多领域百花齐放。涉及学段包括学前教育、中小学教育、高等教育、继续教育等，涉及学科涵盖文科、理科、工科、农科、医科等，涉及主题涵盖素质教育内涵、特征、构成、实践问题与对策等。参与素质教育研究的既有高校和全国各地教育科学研究院的专职科研人员，也有政府部门决策者、中小学教师等。

第二，在研究视角上，素质教育研究呈现出多元化特点。既有国内研究，也有国际互鉴；既有现状梳理，也有历史研究；既有教育学研究，也有跨学科研究。例如，在 20 世纪 90 年代、21 世纪初、2020 年前后，都有研究者从历史角度对素质教育进行总结回顾；也有研究者从哲学价值论角度对素质教育进行反思，揭示素质教育的价值基础和价值指向；等等。

第三，在研究方法上，多种研究方法得到适切运用。研究初期，研究者围绕素质教育概念及相关理论进行探讨，规范性研究方法使用得较多；随着素质教育的逐步推进，经验性研究方法快速得到广泛应用，研究成果集中于素质教育实践探索方面。2000 年以来，素质教育研究与实践进入内涵发展阶段，由于混合式研究方法更适宜进行整体反思，因而得到了研究者的青睐。

（二）制度建设：素质教育制度体系初具规模

素质教育是我国自上而下推动的教育改革，一定密度的教育制度是素质教育顺利发展的依托和保障。当前，国家教育法律、国家宏观发展规划、教育专门政策构成的素质教育制度体系已初具规模。

第一，从国家教育法律来看，2006 年，第十届全国人大修订了《中华人民共和国义务教育法》和《中华人民共和国未成年人保护法》，将"实施素质教育"正式纳入法律文本中。本次修订确认了素质教育的法律地位，在彰显国家教育意志的同时，也为素质教育的后续发展提供了有力支持。

第二，从国家宏观发展规划来看，自 1996 年《中华人民共和国国民经济和社会发展"九五"计划和 2010 年远景目标纲要》规定"改革人才培养模式，由'应试教育'向全面素质教育转变"[4]，将素质教育纳入国家发展规划（计划），此后每五年颁布一次的国家发展规划（计划）几乎均对"素质教育"进行强调。尽管《中华人民共和国国民经济和社会发展第十四个五年规划和 2035 年远景目标纲要》中未明确提及"素质教育"，但文本中"增强学生社会责任感、法治意识、创新精神、实践能力"[5]的教育改革要求与素质教育乃是一脉相承。

第三，从教育专门政策来看，1985 年《中共中央关于教育体制改革的决定》提出教育体制改革的根本目的是提高民族素质[6]，"素质"思想在教育专门政策中首次出现。1994年《中共中央关于进一步加强和改进学校德育工作的若干意见》提出"建立社会主义市场经济体制的新要求和迫切需要的素质教育"[7]，"素质教育"概念在国家层面得到正式确认。1999年《中共中央 国务院 关于深化教育改革全面推进素质教育的决定》对教育全领域各学段推进素质教育作出全方位战略部署。2010年《国家中长期教育改革和发展规划纲要（2010—2020年）》明确将"全面实施素质教育"作为教育改革发展的战略主题。[8]2017年，中共中央办公厅、国务院办公厅印发的《关于深化教育体制机制改革的意见》将"全面实施素质教育"作为重要布局之一。[9]2019年《中国教育现代化2035》要求"大力发展素质教育"。[10]此后，《深化新时代教育评价改革总体方案》（2020年）、《教育部 国家发展改革委 财政部关于实施新时代基础教育扩优提质行动计划的意见》（2023年）等一系列政策均将"发展素质教育"作为指导思想。

（三）实践影响：素质教育是最具中国特色的教育形态

教育形态是指教育在不同时空背景下的存在形式和变化状态。[11]根据不同的标准，可以将教育形态进行多样分类。素质教育既不是根据生产关系性质划分的教育形态，也不是根据教育性质划分的教育形态，更不是根据教育系统自身形式化的程度等其他标准划分的教育形态，而是20世纪80年代中期，中国人针对中国自己的教育问题，用自己的智慧独创的教育形态；是改革开放以来党和政府为了全面提高全民族素质、推进教育高质量发展、实现教育现代化、建成教育强国而独创的教育形态；是改革开放以来的教育学人以马克思主义人的全面发展思想为指导，借鉴古今中外优秀教育文化和实践经验独创的教育形态。

素质教育形态的独创性也得到了国际社会的认可。2018年，新西兰出版的《教育哲学与理论百科全书》（*Encyclopedia of Educational Philosophy and Theory*）一书收录了"素质教育"一词的直译——"Suzhi education"，并将其作为一种新的教育思想和教育用语进行介绍。[12]这喻示着"素质教育"就像"道""功夫"等中国独特文化概念一样，已经作为一个不可替代的翻译名词被国际社会接受，并将产生越来越广泛的国际影响。可以说，素质教育是中国本土化的教育形态，是具有中国特色、中国风格、中国气派的教育理论和实践，是中国教育对世界教育的重要贡献。[13]

二、素质教育助力教育强国建设面临的困境

当前，素质教育仍然面临一些困境，这些困境阻滞着素质教育的发展及其对教育强国建设的助力。

（一）研究困境：素质教育研究不够深入

虽然关于素质教育的学术研究取得了丰硕成果，但不可否认的是，其也存在许多不足之处。

第一，素质教育基本理论研究不够深入。其一，对素质教育本质的研究不够深入。素质教育本身既具有基本规定性、稳定性，又具有发展性、生成性。建成教育强国是当前我国教育改革发展的目标，教育强国建设背景下素质教育的内涵与外延如何厘定，至今研究成果寥寥。其二，素质教育在教育强国建设中的价值和功能阐释不到位。在建设教育强国进程中，素质教育扮演着什么角色？担负着什么责任？发挥着什么作用？对这些问题鲜有研究者论及。

第二，未系统总结素质教育历史和成功经验。理论来源于实践并指导实践，只有从我国素质教育的鲜活实践中提炼新观点，才能构建具有中国特色、中国风格、中国气派的素质教育学术体系，继而才能以崭新的素质教育思想理念和丰富内涵助力教育强国建设。改革开放后，尤其是 21 世纪以来，素质教育得到了快速发展，取得了相当明显的成效，为进一步发展素质教育积累了许多宝贵经验。然而，当前关于素质教育历史和成功经验的文献多止于事例介绍，研究性文献并不多见。为数不多的研究性文献也只是对改革措施的操作化总结，缺乏对文化背景、内在要素、运行机制等的深入分析和探讨。

第三，素质教育国际比较研究尤为不足。当今世界是一个开放性世界，跨文化交流是推动人类文明进步的重要手段。不同国家的教育既有性质和特色上的差异性、独特性，也有教育改革发展目标和方法上的一般性、普遍性。尽管国外并不存在与我国内涵完全一致的素质教育思想和行动，但提高青少年儿童素质的追求和方法具有共通性。在一些西方发达国家，有关青少年儿童素质提升的实践已形成较为丰富的经验，相关理论研究也已较为深入和系统。借鉴国外提高青少年儿童素质的理论和实践经验，能够为我国素质教育发展和教育强国建设注入新的活力。

（二）制度困境：素质教育制度体系仍不健全

如前所述，近四十年来，以国家教育法律、国家宏观发展规划、教育专门政策为主体的制度体系为素质教育发展提供了全方位支持。然而，整体来看，虽然已有的一系列制度在内容上涉及素质教育主体、手段、条件等多个方面，但多侧重宏观布局，对于实践层面如何具体开展素质教育则较少涉及。

我国地域广阔，东、中、西部地区资源禀赋、教育惯习、社会心理氛围等差异较大。中央政府秉持因地制宜发展素质教育的制度制定初衷，以宏观指导的方式，为地方政府发展素质教育预留了较大的自由策略空间。然而，制度执行是制度的生命力所在，由于缺乏具体操作方案，在素质教育实践中，无论是地方政府决策者，还是一线教育工作者，都对素质教育的具体实施产生了不同程度的迷惘。这在一线教育工作者对素质教育的理解中体现得尤为明显。有的一线教育工作者所理解的"素质教育"与制度倡导保持一致，认为"素质教育"是一种以提高民族素质为宗旨的教育，既注重知识传授又强调培养能力；有的一线教育工作者把"素质教育"绝对化地理解为"应试教育"的对立面，赋予"素质教育"与考试得分高、学业成绩好、知识水平高相对立的含义；也有一线教育工作者孤立化理解"素质教育"，认为"素质教育"就是加强学生的课外活动，就是多组织特长班和兴趣小组；等等。[14]

（三）实践困境：素质教育实践阻碍未完全消除

素质教育是一项系统工程，需要在教师队伍、学校建设、课程教学、教育评价、社会生态等方面协同用力。近四十年来，党和国家始终高度重视素质教育，采取多种措施发展素质教育。但时至今日，仍然存在未完全消除的实践阻碍。

第一，中小学教师队伍结构性失衡问题仍然存在。素质教育是促使学生德智体美劳素质全面提高的教育。配备充足的教师资源，开足开齐开好所有课程是发展素质教育的内在要求。当前，无论是城市学校，还是乡村学校，都仍然存在教师队伍结构性失衡问题，尤其是音体美学科教师更是十分缺乏。许多县区大规模招聘音体美教师，甚至以专门广告的形式招聘音体美教师，充分说明音体美教师的特殊性、重要性和招聘的困难程度。[15]

第二，教育评价改革进程受到多元因素影响。如果说应试教育的问题出在"唯分数""唯升学"上，那么通过采取措施改变"唯分数""唯升学"的价值取向便是推动应试教育向素质教育转向的关键。近四十年来，国家持续推动教育评价改革，尤其是围绕高考这一关键性人才选拔方式不断进行改革尝试。但是，教育评价改革往往牵涉多方利益，高考更是关乎个人和家庭的前途命运，改革进度和效果受多方面因素影响，致使一些改革措施并未达到预期目标。[16]

第三，功利主义观念未彻底扭转。我国现行的教育价值观以传统的儒家文化价值观为核心，重实用、文凭、传统，轻理论、能力、创新，重教育的工具价值，轻教育的内在价值。"学而优则仕"的思想强化了教育的功利性，加之受目前社会分配结构和用人制度的影响[17]，导致在学校层面，一些校长、教师唯分数、唯升学，以成绩论优劣；在家庭层面，一些家长唯恐孩子输在起跑线，"双减"之后仍通过各种方式参加校外学科培训；在社会层面，一些企业选人用人唯文凭、唯名校，怠于从岗位需求和能力匹配角度开展招聘。

三、素质教育助力教育强国建设的路径

素质教育承载着中国人对"好的教育"的期盼，在建设教育强国、实现第二个百年奋斗目标的征程中，坚定不移地发展素质教育是我国教育改革的内在要求和必然选择。针对素质教育面临的多重困境，需要进一步深化素质教育学术研究、健全素质教育制度体系、消除素质教育实践阻碍，以素质教育的高质量发展助力教育强国建设。

（一）研究之维：深化素质教育学术研究

高质量教育的实现，既需要高质量的教育理论，也需要高质量的教育实践。而没有高质量的教育理论，就很难有高质量的教育实践。深化素质教育学术研究，夯实素质教育理论基础，是推动素质教育助力教育强国建设的逻辑起点。

第一，建构素质教育助力教育强国建设的基本理论。教育强国建设对教育改革提出了更高要求。研究者需要站在新的历史坐标处，回应时代关切，进一步挖掘素质教育发展的深层逻辑。具体来讲，就是要以习近平新时代中国特色社会主义思想为指导并贯穿其中的立场、观点和方法，结合新时代科技革命、国家建设、人类命运共同体建设等对素质教育的新要求和新时代学生主体身心成长对素质教育的新需要，对教育强国建设背景下素质教育的内涵、特征，及其在教育强国建设中的价值和功能等基本理论问题进行明确，在理论层面构建素质教育助力教育强国建设的应然模型。

第二，对素质教育实践历程和成功经验进行总结。近四十年来，教育界对素质教育做了大量实践探索。尤其是 21 世纪以来，素质教育得到了快速发展，取得了相当明显的成效，为素质教育助力教育强国建设积累了许多宝贵经验。研究者可从历史环境、领导人指示、政策变迁、地方探索、学界研究等多个维度对每个阶段的素质教育发展情况进行回顾和反思，揭示素质教育在该阶段的发展特点、发展成就、发展逻辑和发展规律等。在这一过程中，同步归纳总结素质教育发展经验，为素质教育助力教育强国建设提供历史镜鉴和参照。

第三，比较借鉴境外素质教育思想和实践。素质教育是我国原创的教育思想，国外并不存在与之完全契合的教育行动。但教育的本质是育人，这一本质不因国别而有所差异。为了进一步突破素质教育发展困境，提升素质教育实效，有必要考察境外发达国家、发展中国家等不同类别经济主体提高学生素质的思想和实践探索。在梳理国外提升学生素质思想和实践的基础上，比较分析由中外社会文化环境、思想传统、教育体制与结构、学生需求等组成的综合背景，以便从更深层次揭示中外素质教育的异同，启示我国素质教育发展和教育强国建设。

（二）制度之维：健全素质教育制度体系

教育发展历史表明，凡是取得重大成就的教育改革，制度往往发挥着关键作用。素质教育也不会例外。为了推动素质教育高质量发展助力教育强国建设，应进一步健全素质教育制度体系。

一方面，可根据素质教育发展需要制定创新性制度。如充分总结历史经验，对比国际实践，根据当前及以后一段时间的教育需要与发展趋势，从理念澄清、核心任务、手段举例、方法推广等方面出台以素质教育为主题的制度文件，从而以顶层设计和操作指导相结合的方式为素质教育落地提供制度支持。另一方面，可结合素质教育已有制度制定补充性制度。如在素质教育发展评估方面，《义务教育质量评价指南》（2021年）、《普通高中学校办学质量评价指南》（2021年）等素质教育相关评估制度是政府为推动素质教育发展做出的制度改革尝试。但直接指向素质教育的评估制度仍然处于空白状态。为了进一步发展素质教育，有必要沿袭上述制度思路，以素质教育为主题制定素质教育评估办法，以评促改，确保素质教育有效落地。

（三）实践之维：消除素质教育实践阻碍

素质教育助力教育强国建设的基本理论最终要落实到实践之中，并接受实践检验。加快消除影响素质教育实践的阻碍因素，是推动素质教育助力教育强国建设的基本路径选择。

第一，全面加强教师队伍建设。教师队伍建设是教育改革的基础工作，也是发展素质教育、建设教育强国的基本要求和根本保证。必须把全面加强教师队伍建设作为一项根本性民生工程，通过采取培养具备音体美教学素质的合格全科型教师、增加教师编制、提高教师工资收入和社会地位等措施，建设一支高素质教师队伍。

第二，消减教育功利化观念。以教育主体是否真心追求教育本质规定的价值为标准，可将教育价值划分为内在价值和外在价值两类。当前教育评价更注重教育的外在价值，而教育的根本却在于其内在价值。通过加强文化建设、优化教育阶段等，培养学生自觉主动热爱学习和报效国家的意识与能力，将教育外在价值转化为教育内在价值，并使教育内、外价值相互促进，能够有效消减教育功利化观念。[18]

第三，构建家校社协同育人机制。近四十年的素质教育发展历史表明，虽然学校是素质教育的主阵地，但仅仅依靠学校开展素质教育是难以达成理想效果的。家庭教育和社会教育自古以来就是教育的重要基础，家校社协同开展素质教育是发展素质教育的题中应有之义。在政府的引导下，通过设立家长学校、组建家庭教育讲师团、培育家庭教育服务机构等构建家庭教育指导服务体系，打造家校社"素质教育共同体"，能够有效推动素质教育提质增效。

参考文献

[1] 习近平. 高举中国特色社会主义伟大旗帜 为全面建设社会主义现代化国家而团结奋斗：在中国共产党第二十次全国代表大会上的报告 [N]. 人民日报，2022 – 10 – 26 （01）.

[2] 习近平在北京市八一学校考察时强调 努力把我国基础教育越办越好 [N]. 中国教师报，2016 – 09 – 14 （01）.

[3] 改革开放 30 年中国教育改革与发展课题组. 教育大国的崛起（1978—2008）[M]. 北京：教育科学出版社，2008：271.

[4] 中华人民共和国国民经济和社会发展"九五"计划和 2010 年远景目标纲要 [J]. 人民论坛，1996 （4）：15 – 23.

[5] 中华人民共和国国民经济和社会发展第十四个五年规划和 2035 年远景目标纲要 [N]. 人民日报，2021 – 03 – 13 （01）.

[6] 中共中央关于教育体制改革的决定 [J]. 中华人民共和国国务院公报，1985 （15）：467 – 477.

[7] 中共中央关于进一步加强和改进学校德育工作的若干意见 [J]. 人民教育，1994 （10）：3 – 5，11.

[8] 国家中长期教育改革和发展规划纲要（2010—2020 年）[N]. 人民日报，2010 – 07 – 30 （13）.

[9] 中共中央办公厅 国务院办公厅印发《关于深化教育体制机制改革的意见》[J]. 中国民族教育，2017 （10）：4 – 7.

[10] 中共中央 国务院印发《中国教育现代化 2035》[N]. 人民日报，2019 – 02 – 24 （01）.

[11] 褚宏启. 教育现代化的本质与评价：我们需要什么样的教育现代化 [J]. 教育研究，2013，34 （11）：4 – 10.

[12] 瞿振元. 再谈发展素质教育 [C] //李和章，庞海芍. 素质教育与文化自信：2019 年大学素质教育高层论坛论文集. 北京：高等教育出版社，2020：3 – 7.

[13] 袁振国. 素质教育与中国特色社会主义 [J]. 人民教育，2007 （22）：6 – 10.

[14] 蒋建华. 素质教育政策失真的原因与对策 [J]. 教育研究，2001 （7）：40 – 43.

[15] 郝文武. 论为振兴乡村教育着力培养更多具备音体美教学素质的全科型教师 [J]. 教师教育研究，2020，32 （4）：66 – 71.

[16] 素质教育调研组. 共同的关注：素质教育系统调研 [M]. 北京：教育科学出版社，2006：15 – 16.

[17] 刘道玉. 论素质教育的本质特征与实施途径 [J]. 华中师范大学学报（人文社会科学版），2015，54 （3）：147 – 153.

[18] 郝文武. 增强教育内在价值是消减教育功利化的关键 [J]. 高等教育研究，2022，43 （8）：29 – 38.

基金项目：中央高校基本科研业务费专项资金资助项目（项目编号：2020TS074）。

作者简介：关志康，陕西师范大学教育学部博士研究生，研究方向为教育基本理论。

跋

冯用军

各位读者、各位同行、各位作者，当您读到这里的时候，这本书的正文内容已接近尾声。古人云"天下没有不散的筵席"，散是满天星、聚是一团火，今天我们说天下没有不闭幕的学术会议，今日闭幕是为了迎接明日开幕。本书作为"三融"战略与教育强国建设国际学术研讨会暨全国高校信息资料研究会职业高等学校专业委员会第三届年会的教育符号和标识性成果，它的正式出版、发行、传播也意味着开启新的伟大教育征程。古人又云："莫愁前路无知己，天下谁人不识君？"相信本书出版后会让更多读者与作者相识，人生处处是相逢，相逢何必曾相识，以文参会、以文会友、因会结缘、因书结缘，成为中国教育共同体、世界教育共同体中一生一世的学术型朋友。

"滴水之恩，涌泉相报。"（朱用纯《朱子家训》，又称《治家格言》）值《中国特色教育强国建设道路研究："三融"战略与教育强国建设国际学术研讨会暨全国高校信息资料研究会职业高等学校专业委员会第三届年会论文集》即将付梓之际，需要特别感谢的人再次涌现心头、充盈脑海。

一流领导与一流会议相互成就。感谢新疆生产建设兵团党委宣传部、外事处领导等同意举办本次国际会议。

一流学者与一流会议相互成就。感谢中国教育科学研究院原副院长马陆亭研究员、浙江大学刘正伟教授、西安交通大学陆根书教授、北京师范大学洪成文教授、云南大学董云川教授、云南农业大学原副校长唐滢教授、北京师范大学胡咏梅教授、湖南省教育科学规划办公室主任李小球研究员、清华大学李锋亮教授、天津市教育科学研究院张伟副研究员、苏丹科技大学 Abdalla Noureldin Osman 先生、俄罗斯阿尔泰国立大学 Llinykh Natalia 女士、乌拉圭 Tarragona Mernies Flavia Paola 女士、巴基斯坦 Rafiq Shifa 女士、巴基斯坦 Azeem Obaid 先生等专家学者应邀出席本次国际会议并做学术报告，引领学术潮流、泽被教育后学。

一流组织与一流会议相互成就。感谢全国高校信息资料研究会理事会秦惠民会长、周详秘书长的鼓励和帮助。感谢会议联合主办方全国高校信息资料研究会职业高等学校专业委员会理事长陈鹏教授、秘书长祁占勇教授、副秘书长马君教授的支持和信任。感谢会议联合主办方石河子大学徐善东研究员（党委书记）、李兆敏教授（党委副书记、校长）、代斌教授（原校长，现新疆大学党委书记）、马春晖教授（党委副书记）、李剑教授（党委常委、副校长，华东理工大学援疆）、李鲁华教授（党委常委、副校长、组织部部长）、杨兴全教授（党委常委、副校长）、魏忠教授（党委常委、副校长）、李景彬教授（党委常委、宣传部部长）、吴大勇教授（党委办公室/校长办公室主任）、赵庆展教授（科研处处长）、麻超教授（师范学院原党委副书记、院长，现党委教师工作部部长、人事处处长）、刘林教授（发展与规划处处长）、刘洪光教授（科研处副处长）、茅旭初教授（教务处副处长，上海交通大学援疆）、邢嘉锋教授（国际交流与合作处副处长，江南大学援疆）、付蓉主任（科研处社会科学/社科联办公室）、毛芸芸老师（国际交流与合作处）等。

一流团队与一流会议相互成就。感谢会议承办方石河子大学师范学院党委书记郝朝晖博士、院长韩玺英博士、原党委书记刘政江、党委副书记叶壮、副院长方建华、副院长朱海东、郝路军、范树花、尤胜、黄薇、万江、谭兰兰、高丽娜、粟倩、白春祥、李学良、申玉华、他凤霞、王海棠、李玲玲等同志和刘强、王福、杨淑萍、张红艳、毕爱红、马萍、苏昊、张莉琴、崔晓娟、裴长安、李攀、余锐金、窦全能、孙桂芹、苏刚刚、胡倩、吕诗莹、王文凤、布威佐热姆·艾力、贾晓珊、乔亲才、黄慧、张梅、王凡、韩婉姝、翟宁、刘改改、张璇、孙小蒙、宋燕萍、张红霞、陈洁、张鹏、何志程等老师。感谢副主编赵雪博士、付娟博士、黄亚宇博士研究生、戴骊郦博士研究生积极参与本书的选题策划与初稿编撰工作。感谢苗慧敏、唐婷同学。"我们在一起"克服了办会过程中的一切困难，顺利完成了全部预定会议目标，再次印证了古人"一人拾柴火不旺，众人拾柴火焰高；一人难挑千斤担，众人能移万座山"的简单哲理。

一流支持与一流会议相互成就。感谢陕西师范大学游旭群教授（党委副书记、校长）、任晓伟教授（党委常委、副校长，原教育学部部长，西藏民族大学援藏）、周正朝教授（党委常委、副校长，挂职）、陈新兵教授（党委常委、副校长）和陕西师范大学教育学部李森教授（部长，陕西教师发展研究院常务副院长）、张旻（党委书记）、司晓宏教授（陕西省人民政府参事，陕西省社会科学院原党组书记、院长）、王楠（党委副书记、纪委书记）、吕逸（副部长）、王庭照教授（副部长）、马红亮教授（副部长）、张斌副教授（副部长）、胡金木教授（副部长）、郝文武教授、栗洪武教授、田建荣教授、龙宝新教授、李延平教授、吴合文教授（社会科学处副处长）、张文兰教授、张立国教授、张宝辉教授、李忠教授、杨洁教授、王鹏炜教授、张旸教授、刘骥教授、赵丹教授、杨聚鹏教授、兰继军教授、郭祥超副教授（教务处副处长）、廖婧茜副教授、李玉栋副教授、胡万山博士等的理解和支持，你们是我全心全意援疆的

"娘家人"和"靠山"。

一流同行与一流会议相互成就。感谢厦门大学潘懋元先生、北京师范大学钟秉林教授、上海师范大学杨德广教授、北京师范大学顾明远先生、上海交通大学刘念才教授、华中师范大学周洪宇教授、清华大学谢维和教授、北京大学阎凤桥教授、清华大学石中英教授、南京大学王运来教授、北京师范大学张斌贤教授、浙江大学眭依凡教授、香港大学杨锐教授、北京理工大学王战军教授、华东师范大学阎光才教授、山西大学侯怀银教授、南京师范大学冯建军教授、浙江大学张应强教授、南京师范大学顾建军教授、中国职业技术教育学会副会长史薇教授、厦门大学刘振天教授、厦门大学别敦荣教授、华中师范大学涂艳国教授、北京大学陈洪捷教授、华南师范大学卢晓中教授、广西师范大学贺祖斌教授、杭州师范大学黄兆信教授、中国人民大学周光礼教授、华中科技大学陈廷柱教授、南京师范大学王建华教授、《中国高教研究》主编王小梅女士、中国教育科学研究院储朝晖研究员、北京大学蒋凯教授、厦门大学张亚群教授、江西省教育厅副厅长刘小强教授、《教育与职业》杂志社张伯成总编、清华大学李曼丽教授、复旦大学陈维昭研究员、陕西师范大学陈晓端教授、广州大学马凤岐教授、浙江大学阚阅教授、河北师范大学薛彦华教授、厦门大学王洪才教授、南京大学黄斌教授、教育部教育发展研究中心刘承波研究员、北京师范大学金滢坤教授、清华大学韩锡斌教授、厦门大学郑若玲教授、大连理工大学李枭鹰教授、华东师范大学陈霜叶教授、中国教育科学研究院孙继红研究员、北京大学哈巍研究员、杭州师范大学严从根教授、清华大学文雯教授、厦门大学覃红霞教授、清华大学王传毅教授、华东师范大学荀渊教授、西南大学王正青教授、华中科技大学刘长海教授、厦门大学鲍威教授、华中科技大学郭卉教授、华中科技大学朱新卓教授、华中师范大学王建梁教授、南京师范大学章乐教授、青岛大学孙百才教授、湖南师范大学钟云华教授、华东师范大学祝刚副教授、北京大学沈文钦副教授、南开大学刘清华副教授、福建师范大学付八军教授、江西科技师范大学吴根洲教授、宁波大学刘希伟教授、国家图书馆韩华研究员、中国教育科学研究院姜朝晖副研究员、暨南大学孙平华教授、无锡太湖学院阙明坤教授、河北师范大学潘新民教授、对外经济贸易大学原珂教授、新疆师范大学陈良宏教授、青岛大学吕慈仙教授、华东师范大学姚荣副教授、新疆师范大学王丽教授（陕西师范大学援疆）、海南师范大学沈有禄教授、云南师范大学刘六生教授、深圳大学段从宇教授、华东师范大学卢威副研究员、南京师范大学赵磊磊副教授、新疆师范大学王媛教授、天津大学程伟副教授、山西师范大学霍翠芳副教授、佛山大学彭耀平副教授、河北医科大学贾江溶讲师、湖南大学韦骅峰副教授、唐山师范学院朱立明副教授、湖南大学季玟希助理教授、兰州大学鲁世林副教授、玉溪师范学院岳小尧讲师、深圳职业技术大学贾方亮高级实验师、三亚航空旅游职业学院刘夏教授、广州城市职业学院李俊副教授、加州大学常桐善教授、坦佩雷大学蔡瑜琢教授、布鲁塞尔自由大学刁瑜教授、威斯康辛大学李翠婷教授、泰国斯坦福大学叶艳教授等学界前辈、同仁关心和提携。清华大学老校长梅贻琦先生曾如此概括师生关系："学校犹水也，师生犹鱼也，其行动犹游泳也。大鱼前导，小鱼尾随，是从游也。从游既久，其濡染观摩之效，自不求而至，不为而成。"特别感谢我的本科生导师淮北师范大学王家云教授和中国教育科学研究院徐金海研究员、硕士研究生导师云南师范大学张宝昆教授和汕头大学秦国柱教授、博士研究生导师浙江大学刘海峰教授、博士后导师北京师范大学周作宇教授、高级访问学者导师国家教育行政学院董险峰教授。

一流资助与一流会议相互成就。感谢全国哲学社会科学工作办公室、全国教育科学规划领导小组办公室、教育部社会科学司、河北省哲学社会科学规划办公室等。本书得到国家社会科学基金教育学重点课题"国际比较视野下职业教育社会认同的提升策略研究"（AJA220023）、教育部人文社会科学研究规划基金"教育对口援疆政策绩效测度及其优化策略研究"（24YJA880008）、国家社会科学基金教育学一般项目"职业院校混合所有制办学的产权风险及其法律规制研究"（BJA230026）、国家社会科学基金重点项目"推进义务教育优质均衡发展研究"（22AZD080）、国家社会科学基金教育学一般课题"新时代中国特色终身教育体系构建研究"（BGA200061）、国家社会科学基金教育学西部项目"数字化赋能义务教育优质均衡发展督导评估机制研究（CHX230350）、教育部人文社科青年课题"近代南洋教科书整理与研究"（23YJC770010）、河北省社会科学基金项目"近代河北西医教科书整理与研究"（HB24WH016）、河北省教育厅青年拔尖人才项目"近代河北高等教育文献整理与研究"（BJS2024045）、云南省省院省校教育合作项目人文社会科学研究项目"提升云南高等教育在南亚东南亚国家影响力研究"（SYSX202414）、陕西师范大学中央高校基本科研业务费专项资金项目"'一带一路'下陕西'双一流'大学建设战略研究"（21SZYB11）、陕西师范大学高层次人才科研启动项目"中国大学监测评价关键技术研究与应用示范"（1110011175）、陕西师范大学中央高校基本科研业务费专项资金项目"研究阐释习近平总书记在庆祝中国共产主义青年团成立100周年大会讲话精神专项项目""中国高校共青团思政育人的重大成就和历史经验研究"（2022zdpy002）、陕西师范大学教改项目"《大学生劳动教育》课程教学评价改革与实践"（23GGYS‑JG11）、陕西师范大学"教育家精神"研究项目"中国高等教育学家潘懋元精神研究"（JYJYB02）、2024年兵团社科基金年度项目"兵团高等教育内涵式高质量发展研究"（24YB09）等基金项目联合资助。

一流期刊与一流会议相互成就。感谢《高等教育研究》曾伟、《高等工程教育研究》余东升、《教育学报》张斌贤和李涛、《江苏高教》肖地生和沈广斌、《大学教育科学》李震声、《高校教育管理》马双双和刘伦、《湖南师范大学教育科学学报》张曙光、《教育科学》张文、《外国教育研究》胡义、《现代大学教育》曾山金、《中国教育学刊》吕允英、《贵州大学学报（社会科学版）》张娅、《开放教育研究》徐辉富、《苏州大学学报（教育科学版）》罗雯瑶、《现代教育管理》杨玉和李作章、《重庆高教研究》蔡宗模和张海生、《教育科学研究》鲍丹禾、《比较教育学报》闫温乐、《贵州师范大学学报（社会科学版）》谭琳菲、《河北师范大学学报（教育科学版）》高小立和孙斌、《职业技术教育》张祺午、《黑龙江高教研究》陈云奔、《当代教师教育》陈亮、《南宁师范大学学报（哲学社会科学版）》杨军和张明慧、《职教发展研究》邱梅生、《江苏高职教育》杨雨慧、《上海教育评估研究》冯修猛、《兵团教育学院学报》王东、《中国教育学理论与实践》李木洲等期刊老师提供学术支持、传播学术心声。

一流传播与一流会议相互成就。感谢人民网、《中国社会科学》杂志社中国社会科学网（毕雁）、中国教育在线（陈志文、黄卓）、光明日报社《教育家》（赵建贞）、学习强国、《新疆日报》（杰文津，新华社援疆、尹刚）、《兵团日报》（习腾飞，《求是》杂志社援疆、李志伟，《人民日报》援疆）等媒体的媒介支持和宣传报道。感谢知识产权出版社董事长刘超、原副总编王润贵、责任编辑韩婷婷和王海霞、封面设计臧磊、责任校对潘凤越、责任印制孙婷婷等为本书顺利出版发行雪中送炭、锦上添花。

一流代表与一流会议相互成就。感谢全体参会代表，克服千难万阻，跨越山河湖海，齐聚天山石城，共襄教育盛会。孔子曰："三十而立，四十不惑，五十而知天命。"（《论语·为政篇》）我们在最好的年龄、正确的时间、合适的地点，参加了一次完美的学术邂逅，一切都是最好的安排。

一流援友与一流会议相互成就。感谢中央组织部、人力资源社会保障部第十一批中央单位援疆干部人才团队各位援友，特别感谢新疆维吾尔自治区教育厅党组成员、副厅长（援疆）许高勇（教育部综合改革司副司长）和兵团教育局党组成员、副局长（援疆）蒋宏潮（教育部宣传教育中心副主任）等领导的关怀和帮助。一段援疆路，一生新疆情，本书作为我的援疆工作代表性成果之一，只是给"我♡新疆"画下的一个逗号，新疆已成为我除四川、河北、陕西之外的又一个故乡。短暂的告别是为了更长久的相遇，再见了我的石河子，再见了我的可可托海，再见了我的火焰山，再见了我的喀纳斯湖，再见了我的独库公路，再见了我的阿勒泰，再见了我的喀什，再见了我的伊犁，再见了我的天山天池，再见了我的新疆，再见了我的"儿子娃娃"，新疆等我，我还会再回来的。

一流参与与一流会议相互成就。感谢为本次国际会议成功举办、会议论文集顺利出版发行付出辛勤劳动和贡献心血智慧的所有人。"子在川上曰：逝者如斯夫！"（《论语·述而》）是大家的超绝格局、双向奔赴、真心付出、无私奉献，才共同成就了一次无法复制、终身难忘的国际会议，才携手为中国教育科学自主知识体系献上了一道史无前例、青史留名的"学术硬菜"。

一流家人与一流会议相互成就。感谢我的家人，在我的人生征途中你们永远是最棒的，你们永远是我的坚强"后盾"。

回首 2023 年的冬天，为加快推进兵团高等教育内涵式高质量发展，开始会议策划，群情激昂，"书生意气，挥斥方遒，指点江山，激扬文字"（毛泽东《沁园春·长沙》）；2024 年的春天，为加快建设教育强国服务中国式现代化的新疆实践，会议通知始发，应者云集，"我有嘉宾，鼓瑟吹笙。……人之好我，示我周行"（《小雅·鹿鸣》）；2024 年的夏天（7 月 5—14 日），时维七月，序属孟秋，天山飘雪，石城飞花，十旬休假，胜友如云，千里逢迎，高朋满座，连续组织主办"'三融'战略与教育强国建设国际学术研讨会暨全国高校信息资料研究会职业高等学校专业委员会第三届年会"、"考试改革与拔尖创新人才培养学术交流座谈会"和"中国心理学会经济心理学专业委员会 2024 年学术年会"三个大型会议，带领团队真的是"拼搏到无能为力，努力到感动自己"，本想会间约三五好友围炉夜话都忙到无法实现，感谢自己，团结就是力量、坚持就是胜利！

本书主编为冯用军、陈鹏、祁占勇，副主编为赵雪、付娟、戴骊郿、黄亚宇，冯用军负责全书选题策划及统稿工作。本书列入我主编的"新时代中国式职业技术教育现代化研究丛书"，也是《中国职业技术教育评论》辑刊的创世版（Founder Edition）。"嘤其鸣矣，求其友声"（《诗经·小雅·伐木》），亦寻其异音耳，书中收录论文文责自负，欢迎学术商榷。古人云诗以抒怀，歌以咏志，办会不易、编书不易，今日终得面世，幸甚至哉，感而慨之。

清代赵翼《论诗五首》讲"李杜诗篇万口传，至今已觉不新鲜"。雁过留痕，会后结集，此书作者虽然大部分是教育界新人，其文常得导师悉心指导，但结晶之作难免"其物初生其形必丑"，展望未来，在"其神也旺"加持下也许会"破茧成蝶"，"青出于蓝而胜于蓝"。另外，此书虽然初汇于天山北麓石城之黉宫，但编成于周秦汉唐长安之辟雍，付梓之年虽不能"万口传"，但翰墨书香至少感觉是"新鲜"的，是故只能寄希望于书成之后若干年，是书全本将来能"藏之名山，纳于大麓"，为增进人类福祉贡献知识的力量、教育的力量、书籍的力量，是书作者将来能"惟楚有才，于斯为盛"。虽说"师傅领进门，修行在个人"，但名师出高徒、严师出俊才，今日之学术新"苗"除自身要努力"修行"外，如能得学术前辈勤加"浇灌"、指点迷津，有望将来成长为"参天巨树"，此正所谓"其作始也简，其将毕也必巨"（《庄子·内篇·人间世》）也。

先秦《诗经·周颂·维清》曰："维清缉熙，文王之典。肇禋，迄用有成，维周之祯。"中华文明具有突出的连续性、创新性、统一性、包容性、和平性特征，是世界上唯一没有中断的文明体系，继续传承下去靠教育、靠人才、靠科技。盛世修文，新时代国家繁荣、社会平安稳定，在加快建设教育强国伟大目标指引下，统筹推进"三融"

战略、协调推进教育科技人才"三位一体"方略,① 中国式教育现代化一定能够实现、中国式现代化一定能够实现、全面建成社会主义现代化国家一定能够实现、中华民族伟大复兴一定能够实现。

"诗仙"李白《子夜吴歌·秋歌》言"长安一片月,万户捣衣声"。大江东去,浪淘尽,英雄人物。编好书也费主编,在这寒冬腊月、对酒当歌的子午夜,多少世人已经"醉里挑灯看剑,梦回吹角连营",而我还在长安大雁塔旁陋室里挑灯夜战,从月朗星稀写到东方晓白,闻鸡起舞,北眺钟楼,南望秦岭,搁笔停墨,请读者诸君敬惜字纸。

躬逢盛会,群贤毕至,少长咸集,集腋成裘,嘉惠学林,跋以记之。

"立德·树人"教育学派创始人　冯用军

初稿于 2024 年 9 月 7 日（石河子大学）

二稿于 2024 年 10 月 8 日（北京大学）

三稿于 2024 年 11 月 22 日（厦门大学）

定稿于 2024 年 12 月 30 日（陕西师范大学）

① 苏刚刚,冯用军. 深入推进"三融"战略加快建设教育强国:"'三融'战略与教育强国建设国际学术研讨会"综述 [J]. 职业技术教育,2024,45（33）:56-61.